KB187469

우계학파의 전개와 특성

|우계학술총서 제1집|

우계학파의 전개와 특성

(재)우계문화재단 편저

책미래

우계 詩 감상

- 석담정사(石潭精舍)의 제현(諸賢)들에게 화답하다 -

난세에 유리하여 좋은 마을에 들어오니,

한 고을의 현자와 준걸들 반갑게 대하네.

온 산에 눈보라 몰아치는 차가운 밤 서재에서,

학문을 논하니 의미가 새로움 비로소 알겠구려.

절차탁마하여 시를 지어 자신의 뜻을 말하니,

마음속의 회포 털어놓아 말이 더욱 참되네.

병통을 다스릴 방법을 이미 알았으니,

종래의 옛 습관 부디 따르지 마오.

世亂流離入里仁　一邦賢俊喜相親

滿山風雪寒齋夜　論學方知意味新

切磋到底能言志　輸寫心肝語益眞

治疾旣知能去藥　從來舊習勿因循[1]

---

1)『우계집(牛溪集)』속집 권1,「詩」,〈和石潭精舍諸賢〉.

발간사

　우계학술총서 제1집 『우계학파의 전개와 특성』의 간행을 기쁘게 생각
한다. 우계문화재단은 우계(牛溪) 성혼(成渾)선생의 학문과 사상을 현창
하기 위하여 설립되어 그동안 논문집 『우계학보』를 35회에 걸쳐 간행하
였고, 우계 학술총서로서 『성우계사상연구논총』과 『우계 성혼의 학문과
사상』을 간행한 바 있다. 아울러 우계의 학문과 사상을 조명하는 학술대
회도 개최한 바 있다.

　그러나 기존 『우계학보』는 한국연구재단의 등재지가 되지 못하여 학
문의 질과 상관없이 학계의 객관적인 평가를 받는 데 한계를 안고 있었
다. 이에 본 우계문화재단은 매년 정기적인 학술대회를 개최하고, 그 연
구 성과와 함께 기존의 우계 관련 논문들을 선별하여 학술총서로 간행
하기로 하였다. 이에 우계학술대회를 2017년 11월 17일 성균관 유림회관
에서 성황리에 개최한 바 있고, 이어 우계학술총서 제1집을 간행하게 되
었다.

　우계 성혼선생은 율곡(栗谷) 이이(李珥)선생, 구봉(龜峰) 송익필(宋翼
弼)선생과 더불어 세칭 3현(三賢)으로 일컬어지거니와, 기호유학의 중심
에 서서 성리학의 계발과 후학의 교육에 앞장서 왔다. 그럼에도 불구하고
우계선생은 객관적으로 정당한 평가를 받는 데 미흡한 측면이 있었고,
그 스스로 겸양한 인품으로 인해 세상에 올바르게 소개되지 못한 아쉬
움이 남는다. 이러한 면에서 우계선생의 학문과 인물됨을 학술적으로 조
명하는 작업은 매우 절실하다 하겠다.

이번에 발간되는 학술논총 제1집은 우계학파에 관한 총체적인 연구서라 할 수 있다. 물론 아직도 우계학파의 존재 자체에 관해 부정적인 시각도 있지만, 우리 역사학계나 철학계에서는, 이미 우계학파의 존재에 대해 비교적 공감하는 분위기가 조성되고 있다. 율곡이 일찍이 관계에 나가 분주했다면, 우계나 구봉은 젊은 나이에 이미 서당을 열고 제자의 훈육에 전념하였다. 그리하여 우계 문하에는 윤황(尹煌), 오윤겸(吳允謙), 권극중(權克中), 이항복(李恒福), 최기남(崔起南), 성문준(成文濬), 강항(姜沆), 이시백(李時白), 조헌(趙憲), 황신(黃愼), 윤전(尹烇), 김상용(金尙容), 이정구(李廷龜), 이귀(李貴), 정엽(鄭曄), 신응구(申應榘), 김덕령(金德齡), 이수광(李睟光) 등 수많은 제자들이 모여들었다.

특히 그는 이론보다도 실천에 모범이 되어 많은 사람들의 존경을 받았다. 이런 점에서 율곡학파와 구별되는 또 하나의 기호학파로서, 우계학파의 존재와 그 전개는 한국 유학사에서 매우 중요한 의미를 갖는다. 더욱이 한국 양명학파의 발흥이 이 우계학파에서 비롯되었고, 율곡과 우계에게서 강조되었던 무실(務實)학풍이 이 우계학파의 특성이 되고 있다는 점에서 주목해 보아야 할 필요가 있다. 이 책은 이런 점에서 한국 유학사 연구의 기초가 되고, 기호학파 연구의 중요한 자료가 될 것을 믿어 의심치 않는다. 이 책의 집필에 기꺼이 응락해 주신 여러 교수님들과, 이 책의 편집을 맡아 수고해 주신 충남대 김창경 박사에게 감사의 인사를 전한다.

2018년 1월 24일
재단법인 우계문화재단 이사장 성호경

| 차 례 |

발간사   5

제1부 우계학파의 전개와 그 특성

제2부 우계학문의 연원과 사상

제1부
우계학파의 전개와 그 특성

우계학파(牛溪學派)의 형성과 그 특징[1]

김경수[2]

〈차례〉

1. 머리말

시간의 고금(古今)과 양의 동서(東西)를 막론하고 지식인들은 현실적인 법과 가치 질서 속에 규정화된 생활 방식을 요구받았다. 권력을 가진 자들은 이들을 체제에 순응시켜야 정권의 안정적 유지가 가능하다고 생각했기 때문이다. 그러나 지식인들은 이상과 현실 속에서 야기된 각종의 갈등 구조와 대립 양상 등의 한계 상황을 극복하고자 노력하였다. 이러한 사실은 역사가 인간의 주체적 활동에 의해 주도되고 그 인물의 경험

---

[1] 이 논문은 『우계학보』 제28호, 우계문화재단, 2010년에 게재한 논문이다.

[2] 金慶洙, 청운대학교 교수

을 추체험(追體驗)함으로써, 당시 역사의 실상을 이해할 수 있다는 진리에서 벗어나지 않음을 의미한다.

현실 정치로부터 자유롭고 초연하게 벗어나 자신의 이름(명분)을 지킨다는 것은 쉬운 일이 아니다. 세조 2년 단종 복위운동이 누설되어 국문을 당하면서도, "몸뚱이가 다 타서 없어지기로 가슴에 박힌 일편충성이야 탈 줄이 있으랴"라고 항변한 성삼문의 정신과 직결된다.

조선의 건국이념은 성리학이었고, 실천윤리는 절의와 명분이었다. 그런데 학문의 방법과 의행의 실천 과정에서 기본 원칙을 견지한다는 것은 누구나 할 수 있는 일이 아니었다. 권력과 정치 세력의 이합집산, 정치권으로부터의 압력과 회유, 협박에 의해 생각과 행동은 언제든지 변할 수 있기 때문이다. 즉 자신의 이름과 명예를 지키기 위하여 현실 권력과 갈등 국면을 조성하거나, 역으로 타협하는 일이 비일비재하였고, 그러한 사례는 역사 속에서 상당수 확인되고 있기 때문이다.

고려 말 안향과 백이정, 우탁 등이 중심이 되어 수용되기 시작한 성리학은 이제현, 이색, 정몽주, 길재 등을 거치면서 학문적·사상적으로 상당한 수준으로 발전하였다. 조선왕조 건국 이후에는 체제의 구축과 안정을 위한 통치 이데올로기 역할을 하였으며, 16세기 이후에는 '조선적 성리학'이라고 할 수 있을 정도의 독자성을 지니고 발전하였다. 이후 퇴계와 율곡 같은 학자들의 학문과 사상이 제자들에게 계승되면서 퇴계학파, 율곡학파가 형성되기도 하였다. 이 시기 유학의 흐름은 학문과 정치가 동일시되면서 발전하였는데, 특히 조선 후기 300여 년 동안 기호세력이 중앙정계를 주도하였다는 특징이 확인된다. 더욱 주목되는 것은 율곡의 적전이었던 김장생과 그의 아들 김집, 그리고 송시열, 송준길, 이유태, 조익과 김집 문하의 유계, 윤선거 등 충남 출신의 유학자들이 주도했다는 사실이다.

그런데 조선 후기 유학사에서 학계의 주목을 받지 못했음에도 불구하고, 간과할 수 없는 큰 흐름의 학파가 있다. '우계학파' 혹은 '소론과 유학'이 그것이다. 우계학파는 고려 말 성리학의 정맥인 정몽주-길재-이색을 이었고, 조선 건국 이후에는 김종직-김굉필-조광조의 계통을 계승하였다. 조광조의 문인 성수침이 학파의 종장인 성혼의 아버지이며, 성혼의 학문과 사상이 사위이자 문인이었던 윤황을 통해 윤선거-윤증으로 이어졌음이 확인되는 등 주목되는 학파라고 할 수 있다.

그러나 이제까지 학문적으로나 사상적으로 일정한 영향을 끼쳤던 우계 성혼의 사상과 유학사적 위상, 우계학파의 형성과 전개 등에 대해서는 '율곡'내지 '율곡학파'에 가려져 상대적으로 소홀히 인식되었던 것이 사실이다. 구체적인 연구 성과 역시 미흡한 편이었다. 근래 학파에 대한 관심이 높아지면서 우계의 학문과 사상이 어느 정도 연구되었지만, 학파의 연원과 형성, 사상적 특성에 관한 체계적이고 심층적인 연구는 여전히 부족하다고 생각된다.[3]

---

3) 장지연의 『조선유교연원』에서는 우계에 대한 언급이 있으나 학맥에 대한 언급은 전혀 없고, 현상윤의 『조선유학사』에서도 우계 학맥의 존재는 당쟁시대의 유학 정도로 언급되고 있다. 이병도의 『한국유학사』에는 '서인학파', '남인학파' 등으로 분류하고 있지만, 우계학맥에 대한 유학사적 위상에 대한 설명은 미흡하다. 특히 조선조 유학을 학파별로 조명한 『조선유학의 학파들』(한국사상연구회, 예문서원, 1996)에서도 관학파, 전기 사림파, 후기사림파, 화담학파, 퇴계학파, 남명학파, 율곡학파, 서애학파, 학봉학파, 탈주자학파, 기호남인학파, 낙학파, 호학파, 녹문학파, 강화학파, 성호학파, 북학파, 노사학파, 화서학파, 한주학파, 간재학파, 개화학파 등으로 분류하고 있지만, 우계학파에 대한 항목은 없다. 다만 최완기는 『한국성리학의 맥』에서 우계학파에 주목하고 '소론성리학'이라는 이름으로 별도 분류하고 있으며, 곳곳에서 우계학파라는 명칭을 사용하고 있

한 가문의 사회적 지위는 선천적인 혈연적 요소와 후천적인 혼인적 요소에 의해 결정되는 것이 상례이다. 또한 사제관계나 학문 및 정치적인 네트워크를 중심으로 형성된 교유관계 등도 중요한 요소로 작용하였다. 혈연과 혼인관계, 사제 및 인적 교유관계 등은 어느 한쪽이 주요소가 되기도 하고, 때로는 부요소가 되면서 상호작용하는 것이 일반적이기 때문이다. 성삼문의 순절 이후 '은거자수(隱居自守) 성현자기(聖賢自期)'의 정신이 창녕(昌寧) 성문(成門)의 혈연적(가풍) 전통으로 굳어졌고, 이후 문인 및 혼인관계 등을 통하여 다른 가문과 연결되면서 학파의 형성에 일정 부분 영향을 주었을 것으로 생각된다.

이에 본고에서는 우계학파의 연원과 형성에 대해 가학(家學)으로 형성된 배경을 개괄적으로 살펴보고자 한다.4)

2. 우계학파의 형성(形成)

1) 연원

이제까지 우계학파의 연원은 창녕 성씨의 가풍과 도학적 연원을 기반으로 형성되었던 것으로 이해되고 있다. 그것은 학파의 종장 우계 성혼

다. 또 유명종(『조선 후기 성리학과 양명학』, 연세대출판부, 1993)은 우계를 절충파의 비조로 규정하고 이와 연관하여 그의 학맥을 가늠해 보고 있으며, 고영진(『조선시대 사상사를 어떻게 볼 것인가』, 풀빛, 1999)은 '성혼학파'라는 말을 사용하고 있을 뿐이다(황의동, 『우계학파 연구』, 서광사, 2005).

4) '개괄적'이란 표현을 사용한 것은 구체적인 사상의 특징을 살피기보다 학파의 형성과 전개 등 전반적인 흐름을 추적하기 위한 의도에 따라 가학적 배경에 대해 집중 조명하였기 때문이다. 본고는 황의동 교수의 글을 비롯하여 선행 연구(참고문헌 참조)를 바탕으로 작성하였음을 밝힌다.

이 창녕 성씨의 후예이고, 조선왕조 건국 이후 김종직에서 조광조로 이어지는 도통으로 이어졌다고 판단되기 때문이다. 즉 우계 성혼이 조광조의 문인이었던 성수침의 아들, 성수종의 조카라는 섬이 반영된 것이다.

창녕 성씨의 가풍은 15세기 수양대군의 불의 앞에 목숨을 바쳐 항거했던 매죽헌 성삼문(成三問, 1418~1456)에서 비롯되고 구체화되었다. 그는 세종대 집현전 학사로 활동하면서 유교문화 질서의 구축 및 확립, 유교정치이념의 체계화에 탁월한 업적을 남겼다. 일반적으로 성삼문을 언급할 때는 정치·문화적 업적 이상으로 의리와 충절의 표상이라는 사실이 더욱 크게 부각된다. 그는 1456년(세조 2) 부친 성승(成勝)과 박팽년(朴彭年), 이개(李塏), 유성원(柳誠源), 하위지(河緯地), 유응부(兪應孚) 등과 함께 유교의리의 실천을 위한 단종의 복위를 도모하였다. 여기서 학파의 연원과 중요한 배경이 되는 성삼문의 절의정신에 대해 계유정난과 단종복위사건의 전말을 간략하게 살펴보자.[5]

조선 초기 정국을 급변시켰던 계유정난과 단종의 선위, 세조의 즉위와 단종 복위운동은 권력을 둘러싼 극렬한 대립구도와 정치지배세력 및 사상의 변화를 잘 보여 준다. 특히 피해자(절의파)와 가해자(훈구파)에 대한 분석을 통하여, 피해자의 정신과 사상이 성종 15년 이후 새로운 정치세력으로 등장한 사림파 성립의 단초가 마련되었다는 전제는, 본고에서 추적하고 있는 우계학파의 연원을 살피는 것과 직결된다. 무엇보다 절의파에서 사림파로의 계승, 정치운영이념 및 사상의 연속성, 가학으로 이어진

---

5) 이에 대해서는 졸고(「세조대 단종복위운동과 정치세력의 재편」, 『사학연구』 83, 2006 및 「박팽년의 생애와 현실의식」, 『조선시대사학보』 11, 1999, 「세조의 집권과 권력 변동」, 『백산학보』 99, 2014, 「세조실록의 편찬과 세조 정권」, 『한국사학사학보』 30, 2014) 참조.

우계학파의 형성에 일정한 영향을 끼쳤다는 사실을 확인할 수 있는 것이다. 먼저 계유정난에 대해 살펴보자.

(1) 계유정난(癸酉靖亂, 1453)

세종과 문종이 죽고 난 후 12세의 어린 단종이 즉위하자, 정국은 수양대군 대 황보인(皇甫仁)·김종서(金宗瑞) 등 종친과 대신 간의 갈등 구도, 수양대군과 안평대군 등 종친 간 이중적인 대립 구도가 형성되었다. 그러나 대치 정국은 1453년(단종 1) 10월에 발생한 계유정난으로 인하여 수양대군 쪽으로 기울어졌다. 계유정난 당일의 실록 기사를 보자.

세조가 새벽에 권남·한명회·홍달손을 불러 말하기를, "오늘은 요망한 도적을 소탕하여 종사를 편안히 하겠으니, 그대들은 마땅히 약속과 같이 하라. 내가 깊이 생각하여 보니 간당 중에서 가)가장 간사하고 교활한 자로는 김종서 같은 자가 없다." ……권람이 말하기를, "선비는 자기를 알아주는 사람을 위하여 죽는 것이다. 지금 수양대군께서 만 번 죽을 계책을 내어 나)국가를 위하여 의를 일으키는 것인데," ……(수양대군이 말하기를) "지금 간신 김종서 등이 권세를 희롱하고 정사를 오로지하여 군사와 백성을 돌보지 않아서 원망이 하늘에 닿았으며, 군상(君上)을 무시하고 간사함이 날로 자라서 다)비밀히 이용에게 붙어서 장차 불궤한 짓을 도모하려 한다. ……이때야말로 라)충신열사가 대의를 분발하여 죽기를 다할 날이다. 내가 이것들을 베어 없애서 종사를 편안히 하고자 하는데, ……(수양대군이) 마)지금 내 한 몸에 종사의 이해가 매었으니, 운명을 하늘에 맡긴다." ……용이 눈물을 흘리며 말하기를, 바)"나도 또한 스

스로 죄가 있는 것을 안다. 이렇게 된 것이 마땅하다."하였다. ……용이
양화도에 이르러 급히 그 종 영기를 불러 옷을 벗어 입히고 비밀히 부탁
하기를, "내가 급히 가서 사)심 성승에게 때가 늦어진 실수를 말하여 주
라."……김종서의 부자·황보인·이양·조극관·민신·윤처공·조번·이명민·
원구 등을 모두 아)저자에 효수하니, 길 가는 사람들이 통쾌하게 여기지
않음이 없어 그 죄를 헤아려서 기왓돌로 때리는 자까지 있었고……6)

위 실록의 기사 중 가)와 다), 아)와 같은 표현은 전적으로 수양대군
쪽에서 서술하였음이 자명하다. 김종서를 간사하고 교활하다거나, 저잣
거리에 효수된 것을 보고 백성들이 통쾌하게 여겼다는 표현 등은 동의하
기 어려운 사실이기 때문이다. 바), 사)와 같은 표현은 안평대군과 김종
서 쪽에서 역모를 도모하려고 했다는 의미를 강조하기 위한 역설적인 표
현이 아닐 수 없다. 승리자의 입장에서 서술하다 보니, 나)와 같이 수양
대군의 거사를 '국가를 위한 의', 자신의 세력을 '충신열사'라고 표현하고
있는 것이다.

계유정난 당일인 1453년 10월 10일 수양대군은 기습적으로 자신의 집
권에 가장 방해가 된다고 생각한 김종서와 황보인 등을 살해하였다.7) 이
어서 이들과 연결하여 역모를 도모했다는 죄명을 씌워 동생 안평대군을
강화로 유배 보내는 등 정국의 주도권을 완전히 장악했다.8) 이 과정에서

---

6) 『단종실록』 권8, 1년 10월 10일(癸巳).

7) 『단종실록』 권8, 1년 10월 10일(癸巳).

8) 김종서의 죽음은 정상적인 헌정 질서의 붕괴와 협치(군신공치)를 위한 군신관계가 끝
   난 것으로 볼 수 있다.

김종서와 너불어 북방 개척의 영웅이었던 이징옥(李澄玉) 등 일정 부분 군권을 쥐고 있던 세력도 제거되면서,9) 수양대군 측은 병권까지 장악할 수 있었다.

계유정난 이후 모든 실권은 수양대군에게 돌아갔다. 정난 다음날에 단행된 인사에서 수양대군은 '영의정부사 영경연서운관사 겸판이병조사'에 제수되었다. 즉 수양대군은 스스로 영의정에 오르고, 우군인 정인지(鄭麟趾)와 한확(韓確)을 각각 좌의정 및 우의정으로 삼는 조각을 이룬 후 권력을 모두 장악하였던 것이다.10) 부왕(父王) 세종대 유교 이념과 사상의 체계화에 기여했던 집현전의 학사 유성원에게 교서를 작성케 함으로써, 자신의 즉위 과정을 주공(周公)에 비유하고 유교적 명분을 찾고자 하였다.11) 외견상으로는 단종이 임명하는 형식을 취하였지만, 실질적으로는 수양대군 스스로 차지하였음이 명확하다. 관료의 최고직인 영의정은 물론, 문신과 무신의 인사권을 행사하는 이조와 병조의 판서까지 장악함으로써 명실상부한 최고의 실권자로 등장한 것이다.

이와 더불어 정권 장악에 기여한 인사들에게 단종의 이름으로 공신 책봉12)을 단행하면서, 반란의 정당화 작업도 동시에 진행하였다. 예외로

---

9) 수양대군은 세종 때 김종서를 음해하였던 박호문을 자헌부대로 승진시켜 함길도 도절제사로 제수하여 이징옥을 제거하고자 하였다. 이에 반발한 이징옥이 난을 일으켰지만 곧 진압되었고, 이후 수양대군이 병권을 완전히 장악하는 결과를 초래하였다.

10) 『단종실록』 권8, 1년 10월 11일(甲午).

11) 당시 집현전 학사들은 모두 피하고 없었는데, 연소한 측에 들어 차마 집현전을 비울 수 없어 혼자 남아 있다가 협박을 통해 정인지의 초안을 바탕으로 작성한 이가 사육신 유성원이다(『연려실기술』 권4, 단종조고사본말). 그런데 유성원이 단종 복위운동에 가담한 것을 보면, 교서의 작성이 자의에 의한 것이 아님을 짐작하기 어렵지 않다.

12) 정난공신은 모두 43명이다. 1등은 수양대군과 정인지, 한확, 박종우, 김효성, 이사철, 이계전, 박중손, 최항, 홍달손, 권람, 한명회 등 12명, 2등은 권준, 신숙주, 윤사균, 양

성삼문 같은 이가 정난 3등 공신으로 책봉되기는 하였지만, 이는 정치적으로 이해득실을 따진 연후에 단행된 공신들의 치밀한 계산에 의한 것이었다. 부왕 세종대부터 집현전에서 국정 운영의 이념과 원리를 제공하였던 집현전 학사들을 위무하고, 자신의 우군으로 삼기 위한 고도의 정치적 계산이 반영된 술수였다.

비정상적인 방법으로 권력을 장악하고, 패권정치를 전개하였던 세조와 공신들이었지만, 자신들이 구축한 정권의 안정적 유지와 집권 이후의 정국 운영을 정상적으로 만들기 위해서는 무엇보다 명분의 확보가 필요했다. 따라서 계유정난 이후 성삼문을 공신에 책봉하거나, 하위지를 좌사간, 성삼문을 우사간, 이개를 집의,13) 박팽년을 우승지14) 및 중추원부사15)에 제수하는 등 학사들에 대한 우대 조치를 강구했다. 계유정난 이후 김종서의 흔적을 지우기 위한 작업16)과 집현전 학사들을 자기 사람으로 만들기 위한 공신 책봉 및 관직 제수 등의 우대 조치를 동시에 추진했던 것이다.

그런데 단종을 따르던 집현전 학사들이 계유정난 당시 수양대군을 제거하지 못한 이유가 무엇일까? 여기에는 몇 가지 요인이 있다. 하나는 동조 세력을 규합하지 못했던 현실적인 한계였다. 다른 하나는 당시 정국

정, 유수, 유하, 봉석주, 홍윤성, 곽연성, 엄자치, 전윤 등 11명, 3등은 이흥상, 이예장, 성삼문, 김처의, 권언, 설계조, 유사, 강곤, 임자번, 유자황, 권경, 송익손, 홍순손, 최윤, 유서, 안경손, 한명진, 한서구, 이몽가, 홍순로 등 20명이다.

13) 『단종실록』 권8, 1년 10월 15일(戊戌).
14) 『단종실록』 권9, 1년 11월 8일(庚申).
15) 『세조실록』 권4, 2년 5월 3일(辛未).
16) 『고려사』와 『고려사절요』의 편찬 책임자를 김종서에서 정인지로 바꾸는 조치를 비롯하여 철저한 응징을 가했다.

이 자신들에게 유리하게 전개되지 않았던 이유가 작용하였다. 또 다른 이유는 계유정난 때까지는 여전히 왕이 단종이었기 때문이었다. 전권을 쥐고 정국을 좌우하는 등 수양대군과 공신들의 정치적 야망을 알고 있었지만, 구체적인 증거 없이 수양대군과 공신 등 추종 세력을 제거할 수는 없었던 것이다. 단종이 폐위되지 않은 상황에서 거사한다는 것은 오히려 자신들이 목숨을 걸고 지키고자 했던 의리와 명분을 잃는 일과 직결되었기 때문이었다.

그러나 수양대군은 주공이 되기보다 조카를 상왕으로 올리고, 권력을 강탈하는 불법을 저질렀다. 1455년 윤6월 11일 스스로 왕위에 올랐던 것이다.17) 즉 수양대군이 단종을 상왕으로 올리고 보위를 차지하자, 성삼문과 박팽년 등 집현전 학사들은 더 이상 현실 정치에 침묵하는 것은 명분에 어긋난다고 판단하였다. 1456년(세조 2) 6월 사육신 중심의 단종 복위운동과 1457년 6월 금성대군 주도의 단종 복위운동이 그것이다. 단종 복위운동의 전말을 살펴보자.

(2) 단종 복위운동

수양대군이 단종을 상왕으로 올리고 보위를 강탈하자, 사육신 중심의

---

17) 『세조실록』 권1, 1년 윤6월 11일(乙卯). 이에 대한 『연려실기술』의 기록을 보자.
세조가 선위를 받을 때에 자기는 덕이 없다고 사양하고 좌우에 따르는 신하들은 모두 실색(失色)하여 감히 한마디 말도 내지 못하였다. 성삼문이 그때에 예방승지로서 옥새를 안고 울음을 터트리니 세조가 바야흐로 부복하여 겸양하다가 머리를 들어 빤히 바라보았다. 이날 박팽년이 경회루 연못에 임하여 빠져 죽으려 하매, 성삼문이 굳이 말리며 말하기를, "이제 왕위는 비록 옮겨졌으나 임금께서 아직 상왕으로 계시니 우리들이 살아 있다가 아직도 할 수가 있다. 다시 도모하다가 이루지 못하면 죽어도 또한 늦지 않다." 하니, 팽년이 그 말을 좇았다.(권4, 단종조고사본말, '육신의 상왕 복위 모의')

집현전 학사들은 더 이상 현실 정치에 침묵하는 것은 명분에 어긋난다고 판단하였다. 1456년(세조 2) 6월 박팽년과 성삼문 등은 명나라 사신의 축하연 사리에서 세조를 제거하고 단종의 복위를 도모하여, 왕조의 통치 이데올로기와 명분을 바로 세우고자 하였다. 그런데 행사 당일 갑작스런 별운검의 취소로 이들의 거사는 다음으로 미루어졌고, 거사에 동참했던 김질(金礩)과 그의 장인 정창손(鄭昌孫)의 밀고에 의해 단종 복위운동의 전말이 드러나게 되었다.[18]

김질의 밀고에 의해, 박팽년을 비롯해서 성삼문, 하위지, 유성원, 이개, 유응부, 김문기, 성승, 박쟁, 권자신, 송석동, 윤영손, 이휘, 박중림 등이 단종의 복위를 도모하였음이 드러났다.[19] 사건의 전말이 드러나면서 연루자는 모두 처형당했다.[20] 유성원과 허조(이개의 매부)는 사건이 누설된 것을 확인하고 자살하였다.[21] 심신, 이유기, 이의영, 이정상, 이지영,[22] 이오,[23] 황선보[24] 등도 사건에 연루되었음이 추가로 드러났다. 이들에 대

---

18) 종친 중에서는 수양대군의 친동생 금성대군과 서동생 화의군을 비롯한 일부가 동조하였고, 금성대군은 직접 2차 단종 복위운동을 전개하였다.

19) 『세조실록』권4, 2년 6월 2일(庚子).

20) 1차(유성원·박팽년·허조), 2차(이개·하위지·성삼문·성승·박중림·김문기·유응부·송석동·권자신·윤영손), 3차(이오), 4차(황선보), 5차(무녀), 6차(심신·박기년·이정상·이지영), 7차(최치지·최득지·권저·최사우·박인년·이의영·김감·봉여해·김선지·이호·이유기·박대년·성삼성·성삼고·정관·장귀남·이말생), 8차(최면), 9차(이휘) 등이다. 이에 대한 실록의 전거는 『세조실록』권4, 2년 6월 乙巳·丙午·戊申·乙酉·丙辰·乙未·甲子·乙卯 등 참고.

21) 『세조실록』권4, 2년 6월 2일(庚子).

22) 『세조실록』권4, 2년 6월 8일(丙午).

23) 『세조실록』권4, 2년 6월 10일(戊申).

24) 『세조실록』권4, 2년 6월 11일(己酉).

한 형벌은 가혹했고 부녀자는 공신들에게 하사되었으며,25) 토지는 몰수당하였다.26) 물론 연루된 종친에 대한 처벌도 동시에 추진되었다.

수양대군은 자신에게 반기를 들었던 인사들을 극형으로 처벌했을 뿐만 아니라, 부왕이 집권 체제의 기틀을 구축하는 데 활용하였던 집현전마저 혁파하였다.27) 피를 나눈 종친이더라도, 적대적인 성향을 보일 경우를 막론하고, 관청이나 제도(경연 등)조차 일체 용납하지 않는 패권정치를 강행했다. 정권에 도전하는 세력에 대해 단죄를 내린 것이다.28) 상왕으로 물러난 단종이 창덕궁으로 이어(移御)하였지만, 공신들은 궁 밖으로 내보내야 한다는 상소로 존재 자체를 부정하였다. 쿠데타와 즉위 과정에서 정통성을 잃은 세조와 공신들은 어떠한 도전도 용서하지 않았으며, 유사한 사건의 재발 방지를 위해 강경한 조치를 취할 뿐이었다. 정권에 도전하는 어떠한 행위도 용납하지 않았던 것은, 명분 없이 세워진 정권이 권력을 유지하기 위한 명분 세우기였던 것이다.29) 세조 정권의 부도덕성과 명분 없음을 정확하게 진단할 수 있는 것이다.

(3) 단종 복위운동 주동자의 학문 활동

단종 복위운동을 주도했다가 역모로 몰려 죽임을 당한 사육신 중, 무과 출신 유응부를 제외한 나머지 5명은 모두 집현전 학사 출신이었다.30)

---

25) 『세조실록』 권5, 2년 9월 7일(甲戌).

26) 『세조실록』 권7, 3년 3월 23일(丙戌).

27) 『세조실록』 권4, 2년 6월 6일(甲辰).

28) 『세조실록』 권4, 2년 6월 5일(癸卯).

29) 최승희는 세조의 집권기간 발생한 각종 사건과 이에 대한 강경한 진압을 왕권 강화책의 일환이라고 보았다(「세조대 왕위의 취약성과 왕권강화책」, 『조선시대사학보』 1. 1997 및 「세조대 국정운영체제」, 『조선시대사학보』 5. 1998).

이들 5인의 집현전 관력 및 각종 편찬사업 참여 사항을 간단하게 정리하면 〈표 1〉과 같다.

〈표 1〉 사육신의 관력[31])과 편찬사업 참여 내용

		박팽년	이개	하위지	성삼문	유성원
급제시기/나이/성적/重試(*)		세종 16/17/(9/25)/*	세종 18/19/(8/9)/*	세종 20/21/(1/33)	세종 20/20/(29/33)/*	세종 26/18/(7/32)/*
생몰년		1417-1456	1417-1456	1417-1456	1418-1456	1426-1456
정난 시 나이		37	37	37	35	27
단종복위운동 당시 나이		39	39	39	37	29
집현전 관력	정자	세종 17				
	저작랑		세종 23			세종 27
	박사		세종 25			세종 28
	부수찬	세종 21	세종 26	세종 20		
	수찬				세종 28	
	부교리	세종 26		세종 26		단종 즉위년
	교리	세종 28	세종 29	세종 29		
	응교		문종 즉위년			
	직전	세종 29			문종 즉위년	
	직제학	문종 즉위년		단종 1	단종 1	
	부제학	단종 즉위년				
편찬사업 참여		명황계감, 운회, 고려사(열전), 훈민정음, 통감훈의, 세종실록	명황계감, 운회, 동국정운, 역대병요	고려사, 오례의주, 세종실록 및 문종실록, 역대병요	禮記大文諺讀·훈민정음, 동국정운, 역대병요	의방유취, 고려사(열전), 역대병요, 세종 및 문종실록
기타					정난·좌익공신	

---

30) 생육신 중에는 원호가 학사 출신이다. 집현전 학사 일람표는 정두희의 저서(『조선초기 정치지배세력연구』, 일조각, 1983) 참조.

31) 관력의 경우, 정두희의 전게 저서 내용과 약간의 차이가 있다. 어느 정도의 상이점이 보이기는 하지만, 논지의 전개에는 전혀 문제가 없다고 생각된다.

〈표 1〉에서 보듯이, 단종 복위운동을 주도한 사육신은 무신이었던 유응부를 제외하고 모두 학술연구기관이자, 통치 체제의 사상적 및 이념적 기반을 제공하였던 집현전의 학사 출신들이다. 이는 이들이 적어도 당대를 대표하는 유능한 인재들이라는 것을 의미할 뿐만 아니라, 조선 초기 정치이념의 정립과 정치운영 과정에서 상당한 영향력을 발휘했을 것이라는 결론을 내리게 한다. 조선 초기에 진행된 실록 및 사서 편찬사업에 참여하였던 인사를 살펴보자.[32]

『세종실록』의 편수관에 박팽년, 성삼문, 하위지가, 기주관에 유성원이, 『문종실록』의 동지관사에 하위지가, 기주관에 유성원이 참여하였다. 이 개와 무신 유응부를 제외한 인사들이 실록 편찬에 참여했다는 사실을 이들이 당대사의 편찬에 깊숙이 관여하였음과 함께, 당대사는 물론 역사에 대한 의식이 분명하고 확고했음을 보여 준다. 『고려사절요』 편찬 시에는 열전의 찬술에 박팽년과 유성원이 참여하였다. 그리고 박팽년과 성삼문, 이개는 목조(穆祖)에서 태종까지 6조를 신성화하고, 건국의 필연성과 수성 작업을 시가(詩歌)의 형태로 편찬한 『용비어천가』[33]의 주해 작업에도 참여[34]하였다.

이상의 사서 편찬사업 이외에 훈민정음의 창제와 번역 등에도 참여하였다. 세종 26년 동궁(문종)과 진안대군, 안평대군의 주관 아래 교리 최

---

32) 조선전기 실록 편찬관에 대해서는 김경수의 글(「조선전기 실록 편찬에 대한 사학사적 고찰」, 『조선시대사학보』 20, 2002) 참조.

33) 세종 27년(1445) 권제, 정인지, 안지 등이 편찬하였다. 이의 편찬과 성격, 역사의식에 대해서는 정두희(「용비어천가의 편찬과 고려사」, 『진단학보』 67, 1989)와 정구복의 글(「용비어천가에 나타난 역사의식」, 『한국사학사학보』 1, 2000)이 참조된다.

34) 강희안, 신숙주, 이현로, 신영손 등도 참여하였다.

항, 부수찬 신숙주, 이선로, 이개, 돈녕부 주부 강희안 등과 언문으로 운회(韻會)의 번역에 박팽년과 이개가 참여하였다.[35] 세종 28년에는 성삼문, 박팽년 등이 훈민정음의 장세에 참여하였고, 이와 관련된 여러 서적의 편찬과 주해 사업, 그리고 해석과 범례의 서술 시에 성삼문, 박팽년, 이개 등이 참여하였다.[36] 박팽년과 이개는 『동국정운』[37]의 편찬에도 참여하였다.[38]

이러한 문화사업의 전개에 따라 세종, 문종, 세조 때에는 『자치통감』만이 아니라, 『사기』, 『한서』, 『송사』, 『원사』, 『통지』 등의 중국 사서가 연구되었고, 『치평요람』, 『명황계감』, 『오월춘추』가 편찬·간행되어 중국 역사에 대한 이해가 넓고 깊어졌다. 이와 함께 지식의 확대는 역사만이 아니라 법률, 지리, 문학, 천문, 농법 등에 적용되어, 중국 문화 전체에 대한 이해가 넓어졌다.[39]

이와 같이, 성삼문을 비롯하여 단종 복위운동에 연루된 인사들은 건국사와 전조사(前代史), 당대사 등 사서 편찬과 훈민정음 창제 등 국학사업에 깊숙하게 관여하면서, 유교 이념에 의거한 건국의 당위성을 부여하는 동시에, 조선 초기 역사관의 정립에 상당한 역할을 수행했다. 즉 조선 전

---

35) 『세종실록』 권103, 26년 2월 16일(丙申).
36) 『세종실록』 권113, 28년 9월 29일(甲午). 이날의 작업에는 최항(응교), 신숙주(부교리), 성삼문(수찬), 강희안(돈녕부 주부), 이개·이선근(행 부수찬) 등이 참여하였다.
37) 세종의 언어정책의 일환으로 당시 혼란 상태에 있었던 우리나라의 한자음을 바로잡아 통일된 표준음을 정하려는 목적으로 편찬·간행되었다. 세종 29년(1447) 편찬이 완성되었고, 이듬해인 1448년 10월에 간행되었다(이동림, 『동국정운연구』, 동국대학교박사학위논문, 1970).
38) 『세종실록』 권117, 29년 9월 29일(戊午).
39) 정구복, 『한국중세사학사-조선전기편-(Ⅱ)』, 경인문화사, 2002.

기 편찬사업은 호학(好學) 군주 세종에 의해 마련된 숭문(崇文)적인 시대 분위기와 함께 진행되었는데, 그 과정의 모든 부분을 집현전 학사들이 적극 주도하였다는 사실이다. 이는 사육신의 학문과 사상이 당대를 대표하는 것이었으며, 시대정신과 시대사조를 주도하는 것이었음을 의미한다. 특히 이들의 학문과 사상이 편찬사업의 실현으로만 그친 것이 아니라, 단종 복위운동과 같이 현실 정치에 그대로 적용시키려는 실천성을 보였다는 점에서 큰 의미와 시사점을 살필 수 있다.

(4) 권력의 이합집산과 우계학파

계유정난과 단종의 선위, 단종 복위운동으로 이어지는 세조 집권 과정 전후 시기의 권력 변동은 대단히 복잡한 양상을 보였다. 종친 및 명문가 상호 간의 복잡한 통혼권이 형성되었음은 물론, 친(親)세조파와 반(反)세조파로 대립하는 등 정치권의 급격한 이합집산이 이루어졌던 것이다. 피를 나눈 세종의 자녀들은 물론이고, 관료들도 부자 간, 형제 간, 사돈 간, 장서(丈壻) 간 등, 가문 내 직계 인사들조차 권력의 대척점에 있었음을 확인할 수 있다. 시간의 고금을 막론하고 정치에서는 영원한 적도 없고, 동지도 없다는 격언을 확인할 수 있는 것이다.

단종의 복위를 주도하였던 인사들은 유교 이념에 입각한 정치 운영과 종통을 계승한 정상적인 체제의 유지를 주장하면서, 이에 반하는 현실 정치를 인정하지 않고 저항하였다. 그러나 현실 권력에 대항한 결과는 참혹함 그 자체였다. 본인과 가족을 비롯하여, 모의에 가담하였던 상당수의 인사들이 수양대군과 그 우익세력에 의해 처형당하면서 권력 핵심에서 배제되었다. 이에 비해 청주 한씨와 파평 윤씨, 안동 권씨, 고령 신씨 등 세조의 집권에 공을 세운 가문은 새로운 권력층으로 등장하거나, 기존의 성세를 굳게 다질 수 있었다.

반대세력을 철저하게 제거한 이후에 세워진 세조성권은 종친과 공신 우대정책으로 일관했다.[40] 공신과 사돈관계[41]를 맺는 등 훈구파로 굳어진 공신과, 이들 자손에 의해 공리적(公利的) 패권적(覇權的) 편당적(偏黨的)인 정권 형태를 유지하였다.[42] 한마디로 세조의 집권은 누구의 칼이 더 강한가를 확인하는 과정이었고, 통치 형태는 재위 기간 내내 공신이 권력을 독차지하는 훈척 중심으로 전개되었을 뿐이다.

그리고 실패로 끝난 단종 복위운동으로 인하여 성삼문 본인은 물론 부친과 가족 모두 참형을 당했다. 삼빙, 삼고, 삼성 등 세 동생과 맹첨, 맹평, 맹종, 헌, 택 및 갓난아기 등 여섯 아들도 모두 살해되었다. 이른바 멸문의 화를 당하게 되었던 것이다. 이후 그는 '사육신'으로 일컬어졌고, 충절의 표상으로 숭앙되었으며, 또한 그의 절의정신은 창녕 성씨의 가풍으로 자리 잡았다.[43]

계유정난과 단종 복위운동, 기묘사화와 을사사화 등 세조 이후 명종까지, 학자들의 일반적인 분위기는 현실 참여보다 산림에 묻혀 도학을 닦

---

40) 세조는 재위 기간 동안에 협조적인 종친과 외가인 심씨(沈氏), 처가인 윤씨, 최측근 공신계 인사들을 상당히 중용하였다.

41) 세조는 한명회의 딸을 예종비와 성종비로 들여 왕실과 중첩적 사돈관계를 맺었고, 정인지와 사돈관계를 맺는 등 최측근 공신들과 통혼권을 형성하여 믿을 수 있는 사람들만 신뢰하는 통치방식을 고집하였다.

42) 김태영, 「조선 초기 세조왕권의 전제성에 대한 일고찰」, 『한국사연구』 87, 1994.

43) 같은 시기 성삼문의 재종인 성담수 역시 단종 복위사건에 연루되어 심한 고문을 받고 김해로 유배되었다가 3년 후에 풀려 나왔다. 그 후 일체의 벼슬을 단념하고 파주에 은거하여 독서와 낚시질로 일생을 소일하였는데, 이후 그는 생육신의 한 사람으로 추앙되었다.

으려는 경향이 컸다. 서경덕, 성수침, 성운, 조식, 조욱, 이항, 성제원 등이 대표적인 인물이다. 이러한 시기에 '은거자수 성현자기'의 도학 군자풍으로 방향을 돌려놓는 데 중추적 역할을 한 이가 바로 성혼의 아버지 성수침(成守琛)이었다. 명종 때 유학자로서 형 성우(成遇)가 을사사화로 화를 입자, 벼슬을 버리고 속리산에 은거한 뒤, 참봉 등에 임명되었음에도 출사하지 않고 시문과 거문고로 소일하였던 성우의 동생 대곡(大谷) 성운(成運, 1497~1579)은 성수침과 종형제 간이었다. 즉 16세기 초엽부터 일어난 '은거하여 자신을 지키고, 성현이 되기를 기약한다.(隱居自守 聖賢自期)'의 도학풍은 성삼문 사후 창녕 성씨의 가풍으로 자리 잡았던 것이다.

'은거자수 성현자기'는 유학의 본령이 수기치인(修己治人)과 내성외왕(內聖外王)의 도라고 할 때, 치인보다는 수기, 외왕보다는 내성에 치중하는 학문적 경향을 보였다. 이는 15세기 단종 복위사건이나 16세기 사화에서 보듯이, 불의의 시대에 지식인의 현실참여가 얼마나 어려운가를 절실하게 체험한 데서 온 처신이었다. 말하자면 불의의 시대에 앞뒤를 헤아리지 않고 벼슬에 나가 희생하기보다, 은인자중하며 학문에 충실하여 때가 되면 나아가자는 신중한 태도였다.

한편 가학적 전통과 더불어 우계학풍의 형성에 영향을 미친 다른 하나는 정암(靜庵) 조광조(趙光祖, 1482~1519)를 중심으로 한 사승관계에서 비롯된 도학풍(道學風)이라고 할 수 있다. 우계의 부친 성수침은 조광조에게 수학하였다. 정몽주 이후 길재, 김숙자, 김종직, 김굉필을 거쳐 조광조로 이어진 학맥은 우리나라 도학의 정맥으로 일컬어지는데, 우계학파의 연원이 여기에 닿아 있는 것이다. 율곡이 조광조를 가장 존모하고 사숙하여 그의 도학에 간접적으로 연결되어 있다면, 우계는 부친을 통해 조광조와 연결되어 있는 것이다.

우계학파 연원의 다른 한 계열은 기묘명현(己卯名賢) 중 한 명인 사서 (沙西) 김식(金湜, 1482~1520)으로부터 비롯되었다. 김식은 조광조, 김안 국, 기준 등과 함께 소장 도학파를 이루어 개혁을 통한 왕도정치를 꾀하 다가 기묘사화에 연루되어 선산으로 유배 중 거창으로 도피하여 자살하 였다. 그의 문인으로 김덕수가 있고, 그 문하에는 윤근수가 있다. 윤근수 의 문하에 조익, 김상헌, 이정구가 있고, 그들의 문하에서 박세채, 정제두, 조복양, 조지겸, 임영 등이 배출되었다. 이 계열이 조광조와 같은 도학의 뿌리를 갖고 있다는 점에서 연원의 일단을 추정할 수 있는 것이다.

이와 같이 우계학파의 형성은 가학적 전통과 사승관계로 중첩된 도학 풍에서 가장 큰 영향을 받았음을 알 수 있다. 수기와 치인 중 은거자수의 수기적 측면에 더욱 치중했던 점은 이러한 연원에서 비롯되었던 것이다. 이제 우계학파의 형성과 관련하여 가장 중요한 근거가 되는 가문의 배경 과 사제 및 결혼관계 등, 각 가문과의 연관성에 대해 살펴보자.

2) 가문의 배경

우계학파의 연원과 관련하여 창녕 성씨 가문(家門) 배경을 바탕으로 명문가와의 상호 연관관계를 살펴보자.

고려시대 호장이었던 성인보(成仁輔)를 시조로 하는 창녕 성씨 가문의 흥기는 고려 말 조선 초에 활동하였던 성여완(成汝完, 1309~1397) 때 이 루어졌다. 여완은 조선 건국 과정에서 출사하지 않고 은거하였다. 그의 세 아들(石璘, 石瑢, 石珚)이 급제 후 고위직에 오르면서 정치적 비중을 높였을 뿐만 아니라, 세조대까지 다수의 문과 급제자를 배출하면서[44] 가문의 격을 높였다. 이에 스스로 거족 혹은 명족의식[45]이라고 하면서 위상을 강조하기도 하였다.[46]

국혼으로는 좌찬성을 역임한 성억(成抑, 1386~1448)이 성녕대군(태종 4남)을 사위로 맞이하였다. 성녕대군은 태종 18년에 요절했는데, 공교롭게 이 해에 안평대군과 성삼문이 태어났다. 세종은 부왕 태종을 위로하기 위해 안평을 성녕의 양자로 들여보냈다. 따라서 안평은 성삼문의 재당고모인 성억의 딸의 양자가 되었고, 성삼문과는 내외종 8촌 관계가 된다.[47] 세종의 후궁 혜빈 양씨 소생의 수춘군(壽春君)은 안평의 둘째 처남 영일 정씨 정자제(鄭自濟)[48]의 사위였고, 영풍군은 박팽년의 사위였다. 이러한 관계는 수양대군의 즉위 과정에 혜빈과 안평대군, 성삼문과 박팽년 등이 수양의 반대편에 서는 근거가 되었다.

그렇지만 단종 복위운동에 연좌되면서 멸문에 가까운 피해를 입었던 만큼, 가문의 성향은 현실 정치에 적극 참여하기보다 은거하여 스스로 수양하려는 방향으로 자연스럽게 선회하였다. 성삼문의 절의정신이 가풍으로 굳어지면서 16세기 이후 사림계의 등장 시 사상적으로 큰 영향을 주었던 것으로 보인다. 성우·성운 형제, 성희·성담수 부자, 성삼문의 종

---

44) 석용의 후손 중 槪·熺·三問·聃年, 석연의 후손 중 揜·念祖·奉祖·任·侃·倪·俶·俊·健 등이 문과급제자이다.

45) 이태진, 「15세기 후반기의 '鉅族'과 名族意識—『동국여지승람』 인물조의 분석을 통하여—」, 『한국사론』 3, 1976.

46) 15세기 후반 성현은 자신의 저서 『용재총화』를 통해 '我國鉅族' 중 대표적인 가문의 하나로 창녕 성씨를 언급하고 있다.

47) 최완수, 『조선왕조 충의열전』, 돌베개, 1998.

48) 아버지 淵이 안평대군의 장인이다.

질이었던 성제원·성수침·성수종의 처세와 학문 경향, 현실관을 통해 확인할 수 있다.

무엇보다 우계는 부친 성수침의 영향을 가장 크게 받았다. 아버지 성수침은, "도는 큰 길과 같고 성현의 가르침은 해와 별처럼 밝아 알기 어렵지 않으나, 힘써 행하여 그 앎을 채우는 데 있으니, 말로만 하는 것은 소용이 없다."라는 말로, 아들 성혼을 가르쳤다. 도학적 실천을 중시하는 태도가 강렬하게 훈육되었음을 짐작할 수 있다. "그의 학문은 가정에서 얻었다.", "가정에서 배웠기 때문에 도를 일찍 들었다."라는 평가를 볼 때, 그의 윤리적 실천과 은거자수의 도학풍이 가학의 전통에서 비롯되었음을 알 수 있다.

한편 창녕 성씨의 가학은 우계의 사위였던 윤황(尹煌)에게로 전승되면서 파평 윤씨로 이어졌다. 파평 윤씨는 15~16세기 이래로 국혼 및 당대 훈구계 명문과의 연혼을 통해서 권력 기반을 마련하면서 정권의 핵심으로 등장하였다.49) 특히 가문의 위세가 확고하게 구축된 계기는 윤번(尹璠, 1384~1448)의 딸이 수양대군, 즉 세조의 부인(정희왕후)이 되면서부터였다. 윤번의 아들인 윤사윤(尹士昀, 1409~1461)은 정난 및 좌익공신에, 윤사흔(尹士昕, 1422~1485)과 사흔의 아들 윤계겸(尹繼謙, 1442~1483)이 정난 및 좌리공신에 책봉되었으며, 윤번의 아들 윤사분(尹士昐, 1401~1471)과 윤사흔은 각각 좌의정과 우의정을 역임하였다. 윤번의 사위 중 한 명인 한계미(韓繼美)는 개국공신 한상경의 손자로서 정난 및 좌익공

___

49) 師路가 세종의 부마(貞顯翁主), 壕의 딸이 성종의 繼后(貞顯王后), 계동과 암이 태종의 부마(貞信翁主), 向의 사돈이 세종(廣平大君), 태산의 사돈이 태종(淑慶翁主), 愚의 장인이 태종(淑寧翁主), 번의 딸이 세조의 비(貞熹王后) 등으로 다른 가문에 비해 월등한 국혼관계를 유지하였다.

신에 책봉되었으며, 세조대 정국운영에 막대한 영향력을 행사하던 한명회(韓明澮)와 6촌 형제이다.

파평 윤씨는 명문가와의 혼인도 매우 광범하다. 윤곤(尹坤, 미상~1422)이 청주 한상경의 사위, 번이 한명회의 사위, 윤규(尹珪, 1365~1414)의 사위가 안동 권심(權審)50), 성종의 비인 정현왕후(貞顯王后)의 아버지인 윤호(尹壕, 1424~1496)의 장인이 의령(宜寧) 남재(南在)인 점 등이 두드러진다. 그리고 윤흠(尹欽, 미상~1485)의 사위는 전의(全義) 이수치(李壽稚, 미상~1493)51)이다. 다만 윤승례(尹承禮, 정희왕후의 조부)의 장인이 성삼문의 증조부인 여완이었던 사실은 주목된다. 이는 동일 가문 내에서 전혀 다른 정치 역정을 걸었던 사례와 다르지 않다.52)

정치세력의 변천 과정에서 중요한 역할을 하였던 가문의 성향과 더불어, 우계의 사위이자 문인이었던 윤황의 여덟 아들이 모두 당대의 유학자로서 이름이 높았다는 사실이다. 특히 그중에서 윤선거(尹宣擧)가 가장 뛰어났다. 윤선거는 김집(金集)의 문인이었지만, 부친과 외조부 우계의 영향을 많이 받았다. 그의 아들 윤증에 의해 우계학파의 면모가 확실하게 드러났다는 사실은 학파의 형성과 관련하여 매우 주목된다. 전주 최씨와의 연관관계를 보자.

---

50) 아들이 절(權節, 1422~1494), 손자가 自均인데, 자균이 하동 정광조(정인지의 장남)의 사위이다.

51) 백부가 정난 3등공신인 禮長이다.

52) 안평대군의 장인은 延日 정연인데, 그에게는 네 명의 아들이 있었다. 안평대군이 계유정난에 연루된 사실을 근거로 볼 때, 이들 가문도 풍비박산되었을 것으로 짐작되지만, 오히려 세조대 승승장구하였다. 그것은 안평대군과 부인의 사이가 좋지 않았던 점과 세조의 측근이었던 신숙주의 역할이 가문을 유지하게 한 배경이 되었다고 생각된다.

최사강(崔士康, 1385~1443)의 장녀는 함녕군(태종과 신빈 신씨 사이 소생)의 부인, 차녀는 금성대군의 부인으로 출가하여 태종과 세종의 사돈이다. 최사강은 진주 강서(姜筮, 석덕의 할아버지)의 사위이며, 최사강의 아들인 최승녕의 딸이 임영대군(세종의 아들)에게 출가했다. 손자인 최효공(崔孝恭)은 파평 윤번(한명회의 사위)의 사위이다. 최효공의 손자 최업(崔嶪)은 고령 신중주(신숙주의 형)의 손자인 신승조의 사위, 최사립은 신숙주의 손자인 신한(申瀚)의 사위로 신숙주 집안과 겹사돈 관계이다.53) 이 외에 최선민(崔善敏)은 성삼문의 종백부인 성봉조의 사위이다. 이와 같이 전주 최씨 가문 역시 국혼 및 명문가와의 혼인을 통하여 가문의 위상을 한층 높였음을 알 수 있다.54)

학파의 형성과 연관된 상황을 보면, 우계의 문인 가운데 최업의 손자 최기남(柳永立의 사위)이 있었고, 그의 아들이 초기 양명학자로서 사계의 문인이었던 최명길(崔鳴吉)이었다는 사실이다. 최명길의 육왕학적 가학은 그의 아들 최후량으로 이어졌으나, 손자인 최석정은 성리학을 옹호하고 양명학을 경계하였다. 그럼에도 이들의 가학은 다시 증손자 최창대(崔昌大)로 이어져 소론파의 맥을 이어갔던 것이다.

반남 박씨도 우계학파 형성에 일익을 담당하였다. 박미(朴彌, 1592~1645)가 선조의 부마이고, 박태정(朴泰定, 1640~1688)이 소현세자의 사위였다. 박동노(朴東老)는 창녕 성세장의 사위이고, 박세후는 파평 윤

---

53) 신한은 임맹영의 딸과 혼인하였다.

54) 최사강이 금성대군을 사위로 들였던 일은 가문의 존폐를 가름해야 하는 상황이 되었다. 즉 금성대군이 단종 복위운동과 연루되면서 전주 최씨 집안은 온전치 못할 상황이 되었다. 그런데 손녀(최승녕의 딸)가 임영대군과 결혼하였고, 임영대군이 세조를 적극 보좌하면서 멸문의 화를 벗을 수 있었던 것이다.

선거, 박태진은 파평 윤홍서, 호(濠)와 의(漪)는 신흠(申欽)의 사위, 그의 아들 박세채는 원두추(元斗樞)의 사위이다. 박태형은 사계의 문인이었다. 이와 같이, 학파의 형성과 관련되어 창녕 성씨 및 파평 윤씨 가문과의 중첩적인 혼인관계를 통해 어느 정도 일조했음이 확인된다.

김상헌(金尙憲)의 문인인 박세채(朴世采, 1631~1695)는 윤증과 더불어 소론파의 중심적 위치에 있었고, 학설에서도 율곡학파와 다른 길을 걸었다. 그는 우계의 문인이었던 신흠의 외손이었고, 그의 문하에서 정제두와 같은 양명학자가 배출되었다. 박세당은 박세채와 8촌간이며, 남구만(南九萬)은 그의 처남이었는데『사변록』을 써서 학계에 큰 파문을 일으켰고, 그의 형 박세후는 윤선거의 사위였다. 또한 박세당의 두 아들 박태유와 박태보는 모두 소론파의 중심적 위치에서 크게 활약하였다. 우계학파 형성에 안동 권씨의 연관성도 확인된다.

안동 권씨는 고려 말 권문세족으로 크게 성장하였다.55) 충렬왕, 충선왕, 충숙왕 3대에 걸쳐 크게 활약하였던 부(溥)는 5남 4녀의 자녀를 두었는데, 자신을 비롯하여 다섯 아들과 세 사위가 봉군되어 '일가구봉군(一家九封君)'의 진기록을 세울 정도로 가문의 격을 크게 고조시켰다.56) 이는 고려 후기 안동 권씨 가문이 크게 현달하였다는 사실과 정치적 영향력이 상당했음을 의미한다. 다시 말해 원나라 간섭기의 복잡한 정치적 변혁과 갈등 속에서도 때로는 타협적 자세로, 때로는 개혁적 입장과 태도를 견지하면서 능동적인 현실 대응으로 권력의 핵심세력이 되었던 것

---

55) 민현구,「고려 후기 안동권씨 가문의 전개」,『도산학보』5, 1996.
56) 『고려사』열전20, 權㫜傳 附權溥傳.

이다.57) 이후 여말 선초의 격변기에도 가문의 성세가 그대로 유지되었으며,58) 조선왕조 전 시기에 걸쳐 뛰어난 학자와 현관을 다수 배출한 대표적인 양반 거족 가문의 하나이다. 먼저 가문 내 국혼을 보자.

세종과 혜빈 양씨 소생의 한남군(漢南君)이 권격(權格)의 사위이고, 권근(權近, 1352~1409)의 차남 권규(權跬)가 태종과 원경왕후 사이에 태어난 경안공주와, 권공(權恭)은 신빈 김씨와의 사이에 태어난 숙근옹주와 혼인하였다. 그리고 권자신(權自愼, 미상~1456)59)은 단종의 외숙(현덕왕후 동생)이었다. 정난 2등공신이었던 권근의 3남 권준(權蹲)은 해주(海州) 정역(鄭易, 미상~1425)의 사위이다. 정역은 효령대군의 장인이며, 아들(충경)의 사위가 영응대군(세종의 아들), 손자가 단종의 자형(경혜공주의 남편)이었다.60) 이제 학파의 형성과 관련된 사실을 보자.

권박(權博, 1475~1547)은 중종 3년(1508)에 음서로 출사하여 선공감 부정을 지냈다.61) 권박의 형 권홍이 자식이 없어 장남 덕유(德裕)를 출계시켰다. 출계 이후 권덕유는 5남 1녀를 두었는데, 극의, 극례, 극지 3형제가 문과에 급제하면서 가문을 크게 현달시켰다.62) 권박의 3남 권덕여(權德輿, 1518~1591)는 명종 17년(1562) 별시문과에 급제하여 대사성을 지냈다.

---

57) 민현구, 「고려 후기 안동권씨 가문의 전개」, 『도산학보』 5, 1996.

58) 김영현, 「탄옹 권시의 가계와 생애」, 『도산학보』 3, 1994.

59) 화산부원군 최씨(현덕왕후 권씨의 친정어머니, 최용의 딸)는 단종의 외조모로 권자신의 어머니이다.

60) 이에 대해서는 성봉현의 글(「조선 중기 사족가문의 전개」, 『도산학보』 3, 1997) 참조.

61) 『安東權氏參議公派波譜』 권1.

62) 이들과 자손들의 관력에 대해서는 민현구와 성봉현의 글 참조.

송인수(宋麟壽, 1499~1547)63)의 문인으로 율곡 및 성혼 등과 교유하였다. 그는 전처인 고성 이씨와의 사이에서 1남 2녀를 두었는데, 1남 극순은 일찍 세상을 떠났다. 측실과의 사이에서 극신, 극공 등 2남을 낳았는데, 모두 관상감 참봉을 지냈다.

한편 후처인 평산 신씨64)와의 사이에서 1남 1녀를 두었는데, 1남이 권극중(權克中, 1560~1614)이다. 그런데 극중은 적장자인 순이 요절하는 바람에 가장 어린 나이였음에도 불구하고 적장자가 되었다. 이후 그는 아버지가 교유하였던 성혼의 문인이 되었고, 세마를 역임하였다. 권극중65)은 관직을 떠난 후에 한백겸, 이덕형, 정엽, 오윤겸, 이정구, 김장생 등과 교유하면서 '위기지학(爲己之學)'에 전념하였다. 권극중 이후 가학의 성향과 사상의 특성을 유추할 수 있다. 즉 그는 성혼의 문인이 되어 우계학파의 일원이 됨으로써 자손들에게 상당한 영향을 주었음은 물론, 가학의 형성에도 크게 기여하였던 것이다. 이를 좀 더 구체적으로 살펴보자.

권극중의 당질이 권득기(權得己, 1570~1622)인데, 권득기의 가학은 아들 권시(權諰, 1609~1672)에게 이어졌고, 권시는 두 아들 기(惎)와 유(惟)를 통해 권이진에게 계승시켰다. 권득기는 박지계(朴知誡)와 도우관계를 유지하였으며, 권시는 부친과 박지계로부터 수학하였다. 박지계의 형 지경(知警)은 권시의 장인이었고, 권시는 윤증의 장인이면서 윤휴(尹鑴)의

---

63) 송인수에 대해서는 김준석의 글(「16세기 대전지방의 사림과 주자학」, 『대전문화』창간호, 1992)과 윤종빈의 글(「규암 송인수의 생애와 경세사상」, 『유학연구』 13, 2006) 참조.

64) 기묘명현 鏛의 손녀이다.

65) 극중의 행장은 아들 徹己가 찬했고, 紀蹟碑는 崔秉心이 지었다.

아들 윤의제(尹義濟)의 장인이기도 했다.66) 또 권시의 아들 권유(權惟)는 송시열(宋時烈)의 큰 사위였으므로 노론과 소론 간의 복잡한 연혼관계를 형성하고 있었다. 이와 더불어 앞에서 살펴본 우계학파와 연관된 대표적인 가문과 학연, 혈연, 신도비문 편찬 등으로 긴밀한 연관성을 보이고 있다는 점이 확인된다.

한편 가문 내 인사들의 신도비(혹은 묘갈)를 찬하거나, 서(書) 혹은 전을 남긴 인물67)들의 면모를 보면, 다소 복잡한 사승관계와 인적 관계가 확인된다. 크게는 서인계, 세부적으로는 우계학파와 연결되어 있는 것이다.68) 이는 가문의 학문과 사상이 이로부터 상당한 영향을 받았음을 의미할 뿐만 아니라, 현실관과 현실의식 역시 이로부터 자유로울 수 없음을 입증하는 것이다.69)

---

66) 이들의 통혼권에 대해서는 김영현의 글 참조.

67) 신후문 작성 관련 인사 현황

이름	등과	사승	신도비(묘갈)			부인	외조
			찬	서	전		
박	음서		盧守愼	한석봉		海州 吳致精	龍仁 李良俊
덕여	명종 17 별시	宋麟壽	李廷龜	李玄成	金尙容	固城 李浚	淸風 金崇文
						平山 申恒國	固城君 鋼
극중	선조 21 진사	成渾	趙翼	徐必遠		宜寧 南珆	錦原君 齡
진기	선조 39 식년시					宜寧 南彦經	南陽 洪演
						平昌 李廷直	礪山 宋山律
순장	인조 2 진사		趙復陽	南九萬	申翼相	全州 李久源	驪興 閔大倫

68) 이정구와 조식은 윤근수 문인, 서필원은 김집 문인, 조복양은 김상헌 문인, 남구만은 송준길 문인인 점에서 볼 때 범 서인계라고 할 수 있다. 그런데 남구만이 소론의 대표자로 활동한 것을 보면, 소론계와의 연관성도 부인할 수 없다. 다만 칼로 두부를 자르듯이 조선시기 당색을 구별할 수 없는 점에서 볼 때 다소 무리가 따르기는 하지만, 이 정도의 외형만으로도 성향 파악이 가능하다고 생각된다.

69) 병자호란 당시 강화도로 들어갔다가 청군에 의해 강화도가 함락되자 김상용 등과 함께 순절함으로써 짧은 생애를 마감하였던 권순장의 생애를 통해서도 성리학과 선비들이 절대적으로 신봉하였던 의리정신과 명분론의 실체를 살필 수 있다(김경수, 「병

이상에서 살핀 바와 같이, 창녕 성씨의 가학에서 연원한 우계학파는 파평 윤씨, 반남 박씨, 전주 최씨, 안동 권씨 등과의 사제 및 결혼 등의 연관관계를 형성하면서 하나의 학맥이 형성되었고, 체계적으로 발전했음을 확인할 수 있다. 즉 복잡한 사승관계와 연혼관계, 정치적 함수관계 등을 고려해 볼 때, 이들 가문이 학파의 형성에 직간접적으로 연관되었으며, 일정한 영향을 끼쳤음을 알 수 있는 것이다.

3. 우계학파의 사상적 특징

우리나라의 유학은 크게 기호유학과 영남유학으로 대별된다. 영남유학은 퇴계학파가, 기호유학은 율곡학파가 주류를 형성하였다. 율곡학파와 같으면서 이론과 논리보다는 내면적 자기수양과 실천을 중시하는 경향의 학파가 우계학파이다. 일부 인사가 정치의 전면에 나서기도 했지만, 대체로 낙향하여 왕도의 실현을 도모하였던 특징이 더 부각된다.

우계학파의 학맥은 성혼의 사위이자 문인인 윤황에게 이어지면서, 창녕 성씨의 가학이 파평 윤씨로 계승되었다. 윤황은 윤순거 등 8형제를 두었고, 그중에서도 5남 윤선거는 우계학파의 중심적 위치에 있었다. 그는 부친 윤황의 가르침을 받으면서 율곡 문하의 김장생, 김집의 문하에서 수학하였고, 송시열, 송준길, 이유태, 유계, 윤휴, 권시 등과도 친밀하게 지냈다. 물론 그가 평생 준수하고자 했던 것은 외조부 성혼의 학문을 계승하는 것이었다. 실(實)에 힘쓰고 경(敬)을 독신하게 하며, 학문은 가깝

자호란과 충열공 권순장」, 『도산학보』 11, 2008).

고 쉬운 것으로부터 하고, 마음은 밖의 외물이 아니라 내면적인 자아에 집중했다. 이러한 윤선거의 학풍은 우계학파를 일관하는 보편적인 학풍이었다고 할 수 있다.[70]

윤선거의 아들 윤증(尹拯)은 부친의 묘지명 사건, 예송논쟁 등 일련의 사건으로 스승 송시열과 다른 길을 걸었다. 이를 계기로 윤선거에서 드러나기 시작한 우계학파의 색깔이 구체적으로 드러났다. 다시 말하면 성혼 당시에는 학파적 결속이나 이념적 정체성이 분명하게 드러나지 않았지만, 윤선거와 윤증, 박세채를 통해 학파적 결속과 이념적 정향이 분명해졌던 것이다. 윤증은 평생 관직을 사양하고 오로지 학문연구와 교육에만 전념하였다. 임금이 얼굴 한 번 안 보고 재상의 벼슬을 주었을 만큼 '얼굴 없는 재상'으로 학계의 신망이 높았는데, 이러한 경향이 학파의 수기적 측면과 직결된다고 할 수 있는 것이다.

우계학파는 성혼과의 사승관계로 맺어진 학맥이나 파평 윤씨의 가학적 전통이 중심이 되었지만, 노소(老小) 분당 이후 송시열을 반대하고 윤증과 박세채의 편에 섰던 소론계 학자들도 포함되었다. 예컨대 성혼의 문인인 오윤겸(吳允謙, 1559~1636)의 손자 오도일(吳道一, 1645~1703), 최기남, 최명길의 후손인 최석정, 최창대 등이 소론계를 대표하는 인물이었다. 그 밖에 정엽(鄭曄)의 문인이었던 나만갑(羅萬甲)도 소론에 속하고, 송준길(宋浚吉)의 문인이었던 남구만(南九萬, 1629~1711)도 소론계의 인물이라고 볼 수 있다. 이상을 근거로 우계학파의 사상적 특성은 다음과 같

---

70) 후일 윤증이 부친을 변호한 글이나 윤증의 문인 이세덕이 올린 부친을 변호한 글이나 윤증의 문인 이세덕이 올린 상소에서 "주자를 수학하는 일에서 송시열은 밖이고 이름이며, 윤선거는 안이고 실제입니다. 대의를 자임하는 일에서도 송시열은 허명이지만 윤선가는 실심입니다."라고 한 데서 잘 알 수 있다.

이 정리할 수 있다.[71]

첫째, 기호유학 내에서 율곡학파와 더불어 양대 산맥을 형성한 우계학파는 개방적인 학풍이 두드러졌다. 기호지역을 기반으로 하면서도 율곡의 성리설(性理說)에 구애되지 않고, 퇴계 성리설에도 호의를 보이는 등 성리학 이해에 탄력성을 견지했다. 이는 조익(趙翼, 1579~1655)과 박세채 등의 사상적 특징[72]에서 그 사실을 확인할 수 있다.[73] 즉 우계학파의 학문적 경향은 어느 특정 학설에 교조적으로 매이지 않고 자유로운 태도를 지니고 있었다는 것이다. 이는 퇴계학파나 율곡학파 직계의 경직된 학풍과는 대조적인 경향이라고 할 수 있다.

둘째, 내성적인 학풍이다. 우계학파는 성삼문의 순절 이후 창녕 성씨의 가학적 전통이 되었던 "은거하여 자기수양에 전념하며 성현이 되기를 스스로 기약한다."라는 내성적 학풍을 바탕으로 하고 있다. 이 전통은 성희·성담수 부자, 성우·성운 형제, 성수침·성수종 형제, 성혼과 성제원[74] 등으로 이어졌고, 윤황의 파평 윤씨 가학으로 계승되었다. 즉 적극적으로 현실에 참여하기보다, 한 발 물러서서 자기를 돌아보고 내면적인 자아실현에 전념하였던 수기 우선의 경향이 강했던 것이다.

셋째, 무실(務實)학풍이다. 무실학풍은 윤선거와 윤증 부자에 이르러 절정에 달하여, 학파의 정체성으로 드러났다. 윤선거는 학자가 근심하는 바는 단지 실심(實心)이 서지 못함에 있고, 궁행이 독실치 못함에 있을

---

71) 이에 대해서는 황의동의 전게 저서 및 선행 연구를 참조하였다.

72) 안재순의 글(「조익의 심학사상」, 『한국사상가의 재발견』 2, 한국정신문화연구원, 1994)과 도민재의 글(「남계 박세채」, 『한국인물유학사』 3, 한길사, 1996) 참조.

73) 황의동, 전게 저서.

74) 김문준, 「동주 성제원선생」, 『충현서원』, 2001.

뿐이라고 하였다. 윤증의 무실학풍은 율곡의 영향이 전혀 없는 것은 아니지만, 그보다는 우계의 학풍과 그를 계승한 부친 윤선거,[75] 장인 권시의 가학적 영향이 더 컸다고 생각된다.[76] 실심·실공·실효 실천을 강조하는 무실학풍은 우계 이래 전승된 우계학파의 보편적 이념이었고, 이는 윤선거를 통해 더욱 강조되었으며, 송시열과 윤증, 박세채의 결별 이후 송시열을 비롯한 율곡학파와 구별되는 학문적 정체성으로 드러났던 것이다.

넷째, 우리나라 육왕(陸王)학풍을 여는 주도적인 역할을 했다는 점이다. 우계학파 전체가 육왕학에 대해 호의적이었던 것도 아니고, 육왕학 연구에 나섰던 것도 아니지만, 한국 양명학을 대표한다고 할 수 있는 대부분의 학자들이 우계학파에 속해 있다는 사실이다. 최명길, 신흠, 장유, 정제두, 조익 등이 여기에 해당한다.[77] 그 밖에도 권시와 박세당[78]의 경우도 육왕학적 경향이 없지 않다고 생각된다. 한국 양명학의 대표적인 인물 대부분이 우계학파에 속해 있음은, 학파의 사상적 특성으로 매우 중요한 요소라고 할 수 있는 것이다.

다섯째, 탈(脫)성리학적 경향이다. 우계학파에 속한 학자 중 이기심성론에만 전념한 학자는 흔치 않다. 학파의 성리학 탐구의 소극적 태도는 직계 율곡학파와 구별되는 특징임에 틀림없다. 송시열, 권상하, 이간, 한원진으로 이어지는 율곡 직계의 학풍은 이기심성론의 탐구가 가장 중요

---

75) 황의동, 「명재사상의 성리학적 특성」, 『무실과 무심의 유학자 명재 윤증』, 2001.

76) 권정안, 「탄옹 권시」, 『한국인물유학사』 3, 한길사, 1996.

77) 유명종의 글(『한국의 양명학』, 동화출판공사, 1983)과 황의동의 글(『한국의 유학사상』, 서광사, 1995) 참조.

78) 윤사순, 「서계 박세당」, 『한국인물유학사』 3, 한길사, 1996.

한 비중을 차지하고 있기 때문이다. 따라서 우계학파의 성리학에 대한 이론적 탐구의 소극적인 경향은 실천적 도학풍으로 흘렀다. 이는 우계학파의 연원에서 보이는 은거자수의 학풍과 밀접한 연관이 있다. 즉 김종직, 김굉필, 조광조, 성수침, 백인걸, 성수종으로 이어진 우계학의 도학적 뿌리는, 외왕보다 은거자수의 내성 중시와 연관되었던 것이다. 그러므로 유학 본래의 자기수양에 투철하였고, 학문적 관심도 존재론적 관심보다는 수양과 실천에 보다 많은 관심을 가졌음을 알 수 있다.79)

4. 맺음말

일반적으로 특정 학파를 언급할 때는 그 학파의 학문적 특성이 존재하고, 사우 간에 학풍을 공유하며, 나아가 그것이 하나의 학자 군으로 결속되어 유지된 경우를 말한다. 그런데 학파의 범주를 어떻게 설정하고 그 속에 어떤 기준을 정하여 인물을 포함시킬 것인가는 매우 어려운 문제라고 생각된다. 무엇보다 사승관계의 확인은 용이한 일이 아니기 때문이다. 스승과 제자의 관계 설정이 형식적일 경우가 많고, 어떤 경우는 직접 배우지 않고 사숙했을지라도, 오히려 더욱 철저한 사승관계를 보여 주는 경우가 확인되기 때문이다. 사제관계가 형성되었다고 하더라도 반드시 스승의 학설을 묵수해야만 하는가 하는 문제가 있고, 또 스승이 여럿일 경우 누구의 학문적 영향을 많이 받았는가도 중요한 변수가 된다. 이와 함께 지역을 중심으로 형성된 학파인 경우에는 더욱 복잡해진다. 태어나

---

79) 황의동, 전게 저서.

고 자라고 배우고 관직생활을 하고 돌아간 곳이 각기 다르다는 점을 감안해 볼 때 단선적으로 규정하기 어렵기 때문이다.

우계학파는 고려 말 성리학의 정맥인 정몽주-길재-이색의 계통을 이었고, 조선 건국 이후에는 김종직-김굉필-조광조의 계통을 이었다. 조광조의 문인 성수침이 학파의 종장 성혼의 아버지이다. 성혼의 학문과 사상은 사위이자 문인이었던 윤황을 통해 윤선거-윤증으로 이어지면서 학파의 정체성이 구체적으로 나타났다.

조선 중기 이후 학문적으로나 사상적으로, 그리고 정치적으로도 일정한 영향을 끼쳤던 우계 성혼의 사상과 유학사적 위상, 우계학파의 형성과 전개 등에 대해서는 그동안 율곡 내지 율곡학파에 가려 제대로 드러나지 못했던 것이 사실이다. 이와 더불어 학파에 대한 구체적인 연구 성과 역시 미흡한 편이었다. 이러한 문제의식을 해결할 목적으로 본고에서는 우계학파의 연원 및 형성과 관련된 문제에 천착하였다. 성삼문의 순절 이후 가문의 정신적, 사상적 바탕이 되었던 절의정신이 다른 가문과 어떤 연관성을 지녔으며, 후대에 어떤 영향을 끼쳤고, 학파의 형성에 어느 정도 영향을 끼쳤는지에 주목하였다.

사상적 영향과 더불어 가문 간 연혼관계를 추적하면서 상호 연결 고리를 찾고자 하였다. 즉 우계학파의 연원과 형성에 대해 가학적 배경을 중심으로 살핀 결과, 성삼문의 순절 이후 '은거자수(隱居自守) 성현자기(聖賢自期)'의 정신은 성혼을 거쳐 창녕 성문의 가학적 전통으로 굳어졌다. 그리고 사승관계 및 혼인관계 등이 학파의 형성에 크게 기여하였을 뿐만 아니라, 구체적으로 발전하였음을 확인할 수 있었다. 즉 학파의 형성에 성리학의 도통 이상으로 가학이 크게 영향을 끼쳤음을 알 수 있다.

향후 개별 학자들의 사상적 및 정치적인 특징에 대해 구체적으로 분석한다면, 우계학파의 사상적 및 정치사회적 성향을 파악할 수 있을 것으로 기대된다. 이에 대해서는 후고를 통해 살핀다는 것으로 본고의 부족함을 면하고자 한다.

우계 성혼과 우계학파(牛溪學派)의 위상[1]

최영성[2]

〈차례〉

1. 머리말

우계(牛溪) 성혼(成渾, 1535~1598)은 정암 조광조의 수제자인 청송(聽松) 성수침(成守琛)의 아들로, 동국 도학의 정맥(正脈)을 이었으며 적전(嫡傳)이 되었다. 부사(父師)의 학문을 계승하여 부자가 일대에 성명(盛名)을 날린 경우로는, 김숙자(金淑滋)·김종직(金宗直) 부자, 성수침·성혼 부자, 김장생(金長生)·김집(金集) 부자, 윤선거(尹宣擧)·윤증(尹拯) 부자가 대표적인 사례라 할 수 있다.

---

1) 이 논문은 『우계학보』 제27호, 우계문화재단, 2009년에 게재한 논문이다.

2) 崔英成, 국립한국전통문화대학교 교수.

우계는 동국십팔현(東國十八賢)의 한 사람으로 흔히 율곡 이이와 함께 병칭된다. 우리나라 유학사를 살펴보면, 한 시대를 풍미하며 병칭되었던 인물들이 있다. 공자묘(孔子廟)에 종사(從祀)된 선유(先儒)만 하더라도 '한·두(寒蠹)' 또는 '김·정(金鄭)'으로 일컬어졌던 한훤당(寒暄堂) 김굉필(金宏弼)과 일두(一蠹) 정여창(鄭汝昌)을 비롯하여, 정암과 퇴계, 율곡과 우계, 우암(尤菴) 송시열(宋時烈)과 동춘당(同春堂) 송준길(宋浚吉) 등이 비교적 널리 알려진 인물들이다. 이들은 태어나 활동했던 시기도 같았고 성명(盛名)도 비슷했지만, 성품과 기질 그리고 학문 성향에서 차이가 없지 않았다. 척사위정(斥邪衛正)의 대명사인 화서(華西) 이항로(李恒老)가 문묘에 종사된 십팔현 가운데 서로 병칭되는 제유(諸儒)를 평하면서, 경세를 겸하여 적극적인 학술 활동을 펼쳤던 조광조·이이·송시열을 같은 맥락에서 보고, 천리(踐履)에 치중하였던 이황·성혼·송준길을 한 맥락에서 본 것은, 저들의 기질이나 학문 성향 등으로 미루어 잘 파악한 것이라고 할 수 있다.3)

그런데 조선시대 사림(士林)의 인식을 보면 우계는 율곡의 그늘에 가려 그 진면목이 제대로 드러나지 못하였다. 이와 마찬가지로 송준길 역시 송시열의 무게에 눌려 그의 뒷전에 머물러야 했다. '우·춘(尤春)'이니 '춘·우(春尤)'니 하는 위차(位次) 논란이 있었지만, 이것은 그의 집안이나 호서 사림 사이에서의 일이요, 송준길이 송시열의 명성을 능가하지는 못하였다. 현대에 들어 학계에서의 연구 결과도 이러한 인식을 넘어서지 못하였다.

---

3) 『華西集』 부록 권1, 「語錄」, 〈金平黙錄〉: "靜菴栗谷尤齋, 是一般意味, 退陶牛溪同春, 是一般意味."

우계 성혼은 '퇴고논변(退高論辯)'에 이은 '율우논변(栗牛論辯)'의 주역 가운데 한 사람으로, 조선 성리학사를 찬란하게 장식하였음에도 율곡과 같이 정당하게 평가받지 못하였다. 그리고 그가 완숙하면서도 분명하게 내세웠던 주장들은 이이의 주장에 가려지거나 묻혀 조명을 받지 못하였다. 또한 우계의 학맥이 조선 후기까지 연면히 계승되어 율곡학파와 대비될 정도로 뚜렷한 학파를 이루었으며 나아가 조선 후기 사상사에서 나름의 구실을 단단히 하였음에도, 율곡학파와 그 후예들에게만 초점이 맞추어져 우계의 학문 전통이 소홀하게 다루어져 왔다.

1988년 우계문화재단에서 『성우계사상 연구논총』을 펴낸 것을 기폭제로 하여, 이후 우계에 대한 연구 성과가 다수 집적되었다. 우계문화재단의 연구 지원은 우계에 대한 연구에 새 장을 열었다. 그 결과 우계의 성리학에 대한 검토가 이루어졌으며 그가 조선 유학사에서 차지하는 위상이 논의되기 시작하였다. 이뿐만 아니라 우계의 학문 전통이 조선 후기 사상사에서 어떠한 양상으로 전개되었으며, 어떠한 구실을 하였는지에 대해서도 조명이 이루어져, 이제는 우계의 학문과 그 학맥의 독자성을 부각시키는 차원에서 '우계학파'라는 학술상의 용어가 사용되기에 이르렀다. 황의동(黃義東) 교수는 율곡학파에서 독립된 '우계학파'의 설정을 주장하면서, 한 '학파'를 규정할 때 필요한 요건으로 ① 학문적 사상적으로 특성이 존재하고, ② 사자간(師資間), 사우간(師友間)에 학풍을 공유하며, ③ 나아가 이것이 학자군으로 결속되고 유지되었느냐의 여부를 들수 있다고 하였다.4) 그의 연구에 따르면, 우계학파의 범주에 드는 학자군

---

4) 황의동, 『우계학파연구』, 서광사, 2005, 13쪽.

의 학문세계, 학문연원 등을 고찰할 때 이 세 가지 요건이 충족된다고 한다. 앞으로 머지않은 시일에 우계학파라는 용어가 학계에서 정식 학술용어로 정립될 것을 기대해 본다.

본고에서는 저간의 연구 성과를 바탕으로, 우계 성혼이 한국 유학사에서 차지하는 위상과 조선 후기 사상사의 우계학파가 차지하는 위상, 그리고 그 영향에 대해 살펴보고 그 의미에 대해 재음미하려 한다. 사상사적 관점에서 거시적인 조망을 주로 하고자 한다. 학설상의 자세한 분석, 특히 사칠리기론에 대한 것은 이미 발표된 수가 많고 자세하기 때문에 그에 미룬다.

2. 성리학사상(性理學史上) 우계의 위상

선조 5년(1572)에 시작된 율곡과 우계 사이의 사칠논변은 사실상 그 이전에 있었던 퇴계·고봉 간의 '퇴고사칠논변'의 연장선상에서 이루어진 것이다. 퇴고논변에서의 남은 쟁점들이 더욱 부각되고, 따라서 논변이 깊이를 더했음은 물론이다. 우계의 질문으로 말미암아 시작된 이 율우논변이 없었다면 조선 성리학사가 어떻게 전개되었을지, 또 어느 수준에서 머물렀을지 실로 예측하기가 쉽지 않다.

그런데 선유(先儒)들 가운데 상당수가 율곡의 주장에만 주목하였을 뿐, 우계의 주장은 종속적인 것으로 소홀히 여겼던 것이 사실이다. 쌍방이 대등한 위치에서 진행되었던 논변이라고 인식하였던 이들은 별로 없는 것 같다. 실제로 주고받은 서한을 보면 우계는 율곡에게 질의를 하거나 가르침을 청하는 형식이었고, 율곡은 우계에게 마치 스승이나 선배가 제자 또는 후배를 가르치듯 장황하게 자기설을 전개하였다. 전반적으로 우계가 제기한 문제에 대해 율곡 자신의 설이 옳고 우계가 그르다는 식으로 공박하기도 하였다. 한마디로 우계를 대화나 논변의 한 축으로 여겼다기보다는, 율곡 자신의 설을 우계에게 설파하여 따르기를 강요한 인상이 짙다. 이와 관련하여 율우논변에 대한 김충렬 교수의 종합평을 보기로 한다.

> 우율(牛栗)의 논변은 시종 평행선을 달리어 끝내 일치점을 찾아내지 못하고 있는 것이 유감이다. 그 원인은 우계의 경우, 전자(前者)에 이미 퇴계사칠설에 대한 오해를 풀고 견해를 바꾼 것과 같이, 자기 생각, 자기 학설만이 절대적이라는 아집이 강하지 않아, 대화 진행상 유연성을 보이고 있는 데 반해 율곡은 그렇지 않았다. 우율사칠논변을 읽고 느끼는 인상은, 논변을 통해 이견(異見)을 조정하려는 의도가 전혀 없고, 양설(兩說) 중 하나가 시(是)면, 하나는 꼭 비(非)여야 한다는 주장으로, 자기 이론권(理論圈)을 상대방에게 개방하여 주는 것이 아니라 오히려 폐쇄하고, 더 많은 이론을 동원하여 자기 진영의 성곽을 증축, 강화하고 있다는 것이었다.[5]

사정이 이렇다 보니, 우계의 설을 재음미하고 이것을 자신의 성리설에 수용하였던 농암(農巖) 김창협(金昌協) 같은 이조차도 "율곡이 끝내 우계가 의심하는 것을 풀어 주지 못했다"[6]고 하여, 논변을 시종 율곡 위주로

---

5) 김충렬, 「牛栗四七論辯 評議」, 『성우계사상 연구논총』, 우계문화재단, 1988, 37~38쪽.
6) 『農巖別集』 권3, 5b, 「語錄」: "…… 栗谷未嘗如此明白說破, 故終不能解牛溪之所疑也."

보았을 정도이다. 이쯤 되면 다른 사람이야 말할 것이 없지 않을까 한다.

그러나 매사를 겸비(謙卑)로 일관하였던 우계의 손지원학(遜志願學)하는 학문 태도, 그리고 사칠리기와 같은 사변적인 것을 달갑게 생각하지 않는 우계의 생각을 살피지 못한 채, 겉으로 드러난 대화 형식만 보고 대등한 논변이 아니라고 인식하는 것은 잘못이다. 우계는 결국에 가서 율곡의 설을 일부 비판적으로 수용하면서도 그와는 다른 자기식의 새로운 사유 체계를 수립하였다. 그리고 우계의 설은 율곡의 설과 함께 조선 후기 성리학계에 적지 않은 영향을 끼쳤다.

여기서 논변의 내용을 자세히 살필 여유는 없다. 논변의 결과를 보면 율곡의 설은 대체로 고봉 기대승의 설에서 시종 벗어나지 않고 있으며,[7] 우계의 설은 율곡의 기발리승일도설을 일면 인정하면서도 퇴계가 말한 주리·주기의 분개가 가능하다는 점에 중점을 두어 양설을 절충하였고, 이것이 양보할 수 없는 논안(論案)이라는 점을 밝히면서 끝을 맺었다.[8] 학계에서는 우계가 율곡에게 보낸 제육서(第六書)의 내용이 우계설의 최종 결론이라고 보고 있다.

---

7) 율곡은 「論心性情」이라는 글에서 "내가 강릉에 있을 때 기명언이 퇴계와 사단칠정에 대해 논한 서한을 보았는데, 명언의 말은 나의 의견과 꼭 합치된다[正合我意.]"(『율곡전서』 권14, 32b, 「雜著一」)고 하여, 서로 견해가 부합됨을 우연의 일로 돌렸다. 그러나 이것을 그대로 받아들이기는 어렵지 않을까 한다.

8) 이것은 퇴율 이후 성리학자들의 대체적인 인식이었던 것 같다. 『弘齋全書』 권179, 「羣書標記(一)」, 〈四七續編〉에서도 "사칠설은 퇴계 이황과 고봉 기대승이 편지를 주고받으며 辨難한 데서 시작되었는데 끝내 상호 의견의 일치를 보지 못하였다. 그 뒤 우계 성혼은 퇴계의 주장을 주로 하고, 율곡은 고봉의 주장을 주로 하여 새로운 의견을 다투어 내면서 서로 편들거나 배척하였다."라고 하였다.

(A) 형께서는 반드시 '기발이승' 외에는 다른 길이 없다고 말하겠지만 나는 반드시 다음과 같이 말하겠습니다. "(사단칠정이) 미발(未發)할 때에는 비록 리기기 각각 빌용(發用)하는 묘맥이 없다가 막 발할 즈음에 의욕이 동할 적에 마땅히 주리·주기가 있다고 말할 수 있을 것입니다. 다만 각각 발출(發出)한 것은 아닙니다. 그 한 길에 나아가서 그 중한 것을 취하여 말한 것입니다. 이것이 퇴계의 호발설이 지닌 의미이니 곧 오형(吾兄)께서 말한 인마설(人馬說)인 것입니다."9)

(B) 정(情)이 발하는 곳에 주리와 주기의 두 개의 뜻이 있어 분명 이와 같다면 이는 말이 사람의 뜻을 따르고 사람이 말이 가는 대로 맡긴다는 설이요, '미발'일 때 두 개의 뜻이 있다는 것이 아닙니다. 겨우 발할 즈음에 리에 근원하고 형기에서 나옴이 있는 것이지, 리가 발함에 기가 그 뒤를 따르고 기가 발함에 리가 그다음에 탄다는 것이 아닙니다. 곧 리기가 하나로 발하는데 사람이 그 중한 쪽을 취하여 '주리' 또는 '주기'라고 말하는 것입니다.10)

위의 인용문 (A)와 (B)에서 핵심이 되는 것은 '리기일발일도(理氣一發

---

9) 『牛溪集』 권4, 34a, 「第六書」: "吾兄必曰: 「氣發理乘, 無他途也」 渾則必曰: 「其未發也, 雖無理氣各用之苗脈, 纔發之際, 意欲之動, 當有主理主氣之可言也, 非各出也. 就一途而取其重而言也. 此則退溪互發之意也, 即吾兄馬隨人意人信馬足之說也」"(『청송·우계집』, 155쪽)

10) 『우계집』 권4, 35b, 「第六書」: "情之發處, 有主理主氣兩箇意思, 分明是如此, 則馬隨人意, 人信馬足之說也, 非未發之前有兩箇意思也. 於纔發之際, 有原於理生於氣者耳. 非理發而氣隨其後, 氣發而理乘其第二也, 乃理氣一發, 而人就其重處言之, 謂之主理主氣也."(『청송·우계집』, 156쪽)

一途)'와 '주리주기가언(主理主氣可言)'이다. 우계는 이 두 핵심 개념을 가지고 사실상 퇴계와 율곡을 절충하였다. 퇴율의 두 관점을 종합하여 '리기일발'이라는 새로운 설을 내세웠다.

그런데 이 리기일발설은 후일 퇴계나 율곡의 어느 한쪽의 편을 든 것으로 해석되었고, 퇴계학파나 율곡학파의 후인들에게 다 같이 불만의 표적이 되었다. 퇴계학파는 호발이 아닌 '일발'을 받아들일 수 없었고, '일도'라는 것을 사실상 기발리승일도설의 변형이라고 보았다. 율곡학파에서는 최대 금기어(禁忌語)인 리발을 인정했다는 데서 만족할 수 없었다.

우계 성리설에 대한 퇴계학파의 비판은 효종 1년(1650) 경상도 유생 유직(柳稷, 1602~1662)으로부터 시작되었다.

주자의 설에 리가 있은 뒤에 기가 있으니 "사단은 리의 발이요 칠정은 기의 발이다."라고 하였습니다. 이것이 이른바 '호발(互發)'이 아닙니까? 주자의 정론(定論)이 이같이 명백한데도 오히려 믿지 않았습니다. 이황의 학문이 곧 주자의 학문이고 보면 이이에게 주자가 배척당하는 것은 기정사실입니다. 그리고 성혼의 학문도 대저 이이와 그 요점이 동일하니, 이른바 "이와 기가 같이 발한다.[理氣一發]"라고 한 것 등의 말은 마침내 대본상(大本上)에서 힘을 얻지 못한 것입니다.**11)**

이후 우담(愚潭) 정시한(丁時翰, 1625~1707) 역시 우계가 율곡에게 끝내 굴복하였다고 하였다.

---

11) 『송자대전』 권21, 「兩賢辨誣疏」; 『효종실록』, 1년 庚寅 2월 22일 乙巳條.

이이와 성혼은 진실로 선조 때의 명신(名臣)이니 후생으로서 선배의 시비를 망론(妄論)하는 것은 마땅하지 않은 듯합니다. 다만 학문을 논하는 것으로써 말한다면, 이이는 성혼과 왕복한 장서(長書)에서 리기(理氣)의 원두처(源頭處)를 논한 것이 선정(先正) 이황의 말과 상반될 뿐만 아니라, 또한 입언행사(立言行事)하는 사이에 손지학문(遜志學問)하는 기상이 도무지 부족합니다. 성혼은 뜻을 돈독히 하여 학문을 했는데 처음에는 이황의 정론을 삼가 지키려고 하였으나 견식이 미치지 못한지라 이이의 논변을 분석하지 못하고 끝내 굴복하게 되었습니다.[12]

이러한 평이 있은 뒤로 우계에 대한 영남학파 학인들의 인식은 달라지지 않았다. 퇴계의 영향력이 지대하였던 영남에서 주리론과 리기호발설은 바뀔 수 없는 법문(法門)이었기 때문에, 이에 대해 이론(異論)을 폈던 율곡은 물론 퇴계 호발설에 사실상 찬동하였던 우계까지도 비판의 대상이 될 수밖에 없었다.

오늘날에는 우계의 성리설에 대한 평가가 다양하다. 퇴율을 절충했다는 평이 주를 이루는 가운데, 퇴계설에 가깝다는 평, 율곡설에 가깝다는 평, 양설을 절충하여 자기식으로 재구성하여 독창적인 설을 내놓았다는 평이 있다. 모두 나름의 논리적 근거가 있고 일리가 있어 보인다. 이러한 평가를 가능하게 한 소인(素因)은 뭐니 해도 우계의 설이 갖는 절충적 성격을 들 수 있다. 그기에 보는 이의 관점에 따라 평가가 다른 것이다.

---

12) 『우담집』 권3, 23b~24a, 「第二疏 丙子二月」.

(A) 권양촌(權陽村)을 효시로 사단칠정 리기분속(理氣分屬)의 경향은 정추만(鄭秋巒)을 거쳐 이퇴계에 이르러 절정에 이르렀는데, 여기에 반기를 든 것이 고봉(高峯)이었다. 그의 리기상하공발(理氣上下共發)은 성우계의 리승기일발(理乘氣一發)에 이어지는 것으로서, 우계에 이르러 리기호발이기설(理氣互發二岐說)은 완전히 활기를 잃게 되었던 것이다. 그러나 우계에 있어서도 아직도 주리·주기의 사상은 남아 있는데, 그것은 재발지제(纔發之際)에서의 주리 또는 주기이므로, 일도상(一途上)에서의 중처(重處)의 문제일 뿐이다. 따라서 주리·주기의 분개사상(分開思想)은 아니었다.13)

(B) 율곡은 리발기수(理發氣隨)를 리선발(理先發), 기후수(氣後隨)로 생각하고, 기발리승(氣發理乘) 역시 기선발, 리후승(理後乘)이라고 생각했다. 그러므로 우계는 퇴계의 리발기수, 기발리승이 시간적이니 선후로 말한 것이 아니라 리기는 동시에 일발(一發) "같이 발한다"라고 해명하였다. 이처럼 우계는 퇴계의 분개설을 정확히 파악하고 해명한 점에서 그 사색력과 명철한 분석력을 알 수 있다.
…… 우계의 리기일발은 퇴계의 본뜻을 정확하게 지적한 것이며, 율곡설은 퇴계설과 다르다고 할 수밖에 없다.14)

---

13) 배종호, 「한국성리학에 있어서의 성우계의 위치」, 『성우계사상연구논총』, 우계문화재단, 1988, 125~126쪽.
14) 유명종, 「절충파의 비조 우계의 理氣哲學과 그 전개」, 『성우계사상연구논총』, 1988, 340~341쪽.

(C) …… 위의 인용문(「第六書」)의 마지막 구절은 퇴계의 호발설과 율곡의 기(氣)가 발하는 것만을 인정하는 입장을 양쪽 다 평등하게 수용하면서 한 차원 더 높은 데로 지양한 입장이라 하겠다. 이 입장은 "리와 기가 함께 발하는[理氣共發: 互發이 아니라는 점을 유의해야 함] 한 길(가는 길은 하나이므로)"이라고 명명해도 괜찮을 것이다.15)

(D) 다른 사상의 사유를 비판적으로 흡수하여 자신의 체계를 확고히 하는 과정은 그 사상의 종합적 성격을 담보하는 길이기도 할 것이다. 그리고 사상의 독창성이란 새로운 어떤 것의 발견보다는 자기식의 재구성이 얼마나 치열했나 하는 데에서 찾아야 할 것이다. 그런 의미에서 우리는 여기에서 성혼 이기론의 독창성을 발견할 수 있다.16)

여기서 우계의 리기일발설이 퇴계설에 가까운 것인가, 율곡설에 가까운 것인가가 흥밋거리일 수도 있다. 필자가 보기에는 퇴계의 설을 정통으로 보면서 율곡의 설을 참고하여 종합, 절충하려 했던 것으로 생각된다. 그러나 여기서 이것이 중요한 것은 아니다. 우리의 관심은 우계의 설이 조선 후기 성리학계에서 어떠한 위치에 있었으며 그 영향력은 어떠하였는지에 있다.

잘 알려진 바와 같이 율곡의 말은 직절(直截)하여 대통을 쪼개듯이 시원하고 분명하다. 이 점에서 다른 사람의 추종을 불허한다. 다만 경솔[率爾]하다는 지적이 없지 않았다. 또 남의 말을 음미하여 제대로 이해하지

---

15) 하기락, 「성리학에서 차지하는 우계의 위치」, 『우계학보』 제12호, 1995, 59쪽.
16) 안은수, 「성혼의 理氣一發說」, 『우계학보』 제18호, 1999, 48~49쪽.

않고 쉽게 이해하는 경향이 있다고 한다. 농암 김창협은 "율곡은 남이 말한 것을 극진히 이해하지 못한 면이 있다"[17]라고 한 바 있다. 이에 비해 우계는 성격이 자상하고 치밀하며, 사색하는 것이 지극하였다. '집기양단 (執其兩端)'하여 남의 말을 잘 이해하려 노력하였던 것 같다. 조용하고 나직하면서도 자기의 의사를 분명히 하는 측면이 있다. 이것은 퇴계와 비슷하다고 할 수 있다.

우계의 학문하는 태도는 후학들에게 큰 영향을 끼쳤다. 우계의 학맥을 계승한 학자들은 말할 것도 없고, 율곡학파 학인들 가운데 농암계열에 끼친 영향이 적지 않았다. 비록 율곡 → 우암으로 이어지는 율곡학통의 무거운 권위에 눌려 우계의 학문적 영향을 밝힐 수는 없었지만, 언외(言外)에 담긴 그들의 속마음은 간단히 보아 넘길 수는 없다고 본다. 김창협의 직계인 노주(老洲) 오희상(吳熙常, 1763~1833)은 율곡과 김창협의 학문하는 태도를 다음과 같이 비교한 바 있다.

성명리기(性命理氣)의 설은 우리나라(我朝) 유선(儒先) 가운데 오직 율곡·농암이 가장 좋다. 두 분 다 도체(道體)의 오묘함을 발명하고 경전(經傳)을 우익(羽翼)했다고 할 수 있다. 그런데 율곡의 설은 깊이 자득의 경지에 이르렀고 영롱투철(玲瓏透徹)하다. 그리고 타고난 자질이 몹시 명석하고 슬기로워 터득함에 막힘이 없었고 말함에 용이하였다. 그러므로 강론할 즈음에 간혹 남이 말한 것을 극진히 이해하지 못함이 있다. 농암은 타고난 재질이 비록 율곡에는 미치지 못하나, 사색하는 것이 간절하

---

17) 『농암속집』 권하, 69a, 「四端七情說」: "栗谷說, 誠少曲折."

고 지극하였다. 그러므로 남의 의사를 잘 해석하여 무릇 변론(辨論)에
서 자세하고 빠짐이 없었으며 양단(兩端)을 모두 다함으로써 사람들에
게 싫증이 나지 않도록 하였다.18)

위에서 말한 김창협의 학문 태도는 우계의 그것과 거의 같다. 김창협
은 율우논변의 내용을 자세하고 치밀하게 검토하는 가운데 우계가 의문
점으로 제기하였던 것들에 대해 나름대로 사색을 깊이 하였다. 그리고
「사단칠정설」을 지어 다음과 같이 결론을 내렸다.

> 우계가 퇴계의 '리발이기수지(理發而氣隨之), 기발이리승지(氣發而理乘
> 之)'의 설을 보고 처음에는 그르다고 생각하였으나, 뒤에 주자의 '혹생어
> 형기(或生於形氣), 혹원어성명(或原於性命)'이라는 말을 보고 다시 의심
> 하되 "주자가 이미 이처럼 두 편으로 나누어 말하였으니 퇴계의 호발설
> 도 혹 옳지 않겠는가" 하고는 드디어 율곡에게 질문했다. 그런데 율곡은
> 다만 칠정은 인심·도심을 총합(總合)한 이름이요, 인심·도심은 상대(相
> 對)로 말할 수 있지만 사단·칠정은 상대로 말할 수 없다는 점을 극언하
> 고, 주자의 이른바 성명·형기와 퇴계의 이른바 리발기발에는 말이 미치
> 지 않았다. 가리켜 말한 바가 본디 자연히 같지 않은지라 저것을 끌어다
> 가 이것의 뜻을 증명할 수는 없으니, 실로 우계의 의문점에 답이 될 수
> 없었던 것이다.19)

---

18) 『노주집』 권24, 4a, 「雜識(二)」.
19) 『농암별집』 권3, 5b 「語錄」 참조.

사단은 선일변(善一邊)이며 칠정은 선악을 겸한다. 사단은 리만을 말하고 칠정은 기를 겸해서 말한다. 율곡의 설이 명백하지 않은 것은 아니지만 내 생각과는 조금 차이가 없지 않다. 쟁점은 단지 '겸언기(兼言氣)'한 구절에 있을 따름이다. 대개 칠정이 비록 리기를 겸하지만 요점은 기를 주로 하니, 그 선이란 기가 능히 리에 순종하는 것이며, 불선이란 기가 리에 순종하지 않는 것이다. 선악을 겸하게 됨이 이와 같을 뿐이니, 처음부터 '주기(主氣)'라고 하는 데 지장이 없다. 퇴계는 여기에 정견(定見)이 있었으나, 이것은 지극히 정미하여 표현하기가 어려웠다. 그러므로 분석하는 즈음에 문득 두 갈래를 이루어서 '기발리승, 리발기수'를 말하는 데 이르게 되었으니, 이름 붙여 말하는 것[名言]의 잘못으로 바른 지견(知見)에 누(累)가 됨을 면치 못하였다. 그러나 그 생각이 정상(精詳)하고 면밀함은 후인이 역시 살피지 않을 수 없다.[20]

사단은 리를 주로 하여 말하지만 기가 그 가운데 있고, 칠정은 기를 주로 하여 말하지만 리가 그 가운데 있다. 사단의 기는 곧 칠정의 기요, 칠정의 리는 곧 사단의 리이다. 두 가지가 있는 것이 아니다. 다만 표현할 즈음에 의미상 각기 주로 하는 바가 있을 따름이다. 『주자어류』에 이른바 '사단리지발 칠정기지발'이라고 한 말의 뜻이 이와 같고 퇴계의 설도 이에 가깝다. 다만 그 추설(推說)함이 너무 지나치고 분석함이 심하여 마침내 리기를 두 갈래로 보는 병통이 되었을 뿐이다.[21]

---

20) 『농암속집』 권하, 68b, 「사단칠정설」.
21) 『농암속집』 권하, 65b, 「사단칠정설」.

김창협은 사단칠정을 주리·주기로 분속하는 것에 반대하는 율곡의 설을 따르지 않고, 분속을 인정하는 퇴계와 우계의 설에 찬동하였다. 그리고 퇴계가 사단과 칠정을 너무 두 갈래로 나누어 보는 것을 결점으로 여기면서 '리발기발'의 표현상의 잘못을 지적하였다. 리기호발설에는 분명하게 찬동하지 않으면서, 명언(名言)할 즈음에 그 주로 하는 바에 따라 주리·주기로 나누어 볼 수 있다고 했던 것이다. 이것은 설명상 약간의 차이는 있지만 궁극적으로는 우계의 논리와 같다. 다만 우계의 논리에 공명한다는 사실을 겉으로 드러내지 않았던 것뿐이다. 김창협이 51세 때 지은 「사단칠정설」은 문집이 처음 간행될 당시 율곡의 적전(嫡傳)인 권상하의 방해로 원집(原集)에 실리지 못했다가 후일 철종 때에 가서 속집에 실리게 되었다.22) 이것은 김창협의 사단칠정설이 율곡의 설에서 상당히 벗어나 있고, 오히려 우계의 설에 근접함을 시사하는 것이라 할 수 있다.

조선 후기 성리학사는 크게 보아 영남학파와 기호학파로 나뉘어 전개된다고 할 수 있다. 영남학파는 퇴계의 강력한 영향력 아래 큰 논쟁이나 분열 없이 조선 말기까지 내려왔다. 기호학파 내에서 사칠논쟁 이후 호락논쟁, 명덕주리주기논쟁 등 논쟁이 지속되었던 것과 비교할 때 단조로운 느낌이 있다. 기호학파 내부에서의 논쟁과 학문적 분파는 그 부작용이 없지는 않았지만, 조선 성리학의 발전에 기여했다고 할 수 있다. 그런데 조선 후기 성리학사에서 율곡학파에 못지않게 중요한 위치에 있었던 것이 우계 계열의 학맥들이다.

본디 우계학파는 대체로 리기심성론과 같은 성리학의 이론적 탐구에

---

22) 최영성, 『한국유학통사』 하권, 심산출판사, 2006, 213쪽 참조.

소극적이있으며 실천을 보다 중시하는 경향을 보였다. 우계의 문인들 가운데 손꼽히는 학자로 조헌(趙憲), 안방준(安邦俊), 오윤겸(吳允謙), 황신(黃愼), 윤황(尹煌) 같은 이들을 보면, 성리학에 관한 이론적 탐구가 거의 없다. 그 다음 세대인 윤선거(尹宣擧), 윤증(尹拯)까지도 성리학에 대한 이론적 측면의 관심은 그다지 크지 않았다. 이것은 성리학의 이론적 탐구에 보다 적극적이었던 율곡 직계 학인들과는 비교가 된다.

그런데 다음 시기의 우계 후학들은 성리설에서도 분명하게 자신의 목소리를 내기 시작하였다. 조선 후기 성리학사에서 절충파로 불리는 일군의 학자들이 그들이다. 여기에 농암문파(農巖門派)로 불리는 김창협 계열의 학자들이 가세하였다. 절충파 학자들은 대체로 소론계 학인들이었으며, 소론의 영수 윤증과 가까운 이들이거나 학문적으로 통하는 사람들이었다. 이들은 우계 성혼과 학문적으로 맥락이 닿아 있다. 그들은 성리설에서 율곡의 학설에 대해 비판적인 태도를 취하기도 하고, 퇴계의 학설을 적극적으로 이해하려는 태도를 보이기도 하였다. 그러나 사실상 그들의 학조(學祖)가 우계임에도 그 사실은 겉으로 드러내지는 않았다. 그 대신 주자와 퇴계의 설을 이끌어 율곡의 설을 비판함으로써 우계의 설을 간접 대변하였다. 그런 점에서 실로 '퇴우(退牛)'의 학통이라 명명할 만하였다.

우계 계열의 학인 가운데 성리학적 견해를 적극적으로 표명한 사람은 남계(南溪) 박세채(朴世采, 1631~1695)이다. 그는 우계와 율곡의 문집 및 연보를 편찬하는 데 앞장섰지만 학문적으로는 우계를 심복하고 따랐다. 그는 윤증의 경우와 달리 우계와 특별한 관계는 아니었지만, 우계를 칭도(稱道)하는 많은 글을 썼으며 우계를 현창하는 데 앞장섰다. 동국십팔

현 가운데 우계 계열로 분류할 수 있는 유일한 학자이다. 정조는 『군서표기(群書標記)』에서

　　…… 후세의 유자들이 제가(諸家)의 주장을 모아 책으로 엮어서 서로 대립하게 된 전말을 자세히 알도록 만든 것이 바로 근래에 통행하는 『사칠변(四七辨)』이다. 이로부터 자신의 주장을 펴는 이들이 더욱 많아졌으니, 졸수재(拙修齋) 조성기(趙聖期), 창계(滄溪) 임영(林泳), 농암 김창협 같은 이들은 각기 이에 대한 논저가 있을 정도이다.[23]

라고 하였는데, 여기서 거론된 세 명의 우뚝한 성리학자는 모두 율곡의 학설에 이의를 표하거나 비판적 태도를 보인 이들로 우계와 학문적으로 기맥이 통하는 사람들이다. 이들의 주장을 보면 대체로 비슷하다. 율곡이 퇴계의 "리발기수(理發氣隨) 기발이승(氣發理乘)을 활간(活看)하지 못했다."라고 하며, "활간하면 아무 문제될 것이 없다."라고 한다.[24] 따라서 주리와 주기의 분개가 가능하다고 하면서, '주리'의 기치를 높이 들었던 것이다.

　　율우논변에서 보인 우계의 절충적인 견해는 그의 학맥을 통해 윤증·박세채를 비롯한 소론계와, 김창협·김창흡 등 일계(一系)의 노론파 학자들에게 계승, 부연되어 리를 중시하는 퇴계학파와 상대적으로 기를 중시

---

23) 『弘齋全書』 권179, 「群書標記(一)」, 〈四七續編〉.
24) 林象德, 『老村集』 권4, 「論四端七情」: "常看退溪理發氣隨氣發理乘之語, 活看則兩句皆未必爲病, 不活看則兩句皆有病. 而栗谷乃篤據氣發理乘一句, 謂天下之物, 無非氣發理乘, 此段尋常未曉."

하는 율곡학파 사이에서 하나의 뚜렷한 학통을 형성하기에 이르렀다. 또 근세 척사위정운동의 거벽(巨擘)인 화서 이항로의 주리철학에 밑바탕이 되었다. 이항로의 척사론은 이념적으로는 춘추대의를 기치로 하면서 아울러 성리학의 주리론을 사상적 기반으로 하였다. 그의 성리학 계통은 위로 거슬러 올라가 우계에게 닿는다.

기호학파의 학문적 분화는 큰 변화 없이 밋밋하게 내려온 영남학파(퇴계학파)와는 달리, 조선 성리학의 발전을 촉진하여 유학사를 찬란하게 장식토록 하였다. 기호학파의 분화는 두 갈래로 진행되었다. 하나는 퇴계학파와 병칭되는 조선 유학 양대 산맥의 한 축인 율곡학파 우산 속에서 우계학파가 독립한 것이요, 다른 하나는 율곡학파 내부의 분화라 할 수 있다. 율곡학파 내부의 분화는 여러 가지로 해석이 가능하지만 무엇보다도 율곡설이 갖는 '양면적 특성'[25)에 기인한다고 할 수 있다. 율곡 학설이 양면적 성격을 지니고 있기 때문에 그 후예들이 율곡설을 이해하고 수용하는 과정에서 해석 차이, 견해 차이가 드러났으며, 마침내 학설상으로 대립하기에 이르렀다. 이렇게 볼 때 율곡학파 내부의 학문적 분화야말로 예견된 것이고, 그 원인의 태반이 율곡에게 있다고 할 수 있다.

우계학파가 자기 색채와 학문적 정체성을 분명히 드러내며 사실상 독립한 것은 노론 소론 간의 분당이 결정적이었다. 우계학파가 독립함으로써 기호학파는 양립하였다. 결과적으로 조선 후기 사상계의 단조로움을

---

25) 율곡은 '從氣推理'의 관점에서 道體를 논하였고, '기의 실제적 주도권'을 자주 말하면서도 궁극적으로 '리의 이념적 주재성'을 강조하였다. 리기에 대한 이해에서 일면 일원론적이면서도 이원론적인 특성을 보였으며, 사단칠정론에서는 '七情包四端'을 주장하면서 인심도심론에서는 인심과 도심을 상대적으로 보았다. 최영성, 『한국유학통사』하권, 185쪽.

극복하고 여러 사유들이 공존할 수 있는 장(場)을 구축하게 되었다. 우계학파는 태생적으로 일정 부분 퇴계학을 자양분으로 하였기 때문에, 퇴계학을 공통분모로 하는 것은 어쩌면 당연하다고 할 수 있다. 더욱이 성리설에서도 퇴율 양설을 절충하면서도 퇴계의 설에 비중을 두는 모습을 보임으로써, 퇴계학파와 한 자리에서 만나 대화할 수 있고 나아가 귀일(歸一)할 수 있는 기반을 마련하였다.

겉으로 보면, 조선 후기 성리학은 퇴계학파와 율곡학파의 대립 구도로 전개되었고, 또 양측이 서로 소통하지 못한 채 평행선을 달렸던 것으로 이해될 수 있다. 일본인 학자 다카하시 도루(高橋亨)가 조선 유학의 특징을 '분열성'과 '단조로움'으로 꼽은 것도 그런 시각과 관점에서 나왔던 것이다. 그러나 자세히 들여다보면 평행선을 달렸던 것만은 아니다. 퇴 · 율 양학파 학자들 가운데 식견 있는 이들은 퇴계와 율곡의 성리설을 활간(活看)하여 이들 학설이 갖는 특성과 의미를 인정하는 이가 적지 않았다. 또 여기서 나아가 이를 기초로 제3의 설을 이끌어 내는 이도 없지 않았다. 퇴계의 영향력이 강한 영남학파에서도 우담(愚潭) 정시한(丁時翰), 식산(息山) 이만부(李萬敷), 이상정(李象靖), 한주(寒洲) 이진상(李震相), 정약용(丁若鏞) 같은 이들은, 비록 퇴계의 주리설과 호발설을 옹호하고 분개(分開) 중심으로 리기 관계를 파악하면서도 내면적으로는 율곡설을 의식하였고, 분개와 함께 혼륜(渾淪)의 관점까지도 아울러 이해하려는 태도를 보였다.26) 이들 가운데는 이러한 태도로 말미암아 '퇴율양가(退栗兩可)'라 비판을 받은 학자도 있었다. 이것은 분개일로(分開一路)를 고수하였던

---

26) 이하 내용은 최영성, 「17~18세기 한국유학과 우담 정시한」, 『한국철학논집』 제22집, 한국철학사연구회, 2007, 155~164쪽 참조.

대다수 영남학파 학자들과는 차이를 보인다고 할 것이다. 특히 '소퇴계
(小退溪)'로 불리며 퇴계 이후 영남학파 성리학을 대변하는 위치에 있었
던 이상정은, 분개에다 혼륜을 종합하려 했음은 주목할 만한 일이다.27)
또한 정약용은 퇴계의 설에 대해 인간의 본성을 중심으로 리기를 파악했
다고 하고, 율곡의 설에 대해서는 사물의 근본 원리를 중심으로 리기를
파악했다고 하면서, 퇴계설이 윤리적 성격이 강하고 율곡설이 철학적 성
격이 강함을 은연중 시사하였다. 또 양설이 각기 특징과 장점이 있고 상
호 보완관계에 있으므로 어느 하나만을 따르고 다른 하나를 버려서는 안
된다고 하였다.28)

　폐쇄적 성격이 강했던 영남학파 학인들에 비해 개방적 성격이 강했던
기호학파 학인들의 경우, 영남학파와 학문적으로 소통하는 데 더 적극성
을 보였다. 실제 정통 율곡학파 일부 학인들을 제외하고는 대다수가 퇴
계의 관점을 인정하는 등 퇴계설에 대해 이해하려는 태도를 보였다. 그
것을 일일이 예증할 수 없지만 그 요점을 종합해 보면, 대개 퇴계의 호발
설과 율곡의 기발리승일도설은 그 논점과 가리키는 바가 서로 다르기 때
문에 어느 한쪽에서 다른 한쪽을 비판할 수 없다는 것이요, 또 사단과 칠
정이 하나이면서 둘이요 둘이면서 하나라는 관점에서 보면 양설이 다 같
이 의미가 있다는 것이다. 즉 사단과 칠정은 그 근본이 둘이 아니므로 합
해서 볼 수 있고, 사단은 리를 주로 하고 칠정은 기를 주로 하므로 나누

---

27) 한주 이진상은 분개와 혼륜을 종합하려 했던 이상정의 주장에 대해 "어찌 일찍이 相
　　傳宗旨에 異論을 세운 것이겠는가. 隨時取中의 도리에서 이와 같이 하지 않을 수 없
　　었던 것이다"라고 변호한 바 있다. 『寒洲文集』 권7, 43a~44a, 「答沈穉文別紙」 참조.
28) 『여유당전서』 제2집, 권4, 17a~18a, 「理發氣發辨(一)」 참조.

어 볼 수 있다는 것이다.

위에서 살펴본 바와 같이, 조선 후기로 내려가면 영남학파나 기호학파 할 것 없이 의식 있는 학자들이 자파(自派)의 과구(窠臼)를 떠나 상대편 학설과 주장에 대해서도 주목을 하게 되었고, 마침내 양대 학설이 상당 부분 접근을 보기도 하였다. 이점은 지난날 한국 유학, 한국 성리학 연구 자들이 미처 관심을 기울이지 못하거나 생각이 미치지 못했던 측면이다. 차후 정밀하게 연구되어야 할 것으로 본다.

요컨대 영남과 기호의 성리학이 만나 소통할 수 있도록 가교적 구실을 한 학파가 우계학파였고, 그 선구적 위치에 있었던 학자가 바로 우계 성 혼이었다. 우계와 우계학파는 퇴계나 율곡과도 다른 제3의 논리를 구축 하여 조선 성리학이 더욱 정밀해지고 체계화하는 데 큰 구실을 하였고, 퇴계와 율곡 양파가 대화할 수 있는 장(場)을 마련하였다는 데서 그 의미 를 부여할 수 있겠다.

3. 우계학파(牛溪學派)의 위상과 영향

인조반정(1623)으로 서인이 집권한 뒤, 율곡과 우계의 후학들은 집권세 력이 되었다. 양파는 학문적 정치적으로 견해를 같이하다가 나중에는 이 념상으로, 또는 정치적 역학 관계상으로 갈등, 대립하였으며 마침내 노·소론으로 분당하였다. 율곡의 후예들이 주축이 된 노론이 갑술환국 (1694) 이후 계속 집권세력이었던 데 비해, 우계의 후학들이 중심이 된 소론은 남인과 함께 야당의 위치에 놓였다. 비집권세력이라는 공통성으로 인해 소론과 남인은 서로 통교(通交)하거나 연합하기도 하였다.

그렇다면 집권 노론의 학조(學祖)인 율곡의 철학과 사상은 그의 후예들에 의해 잘 계승되었으며, 또 정치에 잘 반영되었을까? 한마디로 말하면 율곡의 직계 후학들은 율곡학파 적전(嫡傳)임을 자임했지만 이것은 명목에 불과했고, 실제 학문상 정치상으로 율곡의 사상은 제대로 계승되지 못하였다. 가장 큰 원인은 율곡의 진보적 성향과 집권 이후 보수적으로 변모한 후학들의 처지가 서로 잘 맞지 않았기 때문이라 할 수 있다. 영원한 보수나 영원한 진보가 없다는 말이 있듯이, 율곡의 후학들이 집권하여 오래도록 정권의 중심축을 이루면서, 율곡의 경세론 내지 변법경장론은 제대로 계승되지 못했고, 개혁안이라고 내세운 것들도 상당 부분 빛이 바랬다. 한 예로 율곡이 일찍이 주창했던 대공수미법(代貢收米法)은 뒷날 대동법(大同法)의 선구가 되는 것인데, 이것을 처음부터 끝까지 일관되게 주장하여 관철시킨 주역은 잠곡(潛谷) 김육(金堉, 1580~1658)이었다. 그는 우계의 제자인 김흥우(金興宇)의 아들이다. 당시 율곡의 적전인 신독재 김집은 대동법 실시에 대해 매우 소극적이어서 반대하는 것으로 비쳐지기도 했다. 이것은 『송자대전』「어록」에 보이는 다음의 말로도 짐작할 수 있다.

최신(崔慎)이 묻기를 "잠곡이 대동법을 만든 일은 잘했다고 할 수 있는데, 신독재가 이론(異論)을 제기하고 국정에서 떠난 이유는 무엇입니까?"라고 하니, 선생(송시열)이 말하기를 "이점은 신독재가 대동법이 어떤 것인지를 몰라서 그렇게 된 것이다."라고 하였다.**29)**

---

29) 『송자대전』 부록 권17, 30a, 「語錄(四)」, 〈崔慎錄〉.

집권이 곧 보수적 성향으로 연결되는 것이 일반적 현상이라고는 하지만, 율곡의 경세론과 개혁론에 보이는 진보적 성격이 충실히 이어지지 못한 것은 아쉬운 일이다.

율곡 후학들에게 비교적 잘 계승된 것은 사칠리기설 부면이다. 율곡 후예들에 의한 성리학의 이론적 탐구는 사칠논쟁에서 호락논쟁, 명덕주리주기논쟁 등으로 이어지면서 더욱 꽃을 피워, 조선 유학을 철학적으로 심화시키는 데 크게 기여하였다.30) 그러나 17세기 중엽 이후로 조선 유학이 심학화(心學化)하는 과정에서 심학이 중시되고 '경(敬)'을 중심으로 한 심학 체계가 공고하게 구축되면서, 학계의 학풍은 퇴계와 우계의 학문을 따르는 쪽으로 흘렀다. 율곡은 『심경(心經)』보다 『근사록(近思錄)』을 더 중시하였다. 방심(放心)을 수렴하는 데는 『심경』보다 『소학』이 더 낫다고 할 정도였다.31) 송시열 등에 이르러 『심경』이 경서에 맞먹을 정도로 권위를 얻었던 사실에 비추어 보면 현격한 인식의 차이를 보인다.

율곡은 『중용』과 『통서(通書)』에서 득력(得力)하여 '성(誠)'을 철학사상의 핵심으로 삼았다. '성'은 율곡의 전 사상 체계를 일관하는 사상이다. 그의 주성사상(主誠思想)은 『대학』과 『심경』에서 득력하여 '경(敬)'을 주안(主眼)으로 하였던 퇴계나 우계와는 차이가 있다. 일찍이 율곡의 수제자 김장생은 스승이 천리(踐履)에 지극하지 못한 측면이 있다고 하여 다음과 같이 말했다.

---

30) 율곡 철학사상에서 중심 명제의 하나인 '誠'과 '明' 같은 것을 이론적으로 계승, 발전되지 못한 감이 있다.

31) 『율곡전서』 권32, 「語錄」, 〈牛溪集〉: "李正郎叔獻歷訪曰: 收放心, 莫如小學一書. 若心經等書, 切己則有之, 不如小學之該備焉."

박문(博文)·약례(約禮) 두 가지는 성문(聖門)의 학(學)에서 수레의 두 바퀴나 새의 두 날개와 같은 것이다. 율곡은 매양 이 점을 강조하여 가르쳤다. 그러나 내가 보건대 율곡은 박문의 공(功)이 가장 많지만, 약례에서는 지극하지 못한 바가 있다.[32]

율곡의 후학들 사이에서 수약공부(守約工夫)가 율곡 학문의 약점으로 지적되었고, 마침내 그들은 이에 유의하여 학문적 완성을 기하여 학풍을 일전(一轉)시키기에 이르렀다. 김장생, 김집, 송시열 등 율곡 적전의 학문은 역시 『소학』, 『가례』, 『심경(心經)』 등을 중시하는 실천풍과 『대학』의 '주경(主敬)' 등에 집중되었다. 이것은 나중에 '성학(聖學)'의 심학화(心學化)'와 연결되어 정치적 색채를 띠기도 하였다.[33]

송시열은 '경'을 중심으로 한 퇴계의 심학 체계를 따른 학자였다. 심학 체계에서 퇴계와 우계는 별로 큰 차이가 없다. 율곡의 학통을 이은 송시열이 율곡의 '성(誠) 철학'이 아닌 퇴계의 학문 체계를 충실히 계승한 것은, 조선의 성리학이 학통과 사승(師承)에만 얽매이지 않았음을 보여 주는 것이다. 동시에 보편성의 면에서 율곡의 학문이 퇴계나 우계의 것에 미치지 못했음을 엿보게 한다. 퇴계학을 일본에 전파하는 데 우계의 문인 수은(睡隱) 강항(姜沆, 1567~1618)이 깊이 관련되어 있고, 그가 전한 퇴계학이 '경'을 중심으로 한 심학 체계였음을 생각할 때, 더욱 그런 생각을 갖게 하는 것이다.

---

32) 『沙溪遺稿』 권10, 7b, 「語錄」: "博文約禮二者, 於聖門之學, 如車兩輪, 如鳥兩翼. 栗谷每誦此言以敎之. 然余所見, 栗谷於博文之功最多, 而於約禮, 猶有所未至也."

33) 최영성, 『한국유학통사』 중권, 284쪽 참조.

율곡이 체계화했던 무실(務實)학풍 역시 그 직계로 이어지지 못하고, 오히려 우계 계열의 윤선거·윤증 부자에 이르러 절정에 달한 감이 있다. 이후 무실학풍은 사실상 우계학파에 의해 주도되었고, 이들의 학문의 특징 가운데 하나로 자리 잡게 되었다.

한편, 인조반정 이후 양대 호란을 전후한 시기에 난국을 헤쳐 나가는 데서도 우계학파는 저력을 발휘하였다. 당시 조정에는 율곡과 우계의 문인, 후학들이 포진하였으나, 율곡 직계보다는 우계의 문인들이 권병(權柄)을 쥔 형편이었다. 이정구(李廷龜), 이귀(李貴), 오윤겸(吳允謙)과 그 후배 세대인 조익(趙翼), 이시백(李時白), 최명길(崔鳴吉) 등은 모두 우계의 문인이거나 우계에 학문 연원을 둔 사람들이다. 이들은 정원군(定遠君: 인조의 생부)의 복상(服喪) 문제와 추숭입묘(追崇入廟) 문제 등, 인조 초의 전례문제(典禮問題)에서 명분보다 실질을 중시하여, 정원군에 대해 '고(考)'라 일컫고 이어서 원종(元宗)으로 추숭하는 일을 성사시켰다. 당시 율곡의 직계 김장생은 명분론에 입각하여 정원군에게 숙부(叔父)라 일컬어야 한다고 하였고, 또 추숭에도 적극 반대하였다. 이에 비해 최명길은 "세상 사람들이 숭상하는 바는 명분이지만, 신이 힘쓰는 바는 실질입니다. 세상 사람들이 논하는 바는 형적(形迹)이지만, 신이 믿는 바는 마음입니다."[34]라고 하면서 명분론을 강하게 비판하였다. 그는 우계의 문인 최기남(崔起南)의 아들이다.

최명길은 병자호란 때 주화파(主和派)의 거두로서 청나라와의 화의(和議)를 성사시켜 조선을 멸망에서 구해 냈다. 그는 주화파였다는 이유로

---

34) 『遲川集』권8, 24b, 「論典禮箚」: "嗚呼! 今世之所尙者, 名也, 而臣之所務者實也. 世之所論者, 迹也, 而臣之所信者心也."

청의(淸議)에 득죄하여 춘추대의의 죄인으로 단죄되다시피 하였고, 죽은 뒤에도 평가가 극에서 극으로 갈렸다. 그는 중첩된 난관을 헤쳐 나가는 데 큰 힘이 되어 준 사상적 이념적 원천이 양명학이라고 하였으니,35) 「병자봉사(丙子封事)」에서

> 군자가 믿는 것은 마음이니, 마음에 돌이켜 생각할 때 부끄러움이 없으면 남의 비방이나 칭찬은 단지 외물(外物)일 따름이다.36)

라고 하였다. 여기서 '마음'이란 양명학에서 말하는 '현성(現成)한 양지'에서 우러난 것이라 할 수 있다. 그가 "양지의 천(天)이 하루아침에 개오(開悟)하여 엄폐할 수 없다."37)라고 한 것은 이를 뒷받침한다.

최명길 등의 주화론은 일찍이 우계가 조정에 주청했던 대왜강화론(對倭講和論)에서 큰 영향을 받았다. 우계가 강화론으로 말미암아 당시에 큰 곤경에 빠졌고, 또 우계 사후에도 비판세력으로부터 줄곧 공격을 받았음에도, 최명길은 우계의 강화론에서 영향을 받았음을 공개적으로 밝혔다.38) 일찍이 율곡은

> 도에서 병행할 수 없는 것이 시(是)와 비(非)이고, 일에서 함께할 수 없는 것이 이(利)와 해(害)이다. 그저 이해만 따지는 데 급급하고 시비의

---

35) 『지천집』 권17, 25a~26a, 「寄後亮書」.

36) 『지천집』 권11, 38b, 「丙子封事(三)」.

37) 『지천집』 권8, 3a, 「論典禮箚」: "良知之天, 一朝開悟, 而不可掩也."

38) 崔錫鼎, 『明谷集』, 권29, 20a~20b, 「先祖領議政完城府院君文忠公行狀」(총간 제154권, 459쪽)도 아울러 참고할 것.

소재를 돌아보지 않는다면, 일을 처리할 때의 떳떳하고 정당한 도리에
서 어긋나게 될 것이요, 한갓 옳고 그름만 따지며 이해의 소재를 궁구하
지 않는다면 응변(應變)의 권도(權道)에서 어긋나게 된다.[39]

라고 하여, 상황에 알맞고 도리에 합치됨을 얻는다면 의(義)와 리(利)
가 그 가운데 있다고 하였다. "일에서 때와 형세를 아는 것(知時識勢)이
중요하다."라고 한 율곡으로서는 당연한 말이 아닐 수 없다. 『장자』에 이
른바 "도를 아는 자는 반드시 이치에 통달하고, 이치에 통달한 자는 반드
시 권변(權變)에 밝다."[40]라고 한 말을 새삼 되새겨 보게 한다. 우계 역시
처변(處變)에 대한 방법에서 율곡과 인식을 같이하였다.

일에는 시비가 있고 이해가 있다. 시비를 주로 하면 도리는 보지만 사물
은 보지 못하며, 이해를 주로 하면 사물만 보고 도리는 보지 못한다. 이
때문에 동자(董子: 董仲舒)는 "그 의(義)를 바르게 하고 이(利)를 도모하
지 않는다."라고 하였다. 그러나 조정에서는 혹 시비와 이해가 합해서 같
은 자리가 되는 수가 있으니, 조정의 이해가 달린 곳이 곧 시비가 있는
곳이다.[41]

---

39) 『율곡전서』 拾遺 권5, 26a, 「時弊七條策」: "竊謂道之不可竝者, 是與非也, 事之不可俱
者, 利與害也. 徒以利害爲急, 而不顧是非之所在, 則乖於制事之義, 徒以是非爲意, 而
不究利害之所在, 則乖於應變之權."

40) 『莊子』, 「秋水」: "知道者, 必達於理, 達理者, 必明於權."

41) 『우계집』 권5, 26a 「答申子方論奏本事別紙」: "鄙見每謂事有是非有利害, 主於是非, 則
見理而不見物, 主於利害, 則見物而不見理. 是以, 董子謂正其義不謀其利也. 然在朝
廷, 則或有是非利害合而爲一處, 朝廷利害之所在, 卽是非之所在也."

이것은 율곡의 이른바,

만약 시비로 말한다면 시비는 일정한 형태가 없고 일을 따라 나타나게
된다. 대저 나라에 이로운 것은 옳은 것이 되고, 나라에 해로운 것은 그
른 것이 된다.**42)**

라고 한 말과 완전히 궤를 같이하는 것이다. 후일의 척화 · 주화론과
관련하여 지남(指南)이 될 만한 정견(正見)이라 할 것이다.

돌이켜볼 때, 임진왜란이 발발한 뒤 선조 27년(1594) 무렵 명군(明軍)
이 전면 철수를 단행하려 하면서, 명나라 총독 고양겸(顧養謙) 등이 조선
조정에 대왜강화(對倭講和)를 강하게 요구해 왔다. 당시 조정의 여론은
강화에 반대하는 의견이 지배적이었다. 강화하여 구차스럽게 종묘사직
을 보존하는 것보다 차라리 의(義)를 지키다가 망하는 편이 낫다는 청의
(淸議)를 고집하였다. 이때 우계는 입시하여 명나라의 요청을 따를 수밖
에 없는 사세의 불가피성을 선조에게 아뢰었다. 당시 조선이 믿고 의지
하는 바는 오직 명나라의 원군인데, 명나라 조정에서 강화를 강력히 요
구하고, 또 원군이 이미 철병을 시작한 이상 명군에게 다시 도와주기를
바랄 수만은 없는 일이었다. 강화가 아니면 나라가 망하는 일밖에 남지
않은 실정이고 보면, 종묘사직을 보전하기 위해서는 강화가 불가피한 일
이었다.

이처럼 강화하자는 우계의 주청은 매우 부득이한 상황에서 나왔다. 그

---

42) 『율곡전서』 권11, 「답성호원-戊寅」 참조.

는 「혹인(或人)과 주본(奏本)의 일을 논한 별지(別紙)」[43]에서 다음과 같이
주장하였다.

1. 옛사람의 말에 "경도(經道)는 정해진 권도(權道)이고, 권도는 아직 정
해지지 않은 경도이다."라고 하였다. '권'이란 저울과 저울추를 가지고 때
에 따라 경중에 맞추어 앞으로 당기기도 하고 뒤로 물리기도 하여 한결
같이 고르게 하는 것이다. 이른바 "시중(時中)의 중(中)이니, 중은 일정한
체(體)가 없고 때에 따라 있다."라는 것이 바로 이것이다.

2. 일을 처리하는 방법에는 제일의(第一義)가 있고 제이의(第二義)가 있
다. 제일의 의리를 미루어 갈 수 없으면 제이의 의리를 행해야 한다. 이번
의 주청은 의리에 해가 되지 않는다. 종묘사직의 보존을 위해 최선을 다
해야 할 터인데, 성패를 자연(自然)에 맡기고 요동(遼東)으로 건너가는
것만을 제일의 의리로 삼는 것은 옳지 않다.

3. 조정에서는 시비와 이해가 합해서 한 군데 있는 수가 있다. 조정의 이
해가 있는 곳이 곧 시비가 있는 곳이다. 개인에게는 의(義)와 이(利)가 서
로 배치되는 경우가 많지만, 국가에게는 국가의 이익이 곧 의리이다. 공
리·공익은 의(義)요 이(利)가 아니다.

공리와 공익은 '의'요 '이'가 아니라고 함은 의와 이를 준별(峻別)하여
왔던 종래 의리관(義利觀)과 차이를 보이는 것이다. 이는 후세 학자들이
'이(利)'에 대한 인식을 새롭게 하는 데 선구적 구실을 했다고 평가할 수

---

43) 『우계집』 권5, 「答或人論奏本事別紙」 節譯.

있다.44)

우계의 현실 중시적 경향은 당시에는 받아들여지지 않았고 도리어 큰
곤란을 겪었지만 후세에 그 빛을 발하였다. 그가 강화를 주장함으로부터
약 40년 뒤 병자호란이 일어나 조정의 논의가 척화와 주화의 두 갈래로
갈렸을 때, 그의 주화론은 최명길, 장유(張維) 등 주화파 인사들에게 선구
가 되어 큰 영향을 끼쳤다. 이에 비해 율곡 직계 학자들은 청의(淸議)를
중시한 나머지 척화론, 대명의리론(大明義理論)에 치중하여, 율곡의 현실
감각 있는 사상 체계를 계승, 발전시키지 못하였다. 김장생 같은 이는 우
계가 강화론을 주청한 것을 춘추대의에 흠을 남긴 실수라고 하면서, "당
시 율곡이 생존하였다면 이러한 일은 없었을 것이다."라고까지 하였다.

선사(先師: 김장생)께서 일찍이 문인들과 경도와 권도의 일을 강론하다
가 말씀하시기를 "권도는 가볍게 말할 수 없다. 우계가 임진년(1592)에
선릉(宣陵)과 정릉(靖陵)의 변고가 일어난 뒤 국외(局外)의 사람으로서
갑자기 화의(和議)를 주장하다가 선조(宣祖)에게 무한한 죄책을 받았다.
만약 율곡이었다면 반드시 이러한 일이 없었을 것이다."라고 하였다.
〔시열이 여쭙기를 "율곡이 계셨으면 마땅히 어떻게 하셨겠습니까?" 하
였더니, 선사는 한동안 속으로 되뇌시다가 말씀하시기를, "당시에는 별
다른 계책이 없고, 오직 지성으로 명나라 장수에게 간곡히 기원하여 군

---

44) 한 예로 星湖 李瀷은 '利'를 公利와 연결시켰다. 공리와 사리를 엄격히 구별하면서
'의'와 조화를 이루는 '이'는 공리이며, 이것을 추구하는 것은 곧 善이 된다고 하였다.
즉, '의'의 실현 방법으로 공리의 추구를 말하였다. 『論語疾書』, 「里仁」 제12장 참조.
조선 후기 학자들의 '利'에 대한 인식의 전환은 최영성, 「조선유학사에 있어서 道山學
의 의의와 위상」, 『한국철학논집』 제17집, 한국철학사연구회, 2005, 30~37쪽 참조.

대를 철수하여 돌아가지 않기만을 바랐을 것이다."라고 하였으니, 이에 근거한다면 선사 또한 우계의 주장이 부득이한 데서 나온 것임을 아신 것이다.)[45)

황의동 교수는 우계학파의 사상적 특성과 학풍을 ① 개방적인 학풍, ② 내성적(內聖的) 학풍, ③ 무실(務實)학풍, ④ 육왕학풍 수용의 선구, ⑤ 탈성리학적 경향으로 요약하였다.[46)] 율곡학파의 특성과 중복되는 일면이 있기는 하지만 특징적인 면을 잘 드러낸 것이라 할 수 있다. 이를 본다면 조선 후기 사상계가 정주학 일변도에서 어느 정도 탈피하여, 단조로움과 경직성을 덜어 낼 수 있도록 한 학문적 사상적 기반은 기실 우계학파에서 제공했다고 해도 지나친 말은 아닐 듯하다. 이것은 집권 노론세력인 율곡 후예들의 주자절대주의의 경직성과 대비되면서 한층 의미있게 다가온다.

사실, 율곡과 우계의 성격이라든지 학문 성향을 살펴보면, 우계가 보수적인 데 비해 율곡은 진보적 색채가 비교적 강한 편이다. 율곡은 일정

---

45) 『송자대전』 권53, 53b~54a, 「與金起之」: "先師嘗與門人講衛輒經權事而曰: 「變不可易處, 權不可輕議. 牛溪當壬辰陵變後, 以局外之人, 遽主和議, 以受宣祖大王無限罪責. 若是栗谷, 則必無此事矣」是蓋泛論權變之道, 而略及牛溪之事;……此豈侵斥牛溪之意也. 當時如黃秋浦, 以其門人而亦疑之, 是豈有他腸哉……〔其時, 時烈問栗谷在當時, 則當如何? 先師沈吟良久曰: 「當時別無奇謀異策, 惟至誠哀鳴, 祈懇於天將, 乞勿撤歸而已」據此則先師亦知牛溪之出於不得已也〕
뒤에 가서 위 김장생의 발언을 가지고 송시열과 윤증, 그리고 그 계열의 학자들 사이에 설왕설래 말이 많았다. 윤증 측의 주장을 보면, 권도와 경도에 관한 김장생의 말은 일찍이 문자 간에 보인 일이 없고, 김장생의 아들 김집 역시 말한 바 없으며, 송시열이 처음으로 증언한 것이므로, 송시열이 김장생의 권위를 빌어 자기의 뜻을 내세우려 했다고 볼 수밖에 없다고 하였다.

46) 황의동, 『우계학파연구』, 80~96쪽.

한 스승[常師]이 없었지만, 우계는 정몽주로부터 조광조로 이어지는 동국 도학의 적통을 이어받았고 주자와 퇴계를 사법(師法)으로 하였다.

평생의 사우(師友)로 늘 "퇴계 이선생은 참으로 고정(考亭)의 법문종지 (法門宗旨)를 얻었다."라고 하였다. 비록 병이 심하고 멀리 떨어져 있어 함장(函丈: 퇴계)을 섬기지는 못했지만, 평생에 높이 우러르기를 그 문인 과 바꾸지 아니하였다. 일찍이 서울에 가서 퇴계를 뵙고 그 글을 얻으 면, 되새기며 삼가 다시 초록하니 서책을 이루게 되었다.**47)**

율곡의 학문은 상당히 개방적이고 자율적인 편이다. 『순언(醇言)』이라 든지 「학부통변발(學蔀通辨跋)」, 「극기복례설(克己復禮說)」 등에 보이는 바 와 같이 노장과 양명학에 대한 이해가 상당하며, 이 밖에도 기학(氣學)이 나 불교, 도교 등에도 널리 통하였다. 종합성과 분석성에서 천재적 재질 을 보여 주었다. 주자의 학설을 존중하고 따르면서도 주체적이고 합리적 인 관점에서 이해하려 하였다. 한 예로 율곡은 자신의 성리학에서 대강 령을 이루는 '기발리승'에 대해 말하면서, "대저 발하는 것은 기요, 발하 게 하는 소이(所以)는 리이다. 기가 아니면 발할 수 없고 리가 아니면 발 하는 것이 없다."**48)** 하고, 이어 자주(自註)에서 "'발지(發之)' 이하 13자는 성인이 다시 나와도 이 말을 고치지 못하리라."**49)**라고 굳게 자부하였다.

---

47) 『牛溪年譜補遺』 권1, 「덕행」; 「牛溪家狀」.

48) 『율곡전서』 권10, 5a, 「答成浩原」: "大抵發之者氣也, 所以發者理也. 非氣則不能發, 非理則無所發."

49) 『율곡전서』 권10, 5a, 「答成浩原」: "發之以下二十三字, 聖人復起, 不易斯言."

그는 리기호발을 주장하는 주자나 이황의 논리에 반대하고, 기발리승일 도설을 주장하면서, "주자가 참으로 리기의 호발을 인정하여 각각 상대적으로 발용(發用)함이 있다고 말했다면, 이것은 주자도 잘못 안 것이다. 어찌 주자가 될 수 있겠는가?"[50]라고 토로한 바 있다. 율곡은 경전을 해석하면서도 정·주와 다른 해석을 내놓아 비판을 받기도 했으니, 일찍이 우계가 "숙헌(叔獻)은 평소 식견이 뛰어나 보통 사람보다 탁월한 의사(意思)가 있다. 그리하여 언제나 문자상에서 특별한 의논을 만들어 내어, 성현께서 말씀하신 본지(本指)를 크게 잃곤 한다."[51]라고 비판할 정도였다. 이것은 "말마다 다 옳은 사람도 주자요, 일마다 다 타당한 사람도 주자이다."[52]라고 한 송시열의 말과 비교해 볼 때, 과연 율곡과 송시열이 학문상으로 적적상승(嫡嫡相承)의 관계에 있었는지 강한 의구심이 들게 하는 것이다.

돌이켜보면, 조선 중기 주자학이 정착되어 가는 시기만 하더라도 아직 학풍이 고착화 내지 획일화하지는 않았으나, 주자학이 정교(政敎)의 근본이념으로 뿌리를 내림에 따라 학계는 점차 주자학적 풍토로 기울게 되었다. 특히 임·병 양란을 겪고 난 뒤에는 주자학도들이 학계를 독점했을 뿐 아니라, 주자의 사상으로써 학계와 정계를 통제하거나 지배하려 했다. 특히 송시열을 영수로 한 노론이 집권하면서부터는 주자의 학설이 곧 정

---

50) 『율곡전서』 권10, 12b, 「答成浩原」: "若朱子眞以爲理氣互有發用, 相對各出, 則是朱子亦誤也. 何以爲朱子乎."

51) 『율곡전서』 권32, 23a, 「語錄(下)」: "先生(牛溪)曰: 叔獻平生識見超邁, 有出人底意思, 每於文字上, 做出別論, 大失前聖立言之本指."

52) 『송자대전』 부록 권17, 「語錄(四)」, 〈崔愼錄〉: "先生每言曰: 言言而皆是者, 朱子也. 事事而皆當者, 朱子也."

치와 연결되어, 주자의 학설과 어긋날 때에는 세상을 어지럽히는 '근본악'으로 여겨졌다. 주자의 학설에 이의를 제기하거나 반대를 하는 것이 '유문(儒門)의 일대 금망(禁網)'이 되었던 현상은, 적어도 조선 후기 실학이 하나의 학문 사조로 등장하기까지 계속되었다.

순수하게 학문 성향으로만 본다면, 율곡과 우계의 후예들은 서로 완전히 반대되는 위치에 놓였다. 율곡의 경우 자신의 후예들이 집권하여 학파의 영향력을 정치적으로 확대시켜 나갈 수 있었지만, 정작 학조(學祖)인 율곡의 사상으로부터는 멀어져 갔다. 이와 반면에 우계의 경우 율곡의 그늘에 가리고 율곡학파의 기세에 눌려 제대로 평가받지 못하였지만, 도리어 학문적으로는 그 후예들에 의해 그 사상과 학파적 전통이 비교적 잘 계승되었다고 할 수 있다. 정치적 요인이 개입하였다고는 하지만, 율곡과 우계의 학문적 사상적 전승 관계가 정반대로 된 것은 역사의 아이러니가 아닐 수 없다. 이런 점에서 근세 대원군 집정 시 경상도 의령 사람인 추수자(秋水子) 이근수(李根洙)가 남긴 풍자적인 말은 시사하는 바 있다고 할 것이다.

주자란 본래 남인의 주자였는데, 후세에 이르러 노론이 빼앗은 지가 200여 년이나 된다. 현관(縣官)에게 장(狀)을 올려도 탈회(奪回)할 수 없고, 도백(道伯)에게 공소(控訴)하여도 탈회할 수 없으며, 비국(備局)에 진언하여도 탈회할 수 없으니, 드디어 주자는 영영 노론의 주자가 되고 말았다.[53]

---

53) 李能和, 「朝鮮儒界之陽明學派」, 『靑丘學叢』 제25호, 1936, 137~138쪽. 이근수의 전기는 이건창, 『明美堂集』 권16, 「秋水子傳」 참조.

율곡의 후예들이 집권한 뒤 율곡의 진보적 개혁적 성격을 계승하지 못
하고 보수화 내지 수구화한 데 비하여, 우계의 후학들은 집권하는 동안
에 현실감각 있고 융통성 있는 정치적 수완을 보여 주었다. 나중에 비집
권세력이 된 뒤에는 집권세력에 대항하는 과정에서 퇴계학파 후예들과
마찬가지로, 종래의 보수적 성격에서 벗어나 비판세력, 대안 세력으로서
의 변모를 꾀하였다. 그들은 당시 사상계, 학계, 정계에 날카로운 비판의
화살을 던졌다. 비판세력이었기에 상대적으로 우환의식과 개혁정신이
시들지 않을 수 있었다. '실심(實心)'과 '실학'은 비판정신의 근원이었다.
그들은 원리, 원칙으로의 복귀를 통한 개혁을 외치기도 하고, 정주학에
편향된 학문 풍토에서 탈피하여, 정주학 이외의 학문에서 경세의 대안을
찾기도 하였다. 육왕학에 대한 관심이라든지 탈주자학(탈성리학)적 경향
은 이런 배경에서 대두된 것이다. 이와 같은 사상적 경향은 우계사상 자
체에서 비롯된 것도 있지만, 우계사상과 관계없이 정치적 부산물로 생겨
난 것도 있다.
　우계의 학문적 사상적 영향력은 문자로 명언된 바가 적어 고증하기 어
려운 난점이 있다. 그러나 우계학파가 조선 후기 사상사에 끼친 영향과
역사적 의미는 크다. 그들의 개방적이고 자율적인 학풍은 성리학 이해에
서 탄력성을 보이면서, 퇴계학파·율곡학파와 함께 삼각편대를 구축하
였다. 학설상으로도 단순한 절충적 성격에서 벗어나 종래 학설의 재구성
을 통해 제3의 학설로서 발돋움할 수 있었다. 또한 조선 후기 정주학 일
변도의 경직되고 단선적(單線的)인 학계 풍토를 개선하고, 다양한 사상
조류를 수용하여 학계와 사상계에 활기를 불어넣었다. 그들이 제공한 활
력소가 있었기 때문에 조선 후기 사상사가 다채롭고 윤기 있게 전개될

수 있었다. 그런 점에서 본다면 우계학파의 정치적 불우(不遇)가 도리어 우계에게는 학술상으로 행(幸)이 되었다고 할 수 있겠다.

4. 맺음말

지금까지 우계학파는 그 존재와 실상이 제대로 구명되지 못하여 정당한 평가를 받을 수 없었다. 그런 점에서 우계와 우계학파에 대한 연구는 이제부터 시작이라고 할 수 있다. 종래 '우계학맥'이라 하여 그 존재가 희미하였던 것이, 오늘에는 그 학파적 성격과 후세에 끼친 영향이 속속 드러나고 있다. 우계와 우계학파의 존재는 결코 간단하지 않다. 이것이 본고를 마무리하는 필자의 생각이다. 필자의 『한국유학통사』에서 이 점이 체계적으로 다루어지지 못한 점에 아쉽게 생각한다.

울곡과의 논변에서 보여 준 우계의 학문 태도와 방법은 뜻있는 후학들에게 많은 영향을 끼쳤다. 그가 율곡과 논변한 내용도 일군의 학자들에게 지대한 영향을 끼쳐 퇴계·율곡의 학설과 함께 제3의 학설로 그 입지를 굳혔다. 우계설에 기반을 둔 학파를 '절충파'라 하는데, 절충이란 이것저것을 취사(取捨)하여 적당히 맞춘다는 의미가 아니다. 중정(中正)한 데 알맞도록 하는 것이 절충이다. 절충을 구실로 새 학설을 수립한 것이므로 서로 대등한 위치에서 논의되어야 함은 말할 것도 없다.

우계학파가 조선 후기 사상사에 남긴 족적과 영향은 크고도 넓다. 율곡의 후예들은 집권한 뒤 율곡이 보여 주었던 진보적 개혁적 성격을 지키지 못하고 보수화하여 주자교조주의의 경직된 길로 흘렀다. 이에 비해 우계의 후예들은 보수적 색채를 많이 덜어 내고, 개방적이고 자율적인 성격으로

탈바꿈하면서 조선 후기 사상계를 다변화하는 데 앞장섰다. 집권한 율곡의 후예들은 사설(師說)을 계승 발전시키지 못했지만, 우계의 경우 그 후예들이 사설을 계승하고 이를 계속적으로 보완하여, 나중에는 사설의 과구(窠臼)에서 벗어나는 데까지 이르렀다. 우계의 본래 의도에 관계없이 그의 사상은 일전(一轉)하여 조선 후기 사상계에 적지 않은 씨를 뿌렸다. 정치가 개입되어 빚어진 결과이지만 이를 엄숙하게 받아들이지 않을 수 없다.

조선 후기 사상사에서 우계학파가 지닌 위상과 그들의 학문적 사상적 영향은 여러 측면에서 조명되어야 할 것이다. 앞으로 이에 대한 연구가 계속 이어지기를 기대한다.

조선 사상사(朝鮮思想史)에서 우계학파의 위상[1]

고영진[2]

1. 우계학파에 대한 유학사적(儒學史的) 인식

학파는 학문적 관계망(network)의 한 형태이다. 학문적 관계의 기본은 사제(師弟)관계와 붕우(朋友)관계라고 할 수 있다. 이러한 관계는 고려시대의 사학십이공도(私學十二公徒)까지 올라갈 수 있으나, 그곳에서의 교육은 주로 관학을 대신하여 과거시험 준비를 위해 이루어졌기 때문에 학문적 동류(同類)의식은 약했다고 볼 수 있다. 이는 고려 후기 대표적인 스승-제자, 동료관계였던 좌주(座主)-문생(門生), 동년(同年)관계에서도 잘 드러난다. 좌주-문생, 동년관계는 조선을 건국하는 힘이 되기도 하였으

1) 이 논문은 우계성혼선생학술대회, 〈우계학파의 학풍과 특성〉, 우계문화재단, 2017년 11월 17일 발표한 논문이다.

2) 高英津, 광주대학교 교수

나, 조선이 건국되고 난 뒤에는 왕권 강화 경향 속에서 오히려 신하들의 파벌세력으로 간주되어 결국 폐지되고 말았다.3)

주선사회에서 학파기 행성되는 것은 16세기 중반이지만, 학문적 동류의식이 본격적으로 대두하는 것은 15세기 말 사림세력에 의해서였다. 이들은 훈척의 비리와 전횡을 성리학적 명분론에 입각하여 비판하고 당시의 사회모순을 성리학적 이념과 제도의 실천으로 극복해 보려고 하였다. 이 과정에서 이들은 강한 정치적·학문적 동류의식을 갖게 되는데, 이 시기에 출현하는 『사우문인록(師友門人錄)』 또는 『사우록(師友錄)』, 『문인록(門人錄)』 등은 이러한 흐름을 반영하는 것이었다.

또한 성리학에 대한 연구 수준이 높아지고 지역적으로 크게 확산되면서 성리학에 대한 이해의 차이가 드러나기 시작하였으며, 각각 주장하고 강조하는 바도 다르게 나타났다. 이러한 학설과 지역적 차이 등을 바탕으로 16세기 중반부터 서원을 중심으로 하여 학파가 형성되기 시작하였다. 먼저 서경덕학파와 이황학파·조식학파가 형성되고, 그 뒤에 이이학파와 성혼학파가 형성되었다. 호남지역에도 서경덕계열과 송순계열 등 다양한 학문집단이 형성되었다. 그 결과 유학의 계보의식은 더욱 강화되고, 학통은 도통과 밀접한 관계를 가지게 되었다.

이 시기 이러한 경향을 잘 보여 주는 것이 『연원록(淵源錄)』과 『문인록』이다. 『연원록』은 말 그대로 학문의 연원을 밝힌 것으로, 『문인록』과 함께 학문적 동류의식보다는 계보의식, 도통의식이 강하다고 할 수 있다. 이 시기 대표적인 『연원록』으로는 오희길의 『도동연원록(道東淵源

---

3) 고영진, 「학문적 네트워크의 형성」, 『조선시대사 2 -인간과 사회』, 푸른역사, 2015.

錄)』과4) 박세채의『동유사우록(東儒師友錄)』등이 있는데, 성혼과 그 문인들에 대한 정리 작업이 처음 이루어지는 것도 이『동유사우록』에서였다.

1666년(현종 7) 완성된 이 책은, 박세채가 조선의 도학 사우의 연원이 민멸(泯滅)된 것을 염려하여, 신라의 설총부터 조선의 성혼과 그 문인에 이르기까지 이들의 학문이 어떻게 전수되고 교류되어 왔는가를 정리할 목적으로 편찬한 것이다.5) 이 책에는 고려 말 안유의 문인을 시작으로 17세기 성혼의 문인까지 총 40개 문인 및 문인집단,6) 19개 종유(從遊) 및 종유집단을 수록하였는데, 여기서 성혼과 그 문인은 94명으로 제일 많았다.7)

또한 윤증은 1683년(숙종 9)『우계선생연보보유(牛溪先生年譜補遺)』를 편찬하면서 성혼의 사우와 문인들을 「사우록(師友錄)」이란 이름으로 정리하였는데, 여기에는 30명의 사우와 91명의 문인을 수록하였다.8)

『연원록』류의 책은 근대에 들어와서도 편찬되었는데, 성혼과 그의 문

---

4) 오희길은 1610년 올린 「上萬言疏」에서, 기자를 '동방의 孔子', 정몽주를 '동방 理學의 祖'로 지칭하며 그 학문이 길재 → 김숙자 → 김종직 → 김굉필 → 조광조(김정, 기준) → 성수침 → 이이, 성혼으로 이어진다고 보았다. 이어 1620년에 저술한『道東淵源錄』에서는, 조선 도학의 연원이 기자 → 정몽주 → 길재 → 김굉필(정여창) → 조광조 → 이언적, 이황, 김인후, 성혼 → 이이로 이어졌다고 보았다(『道東淵源錄』권1, 「道東淵源」;『韜庵集』권1, 「上萬言疏」).

5) 『東儒師友錄』권33, 「後書」.

6) 『동유사우록』에서 박세채는 문인집단을 '門派'라는 용어로 사용하고 있는데 이는 오늘날의 '學派'와 완전히 일치하지는 않지만 가까운 개념이라고 할 수 있다.

7) 반면 이황의 문인은 76명, 김안국의 문인은 65명, 이이의 문인은 59명을 수록하였다 (고영진, 「박세채의 학문과 儒學史 인식」, 『韓國思想史學』 32, 2009 참조).

8) 『牛溪先生年譜補遺』권5, 「師友錄」.

인들을 정리하고 있는 것은 강효석의 『전고대방(典故大方)』(1925), 윤영선의 『조선유현연원도(朝鮮儒賢淵源圖)』(1941), 하겸진의 『동유학안(東儒學案)』(1943) 등이다.

『전고대방』은9) 「유현연원도(儒賢淵源圖)」에서 설총, 최치원, 김양감, 최충, 안유, 정몽주, 김식, 조식, 이황, 이이, 이단상, 이재, 기정진, 이익, 유심춘 등의 계보를 서술하고 있는데, 성혼을 정몽주의 계보 속에 배치하여 정몽주 → 길재 → 김숙자 → 김종직 → 김굉필 → 조광조 → 성수침 → 성혼 → 윤황 → 윤선거 → 윤증 → 윤동원 → 윤광소 → 강필효 → 성근묵으로 정리하고 있는 것이 특징적이다.10)

또한 「문인록」에서는 고려와 조선으로 나누어 고려에서는 안유, 백이정, 권보, 이색, 정몽주, 길재 등 6명의 문인을, 조선에서는 김숙자, 김종직으로 시작하여 한말 유중교까지 총 72명의 문인들을 수록하였는데, 성혼의 문인은 총 62명을 수록하였다.11)

윤영선이 14년간의 작업 끝에 편찬한 『조선유현연원도』는 한국 유학의 연원과 학통을 19명의 기원선생(起源先生)을 중심으로 그 문인들을 도표로 정리하여 기록한 것으로, 『전고대방』의 「유현연원도」를 기반으로 했음을 알 수 있다. 즉 「조선유현연원전통도(朝鮮儒賢淵源傳統圖)」를 보면, 19명의 기원선생 관련 계보표 가운데 15명이 『전고대방』과 똑같으며, 송흠, 송익필, 장현광, 박지계가 추가되었을 뿐이다. 성혼 역시 정몽주의

---

9) 『典故大方』은 전체적으로 인명역사사전이라고 볼 수 있으나, 「儒賢淵源圖」와 「門人錄」 항목이 『연원록』의 성격을 가지고 있다고 할 수 있다.

10) 『典故大方』 권3, 「儒賢淵源圖」.

11) 『典故大方』 권3, 「門人錄」.

계보 속에 배치하고, 102명의 성혼 문인들을 수록하고 있다.

『동유학안』은 하겸진이 중국의 『명유학안(明儒學案)』과 『송원학안(宋元學案)』 등을12) 본받아, 우리나라 유학 학파의 연원 및 학설을 고찰한 최초의 학안(學案) 형식의 『연원록』이다. 151명의 유학자를 학파에 따라 분류하여 총 15개의 학안으로 정리하였는데, 각 학안에는 먼저 학파의 연원과 학문적 특징에 대해서 서술하고, 이어 그 학파를 대표하는 학자들의 행적과 학설들을 수록하였다. 이 책에서 성혼과 그 문인들은 이이와 그 문인들과 함께, 「담파학안(潭坡學案)」과 「담파문인사숙학안(潭坡門人私淑學案)」에 수록하였다.

「담파문인사숙학안」에서 다룬 문인은 김장생, 조헌, 김집, 송준길, 송시열, 유계, 윤선거, 박세채, 윤증 등으로 소략하다. 또한 하겸진은 성혼이 학설상 처음에는 이황을 따르다가 뒤에 이이를 따랐다고 보았다.13) 전체적으로 영남 학인들의 인식을 반영하고 있다고 할 수 있다.

장지연의 『조선유교연원(朝鮮儒敎淵源)』은 1917년 「매일신보」에 연재했던 우리나라 최초의 유학통사로, 전통적인 유학사 서술에서 근대적인 유학사 서술로 가는 과도기에 위치한 책이라고 할 수 있다.14) 이 책에서 장지연은 김종직, 김굉필, 조광조, 조식, 이황, 서경덕 등의 문인들을 다루고, 성혼의 문인은 이이의 문인과 함께 다루었다. 언급한 인물은 김장생,

---

12) 『明儒學案』과 『宋元學案』은 황종희가 저술한 최초의 학안으로 『명유학안』은 명대의 학술을, 『송원학안』은 송·원대의 학술을 학파별로 계통적으로 정리한 것이며, 중국 학술사에서 선구적인 위치에 있다 할 수 있다.

13) 『東儒學案』第15編, 「潭坡學案」.

14) 노관범, 「연원록에서 사상사로 -장지연의 「조선유교연원」과 현상윤의 『조선유학사』를 읽는 방법-」, 『韓國思想史學』 56, 2017.

조헌, 정엽, 안방준, 신응구, 이시백, 오윤겸, 황신, 강항 등이다. 또한 한국
유학사를 개관한 권3의 '총론상(總論上)'에서 다음과 같이 성혼의 학맥을
서술하고 있다.

> 畿湖의 趙靜庵은 金寒暄의 도통을 이어받아 처음으로 기호에서 학문을
> 倡導하였는데 成聽松守琛과 李灘叟延慶과 趙龍門昱과 丁游軒熿 등 제
> 공은 모두 그 문하에 올랐다. 그리하여 徐花潭敬德으로 더불어 아울러
> 한 세상에 대치하여서 산림에서 강학하였다. 청송은 그 아들 牛溪文簡
> 公에게 전하였고 우계의 문인에는 金愼齋가 있고 신재의 문인에 尹美村
> 이 있고 미촌은 그 아들 拯에게 전하였으니 바로 明齋 尹文成公이다.
> 명재의 문인에 成南坪至善과 韓漁村永箕와 朴定齋泰輔와 尹一庵東源
> 등 諸人이 있으니 이는 또 정암 우계의 학문계보로서 명재에 이르러 갈
> 라져서 소론의 당파가 되었다.15)

성혼의 학문 계보를 조광조에 연결시킨 것이 앞의 『전고대방』, 『조선
유현연원도』와 유사함을 알 수 있다. 또한 '호락학파분열(湖洛學派分裂)'
과 '경가양파분열(京嘉兩派分裂)'이라는 제목을 따로 붙여 호락논쟁과 명
덕주리주기논쟁(明德主理主氣論爭)을 다루고 있는데, 여기서 '학파'라는
이름을 처음 사용하였다.

현상윤의 『조선유학사(朝鮮儒學史)』는 근대적으로 저술한 최초의 한국
유학통사로 1949년에 간행되었다.16) 이 책은 기본적으로 『조선유교연

---

15) 『朝鮮儒教淵源』 권3, 總論上.

16) 그러나 현상윤은 1949년 저술한 『朝鮮思想史』에서 자신이 유학사상을 십수 년간 연

원』을 바탕으로 저술하였다. 장지연의 유학사 인식뿐만 아니라 전체적인 항목의 배열 순서, 각 인물 항목 내에서의 서술 방식, 주요 항목의 서술 내용 등에서『조선유교연원』을 거의 그대로 따르고 있다. 그러나 이 책은 여러 면에서『조선유교연원』보다 발전된 모습을 보여 준다.[17]

문인이나 학파에 대해 서술한 항목은 '제11장 호락학파(湖洛學派)의 분열', '제12장 경제학파(經濟學派)의 출현과 풍동(風動)'과 '13장 성리학의 재연(再燃)'의 '제3절 주리파(主理派)의 발달', '제4절 주기파(主氣派)의 발달', '제5절 절충파(折衷派)의 소장(消長)' 등이다. '주리파'와 '주기파', '절충파'라는 용어가 처음 등장하고 있다. 또한 현상윤은 이황, 이이와 그 문인들을 서술하면서 '주리파'와 '주기파', '영남학파(嶺南學派)와 기호학파(畿湖學派)', '퇴계학파와 율곡학파'라는 용어를 사용하고 있다.

四七理氣論을 중심으로 하여 理氣互發說과 氣發理乘說로 서로 見解를 달리하는 退溪學派와 栗谷學派는 이때에 이르러 退溪學派는 主理說을 主張하는 學派가 되고 栗谷學派는 다시 두 派로 나뉘어 한 派는 退溪學派와 正反對되는 立場에서 主氣說을 主張하게 되고 또 한 派는 退溪, 栗谷 兩學派의 中間에 서서 主氣主理의 兩說을 다 취하지 아니하고 主理便에 若干의 接近을 보이면서 理氣兼指의 學說을 主張하는 中間派, 折衷派가 되어 三派가 各各 門戶를 세워 가지고 서로 自派의 學

十해 왔디고 반치고, 있어,『조선유학사』의 저술은 1930년대 중반부터 시작한 것으로 여겨진다.

17) 고영진, 「한글로 쓴 최초의 한국유학통사 -《朝鮮儒學史》(玄相允, 民衆書館, 1949)-」, 『역사와 현실』 14, 1994 / 노관범, 「근대 한국유학사의 형성 -장지연의『조선유교연원』을 중심으로-」, 『한국문화』 74, 2016.

說을 主張하게 된 것이다.[18]

이 책에서 성혼은 서경덕, 이언적 등 다른 인물들과 함께 하나의 항목으로 간단하게 서술하고, 문인들도 조헌, 안방준 등을 '퇴율(退栗) 전후의 일반 명유(名儒)'라는 장에서 다른 문인들과 함께 다루고 있다.

『조선유학사』에 비견되는 것이 이병도의 『한국유학사(韓國儒學史)』이다.[19] 1987년 출간된 이 책은 1959년 등사본으로 만들어진 『자료한국유학사초고(資料韓國儒學史草稿)』를 바탕으로 저술한 것인데, 이 초고의 내용 역시 1930년대 후반에 쓰여진 것이다. 따라서 저술 시기가 『조선유학사』와 비슷하다고 할 수 있다.

이 책의 특징 중의 하나는 조선시대 유학사상의 변화를 학파 내지 당파와 연관시켜 서술한 것인데, 이는 유학사상의 흐름을 정치사의 전개와 관련시켜 본다는 의미로, 이황, 이이 이후의 성리학의 전개를 서인학파와 남인학파(퇴계학파)로 나누어 서술하고 예학을 당쟁과 연관하여 서술한 것 등이 여기에 해당한다고 할 수 있다. 그 내용에서 성혼과 그 문인들은 이이와 그 문인들과 함께 서술하고 있다. 이러한 서술 방식은 『한국유학사』에서도 그대로 유지되었다.

조선 사상계를 주리파와 주기파, 영남학파와 기호학파 등으로 양분해서 보는 현상윤과 이병도의 시각은 다카하시 도오루(高橋亨)의 영향으로 생각된다. 다카하시는 「조선유학대관(朝鮮儒學大觀)」과 「朝鮮儒學史に於

---

18) 玄相允, 『朝鮮儒學史』, 현음사, 1982, 354쪽.
19) 1986년 한문본 『韓國儒學史略』이 출간되었으며, 『한국유학사』는 이 책을 번역·출간한 것이라고 할 수 있다.

ける主理派主氣派の發達」등의 글을 집필하였는데, 조선 유학의 학파별 분류와 지역별 분류를 넘어 주리·주기론이라는 개념적 분류를 최초로 시도한 학자이기도 하다. 그는 주리·주기를 철학적·범주적 개념으로 이용하여 조선 유학을 근대적으로 재구성하려고 시도하였다. 즉 사단칠정을 기준으로 영남학파와 기호학파로 나누고, 그것을 주리·주기의 틀로서 조선 유학사에 관철시켰다. 그리고 농암학파는 절충적인 입장으로 따로 설정하였다.[20]

조선 유학의 계보를 주리론=이황학파=영남학파와 주기론=이이학파=기호학파를 근간으로 하고 절충적인 농암학파를 첨가하여 보는 다카하시의 이해 방식은, 조선 유학 자체에 대한 부정적·단선적인 인식과 함께 이후 전체 학계에 결정적인 영향을 미쳤다. 가까이 현상윤과 이병도는 말할 것도 없고, 현재도 많은 연구자들이 이황학파와 이이학파를 주리론·주기론 또는 주리파·주기파로 범주화하는 것을 당연하게 받아들이고 있다.

이로 인해 학계에는 이기론과 사단칠정론만으로 모든 조선 유학을 설명하는 과도한 존재론적 설명 방식이 광범하게 퍼져 있다. 그 결과 조선시대 유학의 흐름에 대한 연구도 다양화되지 못하였고, 계보와 학파 연구 역시 마찬가지이다.[21] 우계(성혼)학파가 학계에서 오랫동안 시민권을 획득하지 못한 것도 이에 기인하는 바가 크다고 할 수 있다.

우계(성혼)학파를 본격적으로 독자적으로 다룬 연구는 최완기의 『한국성리학(韓國 性理學)의 맥(脈)』(1989)이다. 이 책은 해방 이후 한국 유학의

---

20) 다카하시 도오루 지음, 조남호 옮김, 「역주자 해설」, 『조선의 유학』, 소나무, 1999.
21) 고영진, 「조선시대 유학 계보 연구의 검토」, 『韓國思想史學』 41, 2012.

계보를 종합적으로 다룬 최초의 연구 성과라고 할 수 있다.[22] 이 책에서 저자는 조선시대 성리학의 흐름을 학맥을 중심으로 서술해 나가면서, 초기 성리학, 퇴계학파, 율곡학파, 낙론 성리학, 소론 성리학, 조선 양명학 등의 학맥(學脈)을 표로 만들어 제시하였다.

이 책에서는, 16세기 조선 사상계가 이황, 조식, 성혼, 이이와 그 학맥을 중심으로 전개되었으며, 조선시대 학맥은 붕당정치, 즉 정맥(政脈)과 깊은 관련을 맺고 있다고 서술하였다. 그랬을 때 조선 후기 주요 붕당의 하나였던 소론의 학맥은 성혼에 연원한다고 보았다. 성혼의 학맥에서 배출된 많은 학자와 성혼과 관련된 족당(族黨)이 대체로 소론에 속한다는 것이다. 따라서 그는 '소론 성리학', '소론학파' 또는 '우계학파' 등의 용어를 사용하면서, 우계학파의 연원과 전개, 변화 과정을 자세히 살펴보고 있다. 우계(성혼)학파를 조선시대 독립된 학파로 자리매김하고 있는 것이다.

그는 소론의 학맥이 성혼에 거슬러 올라가지만 그 연원은 조광조 문하에서 비롯되었다고 보고, 그 대표적인 인물로 성혼의 부친인 성수침을 들었다. 그리고 성혼의 학문은 사위 윤황에 이어져 윤선거, 윤증, 윤동원, 윤광소, 강필효, 성근묵으로 전수되면서, 창녕 성씨와 파평 윤씨의 가학의 성격을 띠었다고 보았다. 그리고 소론학의 또 하나의 연원으로 김식을 들고, 그의 학맥은 김덕수, 윤근수, 김상헌, 박세채, 정제두로 이어진다고 보았다.

최완기는 성혼이 이이가 사망한 뒤 사실상 기호학파를 주도하고 정계에서는 서인을 통솔하는 가장 권위 있는 지도자로서 부각되어 갔기 때문

---

22) 崔完基, 『韓國 性理學의 脈』, 느티나무, 1989.

에, 결국 동인들과 갈등을 일으키지 않을 수 없었고 결국 가혹한 정치적 보복을 받았으며, 또한 그의 학문은 이황에 가려진 조식과 같이, 이이에 가려져 그 빛을 발하지 못하였다고 보았다. 특히 그의 학맥이 소론으로 이어지면서 한국 성리학사의 주류에서 배제되고, 그것이 오늘에 이르도록 그 의미가 올바로 이해되지 못하고 있다고 평가하였다.

따라서 성혼의 학문은 기호학파 또는 우율학파에 포함시키고 있지만, 이이의 그것과 달라 독자성을 지니고 있다고 보았다. 인간적·학맥적으로는 이이에 밀착되고 있지만, 성리학의 이기론에서는 도학의 경향을 띠고 있던 이황 쪽에 가까웠다는 것이다. 또한 우계학파는 학문과 정책에 탄력성을 보이면서 보다 온건하고 조화적인 입장을 취하였으며, 성혼의 사상을 바탕으로 이황의 성리학에도 호의를 보여서, 이이와 나아가 주자에 대해서도 비판적이면서 성리학 이해에 탄력성을 보여 주어 양명학에도 관심을 가지고 실학자도 배출하였다고 보았다.

특히 우계학파에서 양명학으로 수용·발전시키는 과정을 이항복과 최기남·이정구, 최명길·장유, 그리고 정제두와 강화학파에 이르기까지 자세히 서술하고 있다. 이후 우계(성혼)학파에 대한 연구는 이러한 최완기의 연구 성과를 기반으로 하고 있다고 해도 과언이 아닐 정도로 중요한 내용을 많이 담고 있다.

한편 유명종은 성혼을 '절충파의 비조'로 규정하여 김창협과 그 문인들에 대해서 규정하던 절충파의 연원을 성혼까지 끌어올리고 그 계승 양상을 살펴보았다.23) 또한 고영진은 16세기 들어와 성리학을 연구하는 학

---

23) 劉明鍾,「折衷派의 鼻祖 牛溪의 理氣哲學과 그 展開」,『成牛溪思想研究論叢』, 우계문화재단, 1988.

자들의 수가 비약적으로 증가하고 지역적으로도 크게 확산되고, 아울러 성리학에 대한 연구 수준이 높아지면서 학설과 지역적 차이 등을 바탕으로 16세기 중반부터 서원을 중심으로 학파가 형성되기 시작하면서, 먼저 서경덕학파와 이황학파, 조식학파가 형성되고 그 뒤에 이이학파와 성혼학파가 형성되었다고 보았다. 그리고 각 학파의 학문적 특징과 문인들에 대해 간단히 서술하였다.[24]

이후 우계(성혼)학파와 그 문인 그리고 '절충파'에 대한 연구가 활발히 이루어졌으며, 그 대표적인 업적이 황의동의 『우계학파 연구』이다. 우계학파에 대한 집대성의 성격이 크다고 할 수 있는 이 책은, 먼저 제1장에서 우계학파의 형성 배경을 가학적 배경과 역사적 배경으로 나누어 살펴보고, 이어 우계학파의 연원과 창녕 성씨의 가학, 우계학파의 형성과 전개, 사상적 특징을 서술하고 있다. 제2장에서는 성혼의 학문, 제3장에서는 조헌, 윤황, 안방준, 조익, 권시, 윤선거, 윤증, 박세당, 박세채, 정제두 등, 우계학파 인물 10명에 대한 학문과 사상을 살펴보고 있다.[25]

황의동의 연구는 방대함과 세밀함을 지니고 있지만, 학맥의 범위를 너무 넓게 잡은 감이 없지 않다. 예를 들면 소론 학맥을 모두 우계(성혼)학파로 볼 수 있는가 하는 문제이다. 또한 우계(성혼)학파의 형성과 전개 과정을 시기별·단계별로 구분지어 살펴보지 못한 감이 없지 않다. 그랬을 때 우계(성혼)학파의 학문적·사상적 특징, 그리고 조선 사상사에서의 위치도 더 명확하게 드러날 것이다.

---

24) 高英津, 「성리학의 연구와 보급」, 『한국사』 28, 국사편찬위원회, 1996.

25) 황의동, 『우계학파 연구』, 서광사, 2005.

2. 우계학파의 형성과 전개

조선시대 학파에 대한 연구는 다카하시 도오루 이래 성리설에 따른 분류를 중심으로 이루어져 온 감이 없지 않다. 그러나 2000년대 들어와 학파와 계보에 관한 연구가 축적되면서, 학파의 형성 과정과 발전 과정을 종합적인 관점에서 살펴보려는 시도가 이어졌다. 16세기 학파의 형성을, 다양한 사상적 요소들이 새로운 성리학의 모색에 어떻게 기여했는가 하는 생성론적인 시각에서 볼 것을 제안하고,[26] 성리설뿐만 아니라 문인과의 수학 관계, 사후 제자들의 동향, 정치적 영향력, 문집의 간행 과정, 다른 학파와의 관계 등을 종합적으로 고려하여, 학파의 생성과 전개 과정을 살펴볼 것을 강조하기도 하였다.[27] 우계(성혼)학파의 형성과 전개 과정도 이러한 관점에서 살펴볼 필요가 있다.

1) 제1기(형성기)

우계(성혼)학파는 16세기 중반 다양한 학파의 형성 과정에서 성혼과 그에게 수학한 문인들을 중심으로 형성된 학파를 의미한다. 성혼은 어렸을 때 부친인 성수침에게 수학하고 17세 때 백인걸에게 『상서(尚書)』를 배웠다. 그리고 20세 때인 1554년(명종 9) 가까이 사는 이이와 도의지교(道義之交)를 맺었다. 1568년(선조 1) 이이와 중(中)과 지선(至善)에 대해 학문적 토론을 벌이고 이황을 찾아뵈었다. 이 해 조헌이 와서 배움을 청

---

26) 정재훈, 『조선전기 유교 정치사상 연구』, 태학사, 2005.
27) 정재훈, 『조선시대 학파와 사상』, 신구문화사, 2008.

하였다. 30대 중반 축적된 자신의 학문 위에서 비로소 제자를 받아들이고 양성에 나섰음을 알 수가 있다.[28]

1571년 서실에 「서실의(書室儀)」를 게시하여 학생들에세 보여 주었다. 학도들이 많이 모이자 성혼이 훈노하기를 게을리하지 않고, 「서실의」 22개 조칭을 만들어서 규칙을 세웠다는 것이다. 또한 『주자대전』과 『주자어류』 등에서 학문하는 방법을 뽑아 『위학지방(爲學之方)』[29]이라는 책을 만들에 학생들에게 보여 주었다. 한편 1572년 성혼은 이이와 사단칠정(四端七情)과 인심도심(人心道心)에 관한 논쟁을 벌이기도 하였다. 이즈음 성혼과 그 문인들은 학파로서의 모습을 갖추기 시작한 것으로 보인다.

성혼은 1568년 전생서 참봉에 제수되는 것을 시작으로 관직에 계속 임명되지만 나아가지 않았다. 성삼문으로부터 내려오는 집안의 내력에서 비롯된 것이기도 하였지만, 그만큼 그의 출처의 의리는 엄격하였다. 그러나 성혼이 관직에 나아가는 것을 꺼리게 된 데에는 그의 건강 문제도 적지 않았다. 그는 21세 때 큰 병환을 앓은 뒤에 그것이 고질병이 되었다. 이이는 이를 안타까워 하며 그를 주로 경연관으로 천거하였다.

선조 초년 붕당정치가 전개되면서 성혼과 이이는 서인으로 한 배를 타게 된다. 이이가 동인의 집중 공격을 맞는 상황에서 성혼은 그에 대한 지지와 믿음을 버리지 않았다. 한 선비가 성혼을 찾아가 이이를 훼방하자, 성혼이 "나는 숙헌(叔獻, 이이의 字)과 살아서는 마땅히 죄를 함께하고, 죽어서는 마땅히 열전(列傳)을 함께하겠다."라고 말하자 그 사람이 대경실

---

28) 『牛溪集』, 「年譜」.

29) 『爲學之方』은 뒤에 『朱門旨訣』로 이름을 바꾸었다.

색하고 떠나갔다는 『석담일기(石潭日記)』의 기록은,30) 이러한 두 사람의
관계를 상징적으로 잘 보여 준다고 할 수 있다.

그런 상황에서 1584년 이이가 갑자기 졸(卒)하였다. 이이의 죽음은 스
승을 잃어버린 이이의 문인들이 성혼에게 와서 수학하는 계기가 되기도
하였다. 「연보(年譜)」를 보면 1593년 성혼은 석담정사(石潭精舍)에 우거했
는데, 이이의 문인과 제생들이 많이 와서 강학을 하였다고 한다. 물론 학
파의 형성기에 한 사람이 여러 스승에게 학문을 배우고 사제관계를 맺는
경우가 적지 않았으나31) 특히 두 사람의 경우는 지역도 가깝고 살아생전
에 밀접한 관계를 가지고 있었으며, 그중의 한 사람이 갑자기 죽었기 때
문에 양쪽의 문인들이 혼효되는 경우가 다른 학파보다 더 강하였다.

이이가 죽고 나서 성혼은 이이와 자신의 문인들을 지도하는 위치에 있
었으나, 그에 비례해서 성혼을 견제하기 위한 동인들의 비판도 커져 갔
다. 이런 상황에서 기축옥사가 발생하고 이어 임진왜란이 일어났다. 그런
데 전쟁을 전후하여 북인이 정국의 주도권을 잡으면서, 성혼은 기축옥사
때 옥사(獄死)한 최영경 문제와, 임진왜란 때 의주로 피난 가는 선조를 찾
아뵙지 않고, 또한 일본과의 화친을 주장했다는 이유 등으로 북인들의
집중적인 공격을 받아 사후(死後)인 1602년(선조 35) 관작을 추탈당하기
까지 하였다.

결국 이 문제는 인조반정 이후 문묘종사 때에도 계속 성혼의 발목을
잡게 되었고, 이이의 젊었을 적 불가(佛家) 출입 문제와 함께 문인들의 운

---

30) 『石潭日記』, 萬曆七年己卯.

31) 호남사림과 영남사림의 경우도 이런 경우가 많았다.(李樹健, 『嶺南學派의 形成과 展
開』, 일조각, 1995와, 고영진, 「호남사림의 학맥과 사상」, 혜안, 2007. 참조)

신의 폭을 좁히는 원인이 되기도 하였다. 그러나 광해군 때 북인이 시도 하였던 회퇴변척(晦退辨斥)과, 조식의 문묘종사를 이이학파, 이황학파와 함께 무산시키고 1635년 관학유생들이 이이와 성혼의 문묘종사를 요구할 때, 당시 찬성했던 삼공(三公)이었던 윤방, 오윤겸, 김상용이 모두 성혼의 문인이었던 사실에서도 우계학파는 상당한 세력을 이루고 있었음을 알 수 있다.[32]

그러나 인조반정으로 이이학파와 성혼학파에 기반 한 서인이 정권을 잡았지만, 사상적으로는 아직까지 이황학파에 대해서 우위를 점하고 있지 못했다고 할 수 있다. 이이와 성혼이 문묘에 종사되는 것은, 반정 이후 60년이 지난 1682년(숙종 8년)이기 때문이다. 실제로 세기별로 학파별 인물 비율을 고찰한 연구에 의하면, 16세기에 퇴계학파가 41%, 남명학파가 25%, 율곡(우계)학파가 23%, 사림파가 7%, 화담학파가 1%, 기타 3% 순으로 이황학파와 조식학파 등 영남지역 학파의 문인 수가 많았다.[33]

2) 제2기(발전기)

우계(성혼)학파는 성삼문에서 비롯된 창녕 성씨의 가학적 배경과, 조광조의 문인이었던 부친 성수침으로 대표되는 도학적 연원을 기반으로 형성되었다. 그리고 창녕 성씨의 가학은 한편으로는 그의 아들인 성문준으로 이어졌으며, 다른 한편으로는 성혼의 사위였던 윤황에게로 전승되면서 파평 윤씨로 전승되었다. 윤황의 학문은 아들인 윤선거와 손자인 윤

---

32) 당시 윤방은 영의정, 오윤겸은 좌의정, 우의정은 김상용이었다.(『仁祖實錄』 권31, 인 조 13년 5월 辛酉 ; 壬戌)

33) 김경호, 「율곡학파의 학맥과 학풍 : 그 위상과 변주」, 『儒學硏究』 25, 2011.

증으로 이어졌다.34)

전주 최씨도 최기남이 성혼의 문인이 되면서 우계(성혼)학파와 관계를 맺었다. 최기남의 아들은 최명길이고 손자는 최후량으로 모두 양명학과 연관이 있다. 안동 권씨 역시 권극중이 성혼의 문인이 되면서 우계(성혼)학파와 관계를 맺었다. 권극중의 당질이 권득기인데 그의 가학은 권시에게 이어졌다.35)

또한 성혼이 살아 있던 당대 대표적인 문인으로는 신응구와 황신이 있다. 이들은 뒤에 스승을 둘러싼 여러 문제에 대해 적극적으로 해명하며 스승을 옹호하였다.36) 이밖에도 성혼의 주요 문인으로는 오윤겸, 안방준, 강항, 김상용 등이 있으며, 조헌과 한교, 이귀, 황신 등은 이이의 문인이기도 하였다.

한편 성혼의 직전(直傳) 문인과 재전(再傳), 삼전(三傳) 문인들의 활동을 바탕으로 우계(성혼)학파를 정리하려는 움직임도 이루어졌는데, 그 결과물 중의 하나가 1683년(숙종 9) 편찬된 윤증의『우계선생연보보유(牛溪先生年譜補遺)』의「사우록(師友錄)」이었다. 이「사우록」은 성혼의 사우와 문인들로 구성되어 있는데, 총 91명의 문인들을 수록하였다.

또한 이보다 17년 전인 1666년(현종 7년) 윤증의 절친한 친구이며 학

---

34) 김경수,「우계학파의 형성과 그 특징」,『우계학보』 28, 2009.

35) 황의동,『우계학파 연구』, 서광사, 2005에서는 우계학파의 가학적 배경으로 창녕 서씨, 전주 최씨, 안동 권씨 외에 박세채의 반남 박씨와 조익의 풍양 조씨를 들고 있는데 이에 대해서는 좀 더 면밀한 검토가 필요하다.

36) 후대『栗谷牛溪二先生年譜』를 편찬하는 과정에서 황신과 신응구는 대표적인 문인으로 인정받았으며 성혼을 옹호한 신응구의 글의 수록을 둘러싸고 논쟁이 벌어지기도 하였다.(유새롬,「17세기 西人의 學統意識과 栗谷年譜의 편찬」,『韓國史論』 52, 서울대 국사학과, 2009. 참조)

문적 동료였던 박세채는 『동유사우록(東儒師友錄)』을 저술하였는데, 이 책에서 박세채는 모두 94명의 성혼 문인들을 수록하였다. 『동유사우록』과 「사우록」에 수록된 명단은 각각 다음과 같다.

〈표 1〉『東儒師友錄』과 『牛溪先生年譜補遺』「師友錄」에 수록된 성혼 문인[37]

『東儒師友錄』(1666)	『牛溪先生年譜補遺』「師友錄」(1683)
申應渠, 成文濬, 吳允謙, 黃愼, 安邦俊, 韓嶠, 趙守倫, 權克中, 許克諶, 許克誠, 吳潔, 任鐸, 裵弘重, 申敏一, 李棨, 金嶷, 金權, 金尙容, 尹煌, 尹烇, 姜晋暉, 姜晋昇, 李潑, 梁山璹, 朴鐵壽, 尹昉, 尹昕, 吳億齡, 李壽俊, 李命俊, 宋英耉, 崔起南, 金宗儒, 曺健, 韓瓘, 邊慶胤, 安邵, 鄭起溟, 鄭宗溟, 李廷冕, 閔仁伯, 李春英, 兪大進, 兪大逸, 尹民逸, 尹民獻, 李郁, 趙存性, 呂裕吉, 金玄度, 安昶, 韓孝祥, 崔繼祖, 李恰, 成汝學, 全芮碩, 宋淵, 李醃, 朴璘, 李峻, 朴榮松, 辛慶孝, 河緯坤, 柳孝健, 趙毅道, 李景震, 李景臨, 金應會, 梁梘, 朴孝誠, 沈宗毅, 沈宗忱, 趙浩, 南撥, 洪茂績, 李時白, 金埴, 崔鑑, 申得中, 具撥, 楊塤, 黃倜, 柳敬元, 南冀, 柳淹, 金大賢 (補遺) 沈宗敏, 柳拱辰, 金偉男, 崔瀣, 趙鈛, 洪霻, 李大邦, 李光浚 (총 94명)	趙憲, 申應渠, 黃愼, 吳允謙, 金權, 李貴, 趙守倫, 鄭曄, 邊以中, 柳拱辰, 任鐸, 朴璘, 禹伏龍, 安昶, 趙毅道, 李愼誠, 閔仁伯, 韓嶠, 尹耆獻, 洪錫胤, 金玄度, 趙浩. 李潑, 裵弘重, 金宗儒, 金應會, 趙存性, 沈宗敏, 宋英耉, 兪大進, 沈宗直, 鄭起溟, 宋淵, 韓瓘, 李郁, 呂裕吉, 李壽俊, 崔起南, 李景震, 梁山璹, 鄭宗溟, 李嶸, 權克中, 李春英, 金尙容, 兪大逸, 李峻, 南撥, 李命俊, 尹民獻, 尹昉, 金終男, 姜晋暉, 尹民逸, 金興宇, 韓孝祥, 金嶷, 尹昕, 姜晋昇, 趙緯韓, 朴孝誠, 金集,尹煌, 李棨, 安邦俊, 尹喧, 尹烇, 申敏一, 曺健, 柳復春, 安邵, 河緯坤, 全命碩, 崔繼祖, 姜恤, 朴榮, 邊慶胤, 吳允諧, 李時白, 成文濬, 吳允誠, 成汝學, 李光後, 朴璨, 任鈍, 姜沆, 尹重三, 尹起三, 姜燦, 梁梘, 李醃 (총 91명)

두 책에 공통으로 수록되어 있는 인물은 신응구와 황신, 오윤겸, 김권 등 총 64명이다.[38] 조헌과 이귀, 정엽, 변이중 등 이이와 성혼 양 문하에서 수학한 주요 인물들이 『우계선생연보보유』의 「사우록」에는 수록되어

37) 밑줄 친 인물이 『東儒師友錄』과 『牛溪先生年譜補遺』「師友錄」에만 수록되어 있는 인물들이다.

38) 〈표 1〉에서 밑줄을 치지 않은 인물들이 『東儒師友錄』과 『牛溪先生年譜補遺』「師友錄」에 공통으로 수록된 경우이다.

있는 반면, 『동유사우록』에는 빠져 있는 것이 눈에 띈다.

최근의 한 연구에서는 성혼의 문인이 216명에 이르며 그중 성혼에게 수학한 문인이 91명, 성혼과 이이 양 문하에서 수학한 문인이 27명, 성혼과 기타 학자에게 수학한 문인이 18명, 기타 80명이라고 밝히고 있어,[39] 우계(성혼)학파 구성원들에 대한 연구는 앞으로 더욱 필요한 실정이다.

이 밖에 『우계집(牛溪集)』은 1620년대 중반 무렵 아들인 성문준과 장유, 김집, 안방준 등의 주도로 원집(原集) 6집이 간행되었으며, 이어 속집(續集) 6권은 윤선거가 편정(編定)해 놓은 것을 윤증이 보충하여 1682년 간행하였다. 또한 이이와 성혼의 연보를 함께 묶은 『율곡우계이선생연보(栗谷牛溪二先生年譜)』는 송시열과 윤선거의 주도로 1665년 간행되었다.[40]

이러한 문집 및 연보 편찬 과정을 거치면서 우계(성혼)학파는 학파적 결속력을 다지고 학문적 정체성을 확립해 나갔다. 이는 17세기 학파별 인물 비율이 16세기와는 달리, 율곡(우계)학파의 비율이 58%로 크게 늘어나고, 반면 퇴계학파와 남명학파의 비율이 각각 32%와 4%로 줄어드는 데서도 잘 나타난다.[41]

3) 제3기(전환기)

이이와 성혼의 문집, 연보 등 저술 편찬 과정에서 미묘한 차이를 드러

---

39) 이형성, 「牛溪 成渾 문인 조사에 의한 牛溪學 계승성 연구」, 『공자학』 23, 한국공자학회, 2012.

40) 이지형, 「해제」, 『국역 우계집』 1, 민족문화추진회.

41) 김경호, 「율곡학파의 학맥과 학풍: 그 위상과 변주」, 『儒學研究』 25, 2011.

냈던 이이학파와 성혼학파는, 회니시비와 예송, 노소분당 등 일련의 정치적 사건을 거치면서 더욱 더 자신들의 정체성을 확립하고 학파적 결속력을 강화해 갔다.[42]

1682년(숙종 8) 이이와 성혼의 문묘종사로 기축옥사를 비롯한 성혼의 행적을 둘러싼 논란과 평가는 일단락되었다고 할 수 있다. 그러나 그 과정에서 성혼에 대해 비판적이었던 김장생 집안과 성혼의 외손인 윤선거 집안은 적지 않은 갈등을 빚게 되어, 이이학파와 성혼학파가 분화되어 나가는 하나의 계기가 되었다.[43] 거기에 또 다른 문제가 표면화되었으니 바로 윤선거의 강도사(江島事) 문제와 그의 학문적 성향이었다.

당시 성균관 유생으로 소장 척화파의 선봉장이었던 윤선거는 병자호란 때 강화도로 들어가 권순장, 김익겸 등과 성을 사수하기로 결의하였지만, 결국 강화도가 함락되면서 권순장과 김익겸은 김상용과 함께 자결한 반면, 윤선거는 부인과 숙부도 자결했음에도 불구하고 미복(微服) 차림으로 강화도를 탈출하였다.

이후 윤선거는 자신의 행동을 부끄러워하며 평생 관직에 나아가지 않고, 향리에 묻혀 학문에만 전념하였으며 다시 결혼하지도 않았다. 또한 송시열이 사문난적(斯門亂賊)이라 공격했던 윤휴의 학문에 대해, 윤선거가 호의적으로 평가하고 예송에서도 윤휴를 두둔하는 태도를 보이자 두 사람의 관계는 점점 벌어져 갔다.

---

42) 김정신, 「기축옥사(己丑獄事)와 조선 후기 서인(西人) 당론(黨論)의 구성, 전개, 분열 -노(老)·소(小) 분기 과정에서 성혼(成渾)에 대한 논란과 평가를 중심으로-」, 『韓國思想史學』 53, 2016.

43) 정호훈, 「16·7세기 율곡학파의 형성과 활동 -著述·文集 편찬과 政治論을 중심으로-」, 『史學研究』 103, 2011.

이런 상황에서 윤선거가 죽자 아들인 윤증은 부친의 친구이며 스승이기도 한 송시열에게 묘갈명을 부탁하였다. 그러나 송시열은 박세채가 쓴 행장에 자구를 수정하는 데 그치고, 나아가 윤선거의 강화도에서의 행동을 비난까지 하였다. 이에 대해 결국 윤증이 송시열의 사상과 정치적 입장을 정면으로 비판하는 「신유의서(辛酉擬書)」를 쓰면서 사제 간의 관계는 끊어지게 되었다. 이 글에서 윤증은 송시열의 학문이 실심(實心)이 없고 허명(虛名)뿐이며, 왕도(王道)와 패도(覇道)를 같이 사용하고, 의리(義理)와 이욕(利欲)을 같이 행하였다고 비판하였다.44)

또한 1682년 서인 소장파가 남인 허새, 허영에 대한 무고사건 등의 배후자로 지목되던 훈척 김익훈을 탄핵할 때, 송시열이 김익훈을 스승인 김장생의 손자라 하여 옹호하자 서인은 노론과 소론으로 나뉘었다. 그리고 송시열과 윤증은 각각 노론과 소론의 영수가 되고 그들이 속한 이이학파와 성혼학파는 이기심성론과 붕당론 등, 여러 부문에서 각자의 학문적 정체성을 명확히 드러냈다.

이 과정에서 주자의 절대화를 지향하던 이이학파와는 달리, 우계(성혼)학파는 주자 상대화로 나아가며 조선 사상계를 사상적으로 풍부하게 하였다. 이 시기 박세채와 조성기, 임영, 김창흡 등 절충적인 성격을 가진 성혼의 이기심성론과 비슷한 내용의 학설을 주장하는 학자들이 대거 등장하고,45) 무실(務實)과 실심(實心), 실학(實學) 등 이론보다 실천성을 강

---

44) 李銀順, 『朝鮮後期黨爭史硏究』, 일조각, 1988.
45) 이동희, 「牛溪 成渾의 性理說과 조선 후기 '折衷派'」, 『우계학보』 13, 우계문화재단, 1996.

조하는 학풍이 형성되었으며,[46] 이를 바탕으로 조선 후기 실학과 양명학으로 가는 징검다리가 마련되었다.[47] 또한 정치운영론에서 군자소인론(君子小人論) 대신 황극탕평론(皇極蕩平論)이 제시된 것[48] 등도 그 한 예라고 할 수 있다.

결국 이 시기 우계(성혼)학파는 그동안 독자성이 약했던 성혼의 사상이 자기 정체성을 가지면서, 조선 후기 실학과 양명학 등으로 전환해 나가는 과정에서 중요한 가교 역할을 하였으며, 그 과정에서 윤증과 정제두 등 많은 인물들을 배출하였다.

3. 조선 사상사에서의 우계학파

1) 도학적 전통의 계승

앞장에서 살펴보았듯이『전고대방』과『조선유학사』등에서는 성혼과 그 문인들을 정몽주 또는 조광조의 계보 속에 자리매김하고 있다. 이는 우계(성혼)학파의 학문이 조광조의 도학사상, 지치주의 유학의 전통을 계승하고 있음을 보여 준다. 이는 개인과 사회에서의 실천성을 강조하는 것이라고 할 수 있다.

성혼의 집안은 성삼문의 예에서 볼 수 있듯이 의리적 실천을 중시하고 출처에 엄격하였다. 또한 성혼의 부친인 성수침은 조광조의 문인이었으며, 성혼 역시 그의 부친뿐만 아니라 조광조의 문인이었던 백인걸에게

46) 황의동,「조선조 務實사상의 전개와 그 사상사적 의미」,『韓國思想과 文化』65, 한국사상문화학회, 2012.

47) 崔完基, 1989『韓國 性理學의 脈』, 느티나무, 229~238쪽.

48) 김용흠,「전쟁의 기억과 정치 −병자호란과 회니시비−」,『韓國思想史學』47, 2014.

수학하였다.

이러한 도학적 전통에 기반 한 실천성의 강조는 개인적 차원에서는 '은거자수(隱居自守) 성현자기(聖賢自期)'라는[49] 수신과 출처의 철저함으로 나타났고, 사회적 차원에서는 의병활동 등 의리의 실천으로 나타났다.

일찍이 이이는 성혼에 대해 "만약 견해의 도달한 경지를 논한다면 내가 다소 나은 점이 있겠지만, 조행(操行)의 독실함과 확고함은 내가 미치지 못한다."라고[50] 하였다. 또한 이이는 다음과 같이 말하였다.

> 義理를 아는 부분에 대해서는 내가 우계보다 나아 우계가 나의 말을 따른 것이 많으나, 나는 성품이 느슨하고 해이하여 비록 알면서도 실천하지 못하지만 우계는 알고 나서는 곧 하나하나 실천하여 실제로 자기 것을 만드니 이는 내가 미치지 못하는 점이다.[51]

앎(知)과 행함(行)의 일치를 추구했던 성혼의 실천적 성격을 잘 지적하고 있다. 성혼은 출처에 대해서도 엄격하였다. 그는 선조 초년 조정에 나아간 이이가 선조의 마음을 얻지 못하자, "임금의 마음을 얻지 못하면서 먼저 사공(事功)에 힘쓴다면 이는 왕척직심(枉尺直尋)이니 유자(儒者)의 일이 아니다."라며 속히 몸을 이끌고 물러나야 한다고 하였다.[52]

---

49) 金忠烈, 「牛栗四七論辯 平議 -牛溪學의 定立을 위한 試圖로서-」『成牛溪思想研究論叢』, 우계문화재단, 1988.

50) 『宣祖修正實錄』 권32, 선조 31년 6월 甲寅.

51) 『牛溪先生年譜補遺』 권1, 「德行」.

52) 이에 대해 이이는 "서서히 정성을 쌓아서 감동하여 깨닫기를 바라야 한다. 만약 천박한 정성으로 열흘이나 한 달 이내에 효과를 바라다가 뜻대로 되지 않으면 몸을 이끌

그러나 일단 임금을 만나거나 상소를 올려서는, 조정의 문제점과 백성들의 고통을 신랄하게 지적하고 비판하였다. 1581년 선조를 처음 만난 자리에서 성혼은 군자소인론(君子小人論)에 입각해, "조정에 두려워하고 조심하고 유순하며 공손하여 군주의 마음을 어기지 않는 선비는 많고, 강직하고 정직하여 군주를 올바른 도리로 인도하는 신하는 적다."라고[53] 직설적으로 비판하였다.

그리고 「신사봉사(辛巳封事)」 등의 상소를 올려, 공물과 부역으로 인한 백성의 고통을 지적하며, 호구의 다소(多少)와 물산의 유무(有無)를 기준으로 공평하게 배정할 것을 주장하고, 이러한 개혁들을 추진할 기구로 혁폐도감(革弊都監)을 설치할 것을 건의하였다.[54] 또한 임진왜란이 일어나서는 전쟁의 참상을 거론하며[55] 「시무편의십오조(時務便宜十五條)」 등의 시무책을 올려 전쟁과 국방대책을 아주 상세히 개진하기도 하였다.[56]

선조는 이에 대해 "상소문 가운데 학문과 시폐(時弊)를 논한 것은 내 마땅히 살펴 시행해야 하겠으나, 다만 조정을 너무 지나치게 비난하여 대신(大臣)과 공경(公卿)이 모두 훌륭한 사람이 없는 것처럼 여겼으니 이러한 말은 참으로 온당치 못하다. 그리고 또 국가의 제도를 모두 분분하

고 물러나려 하는 것은 또한 신하의 의리가 아니다."라고 답하였다. 양자의 出處 義理가 다름을 알 수 있다(『牛溪集』, 「年譜」, 萬曆元年癸酉).

53) 『牛溪集』, 「年譜」, 萬曆九年辛巳.

54) 『牛溪集』, 권2, 「辛巳封事 辛巳四月」.

55) 『牛溪集』, 권6, 雜著 「雜記」, "二日 自松山入京 到鍾巖 見白骨在道傍甚多 目不忍見......行人僅有往來者 頻聞哭聲 遇人 面無人色 慘然無生意 人之行步皆徐行 蓋以長飢故也 嗚呼痛哉 癸巳"

56) 성혼의 사회경제정책에 대해서는 황의동, 「牛溪의 現實認識과 經世思想」, 『우계학보』 27, 2008./ 이선경, 「牛溪 成渾 時務策의 개혁성 고찰」, 『우계학보』 31, 2013 참조.

게 바꾸려고 하였으니 이 또한 시행하기 어렵다."라는 비답을 내리기도 하였다.57)

성혼은 "지금의 도(道)를 따르고 지금의 법을 고치지 않는다면 비록 공자와 맹자가 조정에서 도를 논하더라도 시대를 바로잡고 백성을 구제할 방법이 없을 것이다."라며58) 근본적이고 전면적인 개혁이 시급하고 절실함을 강조하였다.59)

한편 임진왜란이 일어났을 때 조헌을 비롯하여 안방준, 양대박, 김덕령, 김응회, 양산숙, 한교 등 성혼 문하의 많은 인물들이 의병을 일으켜 활약하였다.60) 조헌은 제2차 금산성싸움에서 700명의 의병과 함께 일본군과 싸우다가 모두 순절하였으며, 양대박은 고경명의병의 부장으로 활약하다 제1차 금산성싸움 직전 진중에서 병사하였다.

김덕령은 1593년 이후 조선 전체 의병대장으로 활약하다 이몽학의 난에 연루되어 옥사하였고, 김응회는 김덕령부대에 참여하여 활동하다 정유재란 때 순절하였다. 또한 양산숙은 김천일의병의 부장으로 활약하다 제2차 진주성싸움에서 김천일과 함께 순절하였으며, 변이중은 화차와 총통을 만들어 행주대첩의 승리에 크게 기여하였다.61)

안방준은 임진왜란뿐만 아니라 병자호란 때도 의병을 일으켰으며, 이

---

57) 『牛溪集』, 「年譜」, 萬曆九年辛巳.

58) 『牛溪集』, 권2, 「辛巳封事 辛巳四月」,

59) 장숙필, 「우계의 도학적 경세설」, 『우계학보』15, 1997.

60) 이 가운데 안방준과 양대박, 김덕령, 김응회, 양산숙, 변이중은 모두 호남 출신들이다. 이는 훗날 성혼학파와 소론이 박세채와 임영, 양득중 등을 매개로 호남지역과 관계를 맺는 사실과 연관 지어 볼 때 흥미로운 사실이다(고영진, 『호남사림의 학맥과 사상』, 혜안, 2007. 참조).

61) 朴星來 외, 『望菴 邊以中의 삶과 火車 復元』, 봉암서원, 2013.

후 『항의신편(抗義新編)』과 『호남의록(湖南義錄)』 등 의병과 관련한 방대한 저술 작업을 통해 절의를 높이고 강조하였다.[62] 이는 우계(성혼)학파의 사상이 조광조 이후 면면히 이어져 내려온 도학적 전통을 계승하고 있음을 반증하는 예라고 할 수 있다.

2) 사상적 다양성과 개방성

우계(성혼)학파는 개인적·사회적 차원의 실천성과 함께 사상적 다양성과 개방성을 가지고 있었다. 그리고 이러한 경향은 학파가 형성되기 시작한 16세기 중반뿐만 아니라 이후 전 시기를 걸쳐서 견지되었다.

성혼은 1572년 이이와 사단칠정과 인심도심에 대한 논쟁을 벌였다. 여기서 그는 이황의 이기호발설(理氣互發說), 이이의 기발이승일도설(氣發理乘一途說)과는 다른 이기일발설(理氣一發說)을 주장하였다.

情이 發하는 곳에 主理와 主氣의 두 가지 뜻이 있어 분명 이와 같다면, 이는 말이 사람의 뜻을 따르고 사람이 말이 가는 대로 맡긴다는 說이요, 未發일 때 두 가지 뜻이 있다는 것이 아닙니다. 막 발할 때에 理에 근원하거나 氣에서 발생함이 있는 것이요, 리가 발함에 기가 그 뒤를 따르고 기가 발함에 리가 두 번째로 탄다는 것이 아닙니다. 곧 이기는 하나로 발하는데 사람들이 그 重한 쪽을 취하여 주리 또는 주기라고 말하는 것입니다.[63]

---

62) 高英津, 「17세기 전반 湖南士林의 학문과 사상 -安邦俊·高傅川·鄭弘溟을 중심으로-」, 『韓國史學史研究』 우송조동걸선생 정년기념 논총간행위원회, 1997.
63) 『牛溪集』, 권4, 「第六書」, "情之發處 有主理主氣兩箇意思 分明是如此 則馬隨人意 人

정(情)이 발(發)하기 전에는 리와 기의 구별이 없으나 막 발하는 순간에는 리와 기가 하나로 발하고 그때 사람들이 중한 쪽을 취하여 주리 또는 주기라고 말할 수 있다는 것이다.

성혼은 주자의 혹생혹원설(或生或原說)과 진순(陳淳)의 종리종기설(從理從氣說)에 근거해 자신의 이론을 세우면서 이발(理發)과 리의 능동성을 주장하였다. 이는 그의 학문이 이론적으로 도덕지향적 성격을 확보하면서 그것을 사회에 실현하고자 했음을 보여 준다.[64]

한편 이이는 성혼과의 논쟁을 통해 '기발이승일도'나 '이통기국(理通氣局)' 같은 핵심적인 개념을 정리하고 자신의 학설을 확립해 나갔다. 이는 성혼의 학설이 조선 사상계에서 이기심성론에 대한 이해가 심화되는데 적지 않은 기여를 하였음을 보여 준다.

또한 성혼 이후에도 우계(성혼)학파의 인물들은 이황이나 이이의 성리설과는 다른 학설을 주장하거나, 아예 성리설을 중시하지 않는 경향을 보이는 경우가 적지 않았다.[65] 이는 조선 사상계가 단선적이 아니라 다양하고 역동적임을 보여 주는 것이기도 하였다.

그런데 지금까지도 학계에서는 다카하시 도오루가 제시한 주리파, 주기파, 절충파의 구분법에 의해 조선시대 사상사를 바라보고 있다. 주리파와 주기파라는 용어가 가능한 지의 문제를 차치하더라도, '절충파'란 용어도 적절하지 않다고 생각된다. 우계(성혼)학파는 절충파가 아니라 우계

信馬足之說也 非未發之前有兩箇意思也 於纔發之際 有原於理生於氣者耳 非理發而氣隨氣後 氣發而理乘其第二也 乃理氣一發 而人就其重處言之 謂之主理主氣也"

64) 안은수, 「成渾과 李珥의 理氣論」, 『우계학보』 18, 1999.

65) 최영성, 「韓國儒學史에서 成渾의 位相과 牛溪學派의 影響」, 『우계학보』 27, 2008.

(성혼)학파 그 자체인 것이다.

조선시대 학파를 주리파와 주기파, 기호학파와 영남학파 등으로 나누어 단선적으로 바라보게 된 중요한 이유로는, 학파까지도 성리설을 중심으로 바라보는 것과, 노론으로 권력이 집중화되는 조선 후기의 눈과 잣대로 조선 전 시기를 바라보는 것, 개별 학파에 대한 연구 부족 등을 들 수 있다.

물론 아직도 학파 연구는 시작 단계라고 할 수 있으나, 그럼에도 불구하고 개별 학파와 인물들에 대한 연구가 어느 정도 축적된 지금, 필자는 조선시대 학파 연구는 16세기 중반 다양한 학파가 형성될 때 대표적으로 살아남은 서경덕학파와 이황학파, 조식학파, 이이학파, 성혼학파, 그리고 호남학파[66] 등, 여섯 개 학파를 기본으로 해서 조선 전 시기를 살펴볼 필요가 있다고 생각된다. 비록 시기에 따라 가감이 있을 수 있지만 기본 구도는 그대로 유지된다고 보기 때문이다.[67] 또한 이렇게 해야만 조선 사상계의 역동적인 모습을 복원해 낼 수 있지 않을까 한다.

3) 실학과 양명학으로의 전환

이러한 관점에서 바라볼 때 우계(성혼)학파의 또 다른 특징은 실학과 양명학으로의 전환이다. 송시열 이후 주자절대화를 지향하던 이이학파와는 달리 우계(성혼)학파는 주자상대화로 나아갔으며, 그 사상적 기반은

---

66) 호남학파에 대해서는 아직 연구가 빈약해 이 용어를 사용해야 할지는 좀 더 검토해 볼 필요가 있다.

67) 고영진, 「조선시대 유학 계보 연구의 검토」, 『韓國思想史學』 41, 2012.

무실과 실심, 실학 등을 강조하는 경향이었다.68) 무실은 성혼뿐만 아니라 이이도 매우 강조했지만 문인들을 통해 철저히 계승된 것은, 이이학파보다는 오히려 우계(성혼)학파에서였다.

무실을 강조하는 경향은 윤선거와 윤증에 이르러 절정에 이르고, 이이학파와 비교를 통해 우계(성혼)학파의 정체성으로 자리 잡았다.69) 물론 무실의 강조가 곧바로 조선 후기 실학을 의미하는 것은 아니지만, 실학과 양명학으로 가는 가교 역할을 했다고 볼 수가 있다.

윤증은 유형원의 『반계수록(磻溪隧錄)』의 발문을 쓰면서 그의 규모와 식견을 높이 평가하고, 세무(世務)에 뜻 있는 자가 이 책을 취하여 시행할 것을 강조하였다.70) 또한 그의 제자인 양득중은 스승 윤증을 통해 『반계수록』을 읽고 감복하여, 이 책을 국가에서 간행하고 국가 경영에 반영할 것을 요구하는 상소를 올려 이 책이 100년 만에 공간(公刊)되기도 하였다.71)

또한 우계(성혼)학파의 적지 않은 인물들이 양명학에 관심을 가졌다. 성혼의 문인인 최기남의 아들인 최명길이 양명학에 관심을 가졌으며, 윤증의 제자인 정제두는 조선에 수용된 양명학을 체계화한 최초의 인물이었다.72) 그리고 그의 학문은 이광사, 이충익, 이건창 등 여러 문인들과 가

---

68) 황의동은 이러한 경향을 '무실학풍'이라고 지칭하였다(황의동, 『우계학파 연구』, 서광사, 2005, 86~89쪽 참조).

69) 황의동, 「조선조 務實사상의 전개와 그 사상사적 의미」, 『韓國思想과 文化』 65, 2012.

70) 『明齋遺稿』 권32, 「跋隨錄」.

71) 『德村集』 권2, 「又辭疏 辛酉」.

72) 尹南漢, 『朝鮮時代의 陽明學研究』, 집문당, 1986.

학으로 전해져 강화학파를 형성하기도 하였다.73)

　　이상으로 우계(성혼)학파의 학문적·사상적 특징을 살펴보았다. 최근의
한 연구는 우계학파의 이러한 모습이, 조선 후기 사상계가 정주학 일변도
의 경직되고 단선적인 학계 풍토를 개선하고, 다양한 사상 조류를 수용
하여 학계와 사상계에 활기를 불어넣은데 크게 기여했다고 평가하였
다.74)

　　그러나 필자는 조선 후기뿐만 아니라 더 나아가 16세기 후반 학파의
형성 이후 조선 전 시기를 통하여, 조선 사상계가 다양하고 역동적으로
전개되는 데 우계(성혼)학파가 크게 기여했다고 생각된다.

　　그리고 우계(성혼)학파의 구체적인 범위를 어디까지 둘 것인가? 예를
들면 조선 후기 소론의 학문과 사상은 성혼 → 윤선거 → 윤증으로 이어
지는 학맥과 윤근수 → 김상헌 → 박세채로 이어지는 학맥이 서로 결합
하여 이루어지는데, 후자를 우계(성혼)학파에 포함시킬 것인가 하는 문제
등은 조금 더 세밀한 검토가 필요하다. 조선시대 학파에 대한 본격적인
연구는 이제 시작이라고 해도 과언이 아닌 것이다.

---

73) 송석준 외,『강화학파의 양명학』, 한국학술정보, 2008.
74) 최영성,「韓國儒學史에서 成渾의 位相과 牛溪學派의 影響」,『우계학보』27, 2008.

우계 성혼 문인 조사에 의한 우계학(牛溪學) 계승성 연구[1]

이형성[2]

<차례>

1. 머리말

2. 우계 성혼의 사상적 특징

3. 성혼 문인 조사와 그 생몰

4. 성혼 문인의 저술 조사

5. 문인들의 우계학(牛溪學) 계승

6. 맺음말

1. 머리말

성리학을 학문의 요체로 삼은 조선의 학자들은 이단(異端: 불교와 도교)의 사상적 폐단을 배척하면서 성리학적 우주관과 인생관을 확립하고 더욱이 그 심성 수양을 통해 유가의 도덕성을 실현하는 데 부단히 노력하였다. 조선 전기 단종 폐위로 인하여 많은 학자들은 은거하여 춘추절

---

1) 본 글은 한국연구재단 지원으로 연구되어 한국공자학회『공자학』제23호에 수록된 것을 수정 보완한 것이다.

2) 李炯性, 전주대학교 외래교수

의를 지향하기도 하고, 사대사화(四大士禍)로 인하여 사림(士林)이라 불리는 학자들은 도학(道學)의 정치를 추구하며 도덕의 실천을 강조하기도 하였다. 그런데 성리학에 대한 학리적(學理的) 탐구, 즉 우주론과 심성론은 16세기 학자들에 의해 이루어졌다. 그 후 조선의 많은 성리학자들은 선배 학자들의 성리사상을 반추하면서 자신들의 학문을 구축하였다.

본 글은 우계(牛溪) 성혼(成渾, 1535~1598) 문인 조사에 의한 우계학(牛溪學) 계승성 연구이다. 성혼은 16세기에 활약한 대표적 학자로, 아버지 청송(聽松) 성수침(成守琛, 1593~1564)의 학문을 계승하여 항상 실천공부를 중시하면서 도학사상(道學思想)을 지향하였다. 그의 실천공부는 본원(本源)에 대한 체득과 체인공부를 위주로 하는 것이었다. 이러한 공부는 뒷날 율곡(栗谷) 이이(李珥, 1536~1584)와 함께 학리적으로 논쟁하면서도 항상 본원을 중시하는 경향으로 드러났다. 이러한 성혼의 학문관은 그의 초전 문인들에게 많은 영향을 끼쳤다. 그런데 그 초전 문인에 대한 전체적 조사와 학문적 계승성에 대한 연구가 미흡하여 본 연구를 기획하였다.

필자는 일찍이 한국연구재단의 지원을 받아 "우계 성혼 문인 조사에 의한 우계학 계승성 연구"를 수행하고 있는 중에, 충남대학교 유학연구소가 "기호유학의 학맥과 학풍"이란 주제로 학술대회를 기획하면서 필자에게 「우계학파(牛溪學派)의 학맥과 학풍」3)이란 주제를 주었다. 필자는

---

3) 본 논제는 충남대 유학연구소에서 "기호유학의 학맥과 학풍"이란 주제로 기획하였을 때 논자에게 주어진 것이다. 논자는 주어진 논제를 2011년 11월 11일 유학연구소 추계 학술대회에서 발표하였다. 발표 후, 수정·보완하여 『儒學硏究』 제25집(2011년 12월 25일 발행)에 수록하였다.

당시 논제에 유념하여 기존 성과물들을 살펴보았다.[4] 그 성과물에 의거하면 '우계학파'가 16~17세기 사상적으로 큰 역할을 하였음을 엿볼 수 있었다.[5] 하지만 기존 성과물들은 우계 성혼의 문인들 가운데 자주 언급되는 문인들의 생애와 사상적 특징을 다루며 우계학파의 전승과 학풍을 기술하였다. 논자가 의뢰받은 논문은 기존 성과물을 토대로 하면서 성혼에게 직접 수학한 문인들을 조사한 다음, 그 조사된 175명의 간단한 약사를 통해 성혼의 학맥과 문인들의 학풍을 고찰하고, 또한 성혼의 학문이 재·삼전(再三傳) 문인, 그리고 후학들에게도 계승된 면도 간략하게 살펴보았다.

본 글은 『유학연구』 제25집에 발표한 논제 「우계학파의 학맥과 학풍」을 토대로 하면서도 연구재단에 신청한 논제 "우계 성혼 문인 조사에 의한 우계학 계승성 연구"에 다시금 유념하여 기술하였다. 부득이 제2장 '성혼의 사상적 특징'은 발표한 것을 약간 개작하는 데 그쳤다. 본 글에서의 '문인조사'는 성혼의 문인이라고 언급된 자료들을 최대한 조사하여 성혼에게 수학한 인물로 포함하였다. 특히 1차적 자료들에서[6] 성혼의 문인들을 기재하며 작은 글씨로 언급한 자(字), 호(號) 등을 활용하여 그 인물들의 생몰(生沒) 그리고 저술 여부도 면밀히 조사하기도 하였다. 이를

---

4) 참고한 자료는 아래와 같다.
   황의동, 「우계학의 전승과 그 학풍」, 『범한철학』 제28집, 범한철학회, 2003년.
   황의동, 『우계학파 연구』, 서광사, 2005년.
5) 한국사상사연구회에서 엮은 『조선 유학의 학파들』, 예문서원, 1996년은 '우계학파'를 언급하지 않고 기호학파 내에서 화담학파와 율곡학파만을 언급하였다.
6) 1차적 자료란 제3장 '성혼 문인 조사와 그 생몰'에서 언급하였기에 여기서는 생략하는 바이다.

기초하여 '우계학 계승성 연구'의 내용은 부득이 성혼의 초전 문인의 조사에 의한 우계학 계승성을 살펴보았으며, 마지막 결론에서는 재전 문인과 후학들의 학문적 경향만을 간략하게 언급하였다.

본 글은 성혼의 초전 문인과 재·삼전 문인의 자료를 섭렵하지 못했다는 한계는 있지만, 16~17세기 기호지역을 중심으로 활동한 학자들의 우계학(牛溪學) 계승성을 엿볼 수 있는 기초가 될 것이고, 나아가 타학파에 대한 비교와 통섭적 연구에 자료적 공헌이 될 수 있을 것이다. 특히 조선시대 문인들의 학문 계승에 의한 학문적 정합성 또는 사상적 경향을 이해하고 그들 사상의 영속성을 올바로 파악하는 데 보탬이 될 것이다.

2. 우계(牛溪) 성혼(成渾)의 학문적 경향

우계 성혼은 조광조(趙光祖, 1482~1519)의 문인이었던 아버지 성수침의 학문을 계승하여 도학사상을 지향하였다.[7] 그의 아버지 성수침은 송나라 정자(程子)가 말한 "함양하는 것은 모름지기 경(敬)을 써야 하고 학문을 닦아 감은 곧 앎을 이루는 데 있다.[8]라는 말을 손수 써서 앉은자리 한 모퉁이에 붙이고 경계하였다.[9] '경' 공부는 외물의 사특한 것이 범접

---

7) 성혼은 成三問 그리고 趙光祖의 문인인 부친 成守琛(1493~1564), 숙부 成守琮 (1495~1533)으로 계승되는 도학사상을 접하였다(황의동, 『우계학파 연구』, 서광사, 2005년 42~67쪽 참조). 17세 때 부친의 명으로 白仁傑(1497~1579)에게 나아가 『尙書』를 배우기도 하였다.

8) 『二程遺書』 卷18 「劉元承手編」〈第28條目〉.

9) 『聽松集』 卷2 附錄 「行狀·墓碣銘(退溪李滉撰)」 165쪽: "手書程子涵養須用敬, 進學在 致知等語, 揭之座隅以自警."

하지 못하도록 하는 수양이기 때문이고, '치지(致知)' 공부는 객관적 사물의 이치를 궁구하여 자신의 알지 못했던 이치를 알 수 있도록 하기 때문이다. 성혼은 아버지의 수양론과 사물의 이치 탐구공부를 계승하여 학문에 매진하였다.

그는 20세 때 율곡(栗谷) 이이(李珥: 1536~1584)와 도의지교(道義之交)를 맺은 이후, 줄곧 학문적 교류를 하였다. 성혼은 교류하면서 본원을 함양하고 경의(敬義) 공부를 통해 현실의 모든 일에 있어서 '대중지정(大中至正)의 법칙'을 추구하는 경향을 드러냈다.

본원(本原)을 함양하는 데 경(敬)과 의(義)의 공부를 함께하여, '인격을 닦는 학문[爲己]'으로 마음을 세우는 요체로 삼고, 옳음을 탐구하는 것 [求是]으로 일 처리하는 법을 삼아, 내외·빈주의 구분과 출입·생숙(生熟)의 절차를 깊이 살펴, 이익을 도모하고 공(功)을 따지는 마음을 끊어 버리고 허위와 부모(浮慕)의 습관을 끊어 버리는 데 '대중지정(大中至正)의 법칙'을 따라야 한다.10)

이러한 태도는 본원을 중시하고 함양하는 학적 태도로 엿볼 수 있을 것이다. 더욱이 그는 본원을 함양하기 위해 체찰(體察)과 체험(體驗)을 강

---

10) 『牛溪續集』, 卷3, 「與李叔獻」, 176쪽: "涵養本原, 敬義夾持, 以爲己爲立心之要, 以求 是爲處事之制, 深察乎內外貧主之分, 出入生熟之節, 絶謀利計功之心, 除虛僞浮慕之 習, 率由乎大中至正之則."【참고】본 문장은 언제 쓰였는지 정확히 알 수 없다. 그러나 율곡의 서한을 통해 살펴보면, 우계 나이 36세가 되는 1570년에 쓰인 것으로 보인다. 『栗谷全書』(1), 卷9, 「答成浩原(庚午)」, 191~192쪽 참조.

조하는 공부로 나아갔다.11) 이러한 공부는 현실세계에서 물욕 위주의 인욕으로 나아가기보다는 사람이 지켜야 할 도리로서 자기 자신을 지키는 마음,12) 즉 천리로서의 본심을 함양하는 태도를 보여 주는 것이라 할 수 있을 것이다.

그 후 성혼은 퇴계(退溪) 이황(李滉, 1501~1570)과 고봉(高峯) 기대승(奇大升, 1527~1572)이 논쟁한 사단칠정논(四端七情論)을 재반성하면서, 38세 때 이이와 사단칠정론을 심도 있게 논쟁하였다. 당시 성혼은 이황의 리(理) 중시적 사고와 연관이 있었다. 이는 성혼이 천리로서의 본심을 함양하는 태도가 작용하였을 것이다. 이러한 수양적 학문 태도는 이황이 주장한 리(理)의 발현성을 거론하며 사단(四端)과 칠정(七情)에 대한 구분의식을 갖도록 하였다.13) 더욱이 중국 송나라 주희(朱熹)가 인심도심(人心道心)의 '혹 근원하다[或原]'·'혹 생긴다[或生]'라고 언급한 뜻이 이황이 말하는 사단(四端)과 칠정(七情)이 호발(互發)한다는 설과 합치하는 면이 있었기에 가능하였다. 하지만 그는 이황이 '기가 따른다[氣隨之]'와 '리가 탄다[理乘之]'는 것을 첨가한 것은 명분과 이치를 잃어버린다고 하여 철학적 반성을 갖기도 하였다.14) 그리고 나서 우계는 자신의 입장을

---

11) 『牛溪集』卷1, 「次鄭松江(澈)韻」 9쪽: 臨別所告: 天理人欲, 不容立立, 專一篤好, 理義浸灌, 則彼一邊不攻自消落者, 切願體察而體驗, 知其味而接續之, 尤所望也.

12) 『牛溪年譜補遺』, 卷1, 「德行」, 425쪽: 成渾, 以山林隱逸, 懷道自樂, 無榮慕外物之念, 有專靜自守之心, 實德內積, 名聲外聞, 占其出處, 而爲世汚隆者也. 참조.

13) 『牛溪集』卷4, 「與栗谷論理氣第一書(壬申)」, 89쪽: 今看十圖, 心性淸圖退翁立論, 則中間一端, 四端之情, 理發而氣隨之, 自純善無惡, 必理發未遂而掩於氣, 然後流爲不善; 七者之情, 氣發而理乘之, 亦無有不善, 若氣發不中, 而滅其理, 則放而爲惡也.【참고】『退溪全書』(1) 卷7, 「進聖學十圖箚(幷圖)」 205쪽 참조.

14) 『牛溪集』, 卷4, 「與栗谷論理氣第一書(壬申)」, 89쪽 참조.

다음과 같이 말한다.

내 생각에는 사단과 칠정을 대거(對擧)하여 말한다면 "사단을 리에서 발현하고 칠정은 기에서 발현한다."15)라고 하는 것이 옳다 하겠으나, 성(性)과 정(情)의 그림을 만들 때에는 분개해서 안 된다. 다만 사단과 칠정을 모두 정의 영역 가운데 두고 "사단은 칠정 가운데 리의 일변(一邊)이 발현한 것을 가리켜 말한 것이며, 칠정이 절도에 맞지 않는 것은 기가 지나치거나 미치지 못하여 악으로 흐른 것이다."라고 하면, 리와 기가 발현함에 있어 섞이지도 않고 또한 두 갈래 길로 나뉠 염려도 없지 않겠습니까?16)

성혼은 이러한 논지로서 이이와 논변하였다. 이이는 사단과 칠정에 대한 기발리승일도(氣發理乘一途)의 관점에서 사단을 '리의 능발성(能發性)'이 아닌 '소발성(所發性)'으로 이해하면서 기(氣) 중시적 사고를 지향하였다.17) 논변이 진행하면서, 성혼은 사단과 칠정이란 인간의 본성[性]이 발현한 감정[情]이므로 리를 위주로 한 것도 있고 기를 위주로 하는 것이 있다고 하면서도, 이이가 비유한 사람과 말의 관계에 의거하여 '리의 소발성'을 수용하는 절충(折衷)의 태도를 보이고 있으나, 종국적으로

---

15) 『退溪全書』(2), 卷41, 「天命舊圖」, 325쪽 참조.

16) 『牛溪集』, 卷4, 「與栗谷論理氣第一書」, 89쪽: "愚意以爲四七對擧而言, 則謂之四發於理, 七發於氣, 可也, 爲性情之圖 則不當分開. 但以四七俱置情圈中而曰: 四端指七情中, 理一邊發者而言也, 七情不中節, 是氣之過不及, 而流於惡云云, 則不混於理氣之發, 而亦無分開二歧之患否耶."

17) 이상익, 『기호성리학연구』, 한울아카데미, 1998년, 188쪽 참조.

리와 기는 동일하게 발현하기에 그 중점이 되는 측면에서 보면 자신이 주장한 논변 초기, 사단과 칠정에 대한 리와 기의 이분적 경향이 강하였다.18) 이러한 학리적 태도는 성혼이 이황과 같이 리의 발현성을 인정하여 본원함양에 의한 인간의 순수한 감정이 드러나도록 것이었고, 또한 현실 세계에서 천리를 체찰(體察)하고 체험하여 '대중지정의 법칙'이 있는 정의로운 사회를 구현하고자 하는 것이었다.

성혼이 이이와 사단칠정에 대한 학리적 논쟁에서 주장한 리의 발현성은 현실세계에서 항상 물사(物事)와 리세(理勢)의 찰지(察知)를 강조하는 경향으로 드러났다.19) 그는 임금은 물정과 사세[物事]의 필연성을 살펴알아야[察知] 한다고 강조하는 데 그것은 임금이 임금다운 명분과 그 역할을 수행하여야 백성의 신뢰를 얻을 수 있기 때문일 것이다.20) 위정자가 모든 일을 올바르게 살피고 알아 어떤 일이든지 적절하게 대처할 수만 있다면, 백성에게는 신뢰를 줄 뿐만 아니라 올바른 정치가 두루 시행될 수 있기 때문일 것이다.21) 또한 성혼은 군신간의 분별은 하늘처럼 높

---

18) 『牛溪集』, 卷4,「與栗谷論理氣第六書」, 103~104쪽: 情之發處, 有主理主氣兩箇意思, 分明是如此, 則馬隨人意, 人信馬足之說也, 非未發之前, 有兩箇意思也. 於纔發之際, 有原於理生於氣者耳, 非理發而氣隨其後, 氣發而理乘其第二也. 理氣一發, 而人就其重處言之, 謂之主理主氣也.言也.

19) 필자는 '물사'와 '리세'의 찰지를 세 가지로 구분하여 발표한 바 있으나, 여기서는 두 번째를 위주로 정리하였음을 밝힌다.(이형성,「牛溪 成渾의 理重視的 性理說 一攷」, 『포은학연구』 제5집, 포은학회, 2010년, 160~165쪽 참조)

20) 『牛溪集』, 卷2,「章疏(一)·辛巳封事(辛巳四月○以內瞻寺僉正拜疏)」, 39쪽: 伏惟上天覆物, 無微不育. 微臣悶迫之情, 安敢不求解於所天之下乎? 鄙俚之言, 直述肺肝, 不敢毫髮欺罔, 伏望聖慈求諸物情事勢, 而灼見其終不能勉强之必然者, 早賜開允, 罷遣田里. 참조.

21) 『牛溪集』, 卷2,「章疏(一)·辭召命疏(己卯四月○時以持平召)」, 17쪽: 修之於己, 儘有深功, 必求仁格物, 動靜體察, 理明心正, 而後可以從政而事君. 必先成於己, 而後可以推

고 땅처럼 낮아 일정한 지위가 있으나, 그 '리'와 '세'는 서로 필요로 하는
만큼 반드시 임금이 아래로 신하에게 구하고 신하가 임금에게 경계의 말
을 올려야만 임금의 도는 아래로 시행되고 신하의 도는 위로 도움이 있
은 뒤에야 덕업(德業)이 이루어지고 치화(治化)가 나오게 되니, 이것은 변
치 않는 이치라고 하였다.22) 군신간의 도리가 너무 엄하게 되면 '세'의 입
장에서는 조화를 이루지 못한다고도 피력하였다.23) 이는 '리'와 '세'에 대
한 자연적 조화성을 강조함이라 하겠다.

　더욱이 성혼은 '물정'과 '이세'를 구분하여 "대개 천하의 화란(禍亂)은
민심(民心)의 이반과 원망에서 일어나고, 민심의 이반과 원망은 부역의
많음에서 생기니, '우리의 백성을 어루만져 주면 우리의 군주이고, 우리
의 백성들을 학대하면 우리들의 원수이다'라는 말은 물정과 이세의 필연
입니다."24)라고 하였다. 이는 그가 『서경(書經)』「태서(泰誓)」의 말을 인용
하여25) 민심(民心)과 천의(天意)를 동시에 아우르는 정치를 모색하는 것
이었으니, 이는 '물사(物事: 물정)'나 '이세'에 대한 올바른 찰지(察知) 공
부가 매사 평정심을 잃지 않도록 하는 것이면서도 현실의 정치나 생활

之以及於物, 是其本末先後之序, 事理必然之勢, 有不可以移易. 而學者之所以爲學, 皆
所以學此而已矣.

22) 『牛溪集』, 卷2,「章疏(一)·己卯封事七月○時以廣興倉主簿召」, 22쪽: 臣又聞君臣之分,
天尊地卑, 高下有定位矣. 然理勢之相須, 必君下求于臣, 臣進戒于君, 君道下行, 臣道
上益, 然後德業成而治化出, 此不易之理也.

23) 『朱子全書』(拾肆), 『朱子語類』卷22 767쪽: 如君臣之間, 君尊臣卑, 其分甚嚴. 若以勢
觀之, 自是不和. 참조.

24) 『牛溪集』, 卷2,「章疏(一)·辛巳封事(辛巳四月○以內贍寺僉正拜疏)」, 31쪽: 蓋天下之
禍亂, 起於民心之離怨; 民心之離怨, 生於賦役之繁重, 撫我則后, 虐我則讐, 物情理勢
之必然者也.

25) 『書經』卷6,「泰誓(下)」215쪽.

속에서 어떤 일이든지 올바르고 적절하게 대처해야 한다는 것이다.

포저(浦渚) 조익(趙翼, 1579~1655)은 "(성혼은) 일찍이 과거공부를 포기하고 오로지 고인(古人)의 학문에 뜻을 두어 문을 닫고 산야(山野)에서 지내되 (학문과 진리에) 침잠완색하여 평생토록[自少至老] 몸과 마음의 동정(動靜)이 한결같이 법도를 준수하였다. 집에 거처할 적에는 내외의 구별, 장유의 차례, 선조를 받드는 예절에 있어 모두 일정한 법도가 있었는데, 한결같이 고인을 법으로 삼았다. 이이와 도의지교를 맺고 서로 절차탁마하여 덕을 이룸에 이르렀다. (……) 그 함양하고 체인하여 공부가 깊고 학력이 이르렀으며 종일토록 엄숙하게 지내는데 그 앉은 모습이 마치 소상(塑像)과 같았다."26)라고 하였다. 이는 성혼이 진실한 도를 함양하고 체인하면서 도의 세계를 징험하고자 하는 수양의 자세가 극진하였음을 말하는 것이다. 이러한 학문적 태도는 리와 기의 이분적 경향에서 리의 발현성을 중시하는 경향이라 볼 수 있다. 이 때문에 현실세계에서 '물사'나 '이세'에 대한 올바른 찰지공부로 이어졌다. 그리하여 이이는 성혼에 대하여 경세적(經世的) 측면에서 군주를 일깨워 주는 자질도 소유하였다고 평하였던 것이다.27) 성혼의 학문적 태도와 수양적 자세는 그의 많은 문인과 후학들에게 적지 않은 영향을 끼쳤을 것이다.

---

26) 『浦渚集』, 卷4, 「陳文成公李珥文簡公成渾德行疏(乙亥)」, 78쪽: "早棄擧業, 專意古人之學, 杜門山野, 沈潛玩索, 自少至老, 其身心動靜, 一循繩墨. 居家, 內外之別, 長幼之序, 奉先之禮, 皆有定制, 一以古人爲法. 與李珥自少爲道義交, 相與講磨切磋, 以至成德. (……) 蓋其涵養體認, 功深力到, 終日儼然, 坐如泥塑."

27) 『栗谷全書』(2), 卷30, 「經筵日記(三)」〈萬曆八年庚辰〉, 205쪽: 才亦非一般. 有可獨任經綸之責者, 有好善而能用羣才者. 成渾之才, 若謂之能經綸天下, 則過矣. 其爲人也, 好善, 好善, 優於天下, 此豈非可用之才乎? 但痼疾在身, 必不能任憲官之職. 此人必須付之開局, 而時使入侍于經席, 則必有啓沃之益矣. 참조.

3. 우계 문인(門人) 조사와 그 생몰

성혼의 문인은 그의 연보(年譜)와 문집 보유편(補遺編)이 만들어질 때 『우계선생연보보유(牛溪先生年譜補遺)』권5「사우록(師友錄)」에 수록되었다.「사우록」이외에는『동유사우록(東儒師友綠)』28),『동국문헌록(東國文獻錄)』29),『조선잠헌보감(朝鮮簪獻寶鑑)』30),『조선유현연원도(朝鮮儒賢淵源圖)』31),『동국유현연원록(東國儒賢淵源綠)』32), 『유학연원록(儒學淵源綠)』33) 등이 있다.34) 이러한 자료 외에 성혼의 문인이라고 언급하고 있는『한국민족대백과사전』과『향토문화대전』, 그리고 성혼의 문인이라고 제공하는 각 문중 자료, 신문잡지 및 인터넷(다음, 네이트, 네이버, 구글 등)이 있다. 이 모든 자료를 최대한 활용하여 성혼의 문인을 거론하면 227명에 이른다. 그의 문인들을 소개하면 다음과 같다.

---

28) 『東儒師友綠』은 朴世采(1631~1695)가 찬술하고, 이후 그의 李世煥이 分卷하고 李珥와 成渾의 문인록과 자신의 추가분을 후편과 보유편으로 덧붙였다.

29) 『東國文獻錄』은 편자 미상이나, 고정 연간에 간행되었고, 20세기에 들어 여러 차례 걸쳐 보완·간행되었다.

30) 『朝鮮簪獻寶鑑』은 1914년에 宋秉游, 李秉斗 등을 포함한 기호·호남지방의 유생 30여 명이 전북 정읍시 考山書院에서 간행되어 널리 보급되었다. 이 책은 약간의 보완을 걸쳐 『東國續修簪獻寶鑑』으로 편찬되기도 하였다.

31) 『朝鮮儒賢淵源圖』는 尹榮善(1885~1942)이 우리나라 유현들의 연원을 도표식으로 기술한 것이다.

32) 『東國儒賢淵源綠』은 尹泰順이 1976년 玉江古典文物編刊所에서 간행한 것이다.

33) 『儒學淵源綠』은 金炳浩가 1981년에 역경연구원에서 간행한 것이다.

34) 이러한 자료에서 열기한 인물 가운데 異名一人도 있고 이름이 비슷한 인물도 있으며 성혼의 문인이 아닌 듯한 인물도 있다. 이에 대해서는 각주에서 밝히고 중복을 피했다.【참고】宋秉璿(1836~1905)의 『浿東淵源錄』, 河謙鎭(1870~1946)의 『東儒學案』, 權相老(1879~1965)의 『東儒學案』 등은 위에서 6개의 자료처럼 성혼의 문인들을 일괄적으로 수록하지 않았기에 참고만 하였음을 밝힌다.

강면(姜愐), 강복성(康復誠), 강의호(姜毅虎), 강진승(姜晉昇)35), 강진휘
(姜晉暉)36), 강찬(姜燦), 강항(姜沆), 강홍윤(姜弘胤), 고삼양(高三養), 고
현(高鉉), 곽흥무(郭興懋), 구대우(具大佑), 구발(具撥), 구성(具成), 권극
중(權克中),37) 권○(權○), 김군술(金君述), 김권(金權), 김대현(金大賢), 김
덕령(金德齡), 김덕수(金德秀)38), 김덕홍(金德弘), 김상용(金尙容), 김수
(金粹), 김위(金墇), 김육(金堉), 김응회(金應會), 김의(金嶷), 김자상(金子
祥), 김자점(金自點), 김정(金精), 김종남(金終男)39), 김종유(金宗儒), 김집
(金集), 김추(金樞), 김탕(金瀡), 김현도(金玄度), 김효준(金孝俊), 김흥우
(金興宇), 남궁제(南宮石齊), 남궁명(南宮蓂), 남발(南橃), 나협(羅悏) 민인
백(閔仁伯), 박간(朴偘), 박근효(朴根孝), 박동현(朴東賢), 박린(朴璘), 박상
지(朴尙智), 박언철(朴彦哲), 박영(朴榮), 박진수(朴鎭壽), 박찬(朴璨), 박철
수(朴鐵壽), 박홍중(朴弘中), 박효성(朴孝誠), 배홍중(裵弘重), 백해민(白海
民), 백효민(白孝民), 변경윤(邊慶胤), 변이중(邊以中), 성문준(成文濬), 성
여원(成汝源), 성여학(成汝學), 송연(宋淵), 송영구(宋英耈), 송진구(宋眞
耈), 신경효(辛慶孝), 신득중(申得中), 신민일(申敏一), 신응구(申應榘), 신응

---

35) 姜晉升으로 쓴 판본은 잘못일 것이다.

36) 姜晉曄으로 쓰는 자료는 잘못일 것이다.

37) 【참고】權克中은 두 사람이 있다. 한 사람은 바로 成渾에게 수학한 학인이다. 다른 한
사람은 성리학자이자 도교학자인 靑霞子 權克中이다. 후자의 권극중은 金長生의 문
인 崔命龍(1567~1621)의 문인으로 호는 靑霞子이고, 최명룡의 지도로 趙纘韓
(1572~1631)에게서 시문을 배운 학인이다. 『朝鮮儒賢淵源圖』는 靑霞子 權克中을 언
급하고 있으나 이는 잘못이다.

38) 金德秀(1550~1552, 본관은 淸風, 자는 景眞, 호는 頤眞子)를 성혼의 문인으로 여기
는 자료가 있으나 이는 잘못된 기록이므로, 아래에서는 분류하지 않았다.

39) 『동국문헌』, 『조선유현연원도』, 『조선잠헌보감』, 『유학연원록』 등에서는 개명한 '金偉
南'으로 기재하고 있으나 『우계선생연보보유』에 기재된 것을 따랐다.

순(辛應純), 심종민(沈宗敏), 심종열(沈宗悅)**40)**, 심종의(沈宗毅: 士宏), 심

종직(沈宗直), 심종침(沈宗忱), 안건(安鍵), 안경인(安敬仁), 안경지(安敬

智), 안방준(安邦俊), 안석(安石), 안소(安邵), 안창(安昶), 양대박(梁大

樸)**41)**, 양산숙(梁山璹), 양위남(梁渭南), 양천운(梁千運), 양홍주(梁弘澍),

양황(梁榥), 양훈(楊塤), 어몽린(魚夢麟), 여여길(呂與吉), 여우길(呂祐吉),

여유길(呂裕吉),**42)** 오결(吳潔), 오덕령(吳德齡), 오백령(吳百齡), 오억령(吳

億齡), 오윤겸(吳允謙), 오윤함(吳允諴), 오윤해(吳允諧), 우복룡(禹伏龍),

유경원(柳敬元), 유공진(柳拱辰), 유대일(兪大逸), 유대진(兪大進), 유몽인

(柳夢寅), 유복춘(柳復春), 유엄(柳淹), 유윤근(柳潤根), 유응순(兪應峋),

유황(柳滉), 유효건(柳孝健), 유희문(柳希文), 윤○(尹○), 윤기삼(尹起三),

윤기헌(尹耆獻), 윤민일(尹民逸)**43)**, 윤민헌(尹民獻), 윤방(尹昉), 윤복행

(尹復行), 윤섬(尹暹), 윤시(尹時), 윤이(尹日耳), 윤전(尹烇), 윤주(尹炷),

윤중삼(尹重三), 윤중정(尹仲鼎), 윤직(尹溭), 윤홍립(尹弘立), 윤황(尹煌),

윤훤(尹暄), 윤휘(尹暉), 윤흔(尹昕), 이경임(李景臨), 이경진(李景震), 이광

춘(李光春), 이광후(李光後), 이귀(李貴), 이대규(李大奎), 이대방(李大

---

40) 沈宗悅은『조선잠헌보감』에 기재되었는데, 그의 字가『우계선연보보유』「사우록」에
수록된 沈宗敏의 字와 동일하다. 아마도 沈宗敏의 잘못된 기록인지 의심스럽다. 그
리하여 아래에서는 분류하지 않았음을 밝힌다. 【참고】沈宗敏은 위로 형이 沈宗忱이
있고 아래로 동생이 沈宗直, 沈宗毅 등이 있다. 이들은 모두 沈錦의 아들들이다.

41) 梁大樸을 梁大僕으로 쓴 가류는 잘못이다.

42)『동국문헌록』과『조선잠헌보감』에서는 '呂啓吉',『유익 헌인록』에서는 '呂祐吉'로 기재
한 다음 呂裕吉의 字號를 쓰고 있다. 이는 모두 잘못된 기록이다.

43) 尹民一로 쓴 판본은 잘못이다.

邦),**44)** 이명준(李命俊), 이목(李楘), 이복(李復), 이복(李馥)**45)** 이분(李芬), 이암(李馣), 이섬(李樏), 이성(李誠), 이성항(李性恒)**46)**, 이수준(李壽俊),**47)** 이순민(李舜民), 이시백(李時白), 이신발(李新發), 이신성(李愼誠), 이영(李嶸), 이영서(李靈瑞), 이욱(李郁),**48)** 이원경(李元卿), 이응남(李應南), 이이(李怡)**49)**, 이정립(李廷立), 이정면(李廷冕)**50)**, 이종(李峻),**51)** 이주(李侏)**52)**, 이지도(李至道), 이직(李溭), 이진면(李進冕), 이처일(李處一), 이춘영(李春英), 이충발(李忠發), 이현(李賢), 이흡(李恰), 임전(任錪), 임탁(任鐸), 임현(任鉉), 전명석(全命碩)**53)**, 정건(丁鍵), 정기명(鄭起溟), 정엽(鄭

---

44) 李大邦(1598~1664, 호는 聞松, 벼슬은 奉事)은 사숙제자인 듯하므로 아래에서 분류하지 않았음을 밝힌다.

45) 李馥(본관은 全州, 호는 坡谷, 벼슬은 左尹)은 李馣과 형제인 듯하나 미상이다. 『조선유현연원도』에 李馣이 없고 李馥이 있는데, 이것은 아마도 李馣의 오기인 듯하다. 아래 분류에서 포함하였음을 밝힌다.

46) 李性恒(1603~1660, 본관은 전주, 자는 聖久)을 성혼의 문인으로 하는 자료는 잘못이므로 아래에서는 분류하지 않았다. 이성구의 아버지 이광후가 성혼의 문인이므로 사숙한 듯하다.

47) 『朝鮮簪獻寶鑑』은 李壽徵이라 언급하고 있으나 李壽俊의 잘못된 기록이다.

48) 『朝鮮簪獻寶鑑』과 『조선유현연원도』에서 李郁을 咸平, 湖陰, 生員으로 기록하고 있으나, 이는 잘못된 기록이다.

49) 李怡(1515~1564)의 생몰연대를 보면 성혼의 선배이다. 『東儒師友錄』, 『朝鮮簪獻寶鑑』에는 '李恬'이 기재되어 있다. 이를 보면 아마도 잘못된 기록일 것이다. 아래에서는 분류하지 않았음을 밝힌다.

50) 李廷冕은 『동유사우록』의 기록이다. 『조선잠헌보감』과 『동국문헌』「문생편」에는 '李廷冕'이 없고 '李進冕'이 수록되었다. 이는 아마도 잘못된 기록인 듯하다. 따라서 李進冕은 문인으로 포함하지 않고 분류하지도 않았음을 밝힌다.

51) 李峻으로 쓴 판본은 오류인 듯하다.

52) 『朝鮮儒賢淵源圖』에서는 李樏(본관 全州, 호는 雪軒)과 李侏(본관 全州, 호는 雪軒)의 본관 그리고 호를 동일하게 사용하고 있다. 조사한 바에 의하면, 전자만이 보이므로 후자는 아래에서 분류하지 않았음을 밝힌다.

53) 『東儒師友錄』에 의하면 全命碩은 全敬行으로 개명하였다. 『동국문헌』「문생편」과

曄), 정운룡(鄭雲龍), 정종명(鄭宗溟), 정황수(鄭凰壽), 조감(趙鑑), 조건(曺
健), 조경도(趙敬道), 조달(趙鏠), 조방직(趙邦直), 조수륜(趙守倫), 조위한
(趙緯韓), 조의도(趙毅道), 조응휴(曺應休), 조익(趙釴), 조일(趙鎰), 조존
성(趙存性), 조처(趙金處), 조치(趙治), 조탁(趙鐸), 조헌(趙憲), 조호(趙浩),
조흡(趙洽), 조희철(趙喜轍), 지달수(池達洙), 지봉휘(池鳳輝), 최감(崔鑑),
최경행(崔敬行), 최계조(崔繼祖), 최기남(崔起南), 최운우(崔雲遇),54) 최해
(崔瀣), 하위곤(河緯坤), 하호곤(河虎坤), 한관(韓瓘), 한교(韓嶠), 한명(韓
鳴), 한효상(韓孝祥), 허극성(許克誠), 허극심(許克諶), 허징(許憕), 홍무적
(洪茂績), 홍보(洪霽), 홍석윤(洪錫胤), 홍천민(洪天民)55), 황신(黃愼), 황
한(黃僩).

위에서 인명 아래 밑줄 친 문인들은 「사우록목록(師友錄目錄)」에 수록
된 인물이다. 그 문인 숫자는 92명이다. 나머지 135명은 『동유사우록』,
『동국문헌록』, 『조선잠헌보감』, 『조선유현연원도』, 『동국유현연원록』, 『유
학연원록』 그리고 『한국민족대백과사전』 기타 인터넷에서 언급된 인물이
다. 135명의 문인을 여러 자료를 교차하며 일일이 대조하여 살펴본 바,
성혼의 문인이 아닌 인물도 있었고, 또한 같은 이름을 다르게 기록한 경
우도 보였다. 이러한 경우 앞 문인의 이름에 주석을 달아 살펴보기 편리
하도록 하였다. 다만 분류할 때 성혼에게 직접 배우지 않은 듯한 8명의

『조선잠헌보감』에서 '金敏行'으로 기록한 것은 잘못이다.

54) 崔雲遇(1532~1605, 본관은 江華, 호는 杏湖)는 成渾보다 3세 연상이다. 『조선유현연
원도』에서 문인으로 되어 있으나 교류한 듯하므로 아래에서는 분류하지 않았다.

55) 【참고】成渾보다 10세 연상인 洪天民(1526~1574)은 각종 자료에 성혼의 문인으로 되
었으나, 아래에서는 분류하지 않았음을 밝힌다.

인물을 제외하고 218명의 문인을 재차 확인하면서,56) 그 문인들을 분류
하였다. 그 분류는 '성혼에게 직접 수학한 문인', '성혼·이이 양인에게 수
학한 문인', '성혼과 타 학자에게 수학한 문인' 등이 그것이다. 그리고 「사
우록목록」에 수록되지 않고, 다른 자료에만 수록되었으나 생몰연대를
확인하지 못한 문인들은 「사우록목록」 미수록 및 생몰미상의 문인'57)으
로 분류하였다. 그리고 문인들에 대한 간략한 기술은 앞의 자료들에서
작은 글자로 문인들의 본관, 자, 호, 벼슬, 시호, 증직벼슬 등을 언급한 것
을 최대한 따르는 방식을 취하였다.

1) 성혼에게 수학한 문인

1 유복춘(柳復春): 1546(명종 1)~?, 벼슬은 진사.

2 박린(朴璘): 1547(명종 2)~1625(인조 3), 본관은 반남(潘南), 자는 사헌
(士獻), 호는 청라(靑蘿).

3 조의도(趙毅道): 1548(명종 3)~1601(선조 35), 본관은 함안(咸安), 자는
강백(剛伯), 벼슬은 첨정(僉正)·호조참판(戶曹參判).

4 김권(金權): 1549(명종 4)~1622(광해군 14), 본관은 청풍(淸風), 자는 이
중(而中) 호는 졸탄(拙灘), 벼슬은 호조판서, 시호는 충간(忠簡).58)

5 구대우(具大佑): 1550(명종 5)~1631(인조 9), 본관은 능성(綾城), 자는

---

56) 『한국민족대백과사전』, 『典故大方』, 『典故文獻』, 『韓國典考』, 『國朝人物考』 그리고
한국학중앙연구원에서 지원하는 종합정보시스템을 이용하였음을 밝힌다.

57) '기타의 문인' 가운데에는 성혼의 문인이 아닌 인물들도 있을 것으로 사료된다.

58) 시호를 景靖으로 기록한 자료도 있다. 이이의 문인 관련 기타 자료에도 실려 있으나,
여기서는 성혼의 「사우록목록」에 직서되었기에 이곳에 배열하였다.

경휴(景休), 호는 취은(醉隱), 벼슬은 사헌부 감찰. 전북 완주군 고산 출신.

⑥ 강복성(康復誠): 1550(명종 5)~1634(인조 12), 본관은 신천(信川). 자는 명지 (明之), 호는 죽간(竹磵).

⑦ 김현도(金玄度): 1551(명종 6)~?, 본관은 예안(禮安), 자는 홍지(弘之)**59)**, 호는 눌재(訥齋), 벼슬은 목사(牧使).

⑧ 김종유(金宗儒): 1552(명종 7)~1592(선조 25), 본관은 선산(善山), 자는 순중(醇仲).

⑨ 오억령(吳億齡): 1552(명종 7)~1618(광해군 10), 본관은 동복(同福), 자는 대년(大年), 호는 만취(晚翠), 벼슬은 제학(提學).

⑩ 안창(安昶): 1552(명종 7)~1620(광해군 20), 자는 경용(景容), 호는 용암(容庵)·석천(石泉), 벼슬은 대흥(大興) 군수.**60)**

⑪ 민인백(閔仁伯): 1552(명종 7)~1626(인조 4), 본관은 여흥(驪興), 자는 백춘(伯春), 호는 태천(苔泉), 시호는 경정(景靖)**61)**, 봉호는 여양군(驪陽君).**62)**

⑫ 김대현(金大賢): 1553(명종 8)~1602(선조 35), 본관은 풍산(豊山), 자는 희지(希之), 호는 유연당(悠然堂), 벼슬은 산음 현감.

⑬ 심종침(沈宗忱): 1553(명종 8)~1614(광해군 6), 본관은 청송(靑松), 자는 사성(士誠), 벼슬은 여산(礪山) 군수.

---

59) 『조선잠헌보감』에서 자를 必之로 기재한 것은 잘못이다.
60) 충청도 서천군지의 인물소에는 不闢에게도 배웠다고 하였으나, 여기서는 성혼의 「사우록목록」에 직서되었기에 이곳에 배열하였다.
61) 『조선잠헌보감』에서 '景淸'으로 기재한 것은 잘못이다.
62) 『조선유현연원도』에는 驪興君으로 기재되었다.

⑭ 이암(李黯): 1553(명종 7)~1637(인조 15), 본관은 전주, 자는 국형(國馨), 호는 파록(坡麓).

⑮ 오덕령(吳德齡): 1553(명종 8)~?, 본관은 농복, 자는 대년(大年), 호는 만취(晩翠), 벼슬은 참찬.

⑯ 조호(趙浩): 1553(명종 8)~?, 본관은 평양(平壤), 자는 심원(深源), 벼슬은 과천(果川) 현감.

⑰ 유대진(兪大進): 1554(명종 9)~1599(선조 32), 본관은 기계(杞溪), 자는 신보(新甫), 호는 신포(新浦), 벼슬은 이조참의(參議).

⑱ 곽흥무(郭興懋): 1554(명종 9)~1613(광해군 5), 본관은 현풍(玄風), 자는 면숙(勉叔), 호는 반송당(伴松堂).**63)**

⑲ 조수륜(趙守倫): 1555(명종 10)~1612(광해군 4), 본관은 풍양(豊壤), 자는 경지(景止), 호는 풍옥헌(風玉軒)·만귀(晩歸), 벼슬은 현감(縣監)·승지(承旨)·증병조판서(贈兵曹判書).

⑳ 김응회(金應會): 1555(명종 10)~1597(선조 30), 본관은 언양(彦陽), 자는 시극(時極), 호는 청계(淸溪), 벼슬은 별좌(別坐).

㉑ 송영구(宋英耇): 1556(명종 11)~1620(광해군 12), 본관은 진천(鎭川), 자는 인수(仁叟), 호는 표옹(瓢翁)·일호(一瓠)·백련거사(白蓮居士), 벼슬은 예조판서.

㉒ 이정면(李廷冕): 1556(명종 11)~?, 본관은 광주(廣州), 자는 효이(孝移), 호는 당재(唐齋).

㉓ 김추(金樞): 1557(명종 12)~?, 본관은 상산(商山), 자는 관보(關甫), 호는

---

63) 벼슬은 무과에 급제하여 간관(諫官)을 거쳐 첨정(僉正)이 되었다. 『조선유현연원도』 및 『전북향교원우대관』 '三溪書院' 참조.

동강(東岡),**64)** 벼슬은 훈도(訓導).

24 성여학(成汝學): 1557(명종 12)~?, 본관은 창녕(昌寧), 자는 학안(學顔),
호는 학천(鶴泉)·쌍천(雙泉).

25 조흡(趙洽): 1557~?, 본관은 한양(豊壤), 자는 언열(彦悅).

26 정기명(鄭起溟): 1558(명종 13)~1589(선조 22), 본관은 연일(延日), 자는
자천(子遷), 호는 화곡(華谷), 벼슬은 진사.

27 김덕홍(金德弘): 1558(명종 13)~1592(선조 25), 본관은 광산(光山), 벼슬
은 지평(持平).

28 구성(具宬): 1558(명종 13)~1618(광해군 10), 본관은 능성(綾城). 자는
원유(元裕), 호는 초당(草塘), 벼슬은 대사성.

29 여유길(呂裕吉): 1558(명종 13)~1619(광해군 11), 본관은 함양(咸陽), 자
는 덕부(德夫), 호는 춘강(春江), 벼슬은 병조판서.**65)**

30 이욱(李郁): 1558(명종 13)~1619(광해군 11), 본관은 전주(全州), 자는
질부(質夫), 호는 팔계(八戒), 벼슬은 봉산(鳳山) 군수.**66)**

31 이직(李溭): 1558(선조 14)~?, 본관은 광산(光山), 자는 경순(景淳), 벼슬
은 진사.

32 이경진(李景震): 1559(명종 14)~1594(선조 27), 본관은 덕수(德水), 자는
성보(誠甫), 벼슬은 제릉(齊陵) 참봉.**67)**

---

64) 『조선잠헌보감』에서 '關東'으로 기재한 것은 잘못일 것이다.

65) 『조선잠헌보감』에서 '呂啓吉'로, 『유학연원록』에서 '呂祐吉'로 기재한 것은 잘못일 것
이다.

66) 『德川師友淵源錄』(卷3, 「門人」)에 수록된 李郁(1556~1593, 본관은 驪興, 자는 文哉,
호는 八溪)도 성혼의 문인으로 여기는 자료들이 있으나 이는 잘못일 것이다.

67) 이이의 문인 관련 기타 자료에도 실려 있으나, 여기서는 성혼의 「사우록목록」에 직서

③③ 이수준(李壽俊): 1559(명종 14)~1607(선조 40), 본관은 전의(全義), 자는 태징(台徵), 호는 용계(龍溪)·지범재(志范齋)68), 벼슬은 영흥(永興) 목사.

③④ 최기남(崔起南): 1559(명종 14)~1619(광해군 11), 본관은 전주, 자는 흥숙(興叔), 호는 만곡(晚谷)·만옹(晚翁)·양암(養庵), 벼슬은 사인(舍人)·영흥도호부사(永興都護府使)·증영의정(贈領議政).

③⑤ 성문준(成文濬): 1559(명종 14)~1626(인조 4), 본관은 창녕(昌寧), 자는 중심(仲深), 호는 창랑(滄浪), 벼슬은 진사(進士)·영동(永同) 현감.

③⑥ 오윤겸(吳允謙): 1559(명종 14)~1636(인조 14), 본관은 해주(海州), 자는 여익(汝益)69), 호는 추탄(楸灘), 벼슬은 영의정(領議政), 시호는 충정(忠貞).

③⑦ 임전(任錪): 1560(명종 15)~1611(광해군 3), 본관은 풍천(豊川), 자는 관보(寬甫), 호는 명고(鳴皐), 벼슬은 집의(執義).

③⑧ 권극중(權克中): 1560(명종 15)~1614(효종 10), 본관은 안동(安東), 자는 택보(擇甫), 호는 풍담(楓潭)·화산(花山).

③⑨ 오백령(吳百齡): 1560(명종 15)~1633(인조 11), 본관은 동복(同福). 자는 덕구(德耉), 호는 묵재(默齋).

④⓪ 양산숙(梁山璹): 1561(명종 16)~1593(선조 26), 본관은 제주, 자는 회원(會元), 벼슬은 좌랑(佐郎)·증좌승지(贈左承旨).

되었기에 이곳에 배열하였다.

68) 志范齋란 范仲淹에 뜻을 둔다는 뜻이다(『於于野談』 참조). '范'을 '範'으로 쓴 판본은 잘못이다.

69) '士益'으로 쓴 판본은 잘못이다.

41 이준(李㕚): 1561(명종 16)~1594(선조 27), 본관은 전주, 자는 자첨(子瞻).

42 남발(南橃): 1561(명종 16)~1646년(인조 24), 본관은 의령, 자는 공제(公濟), 호는 화은(華隱).**70)**

43 정황수(鄭凰壽): 1562(명종 17)~1628(인조 6), 본관은 나주(羅州), 자는 영수(靈叟), 호는 월봉(月峯).

44 고삼양(高三養): 1562(명종 17)~?, 본관은 제주, 자는 정숙(靜叔), 벼슬은 진사.

45 신경효(辛慶孝): 1562(명종 17)~?, 본관은 영월(寧越), 자는 사술(士述), 호는 모암(慕菴), 벼슬은 진사.

46 오윤해(吳允諧): 1562(명종 17)~?, 본관은 해주(海州), 자는 여화(汝和), 호는 만운(晩雲).

47 유황(柳滉): 1562(명종 17)~?, 본관은 고양(高陽), 자는 언결(彦潔), 호는 진우(眞愚).

48 이춘영(李春英): 1563(명종 18)~1606(선조 39), 본관은 전주, 자는 실지(實之), 호는 체소재(體素齋), 벼슬은 첨정(僉正).

49 김종남(金終南): 1563(명종 18)~1618(광해군 10), 본관은 광산(光山), 개명은 위남(偉男), 자는 자시(子始), 호는 약산(藥山)**71)**, 벼슬은 통례(通禮).

50 윤중삼(尹重三): 1563(명종 18)~1619(광해군 11), 본관은 파평(坡平), 자는 지임(志任), 벼슬은 이조참판(吏曹參判)·영상(領相).

---

70) 『藥泉集』 제25, 「家乘·族曾祖墓誌銘」 참조.
71) '樂山'으로 쓴 판본은 잘못이다.

⑤1 윤기삼(尹起三): 1563(명종 18)~?, 본관은 파평(坡平), 자는 성임(聖任), 호는 월오(月梧).

⑤2 어몽린(魚夢麟): 1564(명종 19)~1611(광해군 3), 본관은 함종(咸從), 자는 서중(瑞仲), 벼슬은 교관(敎官).

⑤3 윤민일(尹民逸): 1564(명종 19)~1635(인조 13), 본관은 파평(坡平), 자는 현세(顯世), 호는 지산(芝山), 벼슬은 도정(都正).

⑤4 윤흔(尹昕): 1564(명종 19)~1638(인조 16), 본관은 해평(海平), 자는 시회(時晦), 호는 도재(陶齋)·도계(陶溪)·청강(晴江), 벼슬은 지중추부사(知中樞府事).

⑤5 홍석윤(洪錫胤): 1564(명종 19)~?, 본관은 남양(南陽), 자는 중윤(仲胤), 벼슬은 진사.

⑤6 한효상(韓孝祥): 1565(명종 20)~1605(선조 38), 본관은 청주(淸州), 자는 경휴(景休), 호는 협소재(愜素齋), 벼슬은 생원(生員).

⑤7 정건(丁鍵): 1565(명종 20)~1618(광해군 10), 본관은 영성(靈城: 靈光), 자는 자장(子長), 호는 성경재(誠敬齋), 벼슬은 지평(持平).

⑤8 강진휘(姜晉暉): 1566(명종 21)~1595(선조 28), 본관은 진주(晉州), 자는 자서(子舒), 호는 호계(壺溪).

⑤9 이광후(李光後): 1566(명종 21)~1647(인조 25), 본관은 전주, 자는 明遠, 벼슬은 현감.72)

⑥0 조응휴(曺應休): 1566년(명종 21)~?, 본관은 창녕, 초명은 응서(應瑞), 자는 덕부(德符), 벼슬은 현감.

---

72) 『동유사우록』에는 李光浚으로 적고 있으나 잘못된 기록이다.

⌊61⌋ 김덕령(金德齡): 1567(선조 1)~1596(선조 29), 본관은 광산(光山=光州), 자는 경수(景樹), 시호는 충장(忠壯), 벼슬은 증병판(贈兵判).

⌊62⌋ 강항(姜沆): 1567(명종 22)~1618(광해군 10), 본관은 진주(晉州), 자는 태초(太初), 호는 수은(睡隱), 벼슬은 좌랑(佐郞)·승지(承旨).

⌊63⌋ 여우길(呂祐吉): 1567(명종 22)~1632(인조 10), 본관은 함양(咸陽), 자는 상부(尙夫), 호는 치계(稚溪=痴溪).

⌊64⌋ 조위한(趙緯韓): 1567(명종 22)~1649(인조 27), 본관은 한양(漢陽), 자는 지세(持世), 호는 현곡(玄谷).

⌊65⌋ 박효성(朴孝誠): 1568(선조 1)~1617(광해군 9), 본관은 고령(高靈), 자는 백원(百源), 호는 진천(眞川), 벼슬은 부사(府史).

⌊66⌋ 양천운(梁千運): 1568(선조 1)~1637(인조 15), 본관은 제주, 자는 사형(士亨), 호는 영주(瀛洲)·한천(寒泉), 벼슬은 진사.

⌊67⌋ 이순민(李舜民): 1569(선조 2)~1621(광해군 13), 본관은 전주, 자는 호여(嘷如), 호는 이봉(伊峰).

⌊68⌋ 조건(曹健): 1570(선조 2)~1629(인조 7), 본관은 남평(南平), 자는 사강(士强), 호는 자서(自墅).73)

⌊69⌋ 오윤함(吳允諴): 1570(선조 3)~?, 본관은 해주, 자는 여침(汝忱), 호는 월곡(月谷).

⌊70⌋ 조감(趙鑑): 1570(선조 3)~?, 본관은 평양(平壤), 자는 선응(善應), 호는 죽오(竹塢).

⌊71⌋ 윤황(尹煌): 1571(선조 4)~1639(인조 17): 본관은 파평(坡平), 자는 덕요

---

73) 白墅로 쓴 판본은 잘못이다.

(德耀)**74)**, 호는 팔송(八松), 시호는 문정(文正), 벼슬은 전주부사(全州府史)·증영의정(贈領議政).

72 윤휘(尹暉): 1571(선조 4)~1644(인조 22), 본관은 해평(海平), 자는 정춘(靜春), 호는 장주(長洲), 벼슬은 판서(判書)·증영의정(贈領議政).

73 백효민(白孝民): 1571(선조 4)~?, 본관은 수원(수원), 자는 경술(景述), 호는 정존제(靜存齊).

74 신응순(辛應純): 1572(선조 5)~1636(인조 14), 본관은 영산(靈山=寧越), 자는 희순(希淳), 호는 성재(省齋), 벼슬은 생원.

75 유대일(兪大逸): 1572(선조 5)~1640(인조 18), 본관은 기계(杞溪). 자는 덕휴(德休), 호는 용은거사(慵隱居士), 벼슬은 동지중추돈령부사(同知中樞敦領府事).**75)**

76 최경행(崔敬行): 1572(선조 5)~1654(효종 5), 본관은 전주(全州), 자는 주도(周道), 호는 이순당(二順堂). 벼슬은 참봉추천[薦參奉].

77 윤훤(尹暄): 1573(선조 6)~1627(인조 5), 본관은 해평(海平), 자는 차야(次野)**76)**, 호는 백사(白沙)**77)**, 벼슬은 관찰사.

78 이원경(李元卿): 1573(선조 6)~1654(효종 5), 본관은 흥양(興陽), 자는 여선(汝先), 호는 죽포(竹圃).

79 변경윤(邊慶胤): 1574(선조 7)~1623(인조 1), 본관은 황주(黃州), 자는 자여(子餘), 호는 자하(紫霞), 벼슬은 교정(校正), 증직벼슬은 예조참의

---

74) 德輝로 쓴 판본은 잘못이다.

75) 『한국민족문화대백사전』에서 李滉(1501~1570)의 문인으로 기재한 것은 잘못이다(생몰연대 참조).

76) 『유학연원록』에서 '汝野'로 기재한 것은 잘못이다.

77) 『조선유현연원도』에서 '伯沙'로 기재한 것은 잘못이다.

(禮曹參議).

⑧⓪ 양위남(梁渭南): 1574(선조 7)~1633(인조 11), 본관은 제주, 자는 경섭
(景涉), 호는 구봉(九峯), 벼슬은 참봉추천[薦參奉].

⑧① 송연(宋淵): 1574(선조 6)~1643(인조 21), 본관은 서산(瑞山=礪山), 자는
자심(子深), 호는 둔암(芚菴), 벼슬은 군수.

⑧② 양황(梁榥): 1575(선조 8)~1597(선조 30), 본관은 남원(南原), 자는 학기
(學器), 호는 진우재(眞愚齋).

⑧③ 윤전(尹烇): 1575(선조 8)~1636(인조 14), 본관은 파평(坡平), 자는 회숙
(晦叔), 호는 후촌(後村)·정촌(靜村), 벼슬은 필선(弼善) 시호는 충헌(忠
憲), 증직벼슬은 병조판서.

⑧④ 강진승(姜晉昇): 1575(선조 8)~1614(광해군 6), 본관은 진주, 자는 자진
(子進), 호는 단정(單亭), 벼슬은 생원진사(生員進士).

⑧⑤ 신민일(申敏一): 1576(선조 9)~1650(효종 1), 본관은 평산(平山), 자는 공
보(功甫), 호는 화당(化堂).

⑧⑥ 성여원(成汝源): 1576(선조 9)~?, 본관은 창녕, 자는 유인(由仁), 호는
와탄(臥灘).

⑧⑦ 홍무적(洪茂績): 1577(선조 10)~1656(효종 7), 본관은 남양(南陽), 자는
면숙(勉叔), 호는 백석(白石). 벼슬은 형조판서(刑曹判書)·대사헌(大司
憲).

⑧⑧ 유효건(柳孝健): 1577(선조 10)~1636년(인조 14), 본관은 문화(文化), 자
는 지숙(止叔), 호는 송정(松亭).

⑧⑨ 이광춘(李光春): 1578(선조 11)~?, 본관은 우봉(牛峰), 자는 회원(晦元),
벼슬은 별좌(別坐).

⑨⓪ 박홍중(朴弘中): 1582(선조 15)~1646(인조 24), 본관은 경주(慶州), 자는 자건(子建), 호는 추산(秋山).

⑨① 조익(趙釴): 1584(선조 17)~1635(인조 13), 본관은 함안(咸安), 자는 계중(季中), 벼슬은 좌랑(佐郎).

⑨② 김자점(金自點): 1588(선조 21)~1651(효종 2), 본관은 안동(安東), 자는 성지(成之), 호는 낙서(洛西).

2) 성혼과 이이 양 문하에서 수학한 문인

① 조헌(趙憲): 1544(중종 39)~1592(선조 25), 본관은 배천(白川), 자는 여식(汝式), 호는 중봉(重峯)·도원(陶原)·후율(後栗), 시호는 문열(文烈). 경기도 김포 출생.

② 양대박(梁大樸): 1544(중종 39)~1592(선조 25), 본관은 남원(南原), 자는 사진(士眞), 호는 송암(松巖)·죽암(竹巖)·하곡(荷谷)·청계도인(靑溪道人).

③ 박동현(朴東賢): 1544(중종 39)~1594(선조 27), 본관은 반남(潘南), 자는 학기(學起), 호는 활당(活塘).

④ 임탁(任鐸): 1544(중종 39)~1594(선조 27), 본관은 풍천(豊川), 자는 사진(士振), 벼슬은 직장(直長).

⑤ 변이중(邊以中): 1546(명종 1)~1611(광해군 3), 본관은 황주(黃州), 자는 언시(彦時), 호는 망암(望庵), 벼슬은 소모사(召募使).

⑥ 나협(羅悏): 1546(명종 1)~1632(인조 10), 본관은 나주(羅州), 자는 사우(士遇), 호는 주은(酒隱), 벼슬은 지평(持平).

7 유공진(柳拱辰): 1547(명종 2)~1604(선조 37), 본관은 문화(文化), 자는 백첨(伯瞻), 벼슬은 승지(承旨)·참의(參議).

8 윤기헌(尹耆獻): 1548(명종 3)~?, 본관은 남원(南原), 자는 원옹(元翁), 호는 장빈자(長貧子), 봉호는 용은군(龍恩君=龍城君).

9 임현(任鉉): 1549(명종 4)~1597(선조 30), 본관은 풍천(豊川), 자는 사중(士重), 호는 애탄(愛灘).

10 박근효(朴根孝): 1550(명종 5)~1607(선조 40), 본관은 진원(珍原), 자는 입지(立之), 호는 만포(晩圃).

11 신응구(申應榘): 1553(명종 8)~1623(인조 1), 본관은 고령(高靈), 자는 자방(子方), 호는 만퇴헌(晩退軒), 벼슬은 공조참판(工曹參判)·참의(參議).

12 심종민(沈宗敏): 1554(명종 9)~1618(광해군 10), 본관은 청송(靑松), 자는 사눌(士訥), 호는 청만(晴灣)·풍애(楓崖), 벼슬은 군수.

13 이정립(李廷立): 1556(명종 11)~1595(선조 28), 본관은 광주(廣州), 자는 자정(子政), 호는 계은(溪隱).

14 한교(韓嶠): 1556(명종 11)~1627(인조 5), 본관은 청주(淸州), 자는 사앙(士昂), 호는 동담(東潭), 벼슬은 참판.

15 성람(成灠): 1556(명종 11)~1620(광해군 12), 본관은 창령(昌寧), 초명은 성협(成浹), 자는 사열(士悅), 호는 청죽(聽竹), 벼슬은 효릉(孝陵) 창봉.78)

16 강찬(姜燦): 1557(명종 12)~1603(선조 36), 본관은 금천(衿川), 자는 덕휘(德輝), 호는 동곽(東郭), 벼슬은 감사(監司).

---

78) 일찍이 형 成浩와 함께 南彦經에게 수학하다가 뒤에 성혼과 이이의 문하에서 수학하였다.

⑰ 이귀(李貴): 1557(명종 12)~1633(인조 11), 본관은 연안(延安), 자는 옥여 (玉汝), 호는 묵재(默齋), 벼슬은 찬성(贊成)·병조판서(兵曹判書), 시호는 충정(忠定), 증직벼슬은 영의정.

⑱ 오결(吳潔): 1559(명종 14)~?, 본관은 해주, 자는 성여(聖與).[79]

⑲ 이영(李嶸): 1560(명종 15)~1582(선조 15), 본관은 전주, 자는 중고(仲 高), 벼슬은 한림(翰林).

⑳ 황신(黃愼): 1560(명종 15)~1617(광해군 9), 본관은 창원(昌原), 자는 사 숙(思叔), 호는 추포(秋浦), 벼슬은 호조판서, 시호는 문민(文敏).

㉑ 윤민헌(尹民獻): 1562(명종 17)~1628(인조 6), 본관은 파평(坡平), 자는 익세(翼世), 호는 태비(苔扉), 벼슬은 참의(參議).

㉒ 윤홍립(尹弘立): 1563(명종 18)~1612(광해군 4), 본관은 파평(坡平), 자 는 가수(可守).

㉓ 정엽(鄭曄): 1563(명종 18)~1625(인조3), 본관은 초계(草溪), 자는 시회 (時晦), 호는 수몽(守夢), 시호는 문숙(文肅).

㉔ 윤방(尹昉): 1563(명종 18)~1640(인조 18), 본관은 해평(海平), 자는 가 회(可晦), 호는 치천(稚川), 시호는 문익(文翼).

㉕ 김흥우(金興宇): 1564(명종 19)~1594(선조 27), 본관은 청풍(淸風=淸州). 자는 선경(善慶), 벼슬은 생원·참봉.

㉖ 정종명(鄭宗溟): 1565(명종 20)~1626(인조 4), 본관은 연일(延日), 자는 자조(士朝)[80], 호는 벽은(薜隱), 벼슬은 사인(舍人)·강릉부사(江陵府

---

79) 吳潔은 본래 李珥의 문인이다. 오결이 成渾을 내방하고 서한을 보내자, 성혼은 그에 게 답한 서한을 보냈기에 성혼의 문인으로 분류한 듯하다.

80) 『조선잠헌보감』에서 '子朝'로 기재한 것은 잘못일 것이다.

史).**81)**

㉗ 강면(姜愐): 1567(명종 22)~1618(광해군 9), 본관은 진주, 자는 이진(而
進).

㉘ 조덕용(趙德容): 1567(명종 22)~1638(인조 16), 본관은 순창(淳昌), 자는
여윤(汝潤).

㉙ 이처일(李處一): 1569(선조 2)~1631(인조 9), 본관은 함평(咸平), 자는 종
선(宗善), 호는 청사(淸査), 벼슬은 참봉.

㉛ 김의(金嶷): 1572(선조 5)~1649(인조 27), 본관은 광산(光山), 자는 여망
(汝望), 호는 남곡(南谷).

㉛ 허극성(許克誠: 자는 信夫).**82)**

3) 성혼과 기타 학자에게 수학한 문인

① 정운룡(鄭雲龍): 1542(중종 37)~1593(선조 26), 본관은 하동(河東), 자
는 경우(慶遇), 호는 하곡(霞谷), 벼슬은 현감.**83)**

② 박상지(朴尙智): 1543(중종 38)~1587(선조 20), 본관은 밀양(密陽), 호는
눌헌(訥軒), 벼슬은 봉사(奉事).**84)**

③ 우복룡(禹伏龍): 1547(명종 2)~1613(광해군 5), 본관은 단양(丹陽), 자는
현길(見吉), 호는 구암(懼庵)·동계(東溪).**85)**

---

81) 鄭宗溟은 鄭澈의 아들이자 정기명의 동생이다.
82) 許克誠은 許克謙의 동생이다.
83) 鄭雲龍은 奇大升(1527~1572)에게 먼저 배웠다.
84) 朴尙智는 金麟厚(1510~1560)에게 배우며 柳希春(1514~1577)과 교유하였다. 박상지
는 成渾에게 수학하였다고 하기보다는 교류한 듯하다.
85) 禹伏龍은 閔純(1519~1591)에게 먼저 배웠다.

④ 양홍주(梁弘澍): 1550(명종 5)~1610(광해군 2), 본관은 남원(南原), 자는 대림(大霖), 호는 서계(西溪)·서계옹(西溪翁), 벼슬은 이조참판(吏曹參判).86)

⑤ 이신성(李愼誠): 1552(명종 7)~1596(선조 29), 본관은 전주(全州), 자는 흠중(欽仲), 벼슬은 사옹원봉사(司饔院奉事).87)

⑥ 조존성(趙存性): 1554(명종 9)~1628(인조 6), 본관은 한양(漢陽)88), 자는 수초(守初), 호는 용호(龍湖)·정곡(鼎谷), 벼슬은 지돈령부사(知敦寧府事), 시호는 소민(昭敏).89)

⑦ 심종직(沈宗直): 1557(명종 12)~1631(인조 9), 본관은 청송(靑松), 자는 사경(士敬), 호는 죽서(竹西), 벼슬은 음직으로 정언(正言).90)

⑧ 유몽인(柳夢寅): 1559(명종 14)~1623(인조 1), 본관은 고흥(高興), 자는 응문(應文), 호는 어우당(於于堂)·간재(艮齋)·묵호자(默好子).91)

⑨ 김상용(金尙容): 1561(명종 16)~1637(인조 15), 본관은 안동(安東), 자는 경택(景擇)92), 호는 선원(仙源)·풍계(楓溪)·계옹(溪翁), 벼슬은 우의정,

---

86) 처음에는 南冥 曺植(1501~1572)을 배우다가, 뒤에 成渾과 李珥에게 나아가 수학한 듯하다.
87) 李愼誠은 처음에 성혼에게 배우다가, 뒤에 徐敬德의 문인 朴洲(?~1604)에게 수학한 듯하다.
88) 본관을 '楊州'로 쓴 경우는 잘못이고 아마도 양주에 거주한 듯하다.
89) 趙存性은 朴枝華(1513~1592)에게도 배웠다.
90) 沈宗直은 沈宗敏의 동생으로 龜峯 宋翼弼(1534~1599)에게도 배웠다.
91) 柳夢寅은 申濩에게도 수학했다. 두 문하에서 '경박하다'는 책망을 받았다. 뒤에 성혼과 좋지 못한 관계로 문인록에서 삭제된 듯하다.
92) 景輝로 쓰는 판본은 잘못이다.

시호는 문충(文忠).93)

⑩ 박찬(朴璨): 1566년(명종 21)~1618년(광해군 10), 본관은 반남(潘南), 자
는 경집(敬執), 호는 동곽자(東郭子)·우촌(牛村).94)

⑪ 이명준(李命俊): 1572(선조 5)~1630(인조 8), 본관은 전의(全義), 자는
창기(昌期), 호는 잠와(潛窩)·진사재(進思齋), 벼슬은 병조참판.95)

⑫ 이목(李楘): 1572(선조 5)~1646(인조 24), 본관은 전주, 자는 문백(文伯),
호는 송교(松郊), 벼슬은 대사헌.96)

⑬ 안방준(安邦俊): 1573(선조 6)~1654(효종 5), 본관은 죽산(竹山), 자는
사언(士彦), 호는 은봉(隱峰)·우산(牛山)·빙호(氷壺), 벼슬은 유일로 참
의(參議), 시호는 문강(文康).97)

⑭ 김집(金集): 1574(선조 7)~1656(효종 7), 본관은 광산(光山), 자는 사강
(士剛), 호는 신독재(愼獨齋), 벼슬은 참찬판중추부사(參贊判中樞府事),
시호는 문경(文敬).98)

⑮ 조방직(趙邦直): 1574(선조 7)~?, 본관은 풍양(豊壤), 자는 숙청(叔淸),
호는 수죽(脩竹).99)

⑯ 김육(金堉): 1580(선조 13)~1658(효종 9), 본관은 청풍(淸風), 자는 백후

---

93) 金尙容은 외조부 鄭惟吉(1515~1588)에게 시를 배우다가 成渾과 李珥의 문하에서
학문을 닦았다.
94) 朴璨은 먼저 東岡 南彦經(1528~1594)에게서 배웠다.
95) 李命俊은 李廷馣(1541~1600)·李恒福(1556~1618) 등에게도 배웠다.
96) 李楘은 金長生(1548~1631)에게도 수학하였다.
97) 安邦俊은 鄭澈(1536~1593)과 趙憲(1544~1592)의 문하에서 수학하기도 하였다.
98) 金集은 아버지 金長生의 학문을 계승한 후, 李珥와 宋翼弼에게도 학문을 배웠다.
99) 趙邦直은 李海壽(1536~1599)에게도 학문을 익혔다.

(伯厚), 호는 잠곡(潛谷)·회정당(晦靜堂), 시호는 문정(文貞).**100)**

⑰ 이시백(李時白): 1581(선조 14)~1660(현종 1), 본관은 연안(延安), 자는 돈시(敦詩), 호는 조암(釣巖), 벼슬은 영상, 시호는 충익(忠翼).**101)**

⑱ 홍보(洪靌): 1585(선조 18)~1643(인조 21), 본관은 풍산(豊山), 자는 여시(汝時), 호는 월봉(月峰), 벼슬은 원주(原州) 목사, 봉호는 풍녕군(豊寧君), 증직벼슬은 영의정.**102)**

4)「사우록목록」 미수록 및 생몰미상의 문인**103)**

① 『우계선생연보보유』「사우록」 수록 인물

①전명석(全命碩: 본관은 星州, 자는 國老, 호는 孤厓), ②최계조(崔繼祖: 자는 조丞, 벼슬은 啓義), ③하위곤(河緯坤: 본관은 진주, 僉樞).

② 『동유사우록』 수록 인물

①권○(權○: 벼슬은 洗馬), ②윤○(尹○: 호는 陶齋), 이경임(李景臨: 벼슬은 敎官), ③최감(崔鑑: 본관은 積城), ④허극심(許克諶: 자는 實夫), ⑤황한(黃僩: 벼슬은 현감).

③ 『동국문헌록』「문생편」 인물 수록

①윤이(尹日耳), ②조건(趙鍵)

④ 『조선잠헌보감』 수록 인물

---

100) 金堉은 曹好益(1545~1609)과 金尙憲(1570~1652)의 문하에서 배웠다.

101) 李時白은 金長生(1548~1631)의 문하에서 수학하였다.

102) 洪靌는 權鞸(1569~1612)의 문하에서 수학하였다.

103) 논자는 기타 문인들을 각종 사전 및 인터넷 사이트를 통해 찾아보았으나 특별한 자료가 없기에 하나의 그룹으로 설정하였을 뿐이다.

①박간(朴侃: 본관은 務安, 자는 士溫, 호는 節村), ②이신발(李新發: 자는 和叔, 호는 省齋), ③조달(趙鍵).

⑤『조선유현연원도』수록 인물

①강의호(姜毅虎: 본관은 晉州, 자는 子敬, 호는 野老)[104], ②강홍윤(姜弘胤: 본관은 晉州, 호는 惺齋, 벼슬은 參奉), ③고현(高鉉: 본관은 長興, 호는 心齋, 벼슬은 진사), ④김수(金粹: 본관은 泗川, 호는 蓮齋), ⑤김정(金精: 본관은 泗川, 호는 竹谷, 벼슬은 司直), ⑥남궁제(南宮石齊: 본관은 咸悅, 호는 東崗, 벼슬은 侍中), ⑦안경인(安敬仁: 본관은 順興, 벼슬은 추천으로 참봉), ⑧윤섬(尹暹: 본관은 南原, 호는 果齋, 시호는 文烈), ⑨이분(李芬: 본관은 咸平, 호는 西溪),[105] ⑩이성(李誠: 본관은 慶州)[106], ⑪이응남(李應南: 본관은 廣州, 호는 養直齋, 벼슬은 縣監), ⑫이섬(李橾: 본관은 全州, 호는 雪軒), ⑬이지도(李至道: 본관은 延安, 호는 二樂堂), ⑭이현(李賢: 본관은 延安, 호는 野隱), ⑮조희철(趙喜轍: 본관은 豊陽, 호는 海村, 벼슬은 縣監), ⑯지달수(池達洙: 본관은 忠州, 호는 湖隱, 벼슬은 戶曹參議), ⑰지봉휘(池鳳輝: 본관은 忠州, 호는 浮村, 벼슬은 師傅), ⑱허징(許憕: 본관은 陽川, 호는 西湖, 벼슬은 洗馬).

⑥『유학연원록』수록 인물

①조일(趙鎰: 본관은 咸安, 자는 子重, 호는 熬潭)

⑦『우계선생연보보유』「사우록」·『동국문헌록』「문생록」수록 인물

---

104) 李珥에게도 배웠으며 뒤에 金長生에게 나아가 학문을 익힘. 전라도 곡성향토지리 참조.

105) 李芬은 同名異人이 있는데, 성혼의 문인은 본관이 咸平이며 호는 西溪이다.

106) 李誠은 同名異人이 있는데, 성혼의 문인은 본관이 慶州이다.

①박영(朴榮: 본관은 沔川 자는 伯仁),**107)** ②안소(安邵: 본관은 順興, 자는 進伯, 벼슬은 進士), ③최계조(崔繼祖: 자는 丞丞, 벼슬은 啓義), ④한관(韓瓘: 본관은 淸州=西原, 자는 瑩仲, 벼슬은 僉知)

⑧『동유사우록』·『동국문헌록』「문생록」 수록 인물

①최감(崔鑑: 본관은 積城), ②황한(黃僩: 벼슬은 현감).

⑨『동유사우록』·『조선잠헌보감』 수록 인물

①이흡(李恰).

⑩『동국문헌록』「문생록」·『조선잠헌보감』 수록 인물

①구발(具撥: 자는 子虛), ②김군술(金君述), ③김자상(金子祥), ④김효준(金孝俊: 본관은 彦陽?), ⑤남궁명(南宮蓂: 본관은 咸悅, 벼슬은 別坐), ⑥박언철(朴彦哲), ⑦박진수(朴鎭壽: 자는 耆叔), ⑧박철수(朴鐵壽: 자는 耆叔), ⑨백해민(白海民: 水原), ⑩송진구(宋眞耉: 벼슬은 監司), ⑪신득중(申得中), ⑫안건(安鍵), ⑬안석(安石), ⑭양훈(楊塤), ⑮유경원(柳敬元: 자는 仲叔**108)**), ⑯유엄(柳淹: 자는 希文), ⑰유윤근(柳潤根: 본관은 高興, 자는 汝實, 호는 四益堂), ⑱유응순(俞應峋), ⑲윤복행(尹復行), ⑳윤시(尹時: 시호는 文翼), ㉑윤중정(尹仲鼎), ㉒윤직(尹㴇), ㉓이대규(李大奎), ㉔이영서(李靈瑞), ㉕이진면(李進冕), ㉖조경도(趙敬道: 벼슬은 僉正), ㉗조처(趙金處), ㉘조탁(趙鐸), ㉙하호곤(河虎坤: 僉樞).

⑪『동국문헌』「문생편」·『조선잠헌보감』 수록 인물

①한명(韓鳴: 자는 善翁, 호는 東潭), ②이복(李復: 자는 景淳),

⑫『동국문헌록』「문생편」·『조선유현연원도』 수록 인물

107)『東儒師友錄』영인에 앞서 목차를 만들 적에 '朴榮松'으로 기재한 것은 잘못이다.
108) 伸叔으로 쓴 판본은 잘못이다.

①김위(金墇: 본관은 慶州, 호는 晩翠), ②이복(李馥: 본관은 全州, 호는 坡谷, 벼슬은 左尹).

⑬『조선잠헌보감』·『조선유현연원도』 수록 인물

①안경지(安敬智: 본관은 順興, 자는 樂夫, 호는 松庵).

⑭『우계선생연보보유』「사우록」·『동국문헌』·『조선잠헌보감』 수록 인물

①배홍중(裵弘重: 본관은 達城, 자는 子厚, 호는 慕菴).

⑮『동국문헌록』「문생편」·『조선잠헌보감』·『조선유현연원도』 수록 인물

①김탕(金瀁: 본관은 順天, 벼슬은 司禦), ②심종렬(沈宗悅: 본관은 青松, 자는 士訥, 벼슬은 府史), ③윤주(尹炷: 벼슬은 弼善)

⑯『동유사우록』·『동국문헌록』·『조선잠헌보감』·『조선유현연원도』·『유학연원록』 수록 인물

①최해(崔瀣: 본관은 全州, 호는 農隱)[109]

⑰ 기타

①여여길(呂與吉)

첫 번째 성혼에게 수학한 문인은 92명, 두 번째 성혼과 이이 양 문하에서 수학한 문인은 27명, 세 번째 성혼과 기타 학자에게 수학한 문인은 18명, 네 번째 「사우록목록」 미수록 및 생몰미상의 문인은 총 80명으로 총 217명이다.[110]

---

109) 『동유사우록』에서는 "상고할 수 없다."라고 하였고, 『조선유현연원도』는 이름 아래에 "全州 農隱"이라 언급하였으며, 『조선삼연보감』과 『유학연원록』은 이름만 거론하고 어떤 말도 하지 않았다. 고려시대의 崔瀣와 성혼의 문인 崔瀣는 同名異人인지 명확하지 않다.

110) 자료 발굴에 의해 성혼 문인이 추가된다면 추후 보완할 것임을 밝힌다.

4. 성혼 문인(門人)의 저술 조사

앞장은 성혼의 문인 조사와 분류에 의한 간략한 내용을 언급하였으나, 이 장은 문인들의 저술 유무를 조사한 것이다. 그 조사는 백과사전111)과 각 대학 도서관과 국가전자도서관을 비롯하여 인터넷 정보를 최대한 이용하고, 공공 연구기관 웹사이트를 통해 확인하는 방식을 취하였다.112) 성혼 문인의 확인된 저술은 일단 영인된 자료를 먼저 거론하고, 영인되지 않은 않았을 경우 그 소장처만 제시하였다. 분류는 앞장에서 분류한 방식을 그대로 적용한 바, 아래와 같다.

1) 성혼에게 수학한 문인의 저서

① 강복성(康復誠: 1550~1634) ⇒『죽간집(竹磵集)』(확인불가)

② 오억령(吳億齡: 1552~1618) ⇒『만취집(晩翠集)』(『韓國文集叢刊』 59, 민족문화추진회, 1991)

③ 민인백(閔仁伯: 1552~1626) ⇒『태천집(苔泉集)』(『韓國文集叢刊』 59, 민족문화추진회, 1991)113)

④ 김대현(金大賢: 1553~1602) ⇒『유연당집(悠然堂集)』(『韓國文集叢刊』 7,

---

111) 한국학중앙연구원에서 지원하는『한국민족대백과사전』과 한국역대인물종합정보시스템을 이용하였음을 밝힌다.

112) 연구기관은 한국학중앙연구원, 규장각한국학연구원, 국사편찬위원회, 한국학진흥원, 한국고전번역원 등이고, 도서관은 국립중앙도서관을 비롯하여 전국 국사립대학 주요 도서관이다.

113) 민인백에 대한 자료로는 전남대학교도서관에서 발행한『景靖公遺稿』가 있다. 본 책은 민인백의 시호를 서명으로 한 것이다.

민족문화추진호, 2005)

⑤ 송영구(宋英耉: 1556~1620) ⇒『표옹유고(瓢翁遺稿)』(국립중앙도서관 소
장)

⑥ 성여학(成汝學: 1557~?) ⇒『학천집(鶴泉集)』(국립중앙도서관 소장)·『속
어면순(屬禦眠楯)』(서울대학교 중앙도서관 소장)

⑦ 정기명(鄭起溟: 1558~1589) ⇒『화곡유고(華谷遺稿)』(국립중앙도서관 소
장)**114)**

⑧ 여유길(呂裕吉: 1558~1619) ⇒『춘강집(春江集)』(확인불가)

⑨ 이경진(李景震: 1559~1594) ⇒「신원우율양선생소(伸寃牛栗兩先生疏)」
(국립중앙도서관 마이크로 자료, 원본소장기관―대만국가도서관)

⑩ 최기남(崔起南: 1559~1619) ⇒『무예제보번역속집(武藝諸譜飜譯續)』(계
명대학교 동산도서관 편, 1999)

⑪ 성문준(成文濬: 1559~1626) ⇒『창랑집(滄浪集)』(『坡山世稿』, 파산세고간
행위원회, 1990)**115)**

⑫ 오윤겸(吳允謙: 1559~1636) ⇒『추탄집(秋灘集)』(『韓國文集叢刊』 64, 민
족문화추진회, 1991)·『동사일록(東槎日錄)』(국립중앙도서관 소장)

⑬ 임전(任錪: 1560~1611) ⇒『명고집(鳴皋集)』(서울대학교 규장각한국학연
구원 소장)

⑭ 권극중(權克中: 1560~1614) ⇒『풍담유고(楓潭遺稿)』(국립중앙도서관 소
장)

---

114)『華谷遺稿』은 鄭澈의『松江遺稿』부록으로 수록되었다.
115) 기타 자료로는『韓國文集叢刊』(64, 민족문화추진회, 1992)과『韓國歷代文集叢書』
(1525, 경인문화사 1997)에 수록된 것이 있다.

⑮ 오윤해(吳允諧: 1562~?) ⇒ 『만운집(晚雲集)』(확인불가), 『수양오씨가사(首陽吳氏家史)』(국립중앙도서관 소장)

⑯ 이춘영(李春英: 1563~1606) ⇒ 『체소집(體素集)』(『韓國文集叢刊』 66, 민족문화추진회, 1991)

⑰ 윤흔(尹昕: 1564~1638) ⇒ 『도재집(陶齋集)』(확인불가)**116)**

⑱ 정건(丁鍵: 1565~1618) ⇒ 『성경재집(誠敬齋集)』(규장각한국학연구원)

⑲ 강항(姜沆: 1567~1618) ⇒ 『수은집(睡隱集)』(『韓國文集叢刊』 73, 민족문화추진회, 1991)**117)** ·『운제록(雲堤錄)』(한국정신문화연구원 역, 『국역 운제록』, 2001) ·『강감회요(綱鑑會要)』(국립중앙도서관 소장)**118)**

⑳ 조위한(趙緯韓: 1567~1649) ⇒ 『현곡집(玄谷集)』(『韓國文集叢刊』 73, 민족문화추진회, 1991)

㉑ 이순민(李舜民: 1569~1621) ⇒ 『이봉집(伊峰集)』(확인불가)

㉒ 윤황(尹煌: 1571~1639) ⇒ 『팔송봉사(八松封事)』(국립중앙도서관 소장)

㉓ 윤휘(尹暉: 1571~1644) ⇒ 『장주집(長洲集)』(확인불가)

㉔ 신응순(辛應純: 1572~1636) ⇒ 『성재만록(省齋漫錄)』(『鄕土文化硏究資料』 第26輯, 전라남도, 1989) ·『문공가례의절(文公家禮儀節)』**119)**

㉕ 윤훤(尹暄: 1573~1627) ⇒ 『백사집(白沙集)』(국립중앙도서관 소장)

㉖ 송연(宋淵: 1573~1643) ⇒ 『둔암시집(芚菴詩集)』(국립중앙도서관 소장)

㉗ 변경윤(邊慶胤: 1574~1623) ⇒ 『자하문집(紫霞文集)』(국립중앙도서관 소

---

116) 尹昕의 저술 『陶齋隨筆』·『溪陰漫筆』 등도 역시 확인불가이다.
117) 『看羊錄』은 『睡隱集』에 포함되어 있다.
118) 강항의 저술 『左氏精華』·『文選纂註』 등은 확인하기 어렵다.
119) 중국 송나라 朱熹의 『朱子家禮』에 주석을 붙인 책이다.

장)

㉘ 신민일(申敏一: 1576~1650) ⇒『화당집(化堂集)』(『韓國文集叢刊續』 84, 민족문화추진회, 1992)

㉑ 박홍중(朴弘中: 1582~1646) ⇒『추산집(秋山集)』(『韓國文集叢刊續』 20, 민족문화추진회, 2006)

2) 성혼과 이이 양 문하에서 수학한 문인

① 조헌(趙憲: 1544~1592) ⇒『중봉집(重峰集)』(『韓國文集叢刊』 54, 민족문화추진회, 1991)[120]

② 양대박(梁大樸: 1544~1592) ⇒『청계집(靑溪集)』(『韓國文集叢刊』 53, 민족문화추진회, 1991)[121]

③ 변이중(邊以中: 1546~1611) ⇒『망암집(望菴集)』(망암변이중선생기념사업회, 1996)[122]

④ 윤기헌(尹耆獻: 1548~?) ⇒『장빈거사호찬(長貧居士胡撰)』(『大東野乘』에 수록됨)

⑤ 박근효(朴根孝: 1550~1607) ⇒『만포집(晚圃集)』(『韓國歷代文集叢書』 602, 경인문화사 1997)

⑥ 신응구(申應榘: 1553~1623) ⇒『만퇴헌유고(晚退軒遺稿)』(『韓國文集叢刊』 8, 민족문화추진회, 2005)

---

120) 重峰集飜譯發刊推進會에서는 1974년『重峰集』을 번역하여『趙憲全書』로 발간하였다.

121) 기타 자료로『皇華集』에 수록된 책명은『淸溪遺稿』이다.

122) 기타 자료로는『韓國歷代文集叢書』(1265, 경인문화사 1997)에 수록된 것이 있다.

⑦ 이정립(李廷立: 1556~1595) ⇒ 『계은집(溪隱集)』(확인불가)

⑧ 한교(韓嶠: 1556~1627) ⇒ 『동담집(東潭集)』(확인불가) 123) ·『무예제보(武藝諸譜)』(국립중앙도서관 소장 마이크로형태자료) 124)

⑨ 이귀(李貴: 1557~1633) ⇒ 『묵재일기(黙齋日記)』(국립중앙도서관 소장)

⑩ 오결(吳潔: 1559~?) ⇒ 『사서변의(四書辨疑)』(확인불가)

⑪ 황신(黃愼: 1560~1617) ⇒ 『추포집(秋浦集)』(『韓國文集叢刊』 65, 민족문화추진회, 1992)·『추포일본왕환일기초절(秋浦日本往還日記抄節)』(국립중앙도서관 소장, 『신편 국역: 사행록 해행총재』 12, 민족문화추진회, 2008) 125)

⑫ 정엽(鄭曄: 1563~1625) ⇒ 『수몽집(守夢集)』(『韓國文集叢刊』 66, 민족문화추진회, 1992)·『근사록석의(近思錄釋疑)』(서울대학교 규장각한국학연구원 소장)

⑬ 윤방(尹昉: 1563~1640) ⇒ 『치천집(稚川集)』(확인불가)

⑭ 정종명(鄭宗溟: 1565~1626) ⇒ 『백씨유고(伯氏遺稿)』(규장각한국학연구원) 126)

⑮ 이처일(李處一: 1569~1631) ⇒ 『청사집(淸査集)』(국립중앙도서관 소장)

3) 성혼과 기타 학자에게 수학한 문인

① 정운룡(鄭雲龍: 1542~1593) ⇒ 『하곡유집(霞谷遺集)』(국립중앙도서관 소

---

123) 韓嶠가 저술했다는 『家禮補註』·『洪範衍義』·『四七圖說』·『小學續編』 등은 확인하기 어렵다.

124) 국립중앙도서관의 도서정보를 보면 편자미상으로 하고 있다.

125) 黃愼이 저술한 『大學講語』·『幕府三槎酬唱錄』 등은 확인하기 어렵다.

126) 『伯氏遺稿』는 鄭澈의 『松江遺稿』 부록으로 수록되었다.

장)

② 우복룡(禹伏龍: 1547~1613) ⇒ 『동계잡록(東溪雜錄)』(국립중앙도서관,
1974)**127)**

③ 양홍주(梁弘澍: 1550~1610) ⇒ 『서계유고(西溪遺稿)』(확인불가)

④ 유몽인(柳夢寅: 1559~1623) ⇒ 『어우집(於于集)』(『韓國文集叢刊』 63, 민
족문화추진회, 1992)**128)** · 『어우야담(於于野談)』(국립중앙도서관 소장)

⑤ 김상용(金尙容: 1561~1637) ⇒ 『선원유고(仙源遺稿)』(『韓國文集叢刊』 65,
민족문화추진회, 1992)

⑥ 이명준(李命俊: 1572~1630) ⇒ 『잠와유고(潛窩遺稿)』(국립중앙도서관 소
장)

⑦ 이목(李楘: 1572~1646) ⇒ 『송교유고(松郊遺稿)』(국립중앙도서관 소장)

⑧ 안방준(安邦俊: 1573~1654) ⇒ 『은봉전서(隱峯全書)』(『韓國文集叢刊』
81, 민족문화추진회, 1992)

⑨ 김집(金集: 1574~1656) ⇒ 『신독재전서(愼獨齋全書)』(백산학회 자료원,
1985)

⑩ 조방직(趙邦直: 1574~?) ⇒ 『수죽유고(脩竹遺稿)』(『豊壤趙氏文集叢書』 제
2집, 풍양조씨화수회, 1987)

⑪ 홍보(洪霽: 1585~1643) ⇒ 『월봉집(月峰集)』(확인불가)

217명의 성혼 문인들 가운데 저술이 있는 문인들은 55명에 이르고 있
으나, 확인불가의 저술은 12개에 이른다. 확인불가의 저술을 제외하고

---

127) 『한국민족대백과사전』에는 禹伏龍의 문집을 『懼庵集』으로 표기하고 있다.
128) 柳夢寅의 문집을 『黙好稿』로 하는 판본도 있다.

영인본 및 기관에 소장된 저술들을 살펴보면, 성혼에게 수학한 문인의 저술은 29개이고, 성혼과 이이에게 수학한 문인의 저술은 15개이며, 성혼과 기타 학자에게 수학한 문인들의 저술은 11개이다. 생몰 미확인 문인들에게는 아직 저술이 보이지 않으므로 생략하는 바이다. 성혼의 많은 문인들에게 저술들이 있었겠지만, 그들은 임진왜란과 병자호란 때 난국(難國)을 극복하는 데 지대한 노력을 하였기에 아마도 자신들의 유집을 남기지 못하였을 것이다. 또는 후손들이 소장하다가 일실된 경우, 그리고 후손들이 소장하고 아직 학계에 선보이지 않은 경우 등도 더러 있을 것이다.

5. 문인들의 우계학(牛溪學) 계승

성혼의 문인들은 대부분 임진왜란 이후 크게 활약하였다. 문인들은 국난을 겪으면서 이를 극복하고자 부단히 노력하였고, 광해군의 폐모사건에 등을 돌려[129] 인조반정(1623)에 참여하거나 아예 은거하여 학문을 탐구하는 데 전념하기도 하였다. 또한 1624년 이괄(李适)의 난, 호란이 일어났을 때 임금을 호종하거나 이를 수습하고자 하였다. 특히 후금(後金)이 조선의 피폐한 국력과 사회적 혼란기를 엿보고 1627년(정묘) 조선을 침입하였을 때, 성혼의 문인들은 명나라와 친밀한 관계를 계속 추진하고 후금을 배격하고자 하는 친명배금(親明背金) 정책을 전개하기도 하였다. 뒷날 후금이 1636년 국호를 청(淸)이라 고치고 사신을 보내 신사(臣事)의

---

129) 성혼 문인들이 광해군 정권에 등을 돌린 표적인 것은 1615년 인목대비의 폐출에 반대한 경우이다.

예를 더욱 강조하고자 병자호란을 일으켰을 때, 실리(實利)를 추구하며 국제질서를 모색하며 훗날을 기약하는 학자들도 있었다. 아래에서는 문인들의 약사를 밝힌 자료들을 활용하여 몇 가지로 분류하여 기술하고자 한다.

첫째, 절의로 국난 극복에 최선을 다하는 경향이다. 직전 문인들은 이론만을 궁구하는 것이 아니라 실천이 항상 동반되는 도학적 학문을 추구하였다. 왜란이 일어났을 때, 문인들은 조정에서나 재야에서나 국가의 위난을 극복하고자 노력하였다. 성혼의 문인들은 민심을 수습하면서 격문(檄文)을 돌려 의병을 일으키는 데 적극 가담하는가 하면 군량미의 조달과 수송에 진력하였다.

조헌(趙憲, 1544~1592)은 의병을 1,600명을 모아 청주성을 수복하는 활약을 보였으나 금산전투에서, "한 번의 죽음이 있을 뿐 절의에 부끄럼이 없게 하라."는 사명으로 싸우다가 중과부적으로 의병 전원이 순절하였다. 이 전투는 왜군에게 막대한 손상을 입혀 훗날 나라를 회복하는 데 하나의 큰 계기를 주었다. 양대박(梁大樸, 1544~1592)은 고경명이 담양에 의병을 일으킬 때 맹주로 추대하고 종사관으로 활약하였다. 특히 그는 전주로 가서 의병 2,000병을 모집하여 적의 침입을 대비하기도 하였다. 무기 제작에 뛰어난 망암(望菴) 변이중(邉以中, 1546~1611)은 총통화전(銃筒火箭)과 화차(火車)를 만들어 권율(權慄, 1537~1599)을 도와 큰 공을 세웠다.

정유재란 때 유공진(柳拱辰, 1547~1604)은 관동지방의 사정에 밝다 하여 1599년에 강원도의 조도 겸 독운어사(調度兼督運御史)에 임명되어 군량의 조달과 수송에 큰 공을 세웠고, 임현(任鉉, 1549~1597)은 왜적이 호남에 침입하자 남원부사가 되어 명나라 장수 양원(楊元)과 함께 성을 수비하였는데, 양원이 도망가자 홀로 분전하다가 전사하였다.

　김대현(金大賢, 1553~1602)은 고을의 군사를 안집사(安集使) 김륵(金玏, 1540~1616)의 휘하에 들어가서 민심수습에 공헌하고 난이 끝난 뒤에는 기민구제에 전념하였다. 곽홍무(郭興懋, 1554~1613)는 임금의 몽진을 접하고 의병(義兵)을 모아 의주(義州)의 행재소(行在所)에 다다랐으며, 명나라의 이여송(李如松)을 따라 적으로부터 평양(平壤)을 되찾는 데 큰 공을 세웠다. 김응회(金應會, 1555~1597)는 왜란이 일어났을 때 창의장으로 추대되었으나 처남인 김덕령의 부대에 합류하여 공을 세웠다. 이수준(李壽俊, 1559~1607)은 국난에 부녀자와 선비 및 양식을 통진(通津)에서 강화도로 보냈을 뿐만 아니라, 퇴계 이황의 문인 우성전(禹性傳, 1542~1593) 등과 함께 경외(京外)에 흩어진 여러 군졸들을 모아 왜적을 방어하는 데 매우 힘썼다.

　호남의 의병장 최경회(崔慶會, 1532~1593)와 김천일(金千鎰, 1537~1593)의 휘하에서 종군하여 공을 세운 문인들도 있었다. 임전(任錪, 1560~1611)과 양산숙(梁山璹, 1561~1593)은 김천일의 휘하에서 종군하였다. 박근효(朴根孝, 1550~1607)와 정황수(鄭凰壽, 1562~1628)은 최경회의 휘하에 들어가 활약하였다. 특히 박근효는 경기도 이천 서쪽 이현(梨峴)에 주둔한 왜적이 남하하여 노략질을 한다는 소식을 접하고 무안현으로 돌아와, 의병청을 설치하고 성곽을 수리하여 적군의 침략을 저지하였다. 유대진(兪大進, 1554~1599)도 의병장으로 활동하였다. 김덕령(金德齡, 1567~1596)은 호남창의사 고경명(高敬命, 1533~1592)의 막하에서 크게 활약하였다. 최경행(崔敬行, 1572~1654)은 정유재란 때 의병과 군량을 모아 명나라 장수에게 보내고, 또 이괄의 난이 일어났을 때에는 신유일(辛惟一), 김성(金晟) 등과 함께 군량을 모으고 의병을 일으켰으나 난이 평정되자 군량을 모두 관가에 바쳤다. 신응순(辛應純, 1572~1636)은 이괄의 난이 일어나자 곡식 수백 석을 모아 찬조하는가 하면, 병자호란 때는 김장생(金長生, 1572~1636)의 소모유사(召募有司)로 의곡(義穀) 3,000석을 모아 난을 평정하는 데 도움을 주기도 하였다.

왜란과 호란이 일어났을 때, 그리고 이괄의 난이 일어났을 때, 성혼의 문인들은 근왕(勤王)하고자 달려가는가 하면, 인조가 남한산성으로 피신할 때 호종하였으며, 또한 여러 고을에 격문을 보내어 의병을 모아 국난을 타개하고자 하였다. 조의도(趙毅道, 1548~1601), 이신성(李愼誠, 1552~1596), 조방직(趙邦直, 1574~?), 신민일(申敏一, 1576~1650) 등이 바로 그러한 문인이다. 특히 오억령(吳億齡, 1552~1618)은 왜군이 침입할 것을 예상하고 상소하였으며, 왜란 때에는 개성에서 선조를 호종하였으며, 김권(金權, 1549~1622)은 광해군을 호종하였다. 정묘호란 때 이목(李楘, 1572~1646)은 임금을 강호도로, 이명준(李命俊, 1572~1630)은 세자를 전주로 호종하였다. 양황(梁榥, 1575~1597)은 김성일(金誠一, 1538~1593)의 휘하에서 항전하며 크게 용맹을 떨쳤다.

이소재(履素齋) 이중호(李仲虎)의 아들 형재(亨齋) 이직(李溭, 1581~1628)은 정묘호란 때 후금이 평안도에서 노략질을 서슴지 않자, 경상도 포수 300명의 병력을 가지고 적군 1,000명을 야습(夜襲)하여 큰 승리를 거두고 포로들을 안전하게 귀환시켰다. 청나라가 지나치게 군대징발을 요청하자, 홍보(洪寶, 1585~1643)는 청나라에 들어가 국내 저간의 사정을 외교적으로 잘 진술하기도 하였다.

둘째, 강화(講和)와 척화(斥和)를 주장하는 경향이다. 임진왜란이 갑자기 일어나 선조가 몽진(蒙塵)하고, 원병으로 온 명나라 군사들이 1594년 철병하자, 다급해진 조선의 신료들은 대왜강화(對倭講和)의 의견을 내놓았다. 성혼은 퇴계 이황의 문인 유성룡(柳成龍, 1542~1607)과 함께 그 의견을 옹호하다가 관직이 삭탈되었다. 그의 문인들은 스승 성혼의 진의를 알리고 신원을 회복하는 데 노력하였다. 그런데 오랑캐 후금의 침략으로 문인들 사이에서는 강화와 척화의 주장이 있었다. 이귀(李貴, 1557~1633)는 인조반정을 주도한 인물인데, 정묘호란이 일어나자 최명길(崔鳴吉, 1586~1647)과 함께 강화를 주장하였다. 이는 먼저 나라의 안정을 도모하고 화전(和戰)하고자 했던 스승의 의도가 있었을 것이다.[130] 그러나 윤흔(尹昕, 1564~1638), 윤황(尹煌, 1571~1639), 이목(李楘, 1572~1646), 신민일(申敏一, 1576~1650) 등은 청나라와 강화를 강력히 반대하고 척화의리의 입장을 주장하였다. 특히 이목은 학문이 깊고 지조가 있었는데, 윤황(尹煌) 등이 척화한 일로 유배되자 상소하여 자핵(自劾)하고 벼슬에서 물러났다. 이들의 척화는 재조지은(再造之恩)을 위한 명분을 내세우면서, 화이론적(華夷論的) 가치의식이 자리하고 있는 것이다.[131]

셋째, 개혁 정책을 추진하는 경향이다. 성혼은 현실을 직시하고 실심(實心)과 무실(務實)의 정신으로 경세론을 주장하였다. 그가 올린 「편의시무구조(便宜時務九條)」를 비롯한 여러 상소가 그러한 것이다. 임진왜란과 정유재란으로 인해 8년 동안의 전쟁은 조선에 여러 분야에서 많은 폐해를 입혔다. 특히 향촌 사회의 피폐는 이루 말할 수 없었다. 문인들은 백성

---

130) 김낙진, 「우계 성혼의 의리사상」, 『우계학보』 제19호, 2000년 참조.
131) 황의동, 『우계학파 연구』, 서광사, 2005년, 147~149쪽 참조.

을 위해 구황(救荒)이나 진제(賑濟) 정책을 펼치고 군정(軍政)에 관한 많은 상소를 올려 정치를 보좌하면서도 향촌사회의 민폐를 개혁하고자 하였다. 또한 선정을 베푼 문인들도 있었으니 강복성(康復誠, 1550~1634), 민인백(閔仁伯, 1552~1626), 김대현(金大賢, 1553~1602), 조존성(趙存性, 1554~1628), 윤홍립(尹弘立, 1563~1612), 윤방(尹昉, 1563~1640), 조익(趙翼, 1584~1635) 등이 있었다. 선정을 베풀면서 청빈한 삶을 누려 청백리로 이름난 이도 적지 않았다. 오억령을 비롯한 심종민(沈宗敏, 1554~1618)과 같은 문인이 그 대표적이다.

최기남(崔起南, 1559~1619)은 군국대무(軍國大務)에 대한 6조의 상소를 올려 시정혁폐(時政革弊)를 직언하였다. 오윤겸(吳允謙, 1559~1636)은 백성의 편의를 위해 연해공물(沿海貢物)의 작미(作米)와 대동법의 시행을 추진하고 명분론의 반대를 물리치면서까지 서얼의 등용을 주장하기도 하였다. 오윤해(吳允諧, 1562~?)도 필요 없는 부역이나 세금을 경감시키는 정책을 펼쳐야 한다고 강조하였다. 강항(姜沆, 1567~1618)은 포로로 일본에 잡혀갔으나 역사, 지리, 관제 등을 알아내어 『적중견문록(賊中見聞錄)』에 수록하여, 본국으로 보내 일본을 제대로 알도록 하였으니 국가개혁에 일조한 것이다. 황신(黃愼, 1560~1617), 변경윤(邊慶胤), 홍무적(洪茂績, 1577~1656) 등은 편당(偏黨)에 따른 기강·공도(公道)의 문란, 잘못된 사습(士習), 국가적 재정 파판으로 인한 민폐, 언로의 개방 등 시폐 개혁을 주장하였다.[132] 김육(金堉, 1580~1658)은 국가재정과 농민생활 안정을 위해 공물법을 폐지하고 대동법(大同法) 실시를 건의하는 등 제도개혁을

---

132) 이러한 시폐에 대한 개혁은 성혼의 영향이 지대하다 하겠다.(황의동, 『기호유학 연구』, 서광사, 2009년, 365~383쪽 참조)

추진했다. 특히 『구황촬요(救荒撮要)』와 『벽온방(辟瘟方)』을 편찬하여 기근을 구제하고 전염병을 예방하고자 노력하였으며, 1654년 영의정이 되었을 때 「호남대동사목(湖南大同事目)」을 통해 대동법 확대에 힘썼다.

이시백(李時白, 1581~1660)은 피폐된 국토로 인해 호남이 궁핍하게 되자, 1658년 김육(金堉)의 건의에 따라 호남에도 대동법을 실시하도록 하였고, 병자호란 뒤에 수어사(守禦使)를 맡아 반청(反淸) 정책의 상징인 남한산성 재건작업을 담당하기도 하였다. 박홍중(朴弘中, 1582~1646)은 「응변책(應變策)」에서 인심을 모아 국력을 회복하여 국내의 환란을 방지할 것 등을 역설하면서, 청나라의 침입에 대비하려는 강도축성(江都築城) 등의 계책이 적절하지 않음을 개진하면서 수원(水原), 충주(忠州), 평산(平山)의 장점을 살려 군제 개편과 연계에 대한 의견을 전개하였다. 이러한 개혁 정책에는 조선 후기 사상계에 대두된 실학적 정신이 적지 않게 엿보인다 하겠다.

넷째, 덕망이 있고 경학을 탐구하여 그 분야에 조예가 있으며 또 문장이 뛰어난 경향이다. 조수륜(趙守倫, 1555~1612)은 단아한 행실로 인해 명성을 얻었으며 특히 경학에 해박하였고, 『우계집』을 편집하여 출간하는 데 많은 노력을 하였다. 송연(宋淵, 1574~1643)은 덕망이 있고 문장이 매우 뛰어나 당대 명사인 이안눌(李安訥, 1571~1637) 등과 교류하였다.

다섯째, 벼슬을 하지 않고 은거하면서 학문탐구 경향이다. 벼슬보다는 은거하여 산수를 즐기거나 시주(詩酒)로 회포를 푸는 문인이 있었다. 박린(朴璘, 1547~1625)은 과거공부보다는 『대학』과 『중용』의 대의를 궁구하며 시와 술로 회포를 풀면서 이정구(李廷龜)와 이억령(李億齡) 등과 교류하였다. 구대우(具大佑, 1550~1631)는 산수를 즐겼고, 신응구(申應榘,

1553~1623)는 여러 벼슬을 하다가 광해군의 폐모론으로 인해 충청도 남포로 낙향한 이후 벼슬에 나아가지 않고 학문탐구에 전념하였다. 곽흥무(郭興懋, 1554~1613)는 임진왜란 끝나고 벼슬이 주어지자, "난리에 나가 군부(君父)를 도왔고 돌아와 어머니를 봉양하여 자식의 직분과 백성의 의리를 다하였으며, 이제 나라가 태평한데 무슨 공명(功名)을 바라겠는가?"라고 하면서 향리에서 유유자적하게 지냈다.

양천운(梁千運, 1568~1637)은 벼슬에 나가지 않고 김상헌(金尙憲)과 교류하면서 자녀들에게 『소학(小學)』, 『삼강행실록(三綱行實錄)』 등을 훈계하도록 하였다. 이처일(李處一, 1569~1631)은 벼슬하지 않고 향리에서 후학 양성에 진력하고 성리학을 깊이 연구하였으나, 저서들이 병란으로 산실되어 그 사상적 면모를 엿볼 수 없다. 신응순(辛應純, 1572~1636)은 과거 공부보다는 경학 탐구에 진력하다가, 정유재란 때 왜적이 영광(靈光)으로 침입하자 향교의 위패와 제기(祭器)를 비롯한 많은 서적을 배에 싣고 안마도(鞍馬島)로 피하여 귀중한 자료들을 보존하였다. 최경행(崔敬行, 1572~1654)은 광해군 때 과거가 폐지되자 벼슬을 단념하였으나, 병자호란 때 화의를 접한 이후에는 향리로 은거하여 학문 탐구에만 전념하였다. 양위남(梁渭南, 1574~1633)은 경사(經史)에 통달하였으나 과업을 그만두고 은거하여 안방준(安邦俊, 1573~1654)과 함께 강론하였다. 특히 정묘호란이 일어났을 때 격문을 돌려 100여 명을 모아 의병을 조직하고 여산(礪山)까지 나아갔다가 적병이 물러갔다는 소식을 접하고 향리로 돌아오기도 하였다.

여섯째, 주자학의 위상을 높이는 경향이다. 성문준(成文濬)은 가학을 계승하면서도 보다 더 철학적 탐구를 통해 「홍범의문(洪範疑問)」, 「태극도의문(太極圖疑問)」,「태극도음양호근설(太極圖陰陽互根說)」,「통서의문(通書疑問)」 등을 저술하였는바, 이는 주자학에 대한 이해의 폭을 넓혔다고 볼 수 있을 것이다. 특히 「홍범의문」은 『서경』에서 언급한 '홍범구주(洪範九疇)'를 치밀하게 분석하면 유교적 민본정치의 이념을 드러내고자 하는 것이었다.[133] '홍범구주'가 가지고 있는 의미는 조선 유학자들에게 정신적으로 영향을 한국적 주체의식을 갖도록 하였다. 그의 치밀한 탐구는 조선에서 효시가 될 것이다. 조선은 임진왜란 때 조선에 왔던 명나라 원황(袁黃), 송응창(宋應昌), 만세덕(萬世德) 등이 정자(程子)나 주희(朱熹)를 비난하고 육구연(陸九淵)과 왕수인(王守仁)을 문묘에 배향하도록 하면서 양명학(陽明學)을 내세웠다. 당시 황신은 임진왜란을 진압하기 위해 온 명나라 경략 송응창을 접반하였는데, 송응창이 오로지 양명학만을 주장하자 『대학강어(大學講語)』를 지어 학문적으로 정주학(程朱學)의 위상을 높였다. 죽천(竹川) 박광전(朴光前)의 아들 박근효(朴根孝, 1550~1607)는 오랜 전쟁으로 인해 많은 문헌이 불타거나 사라진 것을 개탄하여 뜻있는 동지들과 함께 서적을 발간하는 등 문교 진흥에 힘썼다. 성혼과 이이 양문하에서 수학한 정엽(鄭曄, 1563~1625)은 철학적 이론 탐구가 어려운 시기에 사단칠정론(四端七情論)과 인심도심론(人心道心論)을 연구하여 주자학의 심성론에 대한 이해를 도모하였다.[134] 호남의 안방준(安邦俊)은 국난을 당할 때마다 의병을 일으켜 국가의 안위를 도모하였지만, 양난으로 인한 학문단절을 극복하기 위해 초야에서 성리학을 탐구하며

---

133) 『坡山世稿』『滄浪集別集』, 坡山世稿刊行委員會, 아세문화사, 1980년, 701~719쪽 참조.

134) 유지웅, 「수몽 정엽의 생애와 성리학」, 『孔子學』 제18호, 한국공자학회, 2010년 참조.

주자학 보급에 큰 역할을 하였다.

　일곱째, 퇴계학을 수용하여 절충하는 경향이다.135) 김대현(金大賢, 1553~1602)은 성혼의 문하에서 학문을 닦으면서 스승이 이황을 존숭하는 만큼 그도 이황을 추존하며 퇴계학적 경향을 가졌다. 김상용(金尙容)은 정치적으로 노론의 영수였지만 당색이 다른 유성룡(柳成龍)의 문인 정경세(鄭經世)와 학문적으로 교류를 가졌다. 그의 학문적 교류는 가학으로 이어지는 면이 많았고, 더욱이 그의 아우 김상헌(金尙憲)은 만년에 안동에 은거하였으니 이황의 삶과 학문에 근접하는 경향도 없지 않을 것이다. 이러한 교류나 은거는 훗날 노론 낙론계로 대표되는 김창협(金昌協)과 김창흡(金昌翕)의 학문과 삶에 적지 않은 영향을 주었을 것이다.136) 왜냐하면 이들은 조선 성리학에서 가장 치열했던 사단칠정론을 철학적 반성을 통해 퇴계학을 수용, 절충하려는 학문적 경향을 가지고 있었기 때문이다. 이러한 경향은 성혼이 이미 이황의 사단칠정론을 수용하면서 절충하려는 요소가 포함되었기 때문일 것이다.137) 강항(姜沆)은 정유재란 때 포로가 되어 입본으로 압송되었다. 그가 비록 포로 신분이었으나 학문이 넓고 심오하였기에 대우가 남달랐다. 그는 일본에서 후지와라 세이

---

135) 최영성은 "우계와 우계학파는 퇴계나 율곡과도 다른 제3의 논리를 구축하여 조선 성리학이 더욱 정밀해지고 체계화하는 데 큰 구실을 하였고, 퇴계와 율곡 양파가 대화할 수 있는 場을 마련하였다는 데서 그 의미를 부여할 수 있겠다."라고 하였다 (「韓國儒學史에서 成渾의 位相과 牛溪學派의 影響」, 『우계학보』 제27호, 우계문화재단, 1995년, 166쪽).

136) 유명종, 「折衷派의 鼻祖 牛溪의 理氣哲學과 그 展開」, 『成牛溪思想研究論叢』(우계문화재단, 1988년); 이동희, 「牛溪 成渾의 性理說과 조선 후기 '折衷派'」, 『우계학보』 제22호, 우계문화재단, 2003년 참조.

137) 최영찬, 「牛溪 心性論의 折衷的 特性」, 『우계학보』 제27호, 우계문화재단, 2008년 참조.

카(藤原惺窩, 1561~1619)에게 조선의 주자학, 즉 기호학문과 퇴계학을 전수하며,[138] 일본 강호유학의 선구자적 역할을 하였다.[139] 당시 일본은 군사주의를 표방하여 유교적 학문과 지식, 특히 주자학에 대하여 무지하였다.[140] 후지와라 세이카는 퇴계학을 접하고서 주자학의 범주에 대한 이해를 통해 하나의 학맥을 이루어 후지와라 세이카 → 하야시 리잔(林羅山, 1583~1619) → 야마자키 안사이(山崎闇齋, 1583~1619)로 이어지는 일본 주자학파를 형성하도록 하였다.[141]

여덟째, 새로운 학문분야를 추구하는 경향이다. 임진왜란 겪은 이후 새로운 학문분야에 관심을 두는 학인들의 등장이다. 우계학파의 새로운 학문 추구는 '예학(禮學)', '무학(武學)', '양명학(陽明學)', '서학(西學)의 과학과 수학'[142] 등을 들 수 있다. 한교(韓嶠, 1556~1627)는 성리학을 비롯하여 여러 분야의 학문을 두루 통달하였으나, 그는 명나라 진중에 자주 왕래하면서 명나라의 각종 새로운 무기의 기법을 장수들에게 질의하여 터득하고 책을 저술하였는데 실물에 대한 그림까지 포함하고 있다. 조선은 이것을 모본으로 하여 가르치게 하니 이것이 훗날 종합무술교과서인 『무예도보통지(武藝圖普通誌)』의 근원이 된다. 여유길(呂裕吉, 1558~1619)은 산수(算數)에 뛰어났고 천문과 역법에 밝았다. 이순민(李舜民,

---

138) 阿部吉雄, 『日本朱子學と朝鮮』, 東京大學出版會, 1965년 참조.
139) 강재언, 「特別講演: 江戶儒學と姜沆」, 『일본학』 제13호, 동국대학교 일본학연구소, 1994년 참조.
140) 박균섭, 「姜沆이 日本朱子學에 끼친 影響」, 『일본학보』 제37집, 한국일본학회, 1996년, 260쪽 참조.
141) 다카하시 도루 지음·이형성 편역, 『다카하시 도루의 조선유학사』, 예문서원, 2001년, 134~146쪽 참조.
142) 이 분야는 고찰하지 못하였음을 밝힌다.

1569~1621)은 성력(星曆)과 수리(數理)에 해박하였다. 여러 벼슬을 역임하다가 광해군의 폐정으로 벼슬을 그만두고 자연에서 유유자적한 삶을 보냈다.

양란 이후, 영남의 한강(寒岡) 정구(鄭逑, 1543~1620)와 기호의 사계(沙溪) 김장생(金長生, 1548~1631) 등은 사회의 여러 병폐를 개혁하고자 하면서도 무질서한 사회를 명분상 바로잡고자 하여 '예(禮)'를 연구하였다. 주지하다시피, '예'는 의로움의 실천이다. 이 때문에 '예'에 대한 탐구는 올바르고 의로운 질서를 확립하는 것이다. 뒷날 예송(禮訟)도 올바른 명분을 통해 국가와 사회의 질서를 세우고자 하는 것이었다. 문인 가운데에서 '예학'에 대한 연구 시초는 성혼의 아들 성문준의 「개장시마제복변(改葬緦麻除服辨)」과 「의례문목(儀禮問目)」에서 엿보인다. 김장생의 예학은 아들 김집(金集, 1574~1656)으로 이어지고 있으나, 김집 역시 성혼에게 학문을 익힌 적이 있었으니 그 분야를 심화시킨 면도 없지 않을 것이다. 윤황(尹煌)의 아들이자 김장생의 문인 윤선거(尹宣擧, 1610~1669)가 예학에 해박한 점, 그리고 그의 아들 윤증(尹拯, 1629~1714) 역시 당시 박세채(朴世采, 1631~1695) 그리고 문인인 나량좌(羅良佐, 1638~1710), 박태보(朴泰輔, 1654~1689) 등과 '예'에 대해 토론한 점 등도 '예학'의 발전을 가져오는 계기가 되었다.

윤증의 재종매부 정제두(鄭齊斗, 1649~1736)는 양명학을 본격적으로 연구하였다. 주지하다시피, 양명학은 내면의 치양지(致良知)를 통한 일상생활 속에서의 참된 실천을 숭시하는 경향이 강하다. 정제두는 주자학의 큰 틀 안에서 양명학을 연구하였지만, 그의 연구는 중국의 양명학을 조선의 양명학으로 거듭나도록 하였다.[143] 그의 학문이 여러 문인들에게 전승되어 하나의 학파로 형성할 정도였으니 바로 강화학파(江華學派)가 그것이다. 강화학파의 양명학은 근대에 국학(國學)을 일으키는 데 큰 역할을 하였다.

5. 맺음말

사제(師弟)의 관계는 학문이란 매개를 통해 이루어지지만, 그 '배움과 물음' 속에는 사제 상호 간에 직간접으로 영향을 주고받음이 있다 하겠다. 우계 성혼과 그 문인들도 유학이라는 큰 범주 안에서 서로 결속되면서도, 스승 성혼의 학문적 주장과 삶의 자세가 문인들에게 적지 않게 계승되었다.

주지하다시피, 우계 성혼은 '대중지정(大中至正)한 법칙'으로서의 '도(道)'를 체인하고 함양하고자 끊임없이 수양하면서도, 학리적으로는 퇴계 이황과 같이 리(理)와 기(氣)의 이문적 경향을 가졌다. 이러한 그의 학문적 경향은 리의 발현성을 중시하게 되었고, 이는 현실 생활과 경세에서 '물사(物事)'나 '리세(理勢)'에 대한 올바른 찰지(察知)로 이어졌다. 특히 군주를 일깨워 도덕적 정치 즉 도학정치가 실현되도록 노력하였다. 이러한 경향은 그의 문인과 후학들에게 많은 영향을 끼쳤다. 그 초전 문인들은 임란(壬亂) 이후로 국내외의 여러 사건과 각자 책임진 자리에서 크게 활약하였으나, 학리적 학풍을 크게 진작시키지 못하였다. 그 문인들의 활

---

143) 윤사순,『한국유학사―한국유학의 특수성 탐구』(상) "제26장 육왕학계 심학의 독보적 탐구", 지식산업사, 2012년, 참조.

약상은 다음 여덟 가지의 양상이 보였다.

첫째, 국난 극복에 최선을 다하는 경향이다. 둘째, 강화(講和)와 척화(斥和)를 주장하는 경향이다. 셋째, 개혁 정책을 추진하는 경향이다. 넷째, 덕망이 있고 경학을 탐구하여 그 분야에 조예가 있으며 또 문장이 뛰어난 경향이다. 다섯째, 벼슬을 그만두고 은거하면서 학문탐구 경향이다. 여섯째, 주자학의 위상을 높이는 경향이다. 일곱째, 퇴계학을 수용하여 절충하는 경향이다. 여덟째, 새로운 학문분야를 추구하는 경향이다.

이와 같이 다양한 경향은 재·삼전(再三傳) 및 후학들에게도 영향을 미쳐 시대적 사명과 소명의식을 발휘하며, 학문적으로 주자학의 위상을 높이며, 새로운 분야를 탐구하거나 학문의 절충적 양상을 보이기도 하였다. 그 후학 가운데 윤증과 나량좌를 들 수 있다.

성혼의 외손자인 윤증의 학문은 성혼의 현손 성지선(成至善, 1636~1693)[144], 박세당(朴世堂, 1629~1703)의 아들 박태보(朴泰輔, 1654~1689), 손자 윤동원(尹東源, 1685~1741) 등에게 계승되었다. 윤동원의 학문은 윤광소(尹光紹, 1708~1786)를 거쳐 강필효(姜必孝, 1764~1848)에게 이어졌다. 강필효는 집 동쪽에 주희(朱熹)의 경의재(經義哉)를 모방하여 서실을 짓고, 주희의 「백록동규(白鹿洞規)」와 성혼의 「우계서실의(牛溪書室儀)」를 직접 써서 현액하고 윤증의 획일도(畫一圖)를 준칙으로 삼았다. 강필효의 학문은 성혼의 현손 성근묵(成近黙, 1784~1852)에게 계승되었다. 성혼 학문의 가학적 계승은 성지선에서 성근묵으로 이어져 현대까지 면면히 이르고 있다.

---

144) 먼저 윤증의 아버지 尹宣擧에게 배우고 윤선거 사후 윤증의 문하에서 계속 학문을 닦았다.

따라서 '우계학' 계승성에 대한 동태적 연구를 위해, 앞으로 초전 문인에서 더 나아가 재·삼전 문인과 그 후학들, 그리고 문인들의 문집에 대한 철저한 조사와 실질적 연구가 진행되어아 할 깃이나. 이렇게 된다면 우계학 연구가 보다 더 동태적으로 살펴볼 수 있을 것이고, 또한 학맥과 학풍의 사상적 특징에 대한 이해의 폭도 넓혀 줄 것이다. 더욱이 같은 기호학파 내의 율곡학(栗谷學), 영남지역의 퇴계학(退溪學)과 남명학(南冥學), 그리고 기타 학파의 사상과 비교되면서 활용되는 계기도 많을 것이다.

우계(牛溪) 성리학(性理學)의 두 흐름[1]

손흥철[2]

1. 머리말

2. 우계(牛溪) 성리학의 특성

3. 박세채(朴世采)의 이기론(理氣論)

4. 윤증(尹拯)의 실심철학(實心哲學)

5. 맺음말

1. 머리말

우계(牛溪) 성혼(成渾, 1535~1598)과 율곡(栗谷) 이이(李珥, 1536~1584)
는 일상의 학문적 교유를 넘어서 진정한 도의지교(道義之交)를 맺었다.
일생 자강불식(自彊不息)으로 군자(君子)의 길을 걸었던 두 분은 서로를
한 몸처럼 생각하였고, 함께 문묘에 배향되었다.

우계는 율곡이 먼저 세상을 떠나자 매우 안타까워하며, "율곡선생을
조곡하였다. 율곡은 도체(道體)에 있어 큰 근원을 환히 꿰뚫어 보았다. 이
른바 '천지의 조화는 두 근본이 없고 인심의 발현은 두 근원이 없으며, 리

---

1) 이 논문은 우계성혼선생학술대회, 〈우계학파의 학풍과 특성〉, 우계문화재단, 2017년
   11월 17일 발표한 논문이다.

2) 孫興徹, 안양대학교 교수

와 기는 서로 발할 수 없다.'와 같은 말은 진실로 나의 스승이다. 그의 임금을 사랑하고 나라를 걱정하는 충정(忠情)과 나라를 다스리고 백성을 구제하려는 의지는 옛 성현(聖賢)을 찾아보아도 그와 짝할 만한 사람이 적다. 참으로 그는 강산에 드물게 뛰어난 정기(精氣)를 품부 받은 매우 훌륭한 인물이었는데, 이 세상에서 재능을 쓰지도 못하고 뜻만 간직한 채 돌아가셨으니, 참으로 천도는 믿기 어렵도다."3)라고 하였다.

율곡을 이해하고 존중함이 매우 곡진(曲盡)하다. 이러한 까닭에 그동안 학계의 일부에서는 이들을 서인(西人)이나 혹은 율우학파(栗牛學派)라고 한 데 묶어 이해하기도 하였다. 그러나 좀 더 엄밀하게 살펴보면 양자 간의 학문적으로 의미 있는 차이와 논점이 있다. 굳이 구분하려는 태도는 지양해야 하지만, 각자의 학문적 특성과 그 이론의 정합성, 그리고 철학사적 의미를 연구함으로써 학문적 엄밀성을 찾을 수 있고, 또한 역사적 흐름을 이해할 수 있다.

그동안 우계와 우계학파의 흐름에 대한 여러 연구가 있었다.4) 그 가운

---

3) 『牛溪先生年譜』권1, 〈十二年甲申正月〉: "哭栗谷先生. 栗谷於道體, 洞見大原. 所謂'天地之化無二本, 人心之發無二原, 理氣不可謂互發者' 此等說話, 眞是吾師. 其愛君憂國之忠, 經世救民之志, 求之古人, 鮮有其儔. 誠山河間氣, 三代人物, 不能有爲於斯世, 齎志而歿, 信乎天道難諶也"(이 글에서 인용한 부분은 卷數와 구체적 인용 제목은 韓國古典飜譯院의 韓國古典綜合DB 자료의 編輯類型에 따라 표시하였다. 이하 동일하다.)

4) 황의동, 『우계학파 연구』, 서울, 서광사, 2005.10.
   설석규, 「우·율학과 기호사림의 동향」, 『국학연구』 7, 한국국학진흥원, 2005.12.
   유연석, 「우계 후학의 율곡 성리학 이해와 비판 -朴世采·趙聖期·林泳을 중심으로-」 『율곡사상연구』 제23집, 율곡학회, 2011. 12.
   이동희, 「牛溪 成渾의 性理說과 조선 후기 '折衷派'」, 『東洋哲學硏究』 제36집, 동양철학회, 2004.3.
   이형성, 「牛溪 成渾 문인 조사에 의한 牛溪學 계승성 연구」, 『공자학』 제23호, 한국공자학회, 2012.12.

데 『우계학파 연구』가 가장 종합적 연구라 할 수 있고, 그 외에도 여러 논문들에서 우계철학의 중요 영역별 사승관계(師承關係)와 그 학문적 특징들을 연구하였다.

필자는 이러한 연구들을 토대로 우계(牛溪)의 철학을 율곡과 하나하나 비교하지 않고 단지 그 특징적 차이점만 정리하고, 그 가운데 리기론(理氣論)과 무실사상(務實思想)을 중심으로 우계철학의 학파적 특징과 철학사적 의미를 살펴보고자 한다. 이를 위해 먼저 우계의 리기론과 무실사상을 알아볼 것이다. 우계의 리기론은 율곡에게 보낸 편지 가운데 네 번째와 여섯 번째 편지를 중심으로 살펴보고, 무실사상은 그의 교육과 소학(小學) 이해를 통하여 알아볼 것이다. 다음으로 우계의 리기론의 계승은 남계(南溪) 박세채(朴世采, 1631~1695)의 리기론과 비교하여 두 관점의 연관성과 변화를 살펴볼 것이다. 마지막으로 우계의 무실사상과 명재(明齋) 윤증(尹拯, 1629~1714)의 무실사상과 비교해 볼 것이다.

이러한 과정을 통하여 우계의 철학이 율곡의 문인들과는 다른 하나의 학파를 이루고 있음을 확인해 보고, 그 철학사적 의미를 되새겨 보고자 한다.

2. 우계(牛溪) 성리학(性理學)의 특징

이 장에서는 논문 의도에 맞추어 우계의 성리학을 리기론과 무실사상

이형성, 「우계학파(牛溪學派)의 학맥과 학풍」, 『儒學硏究』 세23집, 충남대 유학연구소, 2011.12.
황의동, 「조선조 務實사상의 전개와 그 사상사적 의미」, 『韓國思想과 文化』 제65집, 2012.11.

으로 나누어서 그 중요 내용과 특징을 알아보고자 한다.

첫째, 우계의 리기론에 대하여 살펴보자. 우계의 리기론은 1572년(우계 38세, 율곡 37세)에 상호 9차례에 걸쳐 편지로 주고받은 논변 가운데 잘 나타난다. 이 우율논변(牛栗論辨)의 자료는 현재의 『율곡전서(栗谷全書)』와 『우계집(牛溪集)』에 서로의 답서(答書)와 병기(倂記)되어 있다. 그런데 율곡의 「답성호원(答成浩原)」(9편)은 모두 남아 전하지만, 우계의 「여율곡논리기론서(與栗谷論理氣書)」는 제1·2·4·5·6서(書)만 전하며, 제3·7·8·9서는 전하지 않는다.

논변은 우계의 질문으로 시작된다. 우계는 율곡에게 보낸 제1서에서 다음과 같이 질문한다.

> 저의 생각에 사단(四端)과 칠정(七情)이 상대하여 있다고 하면, "사단은 리에서 발하고, 칠정은 기에서 발한다."라고 말해도 옳습니다. 성정도(性情圖)를 만든다면 둘로 나누면 옳지 않고 다만 사단과 칠정을 함께 정(情)의 권(圈) 가운데 두고 "사단은 칠정 가운데 리(理) 일변으로 발한 것만 가리켜 말하고, 칠정 중에 절도에 맞지 않음은 기(氣)가 지나치거나 모자라서 악으로 흐른 것이다."라고 한다면, 리발(理發)과 기발(氣發)에 혼동되지 않고, 또한 나뉘어 두 갈래가 될 염려도 없지 않겠습니까?[5]

---

5) 『牛溪集』 권4, 「簡牘一」, 〈與栗谷論理氣第一書 壬申 別紙〉: "愚意以爲四七對擧而言, 則謂之四發於理, 七發於氣可也. 爲性情之圖, 則不當分開, 但以四七俱置情圈中而曰 四端指七情中理一邊發者而言也, 七情不中節, 是氣之過不及而流於惡. 云云, 則不混 於理氣之發, 而亦無分開二岐之患否耶?"

정리하면 우계는 사단과 칠정을 상대적 개념으로 보면 사단은 리발이며, 칠정은 기발이라고 했다. 그리고 우계는 이것을 『성정도(性情圖)』로 그릴 때는 사단과 칠정을 성(性)과 정(情)으로 분리하지 말고 둘 다 정(情)의 권에 두어야 한다고 주장한다. 왜냐하면 사단과 칠정도 정이기 때문이다. 사단은 그 자체로 순선(純善)이며, 그것은 사단은 칠정 가운데 선일변(善一邊)으로 발하므로 리발(理發)이다. 그런데 칠정이 발할 때 기(氣)의 과(過)·불급(不及)으로 인하여 절도에 맞지 않게 되니 그것이 기발로 볼 수 있다. 곧 악(惡)이 되는 까닭은 기의 과·불급이라는 말이다.

이에 대해 율곡은 리기의 불리부잡(不離不雜)과 기발리승일도(氣發理乘一途)를 주장한다. 이러한 율곡의 주장에 대한 반론이자 우계의 입장이 가장 분명하게 드러나는 편지는 제4서와 제6서이다.

> 저는 퇴계 선생의 '황금 같은 말씀'[金注]에 의혹이 있어 매양 리기호발설을 옳지 않다고 여기면서도 오히려 집착하여 버릴 수 없었는데 인심도심(人心道心)의 설을 읽고, 이른바 "혹생(或生; 혹 形氣의 사사로움에서 생기고)과 혹원(或原; 性命의 바름에 근원한다.)의 논의를 보니, 퇴계의 말씀과 은연중 부합하였습니다. 그러므로 흔쾌하게 그것을 따라 옛 생각을 버리고 그를 따르고자 하였습니다. 이것이 생각을 바꾸게 된 단서입니다. …… 인심도심의 설에 대해서는 여전히 의심이 없을 수 없습니다. 옛 사람들은 사람이 말[馬]을 타고 출입함을 리가 기를 타고 가는 것에 비유하였으니 매우 좋습니다. 대개 사람은 말이 없으면 출입하지 못하고, 말은 사람이 아니면 궤도를 잃으니, 사람과 말이 서로 의지하여 서로 떨어질 수 없습니다. 그렇다면 사람과 말이 문을 나갈 때 반드시 사

람이 가려고 해야 말이 사람을 태우니, 바로 리가 기의 주재가 되고 기가 그 리를 태우는 것과 같습니다. 그리고 문을 나갈 때 사람과 말이 궤도를 따라가는 것은 기가 리에 순종하여 발함이며, 사람이 비록 말을 탔으나 말이 방자하게 달려 궤도를 따르지 않는 것은 기가 뒤집고 뛰고 급하게 내달려서 지나치기도 하고 모자라기도 합니다. 이로써 리와 기가 유행함에 성기(誠幾)와 악기(惡幾)가 나누어지는 까닭을 찾고자 하면 어찌 명백하고 분명하지 않겠습니까? 그리고 성(性)·정(情), 체(體)·용(用)의 이치도 환해져서 다른 갈래의 의혹이 없어질 것입니다.[6]

우계는 주자가 『중용(中庸)』 서(序)에서 "인심과 도심의 다름은 그것이 혹 형기(形氣)의 사사로움에서 생기고, 혹 성명(性命)의 바름에 근원하기 때문이다."[7]라고 한 말을 보고 주자도 인심과 도심을 둘로 나누어 보았다고 생각하였다. 따라서 사단은 리에서 발하고 칠정은 기에서 발한다는 논리도 가능하다고 본 것이다.

이와 함께 우계는 그 유명한 인마설(人馬說)로 비유하였다. 우계는 사람의 의지를 리의 주재로 보고, 말의 행로를 기의 발(發)로 보았다. 이에

---

6) 『牛溪集』 권4, 「簡牘1」, 〈與栗谷論理氣第四書〉: "渾於退溪先生, 有金注之惑, 每於理氣互發之說, 不以爲然, 而猶戀着不能舍, 及其讀人心道心之說, 而看所謂或生或原之論, 則與退溪之言暗合. 故慨然向之, 欲棄舊而從之, 此其所以改思之端也. …… 至於人心道心之說, 猶不能無疑焉. 古人以人乘馬出入, 譬理乘氣而行, 正好. 蓋人非馬不出入, 馬非人失軌途, 人馬相須而不相離也. 然則人馬之出門, 必人欲之而馬載之也, 正如理爲氣之主宰而氣乘其理也. 及其出門之際, 人馬由軌途者, 氣之順理而發者也. 人雖乘馬而馬之橫騖不由其軌者, 氣之飜騰決驟而或過或不及者也. 以此求理氣之流行, 誠幾惡幾之所以分, 則豈不明白直截? 而性情體用之理, 可以昭晰而無他岐之惑矣."

7) 『中庸』 序: "人心道心之異, 則以其或生於形氣之私, 或原於性命之正."

따라 사람의 의지와 말의 행로는 각각 따로 발동할 수 있음과 같이 리와 기도 각각 따로 발동할 수 있다고 보아 퇴계의 호발설을 지지하였다. 그리고 리의 주재가 온전하게 이루어지면 그것이 성기(誠幾; 정성된 幾微)이며, 리의 주재를 작동되지 않고 기가 멋대로 움직이는 것이 악기(惡幾; 나쁜 기미)이다. 즉 선악이 갈라지는 계기는 마음의 정성됨과 악함이라는 말이다.

살펴보면, 우계는 사단과 칠정, 인심과 도심의 개념과 그 발원처를 생각하여 그것이 퇴계의 리기호발론과 서로 통할 수 있다고 보았다. 그런데 율곡은 우계가 본체론 상에서 리와 기에 대한 이해가 부족하다고 보았다. 이에 대해 우계는 적극적으로 부정하지는 않는다. 다만 퇴계의 호발론을 부분적으로 수용하고 논의의 초점을 인심·도심으로 옮겨간다. 우계의 이러한 입장은 그가 『중용』에서 주자가 말한 인심·도심의 혹생(或生)·혹원(或原)설에 근거하여 퇴계의 리기호발설을 수용하면서 시작된 우율논변의 논리적 귀결이라고 할 수 있다. 따라서 퇴계에게서 호발은 사단과 칠정의 문제였는데, 우계에게서 호발은 인심·도심의 문제로 전이되었다.

> 퇴계의 말한 '호발'이 어찌 정말로 보낸 편지에서 "리와 기가 각각 다른 곳에 있어 서로 발용(發用)한다."라는 말과 같겠습니까? 다만 하나의 물사(物事)로 섞여 있어 리를 주로 하기도 하고 기를 주로 하기도 하며, 안에서 나와 밖에서 감응하는 앞 두 가지 뜻이 있을 뿐입니다. 제가 "성(性)과 정(情) 사이에 원래 리와 기 두 물사가 있어 각자 나온다."라고 한 말도 역시 이와 같이 보았습니다. 어찌 이른바 "사람과 말이 각각 서 있

다가 문을 나온 뒤에 서로 따라간다."라는 말이겠습니까? …… 또 지금
의 편지에 "도심을 발하게 하는 것은 기이나 성명이 아니면 도심이 발하
지 못하고, 인심을 근원하게 하는 것은 성(性)이나 형기가 아니면 인심
이 발하지 못하니, '도심은 성명에 근원하고, 인심은 형기에서 생겨난다.'
는 말이 어찌 순하지 않겠는가?"라고 하였습니다. 저는 이 한 문장을 보
고 뜻이 합치되었으며, 그 보내신 말의 정밀하고 타당함에 감탄하였습니
다. 비록 그렇지만 여기에도 또한 끝까지 궁구하지 못함이 있습니다. 형
은 반드시 "기가 발함에 리가 타는 것 외에 다른 길이 없다."라고 말하
였는데, 저는 반드시 "그것이 미발일 때 비록 리와 기가 각각 발용하는
묘맥(苗脈)이 없다 하더라도 발하자마자 의욕이 동함에 마땅히 주리(主
理)와 주기(主氣)가 있다고 말할 수 있으니, 각각 나옴이 아니라, 한 가
지 길[一途]에 나아가서 그 무거운 쪽을 취하여 말하였다. 이것이 곧 퇴
계의 호발(互發)의 뜻이며, 곧 형이 말한 말[馬]이 사람의 뜻을 따르고
사람이 말이 가는 대로 맡긴다는 설이며, 곧 형이 말한 성명이 아니면
도심이 발하지 못하고 형기가 아니면 인심이 발하지 못한다는 말씀이
다."라고 생각합니다. 모르긴 해도 어떻게 여기시는지요? 이곳을 극히
잘 분변하고 세밀하고 자세히 분석하여 그 귀취(歸趣)를 극진히 보여 주
시기를 천만 번 기원합니다. 여기에서 의견이 끝내 합치되지 않는다면
끝내 합치되지 못합니다. 그러나 퇴계의 호발설은 도(道)를 아는 사람이
보아도 그것을 잘못 이해할까 걱정되는데, 모르는 사람이 그것을 읽으면
사람을 잘못되게 함이 적지 않을 것입니다. 더욱이 사단칠정과 리기를
나누어 세우고 둘이 발함[兩發]과 따르고 오름[隨乘]의 단락 나눔은 말
뜻이 순하지 않고 명리(名理)가 온당치 못하니, 이것이 제가 퇴계의 말

씀을 좋아하지 않는 이유입니다.8)

위 내용을 크게 두 가지로 분류할 수 있다. 하나는 퇴계의 호발설이 리
와 기가 각각 따로 존재하여 각각 따로 발용한다는 뜻이 아니고, 리와 기
가 하나의 물사로 같이 있으면서 상황에 따라 리를 주로 하기도 하고, 기
를 주로 하기도 한다는 뜻으로 해명하였다. 그리고 "도심은 성명에 근원
하고 인심은 형기에서 생겨난다."라는 율곡의 말에 동의하였다. 그러나
또 우계는 율곡의 '기발리승일도(氣發理乘一途)'라는 말을 미발(未發)과
이발(已發)로 구별하여 의욕의 동(動)과 미동(未動)에 따라 주리와 주기의
다름이 있으며, 그것이 곧 호발의 뜻이라고 보았다.

다른 하나는 퇴계의 호발설도 하자가 있다는 말이다. 우계는 퇴계의
호발설은 전문가가 보아도 오해할 여지가 있으며, 더욱이 잘 모르는 사
람이 보면 더 심각한 오해가 있을 수 있다고 보았다. 특히 우계는 퇴계가
사단과 칠정을 구별하고 리와 기를 나누어서 리와 기가 각기 발하고, 리
가 기를 따르고 리가 기를 탄다고 하는 설명에서 그 의미 설명이 분명하

---

8) 『牛溪集』 권4, 「簡牘1」, 〈與栗谷論理氣 第六書〉: "退溪之所云互發者, 豈眞如來喩所謂
理氣各在一處, 互相發用耶? 只是滾在一物, 而主理主氣, 內出外感, 先有兩箇意思也.
渾之所謂'性情之間, 元有理氣兩物各自出來'云者, 亦看如此也. 豈所謂人馬各立, 出門
之後相隨追到耶? …… 又讀今書有曰 發道心者氣也, 而非性命則道心不發, 原人心者
性也, 而非形氣則人心不發, 以道心原於性命, 以人心生於形氣, 豈不順乎? 渾見此一段,
與之意合. 而嘆其下語之精當也. 雖然, 於此亦有究極之未竟者焉. 吾兄必曰; '氣發理
乘, 無他途也. 渾則必曰 其未發也, 雖無理氣各用之苗脈, 纔發之際, 意欲之動, 當有主
理主氣之可言也, 非各出也, 就一途而取其重而言也. 此則退溪互發之意也, 卽吾兄馬隨
人意人信馬足之說也, 卽非性命則道心不發, 非形氣則人心不發之言也. 未知以爲如何
如何? 此處極可分辨, 毫分縷析, 以極其歸趣而示之, 千萬至祝. 於此終不合則終不合
矣. 雖然, 退溪互發之說, 知道者見之, 猶憂其錯會, 不知者讀之, 則其誤人不少矣. 況
四七理氣之分位, 兩發隨乘之分段, 言意不順, 名理未穩, 此渾之所以不喜者也."

지 않고 타당성이 부족하다고 하였다.

　우계의 리기론을 그동안 많은 연구자들이 절충파(折中派)로 구분하였
다.[9] 그러나 필자는 이러한 견해가 우계의 리기론을 정확하게 규정하는
방법으로 적절하지 않다고 생각된다. 왜냐하면 이러한 견해는 퇴계와 율
곡의 견해를 중심으로 조선 성리학사를 이해하는 잘못된 관행에서 나온
것이기 때문이다. 이상에서 보듯이 우계는 우계의 자기철학이 있다. 우계
는 자신의 연구 결과에 따라 퇴계와 율곡의 견해에 대하여 평가도 하고
잘못을 지적하기도 한다. 그런데 군이 우계는 퇴계와 율곡의 이론을 섞
어서 절충하였다고 보면 우계의 철학을 독립적 견해로 이해하지 않는다
는 말이 되기 쉽다.

　둘째, 우계의 실천유학이다. 우계는 37때 후학들을 지도하면서 서실의
(書室儀) 22조를 지어 서당의 벽에 걸어 놓았다.[10] 여기서 그 내용을 다
소개할 필요는 없지만, 주요 내용은 『소학(小學)』의 내용을 힘써 실천하
려는 자신의 철학과 교육관을 밝힌 것이다. 또한 율곡과 함께 끊임없는

---

9) 일제(日帝)의 어용학자인 다카하시 도루(高橋亨, 1878~1967)는 『조선유학사』에서 조선
　의 유학을 매우 교묘하게 왜곡해서 기술하였다. 그는 여기서 조선 성리학사를 주리·
　주기, 기호·영남, 퇴계·율곡 등 이분법으로 서술하였고, 그 후 대부분의 조선 성리학
　사는 다카하시의 분류법을 따랐다. 한국인이 한글로 쓴 최초의 조선 유학사는 현상윤
　의 『조선유학사』이다.(高橋亨 著· 조남호 역, 『다카하시 도루의 조선유학사』 서울, 예
　문서원, 1999/ 『조선의 유학』, 서울, 소나무 등 참조.
　한편 다카하시 도루는 '折衷'이란 단어를 사용하였고, '折衷派'라는 용어를 사용하지
　않았다. '절충파' 라는 용어는 현상윤이 『조선유학사』, 서울, 민중서관, 1949에서 사용
　한 이래 지금까지 이어지고 있다. 이 외 유명종, 『퇴계와 율곡의 철학』, 부산, 동아대
　출판부, 1974, 467~468쪽 참고.
10) 『牛溪集』 권6, 「雜著」, 〈書室儀〉 辛未春.

개혁과 경장(更張)을 주장하였다.

우계는 『소학』을 매우 중시하였다. 평소 건강이 좋지 않던 우계는 출사(出仕)와 유람과 교유를 활발하게 할 수 없었다. 그래서 주로 편지와 상소로서 학문을 토론하고 자신의 정책을 피력하였다. 이 과정에서 우계는 유학의 생활윤리로 『소학』의 공부와 실천을 중심으로 전개한다.

그러므로 이 책을 읽는 사람은 그 뜻을 이해하는 데 논란하지 말고, 그 일을 익히는 데 전념하고, 설화(說話)를 펼쳐 교정함을 귀하게 여기지 말고, 깊이 체득하고 힘써 행함을 위주로 하여야 한다. 만약 명륜(明倫)과 경신(敬身)의 뜻을 마음속에 깊이 젖어들고 살과 뼛속에 두루 스며들게 하려면, 일상의 생활에서 부모를 섬기고 형을 따를 때에 효제(孝悌)를 당연함을 드러내어 마치 옷을 입고 밥을 먹는 것과 같이 되어 밖에서 구할 필요가 없게 되면 이른바 "함양이 완전하게 익어지고, 근기가 깊고 두텁다(涵養純熟 根基深厚)."라는 말을 할 수 있다.11)

우계는 글귀에 집착하여 잡다하고 길게 논쟁하지 말고, 일상생활에서의 구체적인 실천을 통해서 그 의미를 체득하기를 강조한다. 이를 위해 『소학』의 〈명륜〉과 〈경신〉 두 편의 의미를 철저하게 이해하고 실천하는 함양이 완전해야 한다고 주장한다. 이와 함께 우계는 "조리독실(操履篤實)의 하학상달(下學上達) 공부"를 강조한다. 왜냐하면 "마음으로 지키는

---

11) 『牛溪集』 권6, 「雜著」, 〈小學輯註跋〉: "然則讀是書者, 不難於解其義, 而專於習其事, 不貴於說話鋪排, 而主於深體力行. 要使明倫·敬身之意浹洽於中, 淪肌浹髓, 日用之間, 事親從兄, 卽見孝悌之當然, 如着衣喫飯, 無待於外求, 則所謂涵養純熟, 根基深厚者, 可得而言也."

지조와 몸으로 행하는 행실"을 돈독하게 실천해야만『소학』의 공부를 수행할 수 있기 때문이다. 그리고『소학』의 구체적인 공부는 "낮고 쉬운 것부터 배워 깊고 어려운 것을 깨달음"으로 시작하고 실천해야 한다고 보았다.

그리고 이러한『소학』공부의 실천은 효(孝)의 실천으로 시작해야 한다고 주장한다. 우계는 어려서부터 효성이 지극하였으며, 일상생활의 예절을『소학』과『가례(家禮)』에 따라 행하였다. 우계의 이러한 삶은 다음 인용문에서 잘 나타난다.

> (부친인) 청송(聽松)의 병환이 위독하자, 허벅지의 살을 베어 약에 섞어 올려서 수명을 몇 달 연장하였으며, 상을 당하자 3년 동안 시묘(侍墓)하며 상례(喪禮)의 절문(節文)을 모두『소학』과『가례』를 따라 행하였다. 평소 생활에서 수렴(收斂), 검속(檢束), 언행(言行)이 모범이 되지 않음이 없었다. 학문과 실천이 후학들이 가늠할 수 있는 바가 아니었으며, 장중하고 편안하며 온화한 기상은 보는 사람들이 그가 도덕군자임을 알았다.[12]

우계는 몸소 극진하게 효를 실천하였으며, 그것을『소학』과『가례』를 중심으로 행하였다. 그리고 일상의 생활과 강학(講學)에서도 언행을 극히 조심하며 군자로서의 모범을 보이도록 노력하였다. 우계의 이러한 삶에

---

12)『牛溪集』,「牛溪年譜附錄」,〈神道碑銘 幷序左議政金尙憲撰〉: "聽松嘗病飢, 刲股和藥以進, 獲延累月, 及丁憂, 廬墓三年, 喪制節文, 悉遵『小學』·『家禮』而行之. 平居收束·檢制·言行, 無不爲法者. 至於學問踐履, 非後學所能窺測, 而莊重安和氣象, 望之人知其道德君子也."

대하여 율곡은 "내가 의리(義理)에서는 깨닫고 이해함이 우계보다 뛰어나서 우계가 내 설을 많이 따랐다. 그러나 나는 성품이 느슨하고 풀어져서 비록 알아도 실천할 수 없으나, 우계는 알면 곧 하나하나 실천하여 자신이 몸소 갖추니 이는 내가 그래서 미치지 못한다."[13]라고 하였다.

이에 우계는 공부는 공사(公私)와 시비(是非)를 분명하게 하는 것이고 이를 위하여 방심하지 않는[14] 무실(務實)의 정신을 강조하였다.

이 글에서는 남계(南溪) 박세채(朴世采)의 리기론과 윤증(尹拯)의 실심철학을 중심으로 우계학파의 변화 발전과 그 특징을 살펴보고자 한다.

3. 박세채(朴世采)의 이기론(理氣論)

남계(南溪, 혹은 玄石) 박세채(朴世采, 1631~1695)는 1649년 진사에 합격하여 성균관에 입학한 뒤, 율곡과 우계의 문묘종사(文廟從祀)에 반대하는 영남유생 유직(柳稷, 1602~1662) 등의 반대상소를 보고 상소를 올려 그 부당함을 강하게 비판하였다. 그런데 효종이 선비를 경시하는 비답(批答)을 내리자 입학 2년 만에 대과(大科)를 포기하고 낙향한 뒤 오로지 학문연구에 정진하였다. 1650년 만 19세의 나이로 청음(淸陰) 김상헌(金尙憲, 1570~1652)의 문하에서 수학하였다.

박세채의 학맥은 기호학파이며, 천거(薦擧)로 벼슬에 입문한 뒤는 서

---

13) 『栗谷全書』 권32, 「語錄 下」: "牛溪集 然先生謂人曰 吾於義理上曉解處 優於牛溪 牛溪多從吾說 而吾性弛緩 雖知之而不能實踐 牛溪則旣知之 便能一一踐履 實有諸己 此吾所以不及也. 出「事實記」"

14) 『尹拯遺稿』 권28, 「答三從子大教」, 〈甲戌十月二十日〉: "學問無他難事 只是隨分讀書 隨事講究 應事接物之時 只辨公私是非而處之 其要則不放心而已"

인(西人)-소론(小論)의 정치적 노선을 견지하였다. 그는 당시 송시열(宋時烈)의 손자를 사위로 맞아들였듯이 노론으로 출발하였으나, 그 후 결국은 소론의 입장에 서게 되었다. 그는 당파보다는 의리(義理)의 옳고 그름에 더 충실하였기 때문이다. 남계는 주자와 율곡의 철학을 기본으로 하면서도 퇴계의 사상도 일부 수용하였다.

남계의 리기설은 다음 두 편의 글에 압축되어 있다. 비록 인용문으로서 다소 길지만, 그 전문을 전제하여 내용을 분석해 보고자 한다.

『주자어류』 가운데 "사단은 리가 발한 것이고, 칠정은 기가 발한 것이다."라는 설을 퇴계가 『성학십도』에서 인용하여 "사단은 리가 발하고 기가 따르는 것이며, 칠정은 기가 발하고 리가 타는 것이다."라고 하였다. 고봉은 처음에 이를 자못 의심하였으나 「사칠총론(四七總論)」을 지어 퇴계와 부합하였다. 그 후에 율곡이 다시 설을 지어서 퇴계의 잘못을 분별하였다. 대저 '전언리(專言理)'와 '겸언기(兼言氣)'를 주장으로 삼았는데, 또한 각각 근거하는 바가 있다고 할 수 있으나, 다만 『주자어류』의 본지에는 끝내 합치되는 바가 있지 않았다. 일찍이 『성리대전』 가운데 황면재의 말을 보니 "성(性)이 미발(未發)일 때 이 심(心)이 담연(湛然)하다가, 사물에 감하여 동(動)하면 혹 기가 동하고 리가 따르기도 하며, 혹 리가 동하고 기가 끼어들기도 한다."라고 하였다. 그 뒤 『성리연원(性理淵源)』을 얻어 정임은(程林隱)이 심의재(沈毅齋)의 말을 거론하여 "감통(感通)함을 정이라 하니, 사단은 리의 발이고 칠정은 기의 발이다."라고 하고, 또 "리발은 사단이 되고, 기발은 칠정이 된다. 측은·수오·사손(辭遜)·시비는 바른 정이므로 선하지 않음이 없고, 희·로·애·락·애·오·욕의 일곱 가지는 중절(中節)하면 공(公)이고 선이며, 부중절하면 사(私)이고 악이다."(小註; 北溪陳氏는 "지각이 리를 따라서 발하여 나오면 곧 도심이고, 지각이 형기를 따라서 나오면 곧 인심이다."라고 하였고, 백운허씨는 "인심은 기에서 발하고 도심은 리일(理一)에서 발한다."라고 하였다.)라고 한 말을 보니, 면재의 말을 율곡은 당시에 분명히 이미 알았다. 임은의 리기설에 이르면 더욱 완정하고 흠이 없으므로 결국 역시 이로써 말하였다. 북계와 백운이 논한 인심 도심 또한 다름이 없다. 대개 사단이 발함에 비록 기를 타기는 하지만, 곧장 인·의·예·지의 순수한 리를 따라 나오는 까닭에 리를 강조하여 주로 리의 발용이라고 지목함이 마치 사람의 본연지성이 비록 기질 가운데에 있더라도 단지 그 주된 바를 가리키면 본연지성이라고 말하는 것과 같으며, 혹 절도에 맞지 못함에 이른 연후에 악하다고 하는 것과 같다. 칠정의 발함이 비록 리에서 근원하지만, 희·로·애·락·애·오·욕(喜怒哀樂愛惡慾)이 모두 기와 겸하여 일어나는 까닭에 기를 강조하여 기의 발이라고 지목하였다. 마치 사람의 기질 가운데 비록 본연지성이 있을지라도 특히 그 주된 것에 나아가 기질지성이라고 말할 수 있는 것과 같고, 도에 맞은 연후에 화(和)라고 하는 것과 같다. 진실로 그 근원을 소급하여 성(性)으로써 말하고, 본연지성은 본래 기질에 있으며, 이로 인하여 본연이라고 말하지 않을 수는 없다. 정으로써 말하면, 사단의 정은 본래 칠정에서 나오며 이로 인하여 사단이라고 말하지 않을 수는 없다. 성정과 체용은 본래 다름이 없다. 이에 마침내 사단은 본연을 따르니 리의 발(發)이라고 하며, 칠정은 기질을 따르므로 기의 발이라 함이 무슨 불가함이 있겠는가? 아마도 주자의 원래 말인 "천지지성(天地之性)을 논하면 리를 전적으로 가리켜 말하고, 기질지성을 논하면 리와 기를 섞어 말한 것"은 대략 혼륜(渾淪)과 분별의 실마리가 있으나, 역시 중요한 곳을 취하여 말할 수 있다. 결코 율곡이 의심한 바와 같이 리와 기가 두 가지 것으로 혹 앞서거나 혹은 뒤서면서 상대하여 두 갈래로 각각 나오는 것은 아니다. 대개 '리지발'을 정말로 형상과 조화가 있는 물사(物事)라고 보지 않으며, 다만 그 기가 아직 용사하지 않아 사성(四性)에서 직출한다는 뜻으로 인정하며, 또 수기(氣隨)의 '隨'를 수행(隨行)의 '隨'로 보지 않고 다만 기로써 형을 이룸에 리 또한 거기에 부여된다는 뜻으로 활간하면, 저절로 리기호발의 의심에 이르지 않는다. 이것은 당연히 주자(朱子)·면재(勉齋)·임은(林隱)·퇴계(退溪)·고봉(高峯)의 여러 말과 꼭 들어맞지 않음이 없으며, 또한 율곡이 전언리(傳言理) 겸언기(兼言氣)라고 한 말과 서로 해명하기 어려운 폐단도 없으니 그 문하에 몸소 질의할 수 없음이 한스럽다.[15]

---

15) 『南溪集』 권55, 「四端理發七情氣發說」, 〈癸亥七月二十九日〉: "『語類』'四端理之發, 七情氣之發'之說, 退溪引用於聖學十圖, 以謂'四端理發而氣隨之, 七情氣發而理乘之.' 高峯初頗疑之, 後作『四七總論』, 以合於退溪. 其後栗谷又著說, 以卞退溪之失. 大抵以專言理兼言氣爲主, 亦可謂各有所據矣, 第於朱子語類之旨, 終未能有所脗合者. 嘗見 『性理大全』中錄黃勉齋之言曰: "性未發也, 此心湛然, 及其感物而動, 則或氣動而理隨之, 或理動而氣挾之." 及得『性理淵源』, 見程林隱學沈毅齋之言曰: "感通之謂情, 則四端者理之發, 七情者氣之發." 又曰: "理發爲四端, 氣發爲七情, 惻隱·羞惡·辭遜·是非者正情, 無有不善, 喜怒哀樂愛惡欲七者, 中節則公而善, 不中則私而惡."(北溪陳氏曰: "知覺從理上發來, 便是道心, 知覺隨形氣上發來, 便是人心." 白雲許氏曰: "人心發扵氣, 道心發扵理一.") 勉齋之說, 栗谷當時固已知之矣. 至於林隱理氣說, 尤爲完整無欠, 而終亦以此爲言, 以至北溪, 白雲之論人心道心, 亦無不同. 蓋四端之發, 雖亦乘扵氣, 而以其直從仁義禮智純理底出來, 故主扵理而目之曰理之發, 如人本然之性, 雖在氣質之中, 而可單指其所主者曰本然之性也, 至或不中節, 然後謂之惡. 七情之發, 雖亦原扵理, 而以其滾自喜·怒·哀·樂·愛·惡·欲, 兼氣底發動, 故主扵氣而目之曰氣之發. 如人氣質之中, 雖固有本然之性, 而可特就其所主者而言曰氣質之性也, 至乃中節然後謂之和. 誠欲溯其源則以性言之, 本然之性本在扵氣質, 而不可因此不謂之本然. 以情言之, 四端之情本出扵七情, 而不可因此不謂之四端, 性情體用, 自無異致. 於是遂以四端從

위의 인용문을 정리하면, 밑줄 친 부분까지 남계는 사단·칠정과 리발·기발의 이론적 근거를 찾아서 자세하게 나열하고 있다. 그리고 율곡이 '사단을 전언리로 설명하고, 칠정을 겸언기로 설명한 것'은 그 근거가 있기는 하지만 주자의 본지와 합치하지 않는다고 보았다.

그리고 남계는 황면재가 "성이 미발일 때 담연하다가 사물에 감하여 동하면, 혹 기가 동하고 리가 따르기도 하며, 혹 리가 동하고 기가 끼어들기도 한다."라고 한 말을 분명하게 알았고, 이러한 말은 북계진씨나 백운허씨도 이미 말하였다고 하였다. 즉 율곡이 부정한 리발(理發)은 이미 주자를 비롯한 여러 학자들이 인정하였다고 하였다. 이에 따라 남계도 리발을 인정한다. 남계는 사단이 발할 때 기를 타기는 하지만 인의예지의 순수한 리를 따라 나오므로 그 리를 강조하여 리의 발이라고 하며, 그것은 본연지성이 비록 기질 가운데 있지만 그 주된 바를 가리켜 본연지성이라고 하는 것과 같다고 하였다. 그리고 칠정은 그것이 비록 리에 근원하지만 희·로·애·락·애·오·욕이 모두 기와 겸하여 일어나기 때문에 기를 강조하여 기의 발이라고 한다.

남계의 이러한 견해를 요약하면 결국 리발은 사단이 순수한 리를 따라 나오는 것을 강조하여 리발이라고 하며 그렇다고 기가 없이 홀로 사단이 발동하는 것은 아니라고 보았다. 그리고 칠정이 리에 근원하지만 결국

本然而謂理之發, 七情從氣質而謂氣之發, 有何不可? 恐與朱子元說所謂論天地之性, 則專指理言, 論氣質之性, 則以理與氣雜而言之者, 略有混淪分別之端, 而亦可就重處言也. 決非栗谷所疑理氣二物, 或先或後, 相對爲兩岐, 各自出來者矣. 蓋不以理之發, 爲眞有形狀造化之事, 而只得認取其氣未用事, 直出於四性之意, 又不以氣隨之隨, 定作隨行之隨, 而只得以氣以成形而理亦賦焉之意活看, 則自不至於理氣互發之疑矣. 是當與朱子·勉齋·林隱·退溪·高峯諸說, 無不脗合, 而亦無栗谷專言理兼言氣, 交互難明之弊, 恨不能躬質於其門也."

기를 겸하여 나옴을 강조하여 기발이라고 한다는 말이다.

　남계의 논법은 사단이나 칠정이나, 본연지성이나 기질지성이나 그것이 비록 서로 의지하고 있다 하더라도 그 고유한 특성은 간직하고 있으므로 결국은 사단을 사단이라 하지 않을 수 없고, 칠정은 칠정이라 하지 않을 수 없다는 말이다. 따라서 사단은 본연지성을 따르므로 리발이라고 하고, 칠정은 기질을 따르므로 기발이라고 하지 않을 수 없다는 말이다. 천지지성을 리만을 전적으로 가리켜 말하고, 기질지성을 리와 기를 겸하여 말한 것으로 여기서 혼륜(渾淪)과 분별(分別)의 의미를 알 수 있다는 말이다.

　여기서 남계는 율곡이 초지일관 리와 기를 두 갈래로 따로 존재하여 각각 발할 수 없다는 주장에는 동의하면서 자신이 말한 '리지발(理之發)'과 '기지발(氣之發)'은 결코 선후의 시간 차이가 있거나 두 갈래로 나누어져 발하는 뜻이 아니라고 주장한다. 특히 그는 '리지발'이라고 해서 정말로 형상이나 조화가 있는 구체적인 물사가 아니라 단지 사성(四性)에서 직출한다는 의미일 뿐이며, '리발기수(理發氣隨)'의 수(隨)를 수행(隨行)의 수(隨)가 아니라 주렴계가 말한 '기이성형이리역부언(氣以成形而理亦賦焉)'의 뜻으로 넓게 해석하면 율곡의 '리기불상리(理氣不相離)' '불상잡(不相雜)'의 명제와 리발·기발의 호발설과 서로 모순이 없다고 보았다.

　남계의 호발설은 퇴계의 견해와는 다른 의미이다.

　　리의 발과 기의 발에 관한 설은 내가 보기에 주자의 뜻이 진실로 소재가 있으니 이것이 어찌 그 말의 병이겠는가? 퇴계는 억지로 나누어 이끌어서 뜻을 잃었고, 율곡은 소략하게 보고 격을 맞추느라 그 종지를 얻지 못하였다. 대개 체는 본래 하나지만 용은 처음부터 둘이다. 체는 본래 선하며 용은 처음부터 선악이 있다. 체(體)란 무엇인가? 성(性)이다. 용이란 무엇인가? 정이다. 성은 무엇인가? 기질에 있는 본연이다. 정이란 무엇인가? 오성(五性)에 따라 있는 칠정이다. 그러므로 성은 리이며, 정은 기다. 성은 기가 없음이 아니며, 정은 리가 없음이 아니다. 리와 기는 진실로 둘이 있는 게 아닌데 왜 이와 같이 말하는가? 성은 비록 기질에 있지만 사단이 직출할 때 그것이 이 기로 드러나지 않으므로 오로지 리로만 말할 수 있으며, 정은 비록 오성(五性)을 따르지만 칠정이 감동할 때 반드시 이 기로 인한 후에 발하므로 기로서 전언(專言)할 수 있다. 그러므로 성은 무위(無爲)이니 정(情)은 움직임이 있다. 기는 리의 다스림을 받으며 리는 기에서 변화한다. 성정(性情)은 진실로 둘이 있는 것이 아닌데 왜 이와 같이 말하는가? 사람이 태어남에 기를 품부 받으므로 진실로 또한 선악이 있다. 그러나 그것이 아직 발동하지 않으면 리는 실로 담연하며, 기가 아직 용사(用事)하지 않으면, 이를 일러 체는 하나며 선하다고 한다. 성이 발하여 정이 되는데 진실로 오직 선이라고 할 수 있다. 그러나 그 기는 순하고 리의 통솔을 받고 천명에 근원한다. 리가 어그러져 악으로 흐르고 인욕으로 나오면 이를 일러 용(用)은 둘이며 선악이다. 그러므로 칠정은 온전하나 사단은 치우친다. 대개 칠정은 기를 주로 하며 감동하여 그 이름이 되니, 이는 체와 용의 큰 구분이다. 사단은 리를 주로 하며 직출(直出)로써 말하니 이는 선정(善情)만 홀로 얻은 것이니 또한 성의 본연의 기질과 같이 상하 거론하여 말할 수 있다. 진실로 대의는 이와 같으니 비록 어떤 것은 리의 발이며, 어떤 것은 기의 발이라고 해도 어찌 불가하겠는가?16)

　　남계는 주자의 '리의 발' '기의 발'이 하자가 없다고 본다. 남계는 퇴계
가 그것을 억지로 해석하여 주자의 본지와 어긋났으며, 율곡은 지나치게
형식적 틀에 맞추려고 하였기 때문에 주자의 본래 뜻과 어긋났다고 본
다. 남계는 사단이 직출할 때 그것은 오로지 리로만 말할 수 있고, 칠정이
감동할 때는 반드시 기로부터 시작하므로 기로써만 말할 수 있다. 따라
서 성(性)은 무위이며, 정(情)은 움직임이 있다. 기는 리의 주재를 받으며
리는 기에서 변화한다. 칠정은 그 자체로 온전하나 사단은 선일변으로
치우친다. 칠정은 기를 주로 하여 감동하므로 이것이 체와 용의 구별이
다. 그러나 사단은 리를 주로 하여 직출하므로 오로지 선정(善情)만 있고,
본연지성과 기질지성을 서로 같이 거론할 수 있다. 이런 까닭에 사단은
리발이며, 칠정은 기발이라고 해도 무방하다는 말이다.

　　남계의 논리는 단지 퇴계와 율곡의 절충설이라고 하기보다는 자신의
독창적 견해다. 이미 앞에서 우계도 퇴계의 설을 일부 긍정하기는 하였

---

16) 『南溪集』 권54, 「隨筆錄」, 〈丁未十二月十二日始錄〉: "理之發氣之發之說, 以愚觀之,
朱子之意, 固有所在, 是豈其語之病哉? 退溪硬看分拖而失旨, 栗谷疏看衡格而不得其
旨. 蓋體本一, 用始有二. 體本善, 用始有善惡. 體者何? 性是也. 用者何? 情是也. 性者
何? 本然在氣質是也. 情者何? 七情緣五性是也. 然則性理而情氣, 性非無氣, 情非無
理. 理氣固非有二, 若是言之何? 性雖在氣質, 四端直出之時, 不見其爲是氣, 可以理專
言, 情雖緣五性, 七情感動之際, 必因是氣而後發, 可以氣專言. 然則性無爲而情有動,
氣宰乎理, 理變於氣. 性情固非有二, 若是言之何? 人生氣稟, 固亦有善惡. 然其未發,
理實湛然, 氣未用事, 斯謂之體一而善. 性發爲情, 固惟可以爲善, 然其氣順而率乎理,
原於天命. 理乖而流乎惡, 出於人欲, 斯謂之用二而善惡. 然則七情全而四端偏. 蓋七情
之主氣, 以感動而爲名, 是體用之大分也. 四端之主理, 以直出而爲言, 是善情之獨得
也, 亦猶性之本然氣質, 可以互擧而言也. 苟其大意如此, 雖曰某底理之發, 某底氣之
發, 夫何有不可?"

지만 비판적 시각으로 받아들이고 호발설을 자신의 견해로 해석하였으며, 남계의 리기론도 마찬가지다.

4. 윤증(尹拯)의 실심철학(實心哲學)

조선 성리학사에서 많은 인물과 그들의 우여곡절이 있었지만, 그 가운데 명재(明齋) 윤증(尹拯, 1629~1714)만큼 파란중첩(波瀾重疊)의 일생을 보낸 이도 드물다. 그는 서인출신으로 당시 서인의 영수였던 우암(尤庵) 송시열(宋時烈, 1607~1689)과 여러 가지 인간관계로 얽혀 있었으나 결국은 노론과 소론으로 갈라서면서 소론의 실질적인 지도자로 살았다.

당시 서인은 남인과 치열하게 권력다툼을 벌이고 있으면서 동시에 서인도 노론과 소론으로 분열하면서 치열한 투쟁을 전개하였다. 이 과정에서 윤증은 경직된 의리와 주자학적 명분론을 비판하고 사림으로서 정치적 사회적 소명을 다하고자 노력하였다. 이를 위해 그는 유학과 성리학의 학문정신으로서 위기지학(爲己之學)을 추구하였다.

그리하여 그는 허구가 아닌 구체적이고 학문연구와 실천적 의지를 강조하였다. 그것이 곧 실심(實心)의 회복과 무실(務實)의 실학정신이었다. 명재는 이 실심과 무실을 자신의 학문을 대표하는 개념으로 정립하였다. 이에 따라 그는 실용(實用)·실공(實功)·실학(實學)과 같은 개념들을 강조한다.

먼저 실의 의미를 살펴보자. 사전적으로 실(實)의 의미는 '충만(充滿)' '객관적 사실' '진정한 정성[眞誠]' 등의 뜻이다. 명재는 실심(實心)은 정확한 인식능력으로 이해한다. 명재는 '허령지각(虛靈知覺)'을 마음의 기능이며, 이를 통하여 시비·선악의 판단을 한다고 본다. 그런데 지각의 목적은 정확하고 객관적인 판단이다. 이 정확하고 객관적인 판단을 위해서는 '어떤 편견이나 선입견에 치우치지 않는 공정함'이 있어야 한다. 허령(虛靈)은 곧 이와 같은 공정함을 의미한다. 이에 명재는 객관적이고 정확한 지각은 다음과 같이 가능하다고 주장한다.

> 대개 마음의 허령한 지각은 하나일 뿐이다. 도심과 인심, 사단과 칠정은 모두 허령한 지각을 따라서 나온다. '氣發理乘(기가 발함에 理가 탄다)'이라는 네 글자는 이미 매우 직절하고 분명하다. 그리고 '理通氣局(리는 통하고 기는 국한된다)'이라는 네 글자도 또한 조리가 분명하기 때문에 막힘이 없으며, 기가 혹 용사(用事)한다는 것도 맹자의 이른바 '기가 전일하면 뜻을 움직인다.'17)라는 한 구절이 그것을 다하였다. 이제 하필이면 억지로 형체의 기라는 한 의미에서 곧 기의 가운데서 반드시 두 기를 나누어 반드시 호발의 설에 부합시키려 하는가?18)

'허령'이 곧 마음의 본질이며, '허령불매(虛靈不昧)'는 마음의 본체가 '맑고 고요하며 지각기능을 완전하게 갖추어 활동함'을 의미한다. 도심·인심, 사단·칠정은 모두 마음의 허령한 지각능력으로부터 시작된다. 명

---

17) 『孟子』, 「公孫丑」上: "志壹則動氣, 氣壹則動志也. 今夫蹶者趨者, 是氣也, 而反動其心."

18) 『尹拯遺稿』 권22, 「與金載海叔涵」, 〈庚寅閏七月十六日〉: "蓋心之虛靈知覺, 一而已矣. 道心人心四端七情, 俱從虛靈知覺中出. 氣發理乘四字, 已直截打開. 而理通氣局四字, 又所以曲暢旁通, 無有窒礙, 至於氣或用事者, 孟子所謂氣壹動志一句盡之矣. 今何必苦苦說出在形之氣一義, 乃於氣之中, 必分作兩氣, 必以附合於互發之說耶?" 『尹拯遺稿』 권24, 「與梁擇夫」에도 거의 같은 내용이 보인다.

재는 도심·인심, 사단·칠정이 드러나는 과정은 율곡의 리기론인 '기발리 승일도설'이 가장 분명하다고 보았다. 명재의 이 점은 우계의 입장과는 다르다. 그리고 명재는 율곡의 '리통기국론'도 사단과 칠정 그리고 리와 기의 역할을 잘 설명하였다고 보았다. 그리고 율곡의 주장은 맹자의 기전 일(氣專一)의 의미를 가장 잘 드러내었다고 보았다. 이에 따라 퇴계의 호발설은 마치 기(氣)와 형기(形氣)를 서로 다르게 보도록 오도하였다고 하였다.

그리고 명재는 인심과 도심의 구별이 자칫 사람의 마음이 두 개인 것처럼 착각하도록 한다고 보았다. 그는 사람의 마음 하나의 마음이며, 그 하나의 마음에 순선(純善)인 사단을 보존하고 못 함은 인심이나 도심이 아니라 그 하나의 마음이 그렇게 하는 것이며, 그 하나의 마음이 곧 실심(實心)이다. 따라서 인심과 도심은 하나의 마음일 뿐 따로 존재하는 것이 아니다. 그러므로 그 하나의 마음을 인심과 도심으로 나누어 도심이 인심을 통제할 수 없다고 주장한다.

> 인심과 도심의 그림에서 유일(惟一)에 대한 분서(分書, 작은 글자로 쓴 註解)는 끝내 마땅하지 않다. 만약 인심도 유일하고 도심도 유일하다면 중(中)도 또한 그러하다. 정(精)은 저 두 가지 사이를 관찰하여 뒤섞이지 않음이며, 일(一)은 그 본심의 바름을 지켜서 떠나지 않음이다. 이미 본심의 바름을 말하였다면, 인심은 지나침과 모자람이 없음이 곧 이른바 본심의 바름이나. 본심의 바름이 곧 도심인데 어찌 인심과 도심에 분속(分屬)할 수 있겠는가? 만약 과연 분속한 이후에 가능하다면 유일이 아니다.19)

여기서 유일(惟一)은 『서경(書經)』의 "인심은 오직 위태하고 도심은 미묘하며, 오직 정밀하고 오직 한결같아야 그 중을 붙잡는다."20)라는 구절에서 나오는 말이다. 이 구절은 성리학의 마음과 수양의 요체를 설명하는 중심 내용이다. 명재는 정일(精一)의 '정(精)'은 인심과 도심이 서로 섞이지 않도록 정밀하게 살피는 것이며, '일(一)'은 '본심의 바름'을 온전하게 지키는 뜻으로 이해한다. 따라서 그는 만약 인심에도 유일이 있고 도심도 유일이 있으면, 정일의 의미가 다를 수 있다고 보았다. 만약 둘로 나누어 볼 수 있다면, 중용의 중도 인심과 도심의 중이 따로 있을 수 있다는 말이다. '본심의 바름'이 곧 지나침과 모자람이 없는 인심이자 도심이므로 인심과 도심이 따로 있는 것이 아니라 하나의 실심(實心)만 있을 뿐이며, 중용도 인심이던 도심이던 하나의 중용이 있을 뿐이다.

그러므로 명재에게 공부와 수양은 하나뿐인 그 실심이 허령한 지각기능을 완전하게 유지하며, 사물을 객관적이고 공평하게 인식하고 평가할 수 있도록 하는 것이다. 이에 명재는 실심을 모든 공부의 근원으로 보고 "실심이 있어야 실공(實功)이 있으며, 실공이 있어야 실덕(實德)이 있어서 밖으로 드러나는 행동이 모두 진실이 된다."21)라고 주장하였다.

---

19) 『尹拯遺稿』 권24, 「答朴喬伯」, 〈十月二十七日〉: "人心道心圖. 分書惟一者. 終爲未安. 若謂人心也有惟一, 道心也有惟一, 則中亦然矣. 精則察夫二者之間而不雜, 一則守其本心之正而不離. 旣曰本心之正, 則人心之無過不及者, 卽所謂本心之正, 本心之正, 卽道心也. 何可分屬於人心道心耶? 若果分屬而後可, 則非惟一也."

20) 『書經』, 「大禹謨」: "人心惟危, 道心惟微, 惟精惟一, 允執厥中."

21) 『尹拯遺稿』 別卷 권3, 「擬與懷川書」, 〈辛酉夏 辛酉以後往復 細註〉: "夫有實心而後有實功, 有實功而後有實德, 有實德而後發於外者, 無往而不實. 所謂天德·王道, 只在謹獨者也. 不然則反是. 夫心之實與不實, 不獨已自知之. 人無不知之理, 縱今人未之知, 後世無不知之理, 所謂誠於中而形於外者也. 然則豈非可懼之甚者乎?"

다음으로 무실(務實)의 의미를 살펴보자. 명재는 무실로써 적극적 실천을 강조한다. 이러한 정신을 양명(陽明) 왕수인(王守仁, 1368~1661)은 "이름과 실(實)은 상대하며, 실에 힘쓰는 마음이 일분(一分) 더 무거우면 이름을 내는 데 힘쓰는 마음이 일분 가벼워진다."[22]라고 하였다. 즉 현실을 중시하며 실질을 숭상하는 정신을 강조한 말이다. 그리고 허망함과 공상을 물리치고 겉치레와 꾸밈을 싫어하고 충실하고 활력 있는 삶을 추구하는 태도이다.

먼저 명재에게서 무실은 정확한 리(理)의 인식이다.

> 리자의 의미를 설명하면 네 가지 항목이 있다. 능연(能然)과 필연(必然)은 리가 사(事)에 앞서 있으며, 당연(當然)은 곧 일에 나아가 그 리를 직접 말한다. 자연은 사리를 관통하여 말하므로 다 갖추고 남음이 없다고 할 수 있다. 그런데 주자는 소이연(所以然)이라는 한마디를 보태었는데, 아마도 소이연은 마땅히 자연보다는 뒤에 있을진저! 그러나 이 한마디는 네 가지를 포괄하는데, '능연의 소이', '필연의 소이', '당연의 소이', '자연의 소이'가 있다. 그 오묘함을 비록 사후에 징험할 있으며, 그 실(實)은 상하를 관통한다. 또한 자연이라는 두 글자도 또한 그러하니, '저절로 능연' '저절로 필연' '저절로 당연' '저절로 소이연'하여 그것을 배푼다. 네 가지는 처하는 곳마다 부당함이 없다. 이로써 미루어 보면 자연과 소이연은 모두 사리를 관통하여 말할 수 있으며, 능연·필연·당연 세 가지는 그렇게 말할 수 없다. 어떠하신지요?[23]

---

22) 王守仁, 『傳習錄』 上: "名與實對, 務實之心重一分, 則務名之心輕一分."

23) 『尹拯遺稿』 권25, 「答鄭萬陽葵陽」, 〈九月二十二日〉: "理字訓義, 其目有四. 能然·必然

능연·필연은 사건이 일어나거나 사물이 생기기 이전의 리이며, 당연은 사건이나 사물과 함께 있는 리를 말하며, 자연은 사건이나 사물의 리를 하나로 관통해서 가리키는 말이다. 여기서 명재는 주자가 말한 '소이연'의 '소이(所以)'를 능연·필연·당연·자연과 합하여 소이능연(所以能然)·소이필연(所以必然)·소이당연(所以當然)·소이자연(所以自然)으로 이해할 수 있다고 보았다. 여기서 '소이'는 이유·원인의 뜻이다. 그러나 '소이연'은 자연보다 앞선 개념이 아니다. 왜냐하면 자연·소이연은 사건과 사물의 이치를 일관한다고 할 수 있으나, 그렇게 되면 능연·필연·당연은 설자리가 없기 때문이다. 다음으로 무실은 궁리하고 천리(天理)를 따르는 것이다.

> 배움은 다름이 아니라, 단지 경(敬)을 보존하여 양단을 궁리하는 것이니, 경을 보존함은 단지 신심(身心)을 수렴하는 것일 뿐이다. 궁리는 나날이 일을 처리하고 사물과 접함에 매사를 천리에 맞도록 구하는 것일 따름이다.[24]

경을 보존함은 곧 실심의 수양이며, 궁리는 사물의 이치를 끝까지 연구하여 실제의 일상생활의 일들을 처리하는 행동이다. 사람은 경을 보존하고 사물의 이치를 연구하여 구체적인 일을 함에 천리에 부합하도록 하

者, 理在事先, 當然者, 政就事而直言其理. 自然則貫事理而言之, 可謂備盡無蘊. 而朱子又加所以然一句, 未知所以然, 當在自然之後耶! 但此一句, 包括四者, 有所以能然, 所以必然, 所以當然, 所以自然. 其妙雖驗於事後, 而其實則貫上貫下, 又自然二字亦然. 自能然·自必然·自當然·自所以然而施之. 四者無所處而不當. 以此推之, 自然·所以然, 皆可以貫事理言也, 至於能然·必然·當然三者, 則推不能去. 未知如何?"

24) 『尹拯遺稿』 권23, 「答李伯邵」, 〈甲戌元月二日〉: "爲學無他, 只持敬窮理兩端, 而持敬則只收斂身心而已. 窮理則逐日遇事接物, 每事求合於天理而已."

는 것이 곧 실학이다.

셋째, 무실은 상대를 비난하지 않고 옳은 일은 옳다고 하는 태도이다. 명재는 노론과 소론, 소론과 남인 사이에 치열하게 전개된 예송(禮訟)은 사소한 문제에 불과한데, 서로 자신이 옳고 상대를 그르다고 비난하는 것은 참으로 가소로운 일이라고 하였다.25) 명재는 상례(喪禮)에서의 복제(服制)는 국가의 안위와는 상관이 없는 일인데도 서로 종통(宗統)·적통(嫡統)에 집착하여 심지어 상대의 생명마저 위협하는 것은 국가를 위해서가 아니라 사사로운 원한 때문이라고 한탄하였다.

> 복제(服制)라는 하나의 일이 무엇이 종사(宗社)의 안위와 상관있겠는가? 저 삼거(三擧)·종통(宗統)·적통(嫡統)의 설로 상소하는 자들은 사람을 멸족(滅族)의 경지로 몰아가려고 하여 한때의 사적인 분노로써 통쾌하게 여기니 또한 비통하다.26)

명재는 노론과 남인의 화해를 주창하였다. 명재의 이러한 실학정신은 결국 당시 명분과 주자의 종본(宗本)주의를 주장하던 송시열 등 노장파와 대립을 초래하였고, 결국 서인은 송시열을 중심으로 한 노론과 명재

---

25) 『尹拯遺稿』 권9, 「上炭翁」, 〈四月〉: "三年之禮, 雖同異互爭, 至於十年, 或彼是此非, 或此是彼非, 亦何大害之有也? 非欲請變三年之見, 而爲期年之見也. 大抵此事已成大判, 互相攻擊, 釀出無限禍機, 還悅其初, 特一小無關緊之服制一事而已. 此果何樣可笑可怪事耶? 良可太息."

26) 『尹拯遺稿』 권9, 「上炭翁」, 〈辛丑五月八日〉: "服制一事, 何與於宗社安危? 而彼疏三擧·宗統·嫡統之說者, 直欲置人於滅族之地, 而以快一時之私忿, 其亦憯矣."

를 중심으로 한 소론으로 분열하게 되었다.27)

넷째, 명재는 나라를 개혁하고 국가의 적폐를 바로잡기 위해서는 왕의
역할이 무엇보다 중요하다고 보았다.

> 오호라! 이제가 분명히 말세이니 위망(危亡)의 모습이 어리석은 내게도
> 함께 보입니다. 그러나 위망을 안정시키고 혼란을 다스리는 것은 오로
> 지 임금이 명을 내려 전이(轉移)의 계기를 만들 수 있으니 어찌 임금의
> 한 마음을 외면하겠습니까? 실심(實心)으로 실공(實功)을 함으로써 쇄미
> 함을 부흥하고 어지러움을 바로잡아야 합니다. 주(周)나라의 선왕(宣王)
> 과 같이 재해(災害)를 상서로움으로 변화시키고, 상(商)의 중종(中宗)과
> 같이 하늘에 기도하여 명(命)이 오래 지속되도록 하는 일이 오직 전하께
> 서 해야 할 것이 아니고 무엇이겠습니까?28)

위의 글을 보면 명재가 왕의 역할을 지나치게 강조한 것처럼 보이기도
한다. 그러나 좀 더 생각해 보면 명재는 지나치게 강해진 노론이나 남인
의 세력들을 견제하기 위해서는 권력의 또 다른 중심인 왕권이 제대로
확립되기를 강조하였다고 볼 수 있다. 조선은 처음 건국될 때 왕권(王權)

---

27) 西人의 老·少 分黨의 원인은 송시열과 윤증의 禮訟갈등 외에도 사적인 감정대립도
   있었다. 첫째는 尹拯의 부친인 尹宣擧에 대한 宋時烈의 불성실한 墓碣銘과 그 개작
   에 대한 거절, 병자호란 때 尹宣擧의 江都事件 등에 대한 송시열의 비난 등이다. 이
   에 윤증은 한때 스승이었던 송시열을 엄중하게 비판하면서 背師論으로 전개된다.

28) 『尹拯先生遺稿』 권5, 「辭別諭求言疏」 五月 a_135_128c: "噫. 今時誠季世也, 危亡之
   象, 愚智之所共見. 然危可使安, 亂可使治, 唯人主可以造命, 則轉移之機, 豈外於人主
   之一心? 以實心做實功, 興衰撥亂. 如周宣王, 轉災爲祥, 如商中宗, 于以祈天而永命,
   唯殿下所爲之如何耳."

과 신권(臣權)이 서로 견제하면서 균형이 이루어지도록 설계되었다. 그러나 여러 차례의 정치적 변화와 비정상적인 왕위계승이 진행되면서 왕권이 약화되고 훈구대신들이나 척신들이 지나치게 왕권을 견제하고 신권을 강화시켰다. 그 결과 정치의 구심점이 없어지고 왕의 역할이 작아졌다. 그러나 왕조국가에서의 왕의 역할은 사실 정치적 비중이 가장 클 수밖에 없다. 따라서 왕의 역할이 사회개혁에서 가장 중요하다고 할 수 있다. 이러한 정치이념도 사실 명재의 실학정신과 맥을 같이한다고 할 수 있다.

5. 맺음말

우계의 학문은 그 후 새로운 학맥을 형성하였다.29) 이상에서 우계의 학맥을 이어받은 조선 중후기의 학문을 남계의 계열과 명재의 계열로 크게 나누어 살펴보았다. 우계학파의 학맥은 매우 다양하다. 이러한 우계의 학문은 그 후 새로운 학맥을 형성하였다. 〈그림 1〉에서 보듯이 우계의 학맥을 이은 여러 학자들 가운데 뚜렷하게 두 학맥이 있다. 하나는 박세채의 계열이며, 다른 하나는 윤씨(尹氏) 학맥으로 윤증의 계열이다. 우계의 성리설은 박세채로 이어져 조선 중·후기 성리설이 새롭게 정립되는 계기를 마련하였다. 그리고 윤증으로부터 무실(務實)의 학맥이 전승되고 그 가운데서 조선시대 양명학 연구의 구심점이 된 하곡(霞谷) 정제두(鄭齊斗, 1649~1736)로 이어진다.

---

29) 황의동, 『우계학파 연구』, 서울, 서광사, 2005, 79쪽 참고.

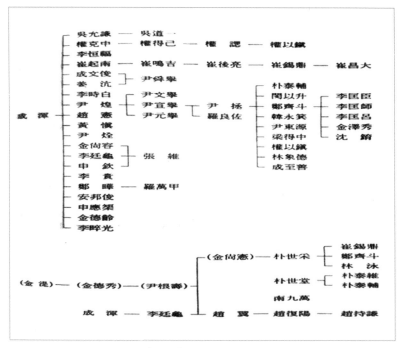

〈그림 1〉 우계학파의 학맥

　필자는 이러한 사승관계를 통하여 그 직접적 영향관계 및 학문적 특징을 연구하는 것도 물론 중요하다고 생각한다. 그런데 그동안 조선성리학의 연구와 서술에서는 주로 퇴계와 율곡을 중심으로 '양대 산맥'이라는 두 범주에 국한시켜서 전승, 사승, 계승, 절충이라는 이름으로 그 특징을 규정하려는 경향이 있다. 그러나 필자가 보기에 이러한 연구가 나름 그 의미는 있을 수 있으나, 기본적으로 그 '양대 산맥'이라는 이름이 조선 성리학의 실상과 다양성을 잘 나타내는 데 적합하지 않다고 생각된다. 물론 퇴계와 율곡의 학문적 크기와 그 영향이 조선 성리학사에서 무시할 수는 없지만, 그렇다고 조선 성리학사에서 등장한 많은 학자들의 학문을 두 사람의 학문적 경향과 연관하여 자리매김하는 것은 지나친 감이 있다.

또한 조선 후기의 성호(星湖) 이익(李瀷, 1681~1763)이나 다산(茶山) 정약용(丁若鏞, 1762~1836)의 철학을 실학(實學)이라는 이름으로 부르고, 나아가 기존의 성리학과 구분하여 반성리학(反性理學)·탈성리학(脫性理學)·반주자학(反朱子學) 등으로 그 성격을 규정하면 율곡이나 우계의 학문이 그야말로 반실학(反實學)이 되고 만다. 실상 조선에서 실학의 선구가 율곡과 우계임을 모르는 일이다.

이 글에서 우계와 우계학파인 남계와 명재의 철학을 보면 분명히 퇴계나 율곡과 다른 영역의 다른 독창적 견해가 있음을 확인하였다. 그런데 굳이 이들의 철학을 율곡이나 퇴계 쪽에 줄 세우거나 절충(折衷)이라는 모호한 이름으로 규정할 필요는 없다.

실상 어떤 학파라는 이름이 그 자체로 훌륭한 집단과 학문적 집성을 이루기도 하지만, 때로는 배타성과 때로는 잡다함이 모이는 곳이기도 하다. 철학은 엄밀한 사유와 그 순수성으로 자체적 가치가 있는 학문이라고 한다면, 과거 많은 철학자들의 학문을 이해하고 현대적 가치를 상고할 때 굳이 익숙하지도 않은 몇몇 학파의 범주로 자리매김할 필요가 있을까?

우계의 학문은 우계대로 그 특성과 학문적 숙고(熟考)가 있으며, 남계나 명재의 철학에도 독자적이고 독창적인 창의와 면려(勉勵)가 있다. 이를 굳이 타의적이고 정확하지도 않고 학문적이지도 않게 억지로 어떤 틀이나 범위 속에 제한시켜 평가하고 이해하는 태도는 이제 지양해야 한다고 생각된다.

우계학파의 양명학(陽明學)[1]

김세정[2]

1. 들어가는 말

조선조 사육신 가운데 한 사람인 매죽헌(梅竹軒) 성삼문(成三問, 1418~1456)의 후예인 우계(牛溪) 성혼(成渾, 1535~1598)은 가학(家學)으로서의 도학적 전통을 몸소 실천한 사상가이다. 성혼은 실천적 사상가이

---

1) 이 논문은 우계성혼선생학술대회, 〈우계학파의 학풍과 특성〉, 우계문화재단, 2017년 11월 17일 발표한 논문이다.

2) 金世貞, 충남대학교 교수

기 때문에, 퇴계(退溪) 이황(李滉, 1501~1570), 율곡(栗谷) 이이(李珥, 1536~1584), 고봉(高峯) 기대승(奇大升, 1527~1572) 등, 당시 유명한 유학자들과 달리 리기론(理氣論)과 심성론(心性論) 등에 관한 철학적인 글을 많이 남겨 놓지 않았다. 철학적인 글로는 이이와 사단칠정(四端七情)·인심도심(人心道心)에 관한 논변이 대표적이다. 성혼이 리기심성론, 특히 리기론에 대해 많은 글을 남기지 않은 이유는 그의 「신사봉사(辛巳封事)」와 「의등대계사초이조(擬登對啓辭草二條)」라는 글에서 찾아볼 수 있다. 이 글에서 성혼은 성리설(性理說)에 대해서는 이미 선유들이 모두 밝혀 놓았기 때문에 이에 대해 계속 논의하는 것은 무의미하다는 입장을 분명하게 피력하고 있다. 즉, 비가시적인 인간 심성에 대한 논의는 어떠한 실증적 결론에 도달할 수 있는 것이 아니기에, 성혼은 이론보다는 실천의 문제 더욱 관심을 기울였다. 그래서 문제가 되는 것은 성리설(性理說)에 대한 이론적 탐구가 아니라 '실심(實心)'과 '진심(眞心)'의 확립 여부라는 것이다.3) 실심과 진심의 확립은 독서·정치·교화의 근간이 된다. 실심과 진심은 바로 본원을 배양하고 마음을 비우는 '양심(養心)'의 방법을 통해 확립될 수 있다는 것이다.4) 이러한 입장에서 성혼은 리기심성론에 대한 철학적이고 이론적인 글을 남기는 데 주력하기보다는, 실심과 진심을 확립하고 이를 실천하는 데 주력한 것으로 보인다. 이러한 점에서 성

---

3) 『牛溪集』, 권2, 「辛巳封事」, 27쪽: "大抵程朱以後講學明備, 義理不患其不足, 而所患者實心不立, 根本未固耳. 眞心其立, 竭力向前, 則聖賢一語, 爲終身受用而有餘. 苟爲不然, 雖高談性命, 妙入玄微, 於吾身心, 有何干涉."

4) 『牛溪集』續集, 권2, 「擬登對啓辭草二條」, 167쪽: "大抵今日先儒明理之功必備, 義理何患其不足. 所患者眞心耳. 眞心旣立, 則雖讀一句, 爲平生受用而有餘, 治化由玆而出. 苟無其志, 泛然博觀, 雖讀盡經傳, 而與吾身心, 有何干涉……然於培養本原, 虛心切己之功, 實爲切要, 非但爲養心之大法, 兼亦是養氣攝生之至訣也."

혼의 '심학적 요소'와 '심학화 가능성'을 엿볼 수 있다.

그리고 육왕학(陸王學)에 대한 호의적인 태도와 은밀한 연구 태도가 우계학파의 특징적인 학풍 가운데 하나로 지목되고 있다. 예컨대 우계학파 가운데 육왕학군(陸王學群)으로 분류되고 있는 상촌(象村) 신흠(申欽, 1566~1628), 포저(浦渚) 조익(趙翼, 1579~1655), 지천(遲川) 최명길(崔鳴吉, 1586~1647), 계곡(谿谷) 장유(張維, 1587~1638), 하곡(霞谷) 정제두(鄭齊斗, 1649~1736) 등이 배출되고, 탄옹(炭翁) 권시(權諰, 1604~1672), 명재(明齋) 윤증(尹拯, 1629~1714), 서계(西溪) 박세당(朴世堂, 1629~1703)의 경우에도 육왕학적 경향이 없지 않다고 평가되고 있는바,5) 이 또한 성혼의 심학화 가능성을 엿볼 수 있는 단서가 되기도 한다.

한국양명학의 주요한 특징 가운데 하나는 '실심(實心)'을 중시하고 자주 사용한다는 것이다.6) 그런데 '실심'이란 단어는 왕수인의 『전습록(傳習錄)』에는 단 한 번도 보이지 않는다. 뿐만 아니라 '실효(實效)'와 '실행(實行)'이라는 표현도 전혀 보이지 않는다. 다만 '실공(實功)'이라는 표현이 두 번,7) '실학(實學)'이라는 표현이 한 번 나온다.8) 반면 성혼은 물론 장유, 최명길, 윤증 그리고 정제두와 강화학파(江華學派)에 이르기까지, 우계학파에 속하는 학자들이 '실심'뿐만 아니라 '실행', '실공', '실효'라는 표

---

5) 황의동, 「우계학의 전승과 그 학풍」, 『우계 성혼의 학문과 사상』, 우계문화재단, 이화, 2009, 149~155쪽 참조.

6) 김세정, 「실심(實心)과 감통(感通)의 한국양명학」, 『儒學研究』 36집, 충남대 유학연구소, 2016, 175~202쪽 참조.

7) 『傳習錄(下)』, 「陳九川錄」, 206조목: "此便是格物的眞訣, 致知的實功." 및 212조목, "然與不用實功人說, 亦甚輕忽可惜, 彼此無益無實."

8) 『傳習錄(下)』, 「陳九川錄」, 218조목: "簿書訟獄之間, 無非實學; 若離了事物爲學, 却是著空."

현들을 매우 중시한다. 따라서 '실심'이란 용어 사용은 물론 '실심'의 중시
는 우계학파 내의 심학 계열 학자들의 사상적 특성이라고 말할 수 있다.
'실심'은 조선조 중기 이후 형식과 명분과 의리만을 중시하는 '허위(虛僞)'
와 '가식(假飾)'과 '위선(僞善)'에 대한 비판과 대응 논리로 제출된 개념이
라고 할 수 있다. 성혼, 장유, 최명길, 윤증, 정제두, 강화학파 등은 모두 자
신의 처한 시대의 문제를 해결하고자 '실심'을 중시하였던 것이다.

본 논문에서는 성혼의 심학적 경향과 더불어 우계학파 가운데 심학적
성향을 가진 학자들, 장유, 최명길, 윤증, 정제두에 대해 살펴보면서 우계
학파의 심학사상이 지닌 특징에 대해 고찰해 보고자 한다.[9]

2. 성혼 유학(儒學)의 심학적(心學的) 요소

성혼 유학의 심학적 요소는 크게 '천지생물지심(天地生物之心)'을 '인
심(人心)'으로 삼는다는 주장, '진심(眞心)'과 '실심(實心)'의 중시, '시중(時
中)'과 '권도(權道)'의 중시, 이 세 가지로 압축할 수 있다.

성혼은 먼저 「사소명소(辭召命疏)」에서 "사람이 태어날 때에 천지가 만
물을 낳는 마음을 얻어서 마음으로 삼기 때문에 따뜻하게 사람을 사랑

---

9) 필자는 「우계(牛溪) 성혼(成渾) 사상의 심학적 요소」, 『철학논총』 61집, 새한철학회,
2010 / 「우계의 거경궁리(居敬窮理)의 심학사상」, 『우계학보』 29호, 우계문화재단,
2011 / 「명재 윤증과 서계 박세당의 격물 논변」, 『동양철학연구』 56집, 동양철학연구
회, 2008 / 「율곡학의 심학적 계승과 변용」, 『율곡사상연구』 23, 율곡학회, 2011 / 「지
천 최명길의 주체성과 창조정신」, 『儒學硏究』 28집, 충남대 유학연구소, 2013 / 「계곡
장유의 주체성과 창조정신」, 『東西哲學硏究』 68호, 한국동서철학회, 2013 등의 선행
연구논문에서 각각의 인물에 대해 이들의 심학적 경향과 특성에 대해 다룬 바 있다.
본고에서는 이러한 연구 성과를 바탕으로 성혼과 우계학파의 심학화 경향과 특성에
대해 종합적으로 다루고자 한다.

하고 만물을 이롭게 하는 마음을 그만둘 수 없는 것이니, 이는 억지로 조작하는 것이 아니요, 바로 천성에 근원하여 측은지심(惻隱之心)의 실제에 드러나 그만둘 수 없는 것입니다."10)라고 한다. 천지가 만물을 낳는 마음은 생명력이 없는 선험적인 이법(理法)이 아니라, 바로 지금 이 순간 만물을 잉태하고 양육하는, 살아 숨 쉬는 '생명'이요, 역동적 '생명력'이다. 이것이 바로 도(道)요 심(心)이다. 도와 심은 형이상자와 형이하자로 이원화되어 있는 것이 아니라, 도가 곧 심이요, 심이 곧 도인 일원적 체계를 지닌다. 인간은 이러한 천지가 만물을 창생·양육하는 마음을 자신의 마음으로 삼는다는 것이다. 사람 마음은 단지 리(理)로서의 성(性)을 담고 있는 그릇(器)이 아니라, 그 자체가 전 우주적인 생생(生生)한 도(道)요, 생명의 주체이다. 인간은 선천적으로 천지가 만물을 낳는 마음을 소유하고 있기 때문에 사람을 사랑(愛人)하고, 만물을 이롭게(利物) 할 수 있는 것이다. 이 마음은 따뜻하고 살아 있는 마음으로서 현실 속에서는 측은지심(惻隱之心)과 같은 형태로 드러난다. 명도(明道) 정호(程顥, 1032~1085)와 양명(陽明) 왕수인(王守仁, 1472~1529)이 인심(仁心)을 인간과 천지만물이 한 몸[一體]이 될 수 있는 근거로 삼은 바 있듯,11) 여기서도 인심은 천지만물과 인간이 한 몸이 될 수 있는 근거가 된다. 사람은 누구나 자신의 인심을 매개로 천지만물과 한 몸이 되기에 타인을

---

10) 『牛溪集』, 권2, 「辭召命疏」, 17쪽: "夫人之生也, 得天地生物之心以爲心, 故溫然愛人利物之心有不能已, 非有所作爲也, 乃根於天而著於惻隱之實, 有不容已也.."

11) 『二程全書』, 「遺書二上」: "仁者以天地萬物爲一體, 莫非己也." 및 『傳習錄』(中), 「答聶文蔚」, 179조목: "夫人者, 天地之心, 天地萬物, 本吾一體者也." 『王陽明全集』, 권26, 「大學問」: "大人之能以天地萬物一體也, 非意之也, 其心之仁本若是, 其與天地萬物而爲一也." 참조.

사랑하고[愛人] 타물을 이롭게[利物] 할 수 있는 것이다. 인심은 곧 왕수인이 말하는 측은지심과 같은 통각 작용으로 드러나게 된다.12)

성혼 또한 사람은 생물지심으로서의 인심이 있기에 갓난아이가 우물에 빠지려는 순간을 목격하게 되면, 그 순간 그 아이가 죽거나 다칠까 걱정되어 깜짝 놀라 두려워하는 마음이 발동하게 되고, 굶어 죽은 시체를 보면 그 죽음이 슬프고 안쓰러워 음식을 먹지 못하고 입맛이 없게 된다고 주장한다. 이러한 인심은 참다운 일념으로 발동하여 종국에는 양민(養民)으로 귀결된다. 이는 밖으로부터 주어지거나 강요되는 것이 아니라, 내적인 자발성에서 기인한 것, 즉 진실하고 절실한 양심 본체가 밖으로 드러난 것에 불과하다.13) 여기서 성혼은 인간 마음의 근원을 역동적인 천지가 만물을 낳는 마음에 두고, 인간이 천지만물과 한 몸이 될 수 있는 근거를 보편적 형이상자로서의 리(理)가 아닌 역동적이고 주체적인 인심에 두고 있는바, 이는 성혼의 사상에서 보이는 심학적 요소라고 말할 수 있다.

성혼은 나아가 정자(程顥와 程頤)와 회암(晦庵) 주희(朱熹, 1130~1200)는 물론 그 이후 수많은 학자들의 강학에 의해 의리에 대한 이론 정립이 이미 완비되었기 때문에, 이제는 앎(知)이 문제가 아니라 실천(行)이 문제로, 실천의 주체인 '실심(實心)'과 '진심(眞心)'을 확립하는 것이 무엇보다

---

12) 『王陽明全集』, 권26, 「大學問」: "是故見孺子之入井, 而必有怵惕惻隱之心焉, 是其仁之與孺子而爲一體也."

13) 『牛溪集』, 권3, 「上王世子箚」, 69쪽: "天以生物爲之心, 而人得之以爲心, 故块然愛人利物之心充溢於中, 赤子入井而怵惕自生, 道有餓莩而所食不美. 欲使人人各得其所者, 乃良心之眞切, 本體之呈露, 不能自已, 而推擴其所大欲耳, 非由勸勉程督而聊欲塞其責也."

도 중요한 선결 과제라고 주장한다.14) 진심을 확립하여 의리를 실천하는 것이 무엇보다 중요한 시점으로, 만일 진심을 확립해서 의리를 실천하지 않는다면 의리성명(義理性命)에 대한 앎은 무의미하게 된다. 반드시 의리를 실천할 수 있는 진심을 수립하여 정치와 교화에 활용해야 한다. 그리고 의리에 대한 앎 또한 진심(실심)이 먼저 확립되어 있어야 참된 앎에 도달할 수 있으며, 진심이 확립되지 않은 상태에서의 독서궁리(讀書窮理)는 아무런 득이 되지 않는 공허하고 무의미한 일이 된다고 주장하고 있다.15) 진심의 확립은 실천만이 아니라 참된 앎을 추구하는 데 있어서도 선결 조건이 된다는 것이다. 여기서 성혼은 왕수인처럼 마음이 의리를 창출할 수 있다고 하는 주장16)으로까지 나아가지는 않았지만, 진심을 앎과 실천의 주체로 강조하고 앎과 실천의 주체로서의 진심의 확립을 가장 중요한 선결과제로 제시함으로써, 마음을 주체로 보는 심학적 경향을 충분히 내재하고 있다. 윤증을 비롯한 일군의 우계학파에서 실심을 매우 중시하고 있는 경향17) 또한 성혼의 이러한 진심·실심 중시와 무관하지 않다.

성혼은 또한 '시중(時中)'과 '권도(權道)'를 중시한다. 그는 "저의 소견에

---

14) 『牛溪集』, 권2, 「辛巳封事」, 27쪽: "大抵程朱以後講學明備, 義理不患其不足, 而所患者 實心不立, 根本未固耳. 眞心其立, 竭力向前, 則聖賢一語, 爲終身受用而有餘. 苟爲不 然, 雖高談性命, 妙入玄微, 於吾身心, 有何干涉."

15) 『牛溪集』 續集, 권2, 「擬登對啓辭草二條」, 167쪽: "大抵今日先儒明理之功必備, 義理 何患其不足. 所患者眞心耳. 眞心旣立, 則雖讀一句, 爲平生受用而有餘, 治化由玆而 出. 苟無其志, 泛然博觀, 雖讀盡經傳, 而與吾身心, 有何干涉."

16) 김세정, 『왕양명의 생명철학』, 청계, 2006, 272~274쪽 참조.

17) 황의동, 「우계학의 전승과 그 학풍」 및 김경수, 「우계학파의 형성과 그 특징」, 『우계학 보』 28호, 우계문화재단, 2010, 30~31쪽 참조.

는 천하의 의리(義理)가 때에 따라 똑같지 않으니, 똑같지 않은 것은 바로 처한 상황이 각각 다른 것입니다."18)라고 하였다. 즉 '의리'라는 것은 시공을 초월하여 고정불변한 것이 아니라, 시대의 변화나 자신이 처한 상황에 따라 달라질 수 있다는 입장이다. 성혼에게 '중(中)'은 고정불변한 틀과 형식으로 존재하는 것이 아니라 변화하는 상황에 따라 함께 변화한다. 즉 중은 때에 따라(隨時) 변화하는 '시중(時中)', 곧 '권도(權道)'를 의미한다. 마음은 마주한 상황을 주어진 불변하는 격식에 맞추는 것이 아니라, 마주한 상황에 가장 부합되는 방식으로 처리해 나가야 한다는 것이다.19) 성혼은 사변(事變)에 대처함에 있어 이러한 권도를 매우 중시한다.20) 시중과 권도의 주체가 바로 '실심'이다. 위선과 가식, 또는 사심(私心)이 아닌 실심이 확립되어 있어야만 시중(時中)의 권도(權道)를 온전하게 실행할 수 있는 것이다.

성혼은 실심과 권도를 바탕으로 '법의 변통(變通)'을 주장한다. 당시 완고한 신분질서를 바탕으로 운영된 조선에서는, 서얼은 재산상속권도 없음은 물론 관직에 등용되기도 어려웠다. 그런데 성혼은 관리를 등용함에 있어 법과 관습에만 얽매여 무조건 신분에 따라 서얼을 등용하지 말 것이 아니라, 시대적 상황의 변화에 따라 신분이 아닌 재능의 유무로 판단

---

18) 『牛溪集』 續集, 권3, 「與李叔獻」, 176쪽: "鄙見以爲天下義理, 隨時不同, 其所不同, 乃所以爲分之殊也."

19) 『牛溪集』 권5, 「與或人論奏本事別紙」, 119쪽: "古人言, 經是一定之權, 權是未定之經. 權者稱錘也, 隨時輕重, 游移前却, 未嘗執一而使一於平者, 卽所謂時中之中, 中無定體, 隨時而在者是也."

20) 『牛溪集』 續集, 권3, 「與宋雲長」, 188쪽: "前書處變爲權四字, 精深簡當, 不勝服義."

하여 재능 있는 서얼은 등용해야 한다고 주장한다.21) 즉 시대의 변화와 상황에 따른 '변통'을 중시한 것이다. 성혼은 군주나 기득권자들의 이해 득실을 위해서가 아니라 천지가 만물을 낳는 마음, 즉 인심(仁心)에 근거 하여 변통해야 한다고 주장한다.22) 당시 신분제 사회에서 고통 받던 서 얼들을 외면할 수 없는 마음, 그것이 곧 천지가 만물을 낳는 마음인 인심 (仁心)이다. 이 인심의 주된 작용은 곧 백성들과의 감통(感通)이다. 인심 은 측은지심(惻隱之心)과 같은 통각(痛覺)작용으로 드러나게 된다. 이는 밖으로부터 주어지거나 강요되는 것이 아니라, 내적인 자발성에서 기인 한 것, 즉 진실하고 절실한 양심 본체가 밖으로 드러난 것에 불과하다. 이 러한 통각과 감통의 주체로서의 인심이 바로 실심이다.

3. 장유(張維)의 주체적 학문 자세와 인시제의(因時制宜)

16세기에 실심과 권도의 뿌리를 내려준 인물이 성혼이었다면, 16세기 후반~17세기 초에 이를 계승 발전시켜 나간 인물로는 계곡(谿谷) 장유 (張維, 1587~1638)와 지천(遲川) 최명길(崔鳴吉, 1586~1647)이 있다.

양명학 전래기와 수용기에 있어서 양명학에 대한 폭넓은 이해를 바탕 으로 한편으론 당시의 시대적 폐단을 비판하고, 다른 한편으론 주체적 학문을 전개한 대표적 인물로 우계학파 장유를 꼽을 수 있다. 사계(沙溪)

---

21) 『牛溪集』, 권3, 「時務便宜十五條」, 70쪽: "我國禁錮庶孽, 古今天下, 當無所有. 如今多 亂, 立賢無方, 似宜變通近法, 使庶孽通仕路, 隨才任用."

22) 『牛溪集』, 권3, 「時務便宜十五條」, 70쪽: "則實合三代聖王之制, 而不拂於天地生物之 心矣."

김장생(金長生, 1548~1631)의 문인이기도 한 장유는 1623년 인조반정에 가담하였으며, 1636년 병자호란 때는 공조판서로서 최명길과 함께 강화(講和)를 주장하였다.

양명학이 이단·사문난적으로 심하게 배척받던 당시 상황 속에서도 장유는 주체적으로 양명학을 수용하였다. 장유는 단지 양명학을 수용하여 답습하는 단계에 머무르지 않았다. 그는 진취적으로, 당시 교조주의적 학문 풍토와 대의명분에 집착하여 위급한 현실에 제대로 대처하지 못하는 관료사회를 비판하였으며, 주체적 양지와 인시제의를 중시하는 태도를 바탕으로 자신이 마주한 현실 문제들을 주체적이고 창조적이며 실천적인 자세로 처리해 나갔다. 이러한 장유의 삶과 사상에서 보이는, 양명학과 관련성이 있는 주체성과 창조정신의 특징은 다음과 같이 정리해 볼 수 있다.

첫째, 당시의 학문적 답습과 맹목적인 교조주의에 대한 장유의 강한 비판에서 그의 주체의식을 찾아볼 수 있다. 당시 중국은 정주학뿐만 아니라, 선학(禪學)과 단학(丹學), 나아가 상산학(象山學) 등 학문의 다양성이 인정되고 있었다. 반면 조선에서는 정주학만이 정학(正學)으로 인정되고, 다른 학문들은 모두 이단으로 배척되었다. 장유는 조선에는 오로지 정주학만을 칭송하는 획일성과 교조주의만이 존재한다고 보았다. 학문의 다양성은 새로운 창조를 위한 밑거름이자 필수 조건이다. 반면 획일성과 교조주의는 학문함에 있어 생명이라고 할 수 있는 비판정신을 말살시키는 것으로, 오히려 학문을 질곡시키는 결과를 초래한다. 그렇다면 중국과 조선의 이러한 차이는 어디에서 비롯되는 것일까? 장유는 그 이유를 당시 중국과 조선 학자들의 학문적 자세의 다름에서 찾고 있다. 중국의 진정한 학자들은 학문의 출발점을 외적인 권위나 명분에서 찾는 것이 아니라, 자신의 내면적 '실심(實心)'에서 찾는다. 따라서 학자들 개개인의 기질이나 취향, 그리고 주체적 판단에 따라 다양한 성격의 학문이 전개될 수 있다. 반면 조선은 내면적 실심을 바탕으로 하는 것이 아니라 외적인 '권위', 즉 정주학만이 귀하다고 하는 당시의 외면적 평가와 흐름에 편승하여 획일적으로 정주학만을 답습할 뿐이다. 이러한 몰주체성과 획일적 교조주의로 인해, 참된 학문은 물론 독창적이고 창조적인 학문이 나올 수 없는 폐단이 야기되는 것이다.[23]

장유는 참다운 학문이란 주체적이면서도 비판적인 학문자세가 뒷받침되어야 한다고 역설하고 있다. 선유(先儒)의 정설(定說)에 대해서는 본래 깍듯이 따르며 지키는 것이 마땅하겠지만, 마음속에 의심이 들 경우에는 이를 강구해 보는 것 또한 당연하다는 것이다.[24] 아무리 정학(正學)으로 인정되고 추앙받는 선유의 정설이라 하더라도, 단지 이를 맹목적으로 답습하거나 추종만 해서는 안 된다. 만일 조금이라도 의심되는 부분이 있다면, 이를 해결하고자 하는 비판적이고 주체적인 자세가 필요하다는 것이다. 선유의 정설을 학습하되 주체적이고 비판적인 자세를 견지하면서 의심이 들면 묻고 생각하고 변별하는 등의, 주체적이고 비판적인 탐구

---

23) 『谿谷漫筆』, 권1,「我國學風硬直」, 573쪽: "中國學術多岐, 有正學焉, 有禪學焉, 有丹學焉, 有學程朱者, 學陸氏者, 門徑不一. 而我國則無論有識無識, 挾筴讀書者, 皆稱誦程朱, 未聞有他學焉. 豈我國士習果賢於中國耶. 曰非然也. 中國有學者, 我國無學者. 蓋中國人材志趣, 頗不碌碌, 時有有志之士, 以實心向學. 故隨其所好而所學不同, 然往往各有實得. 我國則不然, 齷齪拘束, 都無志氣. 但聞程朱之學世所貴重, 口道而貌尊之而已. 不唯無所謂雜學者, 亦何嘗有得於正學也."

24) 『谿谷漫筆』, 권1,「中庸章句中有疑者三」, 565쪽: "先儒定說, 本當恪守, 心有所疑, 亦宜講究."

과정을 통해 스스로 터득해 나가는 것이 학자의 바른 자세인 것이다.25) 이는 선유의 정설을 무조건 맹목적으로 추종하는 것도 아니고, 그렇다고 무조건 배척하는 것도 아니다. 그것은 선유들의 정설이 지닌 참뜻을 올바르게 파악하는 학문적 자세이며, 과거에 얽매이지 않으면서 주체적으로 학문을 새로운 차원으로 창조해 나갈 수 있는 기틀이 된다.

둘째, 창조적 삶의 토대로서의 주체적 양지(良知)와 실천성이다. 참다운 학문을 위해 필요한 주체성과 비판의식은, 능동적인 실천과 창조정신의 토대가 된다. 외적 권위나 명분에 일방적으로 끌려가거나 매몰되지 않기 위해서는, 무엇보다 주체성의 근간이 되는 자아에 대한 내적 성찰을 필요로 한다. 장유는 인간 누구나 '영명(靈明)'한 것을 내재하고 있으며, 이 '영명'함이 바로 주체성의 근거가 된다고 주장한다.26) 장유가 말하는 '영명'은 곧 왕수인이 말하는 '양지(良知)'의 다름 아니다.27) 장유는 영명한 양지가 옛날에는 통하고 지금은 막힌 것이 아니라고 하여,28) 양지의 선천적 내재성은 어느 일시적 현상이 아니라 역사적 보편성과 영속성을 지니는 것으로 보고 있다. 또한 영명한 양지가 중화라 하여 더 풍부하고 오랑캐라 하여 더 빈약한 것이 아니라, 중화나 오랑캐의 구분 없이 모

---

25) 『谿谷集』, 권6, 「沙溪先生經書疑問後序」, 108쪽: "夫學問思辨, 篤行之輿衛也. 世之學者, 誰不讀書, 鮮有能知疑者, 此無它, 學而不能思也. 思而後有疑, 有疑而後有問辨, 問辨有得而後推之於行. 此古之所謂切問近思."

26) 『谿谷集』, 권5, 「送高書狀善行赴京師序」, 86쪽: "夫天之畀於人者, 非以其靈靈明明者歟. 靈靈明明者之在於人也, 未嘗以古今通塞而夷夏豊嗇也. 故人能知靈靈明明者之在我而無待於外, 則物小而我大, 無入而不自得, 物皆供吾之觀, 而不能奪吾之守, 其於行天下也, 豈不綽綽有餘裕哉."

27) '靈明한 양지'에 대해서는 김세정의 『왕양명의 생명철학』, 청계, 2006, 286~291쪽 참조.

28) 『谿谷集』, 권5, 「送高書狀善行赴京師序」, 86쪽 참조.

두 동일하게 영명한 양지를 지니고 있는 것으로 본다.[29] 즉 양지는 평등한 인간관의 근거가 된다. 양지를 토대로 한 장유의 평등적 사고는 종래의 중국 중심의 종속적 세계관에서 벗어나 독립적이고 주체적인 존재로서의 자아에 대한 각성으로 나타난다. 영명한 양지는 외물에 이끌리지 않는 주체성이 된다. 주체적이고 창조적인 삶의 구현은 반드시 실제적이고 능동적인 실천이 수반되어야 하는바, 장유는 인간 실천성의 근거를 왕수인의 지행합일설(知行合一說)에서 찾고 있다.[30] 지행합일뿐만 아니라 치양지(致良知)에 있어서도 장유는 왕수인의 입장을 지지하고 있다. 장유는 백사(白沙) 진헌장(陳獻章, 1428~1500)의 학문은 정(靜)에 치우쳐 적(寂)으로 흐름으로써, 선학으로 간주될 수 있는 여지가 있지만 양명학은 이와 다르다고 항변한다. 왕수인의 치양지설(致良知說)은 정적(靜的)인 공허(空虛)한 수행이 아니라, 현실 세계의 실제적인 일 위에서 성찰(省察)하고 확충(擴充)하는 일로서, 오히려 역동적이고 능동적인 성격을 지니고 있다는 것이다.[31]

셋째, 주체성에 근거한 창조정신의 전개이다. 먼저 주희의 『중용장구(中庸章句)』에 대한 비판과 새로운 해석이다. 장유는, 『중용』은 '수도지위교(修道之謂敎)'를 위해 지어진 책으로, 이어지는 문장에서 "도라는 것은

---

29) 『谿谷集』, 권5, 「送高書狀善行赴京師序」, 86쪽 참조.

30) 『谿谷漫筆』, 권1, 「王陽明范淳夫格物致知辨」, 572쪽: "先儒以窮理爲格物, 致知之事, 專屬於知, 唯王陽明以爲兼知行而言. 范淳夫曰, 自君臣而言之, 爲君盡君道, 爲臣盡臣道, 此窮理也, 理窮則性盡, 性盡則至於命矣, 與陽明之說合."

31) 『谿谷漫筆』, 권1, 「陽明與白沙」, 579쪽: "陽明白沙論者, 竝稱以禪學. 白沙之學, 誠有偏於靜而流於寂者. 若陽明良知之訓, 其用功實地, 專在於省察擴充, 每以喜靜厭動, 爲學者之戒, 與白沙之學絕不同."

잠시도 떠날 수가 없는 것이니, 떠날 수 있다면 도가 아니다."라고 하여 수도(修道)를 말하고 있기 때문이라는 것이다. 수도의 구체적 방안으로서의 '계신공구(戒愼恐懼)', '신독(愼獨)', '치중화(致中和)'는 모두가 자기 스스로 갈고 닦는다는 '수신(修身)'의 의미이지, 결코 누가 누구를 다스린다는 '치인(治人)'을 의미하지 않는다. 그리고 수도(修道)의 '수(修)'는 스스로 자신의 몸과 마음을 닦아서 덕성을 밝히고 몸이 덕성에 잘 부합되도록 하는 자발적이고 주체적인 수양을 의미한다. 결국 『중용』이란 인간 누구나 자발적 노력, 즉 주체적이고 능동적인 수양을 통해 스스로 본성을 실현할 수 있다는 내용과 그 수양 방법을 담은 책이라는 것이다. 즉 주희가 말하는 것처럼 성인에 의한 품절(品節)은 물론, 예악형정(禮樂刑政)과 같은 외형적인 도구에 의한 교화나 지배가 불필요하다고 본다. 이러한 품절과 예악형정 같은 외재적인 방법들은 인간의 주체성과 능동성을 억압·말살시키고, 비주체적이고 종속적인 인간으로 전락시키는 폐해를 야기한다는 것이다.[32] 장유는 인간에게 주체성과 능동성을 부여하고 인간을 창조적인 삶의 주체로 새롭게 자리매김 시키고 있다.

장유 당시 지배계층들은 주체적 각성에 기인하여 현실을 판단하고 능동적으로 대처하기보다는, 주자학 독존과 존명사대(尊明事大)라는 고정 불변한 명분론에 집착하여, 오히려 변화하는 현실을 부정하는 보수적 태

---

[32] 『谿谷漫筆』, 권1, 「中庸章句中有疑者三」, 564쪽: "余讀中庸章句, 有疑者三焉, 錄之以求正於有道. 首章曰, 天命之謂性, 率性之謂道, 修道之謂教, 中庸爲脩道之教而作也. 故下文卽繼之曰, 道也者, 不可須臾離也, 可離非道也, 因言戒懼愼獨致中和之事, 此卽脩道之實也. 脩是脩明脩治之謂, 猶君子脩之吉之脩也. 章句曰, 脩, 品節之也, 教, 若禮樂刑政之屬是也. 以品節釋脩字, 本欠親切. 禮樂雖所以治身, 比之戒懼愼獨則似差緩. 若乃刑政是爲治之具, 元無關於學者身心, 以是脩道, 無乃外乎. 夫捨本章所言戒懼愼獨致中和等切近之訓, 而遠擧禮樂刑政以爲教, 此余之所疑一也."

도를 견지함으로써 현실을 왜곡시키는 경향이 있었다. 이에 장유는 인간의 영명성과 주체성에 근거하여, 시세에 따라 적절하게 대처하는 인시제의(因時制宜)를 내세워 고정불변한 명분론에 대응하였다.[33] 그 형세에 따라서 다스림을 제정하고 변화하는 상황에 맞추어 온당한 방법을 강구해야 한다는 장유의 '인시제의'적 사고는, 왕수인의 수시변역(隨時變易)의 논리와[34] 일맥상통한다. 인시제의적 태도를 중시하는 장유는 '시세(時勢)를 살피는 일'과 '인심(人心)을 수습하는 일'을 정치의 요체로 규정한다. 시세가 중요한 이유는, 시세는 고정불변한 것이 아니라 끊임없이 변화하기 때문이다. 옳고 그름이란 고정불변한 것이 아니라, 인심과 시세의 변화에 따라 함께 변화해 가는 것이다.[35] 따라서 고정불변한 옳음에 집착하기보다는 변화하는 인심과 시세를 잘 살펴서, 그것에 부합되도록 기준과 제도를 새롭게 제정하고 일을 처리하는 것이 바람직한 정치의 요체라는 것이다.

4. 최명길의 실심(實心)과 권도(權道)

최명길(崔鳴吉, 1548~1647)은 성혼과 이이 계통의 이항복(李恒福, 1556

---

33) 『谿谷集』, 권3, 「設孟莊論辯」, 62쪽: "因其勢而制其治, 通其變而適其宜, 此固自然之道, 而聖人之功也."

34) 김세정, 『왕양명의 생명철학』, 294~300쪽 참조.

35) 『谿谷集』, 권17, 「論軍籍擬上箚」, 287쪽: "伏以爲國之道, 莫要於審時勢, 而莫急於收人心. 人心國之本也, 時勢事之機也. 歷觀前史, 事雖未必是也, 若便於時勢, 順於人心, 則行之而無不成, 國以安固, 君以尊榮. 不然, 雖其事之未必不是也, 百擧而百敗, 不亡則亂. 此必然之理, 不可不察也."

~1618)과 신흠(申欽)의 문인이고, 조익(趙翼), 장유(張維), 이시백(李時白, 1581~1660)과 교유관계이며, 동강(東岡) 남언경(南彦經, 1546~미상) 및 장유와 동서 간이다. 최명길은 병자호란(1636) 때 청(淸)과의 강화를 주장하고 인조반정(1623)에 참여하였다. 정제두는 최명길의 형 최내길(崔來吉, 1583~1649)의 외손서(外孫壻)이다. 최명길의 손자 명곡(明谷) 최석정(崔錫鼎, 1646~1715)과 증손 최곤륜(崔崑崙)이 당화로부터 벗어나기 위해 최명길은 양명학자가 아니라고 부인하기도 하였다.[36]

인조반정과 병자호란 등 혼란과 위기의 시대를 산 최명길은 '권도(權道)'와 '변통(變通)'을 중시하면서 자신이 직면한 시대적 과제를 해결하기 위해 노력하였다. 그 밑바탕에는 외적인 명분(名分)과 권위(權威)보다는 '실질(實質)'과 '주체적인 태도'를 중시하는 그의 삶의 태도가 자리 잡고 있다. 실질에 바탕을 둔 권도를 중시하는 최명길의 사상과 삶에서 보이는 주체성과 창조정신이라는 특징은 다음과 같이 정리해 볼 수 있다.

첫째, 명분론자들에 대한 비판과 주체적 마음 중시이다. 최명길은 당시 현실의 위기상황과 백성들의 고통을 외면하고 명분과 의리에만 집착하며 껍데기만을 숭상하는 신료들에 대해 신랄한 비판을 한다. '명칭(名)'이라는 것은 실질의 그림자이다. 따라서 명칭은 실질이 바뀌면 따라서 바뀌어야 한다. 그럼에도 불구하고 실질을 외면한 채 명칭, 즉 '명분'에만 집착하면 변화를 감지하지 못할 뿐만 아니라 사태를 정확하게 판단하지 못하는 우를 범하게 된다. 그리고 '자취(迹)'는 '마음(心)'이 드러난 것이다. 마음은 변화와 사태를 판단하고 대저할 수 있는 주체이다. 마음이 아

---

36) 최명길의 생애에 대한 구체적인 내용은 이성무의 『조선시대 사상사연구』 2, 「지천 최명길의 생애와 사상」, 지식산업사, 2009를 참조 바람.

닌 자취만을 고집하면 주체를 상실하게 되어, 올바른 판단도 올바른 대처도 할 수 없게 된다. 그럼에도 당시 관인 유학자들은 실질과 마음이 아닌 명분만을 숭상하고 자취만을 논함으로써, 진실된 의견이 결핍되고 충실(忠實)한 실질이 부족하게 되었다는 것이다. 이에 최명길 자신은 '실질'에 힘쓰고 '마음'을 믿는다고 주장한다.37) 나아가 최명길은 "군자가 믿는 바는 마음이니 마음에 돌이켜 생각할 때 부끄러움이 없으면 비방이나 칭찬은 다만 외물(外物)일 뿐이다."38)라고 하여, 자신의 마음에 대한 강인한 믿음을 표현하고 있다. 마음은 옳고 그름에 대한 판단은 물론 참된 행위의 실질적 주체이다. 비방이나 칭찬과 같은 타인들의 평가는 단지 외물에 불과하다. 따라서 자신의 마음에 비추어 옳고 떳떳하다고 한다면 흔들림 없이 굳건하게 실천으로 이행할 수 있다. 이 마음이 곧 명분이나 이해득실에 사로잡히지 않는 참된 마음으로서의 '실심(實心)'이다. 최명길은 이렇듯 자신의 마음에 대한 믿음을 바탕으로, 병자호란 당시 많은 주자학자들의 반대에도 불구하고 주화(主和)를 주장할 수 있었다.

둘째, 최명길의 학문적 목표는 외적인 권위나 명분 그리고 타인의 평가에 이끌리지 아니하고, 인간 주체의 본심(本心)을 보존하고 확충하는 데 있다. 그는 평생 동안 이러한 학문 태도를 견지하여 주체의 본심을 확립하기 위해 정진하였다. 이러한 학문 경향으로 인해 부분적으로는 주자

---

37) 『遲川集』, 권8, 「疏箚·論典禮箚」, 390~392쪽: "夫名者, 實之影也, 而循名以責其實, 則失之者, 多矣. 迹者, 心之著也, 而執迹以求其心, 則失之者, 亦多.……嗚呼, 今世之所尙者, 名也, 而臣之所務者, 實也. 世之所論者, 迹也, 而臣之所信者, 心也.……我國之人, 心性偏隘, 動多拘忌, 有同婦人小兒. 惑於近似而乏眞實之見, 過於謹嚴而少忠厚之實."

38) 『遲川集』, 권11, 「丙子封事」, 454쪽: "君子之所信者, 心也, 求諸心而無愧, 則毁譽之來, 特其外物耳."

학적인 독서궁리(讀書窮理)를 긍정하고 있음에도 불구하고, 최명길의 학문은 인간 주체의 본심을 근저로 하는 '심학(心學)'이 그 바탕을 이루고 있다고 평가된다.39) 최명길은 허(虛)와 명(明)을 마음의 속성으로, 그리고 감(感)하여 통(通)하는 것을 마음의 작용으로 규정하고 있다.40) 즉 마음속에 고정된 정리(定理)가 없음에도 불구하고 마음이 감응을 통해 마주한 상황에 잘 대처한다는 것을 의미하며, 마음에 함유된 이치라는 것은 양명학에서와 같이 수시변역(隨時變易)하는 '실천조리'를 의미한다고 할 수 있다. 마음은 선험적 정리에 종속된 마음이 아니라 끊임없이 변화하는 환경 속에서 마주한 상황에 따라 주체적으로 감응하면서 사태를 능동적으로 처리하는 창조적인 마음이다.41) 그러므로 최명길은 마음은 영명하며 그 마음의 본질적 속성은 선(善)하다고 규정하고 있는 것이다.42) 허명(虛明)한 속성을 지니고 감통(感通)하는 작용을 하는 본심은 왕수인이 말하는 허령명각(虛靈明覺)한 양지(良知)43)와 다르지 않다.

최명길은 나아가 각고의 노력 끝에 스스로 양지를 깨우쳤다고 고백한 바 있다.44) 최명길은 나아가 "형체 없는 물체가 곧 조화의 뿌리이니, 본래

---

39) 송석준, 「韓國 陽明學과 實學 및 天主教와의 思想的 聯關性에 關한 研究」, 성균관대학교 대학원 박사학위논문, 1992, 83쪽 참조.

40) 『遲川集』, 권17, 「雜著·復箴」, 529쪽: "人有此心, 理涵其中. 虛明湛壹, 有感斯通."

41) 『遲川集』, 권9, 「請追給日本欠幣箚」(己巳), 413쪽: "應物之道, 無論大小, 虛心平氣, 隨事泛應, 不着私智於其間, 然後處得其當."

42) 『遲川集』, 권17, 「雜著·復箴」, 529쪽: "惟心本靈, 惟性本善. 日夜攸息, 其端可見."

43) 『傳習錄』中, 「答顧東橋書」, 137조목: "心者身之主也, 而心之虛靈明覺, 即所謂本然之良知也."

44) 『遲川集』, 권8, 「論典禮箚」(丙寅), 380쪽: "又能耐久咀嚼, 苦心力索, 故良知之天, 一朝開悟而不可掩也."

그것은 내 몸속에 있도다."**45)**라고 하였다. '본래 내 몸속에 있는 형체 없는 물체'란 마음을 의미한다고 할 때, 마음이 곧 '조화의 뿌리'라는 것이다. 왕수인 또한 양지를 '조화(造化)의 정령(精靈)'으로 규정하고, 양지로부터 모든 것이 나오지만 진실로 만물과 대립되지 않는다고 주장한 바 있다.**46)** 나아가 왕수인은 양지를 '본래면목(本來面目)'으로 정의한 바 있는데,**47)** 최명길 또한 심양의 옥에 있을 때 아들 최후량(崔後亮)과 주고받은 서한에서 본래면목을 언급하고 있다. 이 서한에서 최명길은 "평소의 말과 행동을 때때로 점검하여 이 마음으로 하여금 흩어져 달아나지 않도록 해야 한다."라고 하여, 마음을 인위적으로 붙들어 매는 것이 아니라 오히려 마음이 활발발하게 작용하고 있는 실제적인 일 위에서 마음이 사욕에 흔들리지 않도록 하는 공부, 즉 사상마련(事上磨鍊)을 해야 한다고 주장하고 있다. 그리고 공부의 궁극적인 목적은 언제든지 내 마음의 본체로 하여금, 솔개가 날고 물고기가 뛰는 천(天)에 오묘하게 합하게 하는데 있다고 주장한다.**48)** 정좌묵관(靜坐默觀)을 통해 천기의 오묘함을 자각

---

45) 『遲川集』, 권4, 「北扉酬唱錄續稿」, 309쪽: "一物無形是化根, 看來元只在吾身. 煩君着意加調護, 應有靈光分外新."

46) 『傳習錄』下, 「黃省曾錄」, 261조목: "良知是造化的精靈. 這些精靈, 生天生地, 成鬼成帝, 皆從此出, 眞是與物無對."

47) 『傳習錄』中, 「答陸原靜書」, 162조목: "本來面目, 卽吾聖門所謂良知."

48) 『遲川集』, 권17, 「寄後亮書」, 531쪽: "汝書云本來面目, 只於怳惚間看得依俙, 此乃工夫未熟而然也. 汝能覺得如此, 亦見日間點檢省察之功, 深可喜也. 陽明書云心本爲活物, 久久守着, 亦恐於心地上發病. 此必見得親切自家體驗分明, 故其言如此. 以陽明之高明, 猶有是憂, 況汝方處逆境, 心事何能和泰如平人耶. 此時遽下刻苦工夫, 過爲持守, 或轉成他病, 亦不可不慮. 但就尋常言動間, 時加提掇, 不使此心走放, 往往靜坐默觀, 認取天機之妙, 常使吾心之體, 妙合於鳶飛魚躍之天, 則雖在囹圄幽縶之中, 自有詠歸舞雩之趣, 自足以樂而忘憂."

하는 것은 곧 자신의 활발발한 양지를 자각하기 위함이다.

셋째, 권도(權道)에 따른 주체적인 주화(主和)의 주장이다. 최명길에게 있어서도 '실심'은 '수시변역'하는 '시중지도'와 '권도'의 주체가 된다. 최명길은 "대개 알 수 없는 것이 세상의 변화이고, 한없는 것은 의리입니다. 천하가 무사할 때에는 삼가 정상적인 법만을 지켜 가니 현명한 이와 못난 사람이 동등한 길로 귀일할 수 있사오나, 난리로 역경을 당하여 어찌할 수 없을 지경에는 변통성이 있어서 도와 함께 행하여야 바야흐로 성인의 큰 권도라 할 수 있습니다."[49]라고 하였다. 세상은 끊임없이 새롭게 변화하기 때문에 의리 또한 고정시킬 수 없다. 특히 병자호란과 같은 큰 난리는 국가적 차원에서 큰 혼란과 곤경을 야기한다. 병자호란은 단순한 침략전쟁이 아니라 동아시아의 질서가 새롭게 재편되는 과정에서 발생한 전쟁이다. 따라서 이전의 고정된 의리로만 재단하고 대처할 수 없다. 새로운 변화를 바탕으로 의리를 새롭게 제정해야 한다. 그리고 이를 바탕으로 새로운 사태에 대처해 나가야 하는바, 그것이 바로 '변통'이요, 변통할 수 있는 것이 바로 '권도'이다.

이러한 변통과 권도의 주체가 바로 '실심'이다. 최명길은 병자호란이라는 풍전등화의 국난을 당하여 급박한 사태를 실심에 근거하여 판단하고 대처하였다. 그는 무작정 화친(和親)을 주장하거나 자신의 이익을 위해 화친을 주장한 것이 아니다. 나라를 멸망으로부터 구하고, 백성들을 죽음으로부터 구하고자 하는 데 궁극적인 목적이 있었다. 그 해결 방안

---

49) 『遲川集』, 권12, 「丁丑封書」 제2, 464쪽: "蓋難測者世變, 無窮者義理. 天下無事, 謹守經常, 賢與不肖, 同歸一塗, 及至遭罹逆境, 身處無可奈何之域, 而能變而通之, 與道偕行, 然後方可謂之聖人之大權也."

을 찾기 위해 마주한 정세를 충분하게 고려하여 의리에 견주어 보기도 하고, 선유들의 정론에 맞추어 고증도 해보고 유사한 역사적 사건들을 참고해 보기도 하였다. 이러한 모든 과정을 거쳐 화친이 꼭 옳다고 하는 확고한 '믿음'이 있었기에 화친을 주장하였다는 것이다.50) 그 믿음의 주체가 바로 '실심'이다. 화친은 당시의 주도적인 흐름으로서의 대의명분(大義名分)이나 이해득실(利害得失)에 얽매이지 아니한 주체적인 실심의 판단에 의한 것이다. 이에 최명길은 화친을 주장하는 것이 주체적 실심에 따른 것으로, 후대의 어떠한 비난도 감수할 수 있을 만큼 확고한 신념에 근거한 것임을 밝히고 있다.51) 외재적인 명분이 아닌 내재적인 실심의 주체적 판단이기에, 외적인 어떠한 고난과 비난도 무릅쓰고 끝까지 화친을 주장하며 이를 행동으로 옮길 수 있었던 것이다. 어떠한 비난과 불명예를 감수하면서까지 최명길이 화친을 주장한 근저에는, 백성들을 도탄에서 구하고자 하는 백성들에 대한 사랑이 있었다.52) 이것이야말로 실심에 근거한 백성들과의 진정한 감통(感通)이 아니고 무엇이겠는가?

---

50) 『遲川集』, 권11, 「丙子封書」 제3, 453쪽: "臣之爲此羈縻之言者, 非敢不顧是非, 徒爲利害之說, 以誤君父也. 酌之以時勢, 裁之以義理, 證之以先儒之定論, 參之以祖宗之往迹, 如是則國必危, 如是則民可保, 如是則害於道理, 如是則合於事宜, 靡不爛熟思量, 有以信其必然."

51) 『遲川集』, 권11, 「丙子封書」 제3, 450쪽: "此見主和二字, 爲臣一生身累. 然於臣心, 尙未覺今日和事之爲非."

52) 『遲川集』, 권11, 「丙子封書」 제3, 453쪽: "夫不自量力, 輕爲大言, 橫挑犬羊之怒, 終至於生靈塗炭, 宗社不血食, 則其爲過也孰大於是."

5. 윤증의 실심(實心)과 실공(實功)의 무실사상(務實思想)

윤증의 생애와 다양한 학문적 연원 및 특성 등에 대해서는 이미 많은 연구가 진행되었다. 다만 이곳에서는 선행연구를 바탕으로 우계학파와의 연관성 및 사상적 특성에 대해 고찰해 보고자 한다.

윤증은 노서(魯西) 윤선거(尹宣擧, 1610~1669)의 장남으로 1629년(인조 7)에 태어났다. 그의 조부 팔송(八松) 윤황(尹煌, 1571~1639)은 성혼의 문인이자 사위였다. 고영진은 윤증의 사상 형성 과정을 크게 세 시기로 구분하고 있다. 그 가운데 10세부터 29세까지의 '수학기'는 윤증이 성혼으로부터 윤선거로 이어지는 가학적 전통을 계승하며, 당대의 명유들에게 수학하면서 자신의 학문적 깊이를 더해 갔던 시기로 평가된다. 그리고 30세부터 52세까지 '성숙기'에는 사우들과 서신을 통해 활발히 학문을 토론했으며, 관직에 나아가지 않은 시기로서 주희 중심의 성리학에서 크게 벗어나지 않았던 것으로 평가된다. 마지막으로 53세부터 죽을 때(86세)까지로 '전환기'이다. 이 마지막 시기에는 우암(尤庵) 송시열(宋時烈, 1607~1689)과 결별하면서 사상적으로도 '무실(務實)'과 '실심(實心)'을 강조하는 등 본격적 변화가 나타났으며, 이러한 변화가 노론의 공세에 정치적·학문적으로 대응하는 과정에서 점점 체계화되고 정체성을 띠어 갔던 시기라고 평가된다.53)

이렇듯 조선 중기에서 후기로의 전환점에 살았던 윤증은, 사상 형성 과정에 있어서도 많은 변화를 가져온다. 이로 인해 윤증의 유학사상에

---

53) 고영진, 「명재 사상의 형성 과정과 한국사상사적 위치」, 『務實과 實心의 유학자 명재 윤증』, 충남대유학연구소 편, 청계, 2001, 22~30쪽 참조.

대한 오늘날의 평가가 다양하다. 윤증에 관한 대표적 저술이라 할 수 있는『무실(務實)과 실심(實心)의 유학자 명재 윤증』(충남대유학연구소 편, 청계, 2001)과, 『명재 윤증의 학문연원과 가학』(충남대유학연구소 편, 예문서원, 2006)을 중심으로 분석해 볼 때, 윤증의 유학사상에 대한 학문적 평가는 크게 다음과 같은 세 가지 정도로 정리해 볼 수 있다.

첫째, 윤증의 유학사상이 성혼 또는 이이를 통해 내려오는 주자성리학적 사유의 맥락을 계승하고 있다는 것이다.[54] 예컨대 윤증의 주기(主氣)철학은 주희의 현상론의 측면을 '기포리(氣包理)'와 '기발리승일도설(氣發理乘一途說)'의 내용으로 전개시킨 율곡철학을, 보다 실증적이고 실천적인 방면으로 발전시켰다고 평가되거나,[55] 윤증이 정주나 이이, 성혼을 매우 존숭하여 자신의 학문적 연원으로 삼고 있음이 분명하지만, 실천적 학풍이 강조되고 '실심'·'실공'을 중시하는 '무실학(務實學)'에 입각한 무실학풍을 보이고 있다는 점에서 이이보다 실천에 매진한 성혼의 학풍을 따른다고 평가된다.[56]

둘째, 성리학 계승의 연장선상에서 윤증 유학의 특징을 실학적이라고 보는 입장이다.[57] 한우근은 윤증의 유학을 학문하는 사람의 기본적 자

---

54) 황의동의 「명재 사상의 성리학적 특성」, 최영진의 「명재 사상의 리기론에 관한 고찰」, 최영찬의 「명재 사상의 主氣 철학적 심성관」, 리기용의 「율곡학과 윤증의 유학」, 楊祖漢의 「윤증의 성리학」, 이애희의 「윤증의 유학과 우계 성혼」, 김문준의 「윤증 유학의 성리학적 연원」 등이 이에 해당한다.

55) 최영찬, 「명재 사상의 主氣 철학적 심성관」, 『務實과 實心의 유학자 명재 윤증』, 152쪽 참조.

56) 이애희, 「윤증의 유학과 우계 성혼」, 『명재 윤증의 학문연원과 가학』, 44쪽 참조.

57) 한우근의 「명재 윤증의 실학관」, 윤사순의 「명재 윤증의 성리학적 실학」, 朱七星의 「명재 윤증의 경세 사상」, 송인창의 「명재 윤증의 무실적 경세학」 등이 이에 해당한다.

세인 덕성의 체인(體認)을 뜻하는 실심실학이자 그 실제적인 방법과 이상을 삼대의 정치·성현의 경전에서 찾는 '궁경(窮經)실학'이라고 평가한다.[58] 윤사순 또한 윤증의 실학을 '성리학적 실학'으로 규정하고, 수기(修己)를 통해 오륜(五倫) 내지 예(禮)의 실천궁행을 중시하는 데 윤증의 '무실실학'의 특징이 있다고 주장한다.[59]

셋째, 윤증의 유학사상은 '육왕학적 심학'에 바탕을 두고 있다고 보는 입장이다.[60] 이은순은 윤증이 임진왜란과 병자호란 이후 변모하는 조선 사회에서 실용적인 학문과 사상체계를 세우기 위해 외주내왕적(外朱內王的) 실학을 추구하였다고 평가한다.[61] 송석준 또한 '실심'을 중시하는 윤증의 심학 속에는 무실적 경향과 함께 양명학적 학문 경향이 노정되어 있다고 주장한다.[62]

비록 윤증의 유학사상을 양명학적 심학과 연관시켜 보려는 시도가 이루어지고 있지만, 윤증은 주자성리학을 온전히 계승했다는 주장이 우세하다. 이렇듯 윤증의 유학사상이 다양하게 평가되는 이유는, 먼저 윤증이 전환기에 살았다는 점과, 윤증의 삶에 있어서의 다양한 사우(師友)관계와, 이로 인한 다양한 학문적 연원에서 찾을 수 있다. 그리고 윤증의 역경

---

58) 한우근, 「명재 윤증의 실학관」, 『務實과 實心의 유학자 명재 윤증』, 491쪽 참조.

59) 윤사순, 「명재 윤증의 성리학적 실학」, 『務實과 實心의 유학자 명재 윤증』, 506쪽 참조.

60) 이은순의 「명재 윤증의 생애와 회니 시비의 명분론」, 송석준의 「명재 윤증의 심학 사상」, 김길락의 「명재 윤증의 육왕학적 특징」, 余懷彦의 「명재 윤증의 심학 사상 초탐」, 유명종의 「명재 윤증의 무실 실학」 등이 여기에 속한다.

61) 이은순, 「명재 윤증의 생애와 회니 시비의 명분론」, 『務實과 實心의 유학자 명재 윤증』, 68쪽 참조.

62) 송석준, 「명재 윤증의 심학 사상」, 『務實과 實心의 유학자 명재 윤증』, 173쪽 참조.

과 고뇌 등이 뒤얽히면서 어떠한 하나의 사상에 교조주의적으로나 원리주의적으로 매몰되지 않고, 역동적으로 끊임없이 변화해 간 데서 기인한 것이라 할 수 있다.

윤증 유학사상의 다양한 학문적 연원관계 가운데, 성혼과의 관련성에 한정해 살펴보고자 한다. 먼저 '가학적 연원'과 '성혼과의 연관성'을 하나로 묶을 수 있다. 리기심성(理氣心性)의 사변적 탐구보다는 유학 본래의 내면적 성실성을 추구하고 마음공부를 중시하는 윤증의 수기 중심의 심학풍은, 외증조부인 성혼-조부 윤황-부친 윤선거와 더불어, 장인 권시(權諰)를 통해 전해 내려온 가학적 전통이었다는 것이다. 그리고 이론적 성리학에서 실천적 성리학으로, 명분적 성리학에서 내면적 성리학으로의 변모가 가학적 전통에서 연유된 것으로 본다. 아울러 윤증의 무실학풍 또한 실심과 천리돈확(踐履敦確)을 중시하는 성혼에게서 발원하여, 무실을 강조한 윤선거를 통해 전해 내려오는 가학적 연원에 기인한다는 것이다.63) 리기심성에 대한 이론적 탐구보다 실천을 중시한다는 점에서 윤증의 유학사상은 이이에서 송시열로 이어지는 노론학계의 학풍과는 차별되는바, 윤증은 이이의 학풍보다는 성혼의 학풍을 계승했다고 평가된다.64)

윤증 유학사상의 다양한 학문적 연원에 근거할 때, 윤증의 학맥은 일면 '성혼-윤황-윤선거-윤증'의 가학적인 학맥이 가능하듯이, 또 다른 일면에 있어서는 '이이-김장생-김집-윤선거-윤증', 또는 '이이-김장생-송

---

63) 황의동, 「윤증 유학사상의 가학적 연원」, 『명재 윤증의 학문연원과 가학』, 71~89쪽 참조.

64) 이애희, 「윤증의 유학과 우계 성혼」, 『명재 윤증의 학문연원과 가학』, 44쪽 참조.

시열-윤증'의 학맥도 가능한 것이라 하겠다.[65] 특히 윤증이 "입지와 무실 두 조목은 내가 분수에 넘치게 율곡과 우계 두 선생의 뜻을 취하여 덧붙인 것이다."[66]라고 한 데서도 입증되듯, 무실과 실심의 학풍은 성혼과 이이의 영향을 강하게 받은 것이라 볼 수 있다. 다만 "퇴계는 동방의 주자이니, 주자를 배우고자 하는 사람은 마땅히 퇴계에서부터 공부를 시작해야 한다."[67]라는 주장이나, 이황과 이이를 함께 우리 동방 학문의 정맥으로 인정하는[68] 윤증의 주장에 근거할 때, 성혼과 이이의 영향관계뿐만 아니라, '이황-권시-윤증'으로 내려오는 퇴계학의 심학적 영향 또한 충분히 고려해야 한다고 본다.

윤증의 생애, 학문적 연원, 사상적 특성 등 윤증에 대한 선행연구들을 종합적으로 고찰해 볼 때, 윤증의 유학사상은 다음과 같은 특성을 지닌다고 볼 수 있다.

첫째, 윤증의 사상은 연원관계에 있어 무엇보다도 이이의 성리학과 실학, 이황과 권시의 심학, 성혼과 윤선거의 무실학, 김장생의 예학 등, 다양한 요소들과 밀접한 관련성을 지니고 있다. 이로 인해 윤증의 사상은 일반적인 성리학자들에 비해 단일한 색깔이 아닌 다양한 색채를 지니게 되었으며, 오늘날 윤증 유학에 대한 다양한 평가가 가능하도록 하는 계기를 마련해 놓았다.

---

65) 황의동 외, 「명재 유학사상의 정체성 시비에 관한 연구」, 『동서철학연구』 29호, 한국 동서철학회, 2003.9, 256쪽 참조.

66) 『明齋遺稿』, 권30, 「爲學之方圖」, 114쪽: "所謂立志務實二目, 則拯之僭取兩先生之意, 而添之者也."

67) 『明齋遺稿』下, 「言行錄」, 권4, 195쪽: "退陶東方之晦翁, 學晦翁當自退陶始."

68) 『明齋遺稿』, 권20, 「與朴泰輔士元」, 449쪽: "退栗遺稿, 卽吾東方之正脈也."

둘째, 윤증 사상의 다양성은 어느 하나의 입장에 서서 이를 고수하며 여타 사상이나 학파를 맹렬히 비판하는 편협한 교조주의적 태도를 보이지 않는 개방적인 학문 태도로 나타난다. 예컨대 대부분의 조선조 주자성리학자들은 주자학을 절대적인 진리로 신봉하면서 양명학과 같은 주자학 이외의 학문을 이단(異端)·사문난적(斯文亂賊)이라 하여 심하게 배척하거나, 반주자학자의 경우 주자학의 부당함과 폐해를 신랄하게 비판하였다. 그러나 윤증의 경우는 이이와 성혼과 이황을 통해 내려오는 주자성리학을 주체적이고 실천지향적인 방향으로 계승하면서, 당시 반주자학이라 하여 이단·사문난적으로 심하게 비판·배척받았던 박세당의 『사변록(思辨錄)』에 대해서도 「제문(祭文)」에 "이른바 『사변록』은 오랫동안 깊이 침잠하여 얻은 바를 기록하여 이루어진 책이다. 비록 간간이 선현의 취지와 다른 것이 있지만, 공의 의사를 헤아려 보건대 어찌 감히 다른 학설을 세우고자 한 것이겠는가? 요컨대 의문 나는 것을 따져 보고자 한 것이니, 이는 또한 회재(晦齋)나 포저(浦渚) 같은 선정(先正)들께서도 일찍이 하신 일이다."[69]라고 하여, 개방적이고 포용적인 태도를 보이고 있다.

　셋째, 윤증의 사상은 실심(實心)으로 표현되는 주체성과, 무실(務實)로 표현되는 실천지향적 측면을 중시한다. 「사단칠정논변(四端七情論辯)」·「인심도심논변(人心道心論辯)」·「인물성동이논변(人物性同異論辯)」 등, 한국 성리학의 3대 논변에서 볼 수 있듯, 16세기 퇴·율 시기부터 17~19세기에 이르는 동안 한국 성리학은 인간 심성(心性)의 토대가 되는 리기론

---

69) 『明齋遺稿』, 권34, 「祭西溪文 初本」, 217쪽: "所謂思辨一錄, 沈潛旣久, 箚錄成帙. 雖間有出入先賢之旨者, 想公之意, 豈敢立異? 要以質疑, 盖亦晦齋浦渚先正之所嘗爲也."

은 물론 인간 심성에 대한 깊이 있는 천착과 더불어 끊임없는 논변을 전개해 나갔다. 그 과정에서 대부분의 유학자들이 이론 중심의 유학을 발전시켜 나간 측면이 강하다. 그러나 윤증의 경우에는 우계학에 있어서도 리기심성론에 대한 관심보다는 성혼의 실심과 천리돈확(踐履敦確)을 중시하는 무실을 계승하고, 율곡학의 경우에도 송시열과 같이 이이의 성리설을 바탕으로 이론을 전개하였지만, 윤증은 송시열과 달리 존양성찰(存養省察)과 주관적 성실성을 강조한 무실학을 전개하여 송시열과는 다른 차별적인 발전 양상을 보였다.[70] 그리고 이황의 심학에 연원을 둔 윤증의 사상은, 입지와 무실을 강조한 이이와 성혼의 인간학적 성취를 계승한 것인 동시에, 거경(居敬)과 궁리(窮理)라는 주자학적 인간학의 구조를 입지와 무실을 포함한, 보다 더 치밀한 인간학적 구조로 진전시키는 한국 심학의 성취를 반영한 것으로 평가되기도 한다.[71]

윤증은 자신의 학문의 근본을 '입지(立志)'와 '무실(務實)'에 둔다.[72] 윤증은 "가르치고 배우는 기술에 어떠한 특별한 방법이 있겠는가? 입지와 무실은 배우는 자가 가장 힘써야 할 것이니, 그 나머지는 책에 있을 따름이다."[73]라고 하여, 입지와 무실을 학문의 출발점이자 최고의 방안으로 삼는다. 입지가 학문의 출발점이라면 무실은 그 학문을 성취시켜 가는

---

70) 김문준, 「윤증 유학의 성리학적 연원-송시열을 중심으로」, 『명재 윤증의 학문연원과 가학』, 126쪽 참조.

71) 권정안, 「윤증 유학의 심학적 연원-탄옹 권시를 중심으로」, 『명재 윤증의 학문연원과 가학』, 138쪽 참조.

72) 『明齋遺稿』, 「年譜」, 권1, 17장: "又必以立志務實爲本, 此乃先生家傳旨訣爾."

73) 『明齋遺稿』, 권14, 「答羅顯道」, 334쪽: "所叩教學之術, 有何別方, 立志務實, 最爲學者之先務, 其餘在方冊耳."

동력이자 과정이다. 이러한 입지와 무실의 주체가 바로 '실심(實心)'이다. 윤증은 어떠한 일을 성실하게 처리할 수 있는 '실심'이 바탕이 되어 '실사(實事)'가 행해질 수 있다고 본다. 실심은 곧 사람에게 있어서의 실리(實理)이기도 하다. 실심의 심은 리(理)와 기(氣)가 합일된 마음으로서, 실심은 그 자체가 인간의 생명본질이다. 따라서 마음의 성실성 여부에 따라 마음에서 비롯된 만사는 거짓될 수도 있고 진실하게 될 수도 있다.74) 윤증은 "모름지기 실심으로써 실공(實功)을 이루어야 한다."75)라고 하고, "실심이 서지 못하면 실공에 나아가기 어렵다."76)라고 하였다. 실심은 바로 실공의 토대이다. 실심이 있어야 실공이 가능한 것이요, 실심의 주된 기능은 바로 실공이다.

윤증은 궁리를 위한 독서 또한 실심으로 해야 함을 강조하고 있는데,77) 여기서 중요한 점은 실심으로 하는 독서는 기억하고 외우는 것이 아니라, 몸과 마음으로 체인하는 것이어야 한다는 점이다.78) 이에 윤증은 "벗들에게 바라는 것은 역시 오로지 실공에 있을 뿐이다. 우리의 학문이 나아가고 서로 더불어 의리를 강구하며, 힘써 직무를 행하여 뒤떨어진 사람들로 하여금 선인들이 남겨 놓은 은덕을 입게 하는 것, 이것을 바

---

74) 『明齋遺稿』, 別集, 권3, 「擬與懷川書」, 536~537쪽: "又曰, 忠爲實心, 信爲實事. 栗谷先生因以伸之曰, 天有實理, 人有實心. 人無實心則悖乎天理矣. 一心不實, 萬事皆假, 一心苟實, 萬事皆眞."

75) 『明齋遺稿』, 권19, 「與閔彦暉」, 426쪽: "唯當以實心做實功."

76) 『明齋遺稿』, 권18, 「與鄭君啓」, 415쪽: "實心未立, 實功難進."

77) 『明齋遺稿』, 권21, 「答李彦緯武叔」, 477쪽: "古人爲學之方, 具在方冊, 而世之學者, 罕有眞實心地."

78) 『明齋言行錄』, 권4, 「問答上」, "爲學不專在讀書, 不專在記誦. 惟體認身心, 則隨時隨處, 無非爲學之事矣."

랄 뿐이다."79)라고 하여, 학문의 궁극적 목적이 실심을 바탕으로 한 실공에 있다고 본다. 즉 학문의 목적 또한 단순히 관념적 차원에서의 지식의 추구나 축적에 있는 것이 아니라, 현실의 장 한가운데에서 타인과의 관계 속에서 참된 실천으로 이행하여 몸소 체인하는 데 있다는 것이다.

이렇듯 윤증은 다양한 사상적 연원관계에 있어서도 리기심성론에 대한 이론적 천착이 아니라, 실심(實心)·실사(實事)·실공(實功)을 핵심으로 하는 무실사상에서 보여 주듯 주체적이고 실천지향적인 측면을 핵심으로 한다. 윤증 스스로 "이 시대에는 경전에서 정주서(程朱書)에 이르기까지 서책들이 풍부하다. 학자는 이 책을 읽어 참되게 알고 실천할 일이지, 이와 관계없는 저술에 힘쓰는 것은 무실의 학문이 아니다."80)라고 주장하고 있는바, 윤증은 "명리를 중시하지 않는 진솔한 삶의 태도에서 드러나듯이, 명재는 헛된 명분보다는 실용을 숭상하고 이론보다는 실천을 중시한 학자였다."81)라고 평가된다. 이러한 윤증의 다양하고 개방적이며 주체적이고 실천지향적인 학문 태도와 성향으로 인해, 윤증의 문하에서 양지설(良知說)과 실사구시(實事求是)를 통일한 덕촌(德村) 양득중(梁得中, 1665~1742)이 배출되었고, 정제두와 같은 한국 양명학의 거두가 탄생할 수 있었다.82)

79) 『明齋遺稿』, 권21, 「與李燔希敬」, 487쪽: "所望於朋友者, 亦唯做實功. 進吾學, 相與講究義理, 强勉服行, 使衰朽者, 得借餘光, 是冀而已."

80) 『明齋遺稿』 下, 「附錄·年譜」, 245쪽: "編次近思後錄條." 참조.

81) 송석준, 「명재 윤증의 심학 사상」, 『務實과 實心의 유학자 명재 윤증』, 173쪽.

82) 유명종, 「명재 윤증의 무실 실학」, 『務實과 實心의 유학자 명재 윤증』, 519쪽 참조.

6. 정제두의 실심양지(實心良知)와 양명학

정제두(鄭齊斗, 1669~1736)의 생애는 크게 세 시기, 41세 이전까지 서울에서 살던 시기, 60대까지 안산에서 살던 시기, 그 이후 강화에서 살던 시기로 나누어진다.[83] 10세 무렵 우암(尤庵) 송시열(宋時烈, 1607~1689)과 동춘당(同春堂) 송준길(宋浚吉, 1606~1672)의 문인인 계동(溪東) 이찬한(李燦漢, 1610~1680), 이상익(李商翼) 등에게 가르침을 받기도 했던 정제두의 학맥은, 윤증을 통해 내려오는 이이 계열과 성혼 계열 이외에, 사서(沙西) 김식(金湜, 1482~1520)-이진자(頤眞子) 김덕수(金德秀, 1500~1552)-월정(月汀) 윤근수(尹根壽, 1537~1616)-청음(淸陰) 김상헌(金尙憲, 1570~1652)-남계(南溪) 박세채(朴世采)-정제두로 이어지는 또 하나의 계열이 있다.[84] 이렇듯 정제두는 다양한 학맥을 갖고 있다.

그러나 정제두는 윤증이 박세채로부터 학맥을 잇고 있다고 하여 이들의 사상을 맹목적으로 추종하거나 답습하지 않았다. 젊었을 때 주자학을 배웠던 정제두는 다른 한편으론 양명학에 심취하였다. 30대 초반부터 양명학을 드러내 놓고 공부하기 시작한 정제두가, 34세 때 시작한 박세채와의 논쟁은 43세 때 이르러서야 끝이 난다. 박세채는 정제두가 양명학에 심취하는 것을 반대하여 「왕양명학변(王陽明學辨)」을 짓기까지 하였다.[85] 그리고 윤증 또한 정제두의 양명학 공부를 염려하였으나, 정제두

---

83) 김교빈, 『양명학자 정제두의 철학사상』, 한길사, 1996, 20쪽 참조.

84) 황의동, 「17~18세기 기호학파의 철학사상」, 『韓國儒學思想大系 Ⅲ: 哲學思想編 下』, 한국국학진흥원, 2005, 36쪽 참조.

85) 『南溪集』, 권59, 「王陽明學辨」, 217쪽.

는 양명학 공부에 대해 소신을 굽히지 않는다는 서신을 56세까지 주고받는다.[86] 물론 이들의 학문적 영향관계를 무시할 수는 없다 하더라도, 정제두는 청년기에 주희 격물설(格物說)에 대한 문제제기를 통해 주자학에서 양명학으로 전환하고, 중년기에 독창적 심학사상을 수립함으로써 문제를 해결했던 것으로 보인다. 이는 정제두의 양명학적 성격과 독창적 철학체계가 잘 드러나는 「학변(學辨)」과 「존언(存言)」을 비롯한 대부분의 저술이 41세 이후에 나온 것을 통해서도 알 수 있다.[87] 윤증이 학문적 유연성을 가지면서도 주자학의 틀을 벗어나려 하지 않았다면, 정제두는 과감하게 그 틀을 벗어나 양명학을 자신의 학문으로 삼았다고 평가된다.[88] 정제두는 한편으로는 이이와 윤증으로 이어지는 성(誠)을 중시하는 무실학을 계승하면서도, 다른 한편으로는 양명학을 수용하여 통섭과 자득(自得)을 바탕으로 이이와는 다른 리기론과 심성론을 주장하면서 자신의 독창적 심학사상을 수립하였다.

성혼과 윤증과 정제두가 만나질 수 있는 접점은 무엇보다 '실심(實心)'에서 찾을 수 있다. 정제두는 당시 성리학자들은 기(氣)도 없고 물(物)도 없는 '허(虛)'를 리(理)로 삼고 있다고 주장한다. 이러한 '공허한 리(虛理)'는 능동적 작용성이 없을 뿐만 아니라 구체적 사물과 현실 세계를 벗어나 물질성을 갖지 않는 추상적인 리로서, 외재적이고 초월적이며 기(氣)와 이분적(二分的)인 것으로 생명력이 없는 문제를 안고 있다고 비판한

---

86) 김교빈, 「明齋 尹拯과 霞谷 鄭齊斗의 交遊」, 『시대와 철학』 21권 1호, 한국철학사상연구회, 2010, 44~61쪽 참조.

87) 김교빈 편저, 『하곡 정제두』, 예문서원, 2005, 20~22쪽 참조.

88) 김교빈, 「明齋 尹拯과 霞谷 鄭齊斗의 交遊」, 59쪽 참조.

다.89) 허리에 대한 비판을 바탕으로 정제두는 '실리(實理)'와 '실심(實心)'을 제안한다. '실리'의 입장에서 볼 때, 성(誠)은 자연만물이 스스로 생성되고 양육되는 원인이라면, 도(道)는 만물 화생(化生)의 원리가 스스로 작용하는 원인으로서, 이는 『중용』의 '사물의 시작과 끝'(物之終始)이라는 말에 대한 해석이라고 정의한다. 그리고 '실심'의 입장에서 볼 때, 성은 사람의 마음이 스스로 근본으로 삼는 것을 말하고, 도는 사람이 주체적으로 실천해야 함의 당위성을 말하는 것으로, 이는 '성실하지 않으면 사물이 없다'(不誠無物)는 말에 대한 해석이라고 정의한다.90) 그런데 정제두에게 있어 실리와 실심은 서로 다른 두 영역이나 차원이 아닌 하나로 통합된다. 실리는 이 우주자연의 근원이며 이 세계를 창조하는 생명력인데, 사람 마음의 순일한 본체는 사실상 우주자연의 순일한 본체로서의 실리와 다르지 않다는 것이다.91)

인간의 '실심'은 인간 마음의 실리로서 실심의 주된 공능은 '감통(感通)'이다. 정제두는 사물세계의 감통을 감열(感悅)과 감기상(感氣相)이라고 하는 반면, 인간의 감통은 '감성(感誠)'이라고 칭한다. 진실(眞實)하고

---

89) 『霞谷集』, 권9, 「存言」中, 248쪽: "彼之以其虛者爲理者, 蓋以沖漠無眹, 萬象森然已具, 未應不是先, 已應不是後, 以如此處謂之理.(以沖漠爲無氣, 未應爲無物也, 故以此處爲理, 而以爲無有物無有氣者也.)……故彼虛之爲理, 以雖無有明火, 而本自常有火之理, 雖無有水流, 而本自常有水之理, 每離物而論理, 謂雖無物而有其理, 以無物者爲之理而求之."

90) 『霞谷集』, 권12, 「中庸說」, '中庸雜解', 343쪽: "誠者自成而道自道也. 誠有以實理言, 有以實心言. 以實理則誠者物之所以自成, 道者理之所以爲用.(以應誠者物之終始之解.) 以實心則誠者心之所自爲本, 道者人之所當自行.(以應不誠無物之解.)"

91) 『霞谷集』, 권9, 「存言」中, 256쪽: "其條理之各有焉, 而出於本體者然. 至其於物各正性命, 而其純一之體, 無非實理, 與人心純一之本體, 而各盡其理於物者, 一體也. 故吾心之理盡, 而物之性命無不得矣."

무위(無僞)한 본체로 정의되는 '성(誠)'은92) 둘[貳]이 되지 않으며 '느껴서 통하게'(感通) 하는 도(道)로서, 어떠한 일에 마음을 지극히 전일(專一)하게 하여 그 정성됨이 흔들리지 않도록 하는 것으로 정의된다. 성(誠)은 한 터럭의 거짓됨도 없이 진실되게 다른 존재물과 감통하여 진실로 둘이 아닌 하나가 되는 것을 말한다. '감성(感誠)'이란 '실심'과 '진정(眞情)'으로 서로 감동하는 것으로 정의된다.93) 정제두가 "실심으로 볼 것 같으면 성(誠)이란 마음이 스스로 근본으로 삼는 바이다."94)라고 밝힌 바 있듯, 실심은 스스로 성을 근본으로 삼은 마음으로서 실심은 인간에게 있어서의 성 그 자체이다. 인간은 다른 존재물과 달리 실심을 지니고 있어서 거짓됨 없는 실심으로 서로를 감동시키고 감통할 수 있다. 진정(眞情), 실덕(實德), 지성(至誠), 신명(神明) 모두 이름만 다를 뿐 '실심'을 의미한다. 실덕으로 화기(和氣)가 감응하고, 음덕으로 도움을 주고받으며, 지성으로 신령함에 통하고, 신명으로 길흉을 점치는 것 모두 실심으로 감통하는 일의 다름이 아니다.95)

실심이 곧 '생리(生理)'이자 '양지(良知)'이다. 정제두는 '양지'는 마음의 본체이고 양지의 작용으로서의 성애측달(誠愛惻怛)하는 것이 '인(仁)'이라는 왕수인의 양지체용일원설(良知體用一源說)을 수용한다. 이때 양지

---

92) 『霞谷集』, 권13, 「大學說」, '大學說', 379쪽: "誠者眞實無僞之體."

93) 『霞谷集』, 권9, 「存言」 中, 256쪽: "夫誠者, 不貳也不已也, 其不可揜也. 其感而通之道也者, 其李廣之射石歟. 其心至專至一, 其誠無所撓貳, 故貫之. 有感悅者, 卽生物牝牡雌雄之相感愛, 草木亦有牝牡是也, 有感氣相者, 如磁石引針, 方諸取水之類. 有感誠者, 以實心眞情相感動者是也, ……."

94) 『霞谷集』, 권12, 「中庸說」, '中庸雜解', 343쪽: "以實心則誠者心之所自爲本."

95) 『霞谷集』, 권9, 「存言」 中, 256쪽: "有感誠者, 以實心眞情相感動者是也, 凡以實德而和氣應, 陰德而得祐, 至誠而通靈, 占吉凶於神明皆是也."

라는 것은 생각하거나 살피는 것 같은 단순한 지각 작용을 의미하는 것이 아니라, 심체(心體) 차원에서의 지(知), 즉 '생리(生理)'를 의미한다. 생리는 감응을 통해 마주한 상황에 따라 불쌍히 여기거나 부끄러워하거나 미워하거나 옳고 그름을 분별할 줄 아는 도덕적 판단과 행위를 할 수 있는데, 이것이 바로 '양지'요 '인(仁)'이다.[96] 정제두는 또한 "측은지심은 사람의 생도(生道)이며, 양지 또한 생도이다. 양지는 측은지심의 본체로서, 측은해 할 줄 아는 까닭에 양지라고 할 뿐입니다."[97]라고 주장한다. 측은해 하는 마음(用)도 양지이고 측은해 하는 마음의 본체(體)도 양지이다. 따라서 양지는 선천적인 도덕적 자각능력과 능동적 실천능력을 모두 함축하는 체용일원, 또는 체용합일체라고 말할 수 있다. 이러한 양지가 곧 생리인바, 양지와 생리는 각각 별개로 존재하는 것이 아니라 본래 하나일 따름이다. 이 양지가 바로 실심이요, 실심이 곧 양지로서, 실심양지의 주된 기능은 바로 측은해 함과 같은 '통각'으로서, 통각은 '감통'의 근거가 된다.

이러한 통각과 감통의 주체로서의 '실심양지'가 있기 때문에 정제두는, "우리가 능히 측은하고 수오(羞惡)하며 능히 백성을 사랑하고 만물을 사랑하며 능히 중화를 이루어 천지를 자리 잡게 하고 만물을 길러 내게

---

96) 『霞谷集』, 권1, 「與閔彦暉論辨言正術書」, 20쪽: "陽明之說曰, 良知是心之本體, 又曰良知之誠愛惻隱處, 便是仁, 其言良知者, 蓋以其心體之能有知(人之生理)者之全體名之耳, 非知以念察識之一端言之也. 蓋人之生理能有所明覺, 自能周流通達而不昧者, 乃能惻隱 能羞惡 能是非, 無所不能者, 是其固有之德而所謂良知者也, 亦卽所謂仁者也.……不察乎其惻隱之心卽良知也, 心體之知卽生理也, 則宜乎其所論者之爲燕越也."

97) 『霞谷集』, 권1, 「與閔彦暉論辨言正術書」, 20~21쪽: "惻隱之心, 人之生道也, 良知卽亦生道者也. 良知卽是惻隱之心之體."

하는 것까지도 모두 우리의 양지양능이 아닌 것이 없다."[98]라고 주장한다. 인간은 양지와 양능의 통합체로서의 실심양지가 있기 때문에, 만물과의 감통을 통해 측은해 하거나 부끄러워해야 할 때 측은해 하거나 부끄러워할 수 있고, 백성과 만물을 사랑할 수 있는 것이다.

정제두의 '실심양지'와 '감통'에 대한 중시는 현실과 무관한 관념적 차원의 이론으로 머물지 않는다. 실심양지와 감통에 대한 중시는 정제두의 현실 비판과 현실 참여를 통해 현실 세계로 드러난다. 정인보는 정제두가 허와 실을 명석하게 분변하여 '양지'를 근거로 실을 세우는 일에 초점을 맞추어 경세론에서는 시세의 변통과 변법(變法)에 능하였다고 평한 바 있다.[99] 정제두는 양지의 본체(眞理)가 모든 인간들의 마음속에 본질적으로 다 존재한다고 보아, 인간의 보편적인 마음에 기초한 주체성을 강조하고 아울러 평등의식을 드러냈다. 예컨대 정제두는 당시 신분적 차별이 매우 엄격한 신분적 봉건체제 속에서, "가장 좋은 법은 공적으로나 사적으로나 천민을 없애서 사내종과 계집종을 두지 않는 것이다.", "국가 소유의 천민을 없애자.", "개인 소유의 천민들이 생겨나는 것을 끊어 없애자."라고 하고, 더 나아가 "양반을 없애자."라고 하였고, 여자의 인권과 관련 "쫓아낸 부인들에게 개가(改嫁)를 허용하고, 자식이 없이 과부가 된 30세 미만 사람들 또한 그렇게 하는 것이 옳다."라고 하는 등[100] 과감하

---

98) 『霞谷集』, 권1, 「答閔誠齋書」, 30쪽: "吾人之能惻隱羞惡, 能仁民愛物, 以至能中和位育也, 無非其良知良能."

99) 鄭寅普, 『陽明學演論(外)』, 삼성문화재단, 1975, 169쪽 참조.

100) 『霞谷集』 권22, 「箚錄(一)」, 〈罷公賤〉, 550쪽, 「箚錄(三)」, 〈絶罷私賤所生〉, 552쪽, 「箚錄(四)」, 〈公私賤法〉, 555쪽, 〈消兩班〉, 564쪽 및 「箚錄(四)」, 〈定士民業〉, 553쪽 등 참조.

게도 신분적 차별의식을 없애야 한다는 '인간 해방론'을 주장하고 남녀의 차별의식마저도 탈피해야 한다고 주장한다. 이러한 주장들은 백성들의 고통을 외면할 수 없는 마음에서 비롯된 것이다. 외면할 수 없는 이유는 바로 통각의 주체인 실심양지를 통해, 백성들의 고통을 남이 아닌 자신의 아픔으로 느껴졌기 때문이다. 내 마음이 아프기에 백성들의 고통을 외면할 수 없고, 백성들을 고통에서 해방시킬 수 있는 방안들을 적극적으로 제안한 것이라 할 수 있다. 이것이 바로 실심양지의 현실적 감통의 한 예라 할 수 있다.

당시 화이론(華夷論)이 심각하게 대두되고 있던 상황에서 정제두는 과감하게 대청관계에서 "비록 오랑캐의 나라라고 하더라도 능히 선왕(先王)의 예를 행할 수 있는 나라라고 한다면 나아가 맞이할 수 있다."[101]라고 하는 등, 당시 폐쇄적 명분론에 속박되어 있던 한족 중심의 전통적 인간 차별의식을 탈피하여, 한족이나 오랑캐가 하나라는 '화이일야(華夷一也)'의 '인간평등론'을 주장하였다.[102] 정제두는 오랑캐라 하더라도 인간인 이상 당연히 양지를 지니고 있으며, 양지가 가려지지 않고 제대로 드러낼 수만 있다면 교류가 가능하다고 본 것이다. 따라서 배타적 입장이 아니라 오히려 주체적 입장에서 대등한 외교관계를 맺을 수 있다고 생각한 것이다.[103] 정제두는 주체성과 실천성을 기저로 하는 실심양지와 감통을 바탕으로 당시 교조주의적이고 명분론적 사고에 경도된 주자학파

---

101) 『霞谷集』 권2, 「答閔彦暉書」, 34쪽: "雖夷狄之國, 能行先王之典禮, 亦可以出矣, 如何."

102) 김길락, 『한국의 상산학과 양명학』, 청계, 2004, 391~393쪽 참조.

103) 김교빈, 『양명학자 정제두의 철학사상』, 201쪽 참조.

들의 폐단을 비판하고, '인간 주체성의 회복'과 '인간 평등' 및 '주체적이고 평등한 외교'를 주장하였던 것이다.

7. 나오는 말

이상 본문에서 성혼과 우계학파에서 보이는 심학적 요소와 특성에 대해 살펴보았다. 필자는 한국 양명학을 '실심과 감통의 한국 양명학'이라고 칭한 바 있다. 그런데 그 실심의 뿌리는 성혼에게서 찾을 수 있다. 그리고 실심은 우계학파 장유와 최명길과 윤증을 통해, 현실의 문제들을 해결하기 위한 주체적이고 역동적인 마음으로 성장한다. 실심은 정제두와 강화학파에 이르러 실심양지로 귀결되면서 한국양명학이라는 결실을 맺게 된다. 우계학파 양명학은 실심으로 집약되는바, 이에 대한 본문의 내용을 요약하면 다음과 같다.

성혼은 사람이 '천지가 만물을 낳는 마음(天地生物之心)'을 얻어서 '사람의 마음(人心)'을 삼는다고 주장한다. 성혼에게 있어 천지만물과 인간은 역동적인 '심(心)'을 통해 하나가 되며, '천도(天道)'와 '천심(天心)' 그리고 '천리(天理)'와 '인심(人心)' 또한 일원적 체계를 지닌다. 성혼은 또한 '진심(眞心)'과 '실심(實心)'을 확립해야 한다고 강력하게 주장한다. 진심과 실심의 확립은 참된 앎과 실천의 선행 조건으로 제시되는바, 이는 우계학파 내에 실심과 실천을 중시하는 심학적 흐름으로 전승·발전해 나가는 근원이 된다. 나아가 성혼은 '시중(時中)'과 '권도(權道)'를 중시한다. 의리는 시대의 변화나 자신이 처한 상황에 따라 달라질 수 있기 때문에 '변통'과 '수시(隨時)'하는 '중' 즉 '시중'을 중시해야 한다. 시중은 곧 '권도'

로서 천지가 만물을 낳는 마음에 근거한다. 이러한 성혼 사상의 심학적 요소는 양명심학과도 상통하는 바가 매우 크다. 그러나 성혼은 주희에서 이황으로 이어지는 '거경궁리설'을 수용 진개시켜 나감으로써 양명심학의 길로는 적극적으로 나가지 않는다.

실심과 권도의 씨앗을 뿌려 준 인물이 성혼이었다면, 이 씨앗을 발아시켜 키워나간 인물이 바로 장유와 최명길이다. 양명학이 이단·사문난적으로 심하게 배척받던 당시 상황 속에서도 장유는 주체적으로 양명학을 수용하였다. 장유는 단지 양명학을 수용하여 답습하는 단계에 머무르지 않았다. 그는 진취적으로, 당시 교조주의적 학문 풍토와 대의명분에 집착하여 위급한 현실에 제대로 대처하지 못하는 관료사회를 비판하였으며, 주체적 양지와 인시제의(因時制宜)를 중시하는 태도를 바탕으로 자신이 마주한 현실 문제들을 주체적이고 창조적이며 실천적인 자세로 처리해 나갔다.

위난의 시대를 살면서 양명학을 수용한 최명길은 양명학을 단지 관념적 차원에서 수용하지 않았다. 그는 실질(實質)을 중시하면서 당시 대의명분에 사로잡혀 위급한 현실에 제대로 대처하지 못하는 관료사회를 비판하였으며, 수시변역과 권도를 바탕으로 병자호란과 같이 자신이 마주한 현실 문제들을 주체적이고 창조적이며 실천적인 자세로 처리해 나갔다. 최명길은 왕수인의 양지철학을 단순히 관념과 사변의 차원이 아니라 현실 문제를 해결할 수 있는 실제적인 대안으로 발전시켰을 뿐만 아니라, 몸소 실천함을 통해 이를 실현해 보고자 하였다는 점에서, 계곡 장유와 마찬가지로 양명학을 주체적이고 창조적인 한국적 양명학으로 새롭게 탄생시키는 기틀을 마련했다고 평가할 수 있다.

성혼이 씨앗을 뿌리고 장유와 최명길이 키워 낸 실심과 권도의 심학은, 윤증을 거쳐 정제두와 강화학파에 이르러 꽃을 피우고 결실을 맺게 된다. 윤증 또한 리기심성론에 대한 이론적 천착이 아니라, 실심(實心)·실사(實事)·실공(實功)을 핵심으로 하는 무실(務實)사상에서 보여 주듯, 주체적이고 실천지향적인 측면을 핵심으로 한다. 윤증의 다양하고 개방적이며 주체적이고 실천지향적인 학문 태도는, 윤증이 양명학을 수용했는지의 여부와 양명학자였는지의 여부를 떠나 이후, 윤증의 문하에서 정제두와 같은 양명학자가 나올 수 있는 토대로 작용한 것만은 사실이다.

정제두는 한편으로는 성혼과 윤증으로 이어지는 실심을 중시하는 무실학을 계승하면서도, 다른 한편으로는 양명학을 수용하여 통섭과 자득을 바탕으로, 이들과는 다른 리기론과 심성론을 주장하면서 자신의 독창적 심학사상을 수립하였다. 정제두는 주체성과 실천성을 기저로 하는 생리설(生理說)과 지행합일설 및 치양지설을 주장하면서, 당시 교조주의적이고 명분론적인 사고에 경도된 주자학파들의 폐단을 비판하고 '인간 주체성의 회복'과 '인간 평등' 및 '주체적이고 평등한 외교'를 주장하였다.

물론 양명학 자체는 중국으로부터 조선에 전래되었다. 그렇지만 조선에서의 양명학의 형성과 전개는, 단지 중국 양명학을 맹목적으로 답습하거나 교조주의적으로 추종한 것은 아니다. 조선에서의 양명학은 조선의 현실, 특히 양명학자들이 자신이 살던 시대에 그들이 직면한 절실한 문제들을 해결하기 위한 방안으로 새롭게 정립되고 창조되었다. 더 중요한 사실은 조선의 양명학은 조선 성리학과 중국 양명학의 융복합의 산물이라는 것이다. 본문에서 살펴본 바와 같이 한국 양명학의 특징인 실심과 감통의 뿌리를 거슬러 올라가면 성혼에 맞닿는다. 조선의 양명학자들은 한편으론 성혼의 성리학을 계승하면서 다른 한편 중국의 양명학을 수용하여, 성리학은 물론 중국 양명학과도 다른 조선의 양명학을 탄생시킨 것이다. 여기서 우리는 조선 양명학이 '개방성', '주체성'과 '창조정신'을 읽어 낼 수 있다. 또한 이들은 단지 관념적 지적 유희의 차원에 머물지 않았다. 실심으로 시대의 문제를 진단하고 백성들의 고통을 자신의 고통으로 느끼면서, 권도(權道)를 통해 시대의 문제를 해결하고 백성들을 고난으로부터 구제하고자 제도의 개혁은 물론 몸소 실천하는 노력을 경주하였다. 여기서 '실천정신'과 '애민의식'을 읽을 수 있다. 성혼과 일군의 우계학파, 장유, 최명길, 윤증, 정제두는, 실심으로 현실을 직시하고 허위와 가식과 명분과 형식에 얽매인 당시 기득권 세력들을 비판하고, 백성들과 감통하면서 때론 제도의 개혁을 통해, 때론 실천을 통해 백성들의 고통을 어루만지면서 이들을 고통으로부터 구제하고자 노력하였다.

우계학파의 무실사상(務實思想)[1]

황의동[2]

<차례>

1. 시작하는 말

2. 무실학풍(務實學風)의 연원

3. 우계의 무실(務實)사상

4. 우계학파의 무실(務實)사상

5. 조선 유학사에서 무실학풍의 전승

6. 맺는 말

1. 시작하는 말

조선 유학이 성리학을 중심으로 발전해 온 측면이 있지만, 간과하지 않으면 안 될 것이 무실(務實)학풍이다. 본래 유학은 성리(性理)와 실사(實事)를 아울러 보아야만 온전하다 할 수 있다. 성리 문제는 인간 내면의 형이상학적 과제라면, 실사의 문제는 인간의 현실적 삶에 대한 것으

---

1) 이 논문은 우계성혼선생학술대회, 〈우계학파의 학풍과 특성〉, 우계문화재단, 2011년 11월 17일 발표한 논문이다.

2) 黃義東, 충남대학교 명예교수

로 정치, 경제, 국방, 사회, 교육 등 경세 전반을 의미한다. 조선조의 유학은 대체로 성리학적 사변에 치우쳐, 실용의 문제를 외면하거나 소홀히 한 측면이 없지 않다.

그러나 그 당시에도 뜻있는 유학자들은 나라의 부강과 민생의 안정을 위해 힘이 중요하다고 생각하고, 그 힘의 원천을 실용(實用), 실사(實事)에서 찾았던 것이다. 이렇게 개인의 역량이나 국가의 힘을 배양하기 위해 진실성, 실천성, 실용성을 강조하고 적극적으로 추구했던 실학적 학풍을 무실학풍(務實學風)이라 한다.

'무실(務實)'이란 말은 '실(實)을 힘쓴다'는 말로, 이미 여말선초 선유들에 의해 폭넓게 사용되어 왔다.[3] 이는 당시 유학이 허례와 형식에 빠지고 또 공리공론을 일삼는데서 온 반성의 표현이기도 했으며, 도가나 불교를 허무적멸지도(虛無寂滅之道)로 규정하면서 유학을 실학(實學)으로 자부한 표현이다.

조선 유학사에서 볼 때 무실은 여말선초에는 하나의 강조어로 사용된 감이 없지 않으나, 16세기 율곡(栗谷) 이이(李珥, 1536~1584), 우계(牛溪) 성혼(成渾, 1534~1598) 등에 의해 하나의 사상체계로 심화되었고, 이후 17세기 지봉(芝峰) 이수광(李晬光, 1563~1628), 노서(魯西) 윤선거(尹宣擧, 1610~1669), 명재(明齋) 윤증(尹拯, 1629~1714) 등에 의해 계승되어, 마침내 한말 개화기 도산(島山) 안창호(安昌浩, 1878~1938)에 의해 다시 재강조되었다고 볼 수 있다.

논자는 이미 『우계학파 연구』에서 우계학파의 학문적 특성을 무실학

---

3) 맹현주, 「율곡철학에 있어서 실학적 성격에 관한 연구 ―무실론을 중심으로―」, 충남대학교대학원 박사학위논문, 2006, 25~31쪽 참조.

풍이라고 분석한 바 있는데,4) 본고는 이를 보완하여 우계학파의 무실학
풍에 관해 논구하고자 한다. 먼저 무실학풍의 연원에 대해 검토해 보고,
우계의 무실론에 대해 설명해 보도록 하겠다. 아울러 우계학파 여러 유
학자들의 무실론을 검토해 본 후에, 조선 유학사에서 무실학풍이 어떻게
전승되어 갔는지 논구하고자 한다. 특히 율곡은 이 무실학풍의 대표적인
인물이었지만, 이 무실학풍이 율곡 직계가 아닌 우계학파에서 전승된 것
은 매우 특이한 일이다.

2. 무실학풍(務實學風)의 연원(淵源)

무실이란 실(實)의 추구인데, 그 무실의 실은 유가 경전에서의 성(誠)
에서 연원한다.5) 『맹자』에서는 "성(誠)은 천도(天道)요, 성을 생각하는 것
은 인도(人道)다."6)라고 했고, 『중용』에서는 "성(誠)은 사물의 끝이요 시
작이니, 성이 아니면 어떤 사물도 존재할 수 없다."7), "성(誠)은 천도요 성
하고자 하는 것은 인도다."8)라고 했다. 이러한 선진(先秦) 경전의 성은 송
대(宋代)에 와서 실로 해석되었다. 정자(程子)는 성을 거짓이 없는 것이라

4) 황의동, 『우계학파 연구』, 서광사, 2005, 86~89쪽.

5) 황의동, 「노서 윤선거의 무실사상」, 『유학연구』 제18집, 충남대유학연구소, 2008, 40
쪽.

6) 『孟子』, 「離婁 上」: "誠者 天之道也 思誠者 人之道也."

7) 『中庸』: "誠者 物之終始 不誠無物."

8) 『中庸』: "誠者 天之道也 誠之者 人之道也."

하였고,9) 또 성은 실일 뿐10)이라 하였다. 또 장재(張載)도 성은 실이라 하고, 태허(太虛)는 천(天)의 실이라 하였다.11) 마찬가지로 주자(朱子)도 성을 '진실하여 거짓이 없는 것'으로 해석하였다.12) 또 "성(誠)은 도(道)에 있어서는 실유지리(實有之理)가 되고, 사람에 있어서는 실연지심(實然之心)이 된다."13)라고 하였다.

성(誠)은 여러 가지 해석이 가능하지만 '참'으로 해석된다. 즉 '진실하여 거짓이 없는 것'으로 해석된다. 성은 천도의 본질로서 참된 것이다. 우주자연은 진실 그 자체다. 이 진실한 천도를 본받아 실천하는 것이 인간이 가야 할 길이다. 그것은 우주자연의 진실한 이법을 인간의 도덕으로 삼아 실천해야 한다는 의미다. 여기서 인간이 밟아가야 할 윤리규범은 곧 자연의 이법에 근거함을 알 수 있고, 천도가 그대로 인도로 규정되는 데서 천인합일의 체계를 이해할 수 있다.

선진 경전에서의 성은 대체로 진실하여 거짓이 없는 참으로 해석되어, 우주자연의 본질이면서 진실한 인간본심으로 설명되었다. 다시 말하면 선진 경전에서의 성이 실로 해석된 것은, 송대(宋代) 유학자들에 의해서라고 할 수 있다. 정자를 비롯하여 장재, 주희 등 송유(宋儒)들은 성(誠)을 실(實)로 해석하였는데, 이는 성을 고원(高遠)한 형이상학적 차원에서 현실의 지평으로 끌어내린 의미가 있다.

---

9) 『性理大全』, 卷37, 「誠」: "程子曰 無妄之謂誠 不欺其次也."

10) 『性理大全』, 卷37, 「誠」: "誠之爲言 實而已矣."

11) 『性理大全』, 卷37, 「誠」: "張子曰 誠則實也 太虛者 天之實也."

12) 『孟子』, 「離婁 上」, 朱子註: "誠者 理之在我者 皆實而無僞."
　　『中庸』, 第20章, 朱子註: "誠者 眞實無妄之謂 天理之本然也."

13) 『性理大全』, 卷37: "誠字 在道則爲實有之理 在人則爲實然之心."

송대 유학자들이 성을 실로 해석한 바탕 위에서, 여말선초의 유학자들은 다양한 의미의 실학적 용어를 사용하게 된다. 앞서 언급했듯이 여말선초의 유학자들이 무실이란 용어를 직접 사용하거나, 또 무실적(務實的) 의미의 언사(言辭)를 사용하게 된 것은, 무엇보다 당시 유학의 관념적인 병폐나 허식, 공론적 폐단에 대한 반성의 뜻이 강하다. 그리고 불교나 도가의 비인륜적, 비현실적 성격에 대해 유가를 실학으로 보아 차별화하고자 한 의도도 없지 않다.

양촌(陽村) 권근(權近, 1352~1409)은 "천지만물은 본래 하나의 이치이니, 나에 있는 실심(實心)으로서 저에 있는 실리(實理)에 닿으면, 묘합(妙合)에 사이가 없어 영향이 빠르다."[14]라고 하고, "군자의 학(學)은 덕(德)이 그 실(實)을 힘쓰고자 하고, 마음은 겸허하고자 하는 데 있다."[15]라고 하였다. 여기서 양촌은 실리와 실심을 말하고, 군자의 학은 실덕(實德)에 있다고 하였다. 그리고 "군신, 부자, 부부, 장유, 붕우가 모두 가는 바에 따라 각각 그 직책을 다하는 것이 곧 유자(儒者)의 실학(實學)이다."[16]라고 하였다. 이처럼 양촌은 유학을 곧 실학이라 규정하고, 실심, 실리, 실덕을 강조하였다.

또한 춘향(春亭) 변계량(卞季良, 1369~1430)은 '궁리지실학(窮理之實學)'[17]이라 하였고, 정암(靜庵) 조광조(趙光祖, 1482~1519)는 성(誠)을 강

---

14) 『陽村集』, 卷14, 「信齋記」: "天地萬物本一理也 以在我之實心 觸在彼之實理 妙合無間 捷於影響."
15) 『陽村集』, 卷21, 「子虛說」: "君子之學 德欲其務實 而心欲其謙虛."
16) 『陽村集』, 卷14, 「永興府學校記」.
17) 『春亭集』, 卷8, 「策問題」.

조하면서 실천(實踐), 실공(實功)을 말하고 있고,[18] 사재(思齋) 김정국(金正國, 1485~1541)은 성(誠)과 함께 무실을 정치의 도리로 강조하였다.[19]

그리고 규암(圭庵) 송인수(宋麟壽, 1487~1547)는 '무기성실(務其誠實)',[20] 퇴계(退溪) 이황(李滉, 1501~1570)은 '무본실(務本實)',[21] 하서(河西) 김인후(金麟厚, 1510~1560)는 '무기실덕(懋其實德)',[22] '무실(務實)'[23], 미암(眉巖) 유희춘(柳希春, 1513~1577)은 '무실이진덕(務實而進德)',[24] 소재(蘇齋) 노수신(盧守愼, 1515~1590)은 "무실(務實)이 귀하다."[25]라고 하였다. 이와 같이 여말선초 유학자들은 다양하게 무실을 말하고 있는데,[26] 어떤 체계를 갖고 말하는 것은 아니고 간헐적으로 언급하고 있는 것이 특징이다.

그런데 율곡(栗谷) 이이(李珥, 1536~1584)에 이르면 이제까지와는 달리 본격적으로 무실을 말하게 되고, 그 체계와 심화된 이론을 볼 수 있다. 율곡이 실을 강조하는 빈도는 그의 전 저술에 걸쳐 있으며,[27] 매우 철저하게 강조되고 있다는 점에서 율곡사상의 특징이라고 해도 지나치지 않는

---

18) 『靜庵集』, 卷3, 「侍讀官時啓」, 6, 16.

19) 『思齋集』, 卷3, 「策題」.

20) 『圭庵集』, 卷2, 「因災救弊疏」, 辛丑 11月.

21) 『退溪集』, 卷37, 「答柳希范」.

22) 『河西集』, 卷11, 「弘文館箚子」, 癸卯.

23) 『河西集』, 卷12, 「策」.

24) 『眉巖集』, 「經筵日記」.

25) 『蘇齋集』, 上篇, 「侍講錄」.

26) 맹현주, 위 논문, 26~31쪽 참조.

27) 『栗谷全書』 가운데에서도 「東湖問答」과 「萬言封事」가 가장 대표적이며, 「聖學輯要」와 그의 수많은 疏箚文에도 다양하게 언급되고 있다.

다. 그가 사용한 무실의 용례를 보면 다음과 같다.

實德, 實行, 實心, 實理, 實功, 實學, 實效, 實惠, 實事, 務實, 實踐, 實用, 實利, 務敦實, 實德之士, 修省之實, 躬行之實, 修己之實, 改過遷善之實, 修己治人之實 修己治人之實功, 任賢使能之實 好賢之實, 嫉惡之實, 明德之實效, 新民之實迹, 格致之實, 誠意之實, 正心之實, 修身之實, 孝親之實, 治家之實, 用賢之實, 去姦之實, 保民之實, 教化之實, 保國安民之實, 上下無交孚之實, 臣隣無任事之實, 經筵無成就之實, 招賢無收用之實, 遇災無應天之實, 群策無救民之實, 人心無向善之實[28]

선진 유학에서의 성(誠)의 개념이 실(實)로 구체화된 것은 주자에 의해서라고 할 수 있다. 흔히 성실(誠實)이라는 용어를 쓰는데, 성이 곧 실이며, 실은 진실(眞實)의 실로서 참의 의미라고 볼 수 있다. 물론 실은 율곡의 용례에서 보듯이, '착실(着實), 실용(實用), 실천(實踐), 실질(實質), 실효(實效), 실공(實功), 실사(實事)' 등 많은 용례로 사용되지만, 근본적으로는 진실(참)을 기초로 하고 있다고 볼 수 있다.

율곡은 그의 저술 곳곳에서 다양하게 실을 강조하고 있는데, 그의 대표적인 상소문인 「만언봉사(萬言封事)」 서두에서 '정귀지시(政貴知時) 사요무실(事要務實)'[29]이라 하여, "정치를 하는 데 있어서는 때를 아는 것이 귀하고, 일을 하는 데 있어서는 실을 힘쓰는 것이 중요하다."라고 하였다.

---

28) 맹현주, 위 논문, 68~70쪽 참조.

29) 『栗谷全書』, 卷5, 「萬言封事」.

그는 여기에서 7가지의 무실현상을 지적하였고,[30] 「동호문답(東湖問答)」에서는 '격치지실(格致之實), 성의지실(誠意之實), 정심지실(正心之實), 수신지실(修身之實), 효친지실(孝親之實), 치가지실(治家之實), 용현지실(用賢之實), 거간지실(去奸之實), 보민지실(保民之實), 교화지실(敎化之實)'을 강조하기도 하였다.

이러한 율곡의 다양한 용례의 실의 추구를 종합 정리해 보면, 무실의 실(實)은 진실성(實心), 실천성(實功), 실용성(實效)을 의미한다고 볼 수 있다.[31] 인간 주체의 진실성 확보는 가장 중요한 문제로 실심으로 표현된다. 진실한 마음으로 어떤 일을 행하면 그것이 곧 실천이 되어 실공으로 드러난다. 실심을 가지고 실공을 통해 드러난 진실한 효과가 실효라고 할 수 있다. 실심은 아직 관념적 단계인데, 실공 즉 실천을 통해 구체적 실사로 구현되고 이루어진다.[32] 마침내 이루어진 그것은 진실한 성과, 진실한 효과를 가져 실용성(實用性), 실질성(實質性), 실리성(實利性)을 담지(擔持)한다. 참된 마음이 실천을 통해 참된 결과를 가져오는 것이다. 그래서 율곡은 "일심(一心)이 진실하지 못하면 만사가 모두 거짓이니 어디를 간들 행할 것이며, 일심(一心)이 진실로 참되면 만사가 모두 참이니 무

---

30) 위의 글: "今之治效靡臻 由無實功 而所可憂者有七 上下無交孚之實一可憂也 臣鄰無任事之實二可憂也 經筵無成就之實三可憂也 招賢無收用之實四可憂也 遇災無應天之實五可憂也 群策無救民之實六可憂也 人心無向善之實七可憂也."

31) 황의동, 「율곡의 무실사상」, 『인문과학논집』, 제8집, 청주대인문과학연구소, 1989.

32) '實功'에 대한 해석은 두 가지로 생각해 볼 수 있다. 하나는 '진실한 노력'으로 실천성을 의미하는 말이고, 다른 하나는 '진실한 功效'를 의미하는 말이다. 진실한 공효가 실천을 통해 가능하다는 점에서 양자는 상통된다. 율곡이나 노서의 경우 이 양자의 개념을 혼용하고 있다고 보여진다.

엇을 한들 이루지 못하랴?"[33]라고 하였다.

3. 우계의 무실사상(務實思想)

우계 성혼의 무실(務實)학풍에 대해 검토해 보기로 하자. 우계의 학문
은 실천을 근본으로 하였고,[34] 우계학의 특징은 실천이 돈독하고 확실함
에 있었다.[35] 그것은 율곡이 우계에 대한 평에서 "만약 견해의 경지를 다
진다면 내가 조금 낫다고 할 수 있으나, 조리(操履)의 독실(篤實)함에 이르
러서는 내가 미칠 수 없다."[36]라고 한 데서도 입증된다. 우계가 비록 성리
의 이론적 측면에서는 율곡에 미치지 못한다고 하더라도 실천적 측면에
서는 우계가 율곡보다 낫다고 평가했던 것이다. 이러한 우계의 진실하고
실천적인 인품은 많은 문인들과 동료들에게 모범이 되고 존경을 받았다.

우계에 있어서 학문이란 독서만을 말하는 것이 아니라, 궁극적으로 성
현(聖賢)이 되는 데 목적이 있었다.[37] 우계에 의하면 학문이란 어버이를
섬기고 형을 좇음에 그 당연함을 얻는 것이다. 다만 마음을 잘 잡고 지니
는 노력으로 동정(動靜)을 관통하여, 행하고 남는 힘이 있을 때 강습의 방

---

33) 『栗谷全書』, 卷21, 「聖學輯要3」: "一心不實 萬事皆假 何往而可行 一心苟實 萬事皆眞
何爲而不成."

34) 유명종, 「절충파의 비조 우계의 이기철학과 그 전개」, 『성우계사상연구논총』, 우계문
화재단, 1991, 336쪽.

35) 유명종, 위의 글 337쪽.

36) 『牛溪集』, 年譜, 附錄, 「行狀」: "栗谷嘗稱曰 若論見解所到 吾差有一日之長 操履篤實
吾所不及云."

37) 『牛溪集』, 卷6, 「書示邊生」: "古人所謂學者 非但讀書之謂⋯⋯使之爲聖爲賢也."

법을 추가할 뿐이다.38) 그리고 그는 선비가 학문을 함은 마음을 진실하게 하고 공부에 각고함에 있다39)고 하였다. '진실심지(眞實心地) 각고공부(刻苦工夫)'는 황면재(黃勉齋)40)가 강조한 말인데, 우계가 이를 원용하고 있다. 우계는 학문을 단지 독서나 지식의 축적에 있지 않고, 마음을 진실하게 하고 일상생활에서 마땅히 지켜야 할 도리를 실천하는 데 있다고 보았다.

또한 우계는 '위기(爲己)'로서 마음을 세우는 요령을 삼고, '구시(求是)'로서 일을 처리하는 제도로 삼아야 한다고 하였는데,41) 여기에서 '나를 위한 학문'이라는 것은 유학 본래의 '위기지학(爲己之學)'의 정신을 잘 표현한 것으로 자신을 위한 진실한 학문태도를 말하고, '옳음을 추구한다'는 구시의 정신은 실학의 '실사구시(實事求是)'와 상통한다. 이렇게 볼 때, 우계가 말하는 '위기(爲己)의 정신'이나 '구시(求是)의 정신'은 그의 실학적 학문태도를 잘 반영하고 있다.

그는 또 한결같이 하학(下學)에 뜻을 두어 반드시 효제충신(孝悌忠信)을 근본으로 삼고, 겸손으로 바탕을 삼으며, 침잠독실(沈潛篤實)로서 공(功)을 삼아, 힘들여 책을 탐구하고 견고하게 마음을 잡고 지니면, 청명(淸明)의 아름다운 뜻이 마침내 반드시 이르게 될 것이라 하였다.42) 여기

---

38) 『牛溪集』, 卷5, 「答崔丕承」: "……雖然 學非但讀書之謂 事親從兄 得其當然 乃學也 但使操持之功 貫通動靜 而行有餘力 可加講習之方耳."

39) 『牛溪集』, 卷5, 「答安士彦書」: "竊見士之爲學 必有眞實心地 刻苦工夫……"

40) 송나라 때의 성리학자 黃幹을 말함.

41) 『牛溪集』, 續集, 卷3, 「與李叔獻」: "……以爲己爲立心之要 以求是爲處事之制."

42) 『牛溪集』, 卷5, 「答安士彦」: "誠願一意下學 必以孝悌忠信爲本 以謙遜拙訥爲質 以沈潛篤實爲功 勉書玩索 堅苦操持 則以淸明之美志 終必有所至矣."

에서 우리는 형이상학적 사변에 대한 탐구가 아니라 일용평상(日用平常)의 하학(下學)공부가 중요하다는 우계의 실학(實學)정신을 볼 수 있다. 이러한 관점에서 그는 "덕에 들어가는 문은 『소학』을 근본으로 삼아야 한다."[43]라고 하고, "『소학』의 글 가운데 순종하고 공경하는 방법과 몸을 공경하는 노력을 진실로 깊이 음미하여 실천에 옮겨야 할 것이다."[44]라고 하였다. 이러한 우계의 소학공부의 강조는 정암 도학사상의 연장선상이라 할 수 있지만, 여기에는 고원한 현학(玄學)의 탐구가 아니라 비근(卑近)한 일상의 윤리적 실천을 통해 건강한 자아를 실현해야 한다는 우계의 실학정신이 잘 나타나 있는 것이다.

4. 우계학파(牛溪學派)의 무실사상(務實思想)

"실(實)을 힘쓰자"라는 무실(務實)학풍은 우계와 율곡의 가르침이기도 한데, 특히 율곡은 무실학풍을 본격적으로 전개하고 체계화하였다. 여말 선초부터 간헐적으로 언급되어 온 무실학풍은 율곡에 의해 강조되고 심화되었다. 그런데 율곡의 직계 계열에서는 오히려 성리의 이론적 천착에 주력한 반면 우계학파에서 이 무실학풍이 진작되었다. 이는 아마도 영남 퇴계학파의 이론적 도전에 대한 대응에 분주함으로써 이런 결과를 가져온 것이 아닌가 생각된다.

조헌(趙憲, 1544~1592)의 인품은 천리(踐履)를 위주로 하였고,[45] 그의

---

43) 『牛溪集』, 卷3, 「上王世子箚」: "……至如入德之門 則小學養其本."

44) 『牛溪集』, 續集, 卷5, 「與全國老」: "小學書中 順悌之方 敬身之功 苟能深玩而服行焉."

45) 『隱峰全書』, 卷38, 「重峰先生遺事」: "先生少力學自立 專以踐履爲主."

학문은 실천을 기약하여[46] 실천적 학풍을 지녔다. 북학파의 실학자 박제가(朴齊家, 1750~1805)는 「북학의 자서(北學議自序)」에서 최치원(崔致遠)과 조헌의 실학풍에 존경과 흠모의 정을 표하고 그를 배우고 싶다 하였다. 또한 유형원(柳馨遠, 1622~1673)은 『반계수록(磻溪隨錄)』에서 율곡 다음으로 조헌의 경세책과 개혁론을 인용하고 있다.

윤황(尹煌, 1572~1639)은 자손들에게 경계한 글에서 사족들이라 하더라도 빈둥빈둥 놀아서는 안 된다 하고, 남녀가 모두 각기 그 할 일을 찾아 농사를 짓거나 장사를 하는 등 생업에 힘써야 한다고 하였다.[47]

또 권시(權諰, 1604~1672)도 부친 권득기(權得己)의 "매사에 반드시 옳은 것을 구하고, 두 번째로 떨어지지 않도록 하라."라는 가훈을 계승하여 무실학풍을 보여 주었다.

안방준(安邦俊, 1573~1654)은 말하기를, "오늘의 학자들이 죽도록 강학하여 1만 권의 책을 독파하지만, 하루도 몸소 실행하지 않고 한 글자도 가슴에 새기지 않으니, 이는 아침 내내 밥 먹는 이야기만 하고 하나도 배부름을 얻지 못하는 것과 같다 하였다. 따라서 사람의 자식 된 자가 '효(孝)'자를 배우면 반드시 어버이에게 효도를 실행해 본 뒤에야 비로소 효자를 배운 사람이라 부를 만하다."라고 하였다.[48] 그는 인물평이나 역사 인식에 있어서도 성리의 이론에 밝았던 양촌 권근보다도 의리의 실천에 모범을 보인 포은 정몽주를 높이 평가하여 그의 평생 학문이 무실을 위

---

46) 『隱峰全書』, 「抗義新編」, 趙參判一軍殉義碑(尹根壽撰): "趙公 學期實踐 含忠履貞."

47) 尹煌, 「戒諸子書」 참조.

48) 『隱峰全書』, 附錄下, 「遺事(徐鳳翎)」: "今之學者 終身講學 讀破萬卷 而無一日之躬行 無一字之服膺 是猶終朝設食 不得一飽者也....夫爲人子 而學得孝字 則須服行孝親之實 然後方可謂學得孝字人矣."

주로 하였던 것이다.[49]

　지봉 이수광은 63세 때 대사헌의 신분으로 인조의 구언(求言)에 의해 쓴 「조진무실차자(條陳懋實箚子)」에서 무실사상을 체계적으로 전개하였다. 장유(張維)가 쓴 행장에 의하면, 그는 19세경에 문사(文詞)가 뛰어나 율곡으로부터 칭찬을 받았다 하니, 그의 무실사상이 율곡의 영향에서 왔으리라는 짐작을 할 수 있다. 이수광은 "치적(治績)이 이루어짐이 없고, 치효(治效)가 드러남이 없고, 국사(國事)가 날로 위미(委靡)하고, 조정의 기강이 날로 문란한 것은, 이는 다름이 아니라 모두가 부실지병(不實之病) 때문입니다."[50]라고 하여, 당시의 모든 문제가 실이 없는 부실지병에서 연유한다고 보았다. 그는 말하기를, "무릇 천하의 사무(事務)는 지극히 넓으나 이를 잡(부리)는 것은 성(誠)이고, 성은 곧 실(實)입니다. 만약 실을 힘쓰지 않고 한갓 문구(文具)로서 치공(治功)을 이루고자 한다면, 만사가 다 허투(虛套)로 돌아갈 것입니다."[51]라고 하였다. 그는 만사를 다스리는 관건이 성에 있다 하고, 그 성은 다름 아닌 실이라 하였다. 따라서 실을 힘쓰지 아니하고 거짓과 형식으로 대처하면 만사가 모두 헛된 것이 되고 만다 하였다. 이런 입장에서 그는 임금에게 다음과 같이 무실을 진언하였다.

　진실로 바라건대, 전하께서 이제부터 위에서 誠을 다하시고 아래에서

---

49) 『隱峰全書』, 附錄下, 「戊午伸救疏(吳道一)」: "安邦俊之平生爲學 以務實爲主."

50) 『芝峰集』, 卷22, 「條陳懋實箚子, 乙丑」: "……以致績用無成 治效蔑著 國事日以委靡 朝綱日以紊亂 是則無他 皆坐不實之病也."

51) 『芝峰集』, 卷22, 「條陳懋實箚子, 乙丑」: "夫天下之事務至廣 而所以操之者誠也 誠卽實也 若不務實 而徒欲以文具勤成治功 則萬段事爲 實歸虛套."

實을 구하게 하여, 實心으로써 實政을 행하시고, 實功으로써 實效를 이루소서. 생각마다 實을 생각하고 일마다 實을 일삼으소서. 이것으로써 정치를 함에 정치가 행해지지 않음이 없고, 이것으로써 다스림에 다스림이 이루어지지 않음이 없게 될 것입니다. 그러므로 신이 감히 懋實 두 글자로써 진언하는 바입니다.[52]

이수광은 「조진무실차자(條陳懋實箚子)」에서 '근학지실(勤學之實), 정심지실(正心之實), 경천지실(敬天之實), 휼민지실(恤民之實), 납간쟁지실(納諫諍之實), 진기강지실(振紀綱之實), 임대신지실(任大臣之實), 양현재지실(養賢才之實), 소붕당지실(消朋黨之實), 칙융비지실(飭戎備之實), 후풍속지실(厚風俗之實), 명법제지실(明法制之實)'[53]을 진언하였는데, 여기서 그의 무실사상은 윤리, 수기, 정치, 국방, 인사, 행정 등 각 분야에 두루 적용되고 있음을 알 수 있다.

이수광은 "만약 독서를 하고서도 실천할 수 없고, 도리어 심신에 아무 영향이 없다면, 비록 성현의 글을 다 읽더라도 무슨 유익함이 있겠습니까? 그러므로 종일 경전을 담론해도 실공에 보탬이 없고 한 해 동안 강학을 해도 한갓 수고일 뿐이니, 오직 성현께서는 그 실을 힘쓰신 것입니다."[54]라고 하였다. 이처럼 지봉이 강조한 실은 진실의 실이고 실천의 실

---

52) 『芝峰集』, 卷22, 「條陳懋實箚子, 乙丑」: "誠願殿下繼自今 盡誠於上 責實於下 以實心而行實政 以實功而致實效 使念念皆實 事事皆實 則以之爲政而政無不擧 以之爲治而治無不成 故臣敢以懋實二字進言."

53) 『芝峰集』, 卷22, 「條陳懋實箚子, 乙丑」.

54) 『芝峰集』, 卷22, 「條陳懋實箚子, 乙丑」: "若讀書而不能踐履 却於身心上 了無干涉 則雖讀盡聖賢書 顧何益哉 故終日談經 無補實功 彌年講學 是爲徒勞 惟聖明懋其實焉."

이고 실용, 실질의 실이었다.

경세치용(經世致用) 실학을 선도했던 유형원과 이익 등이 이수광의 무실정신을 추앙하면서, 각기 『반계수록』과 『성호사설(星湖僿說)』을 지었다는 사실은 곧 이수광의 학문적 성향과 그 학파적 위치를 가늠하게 하는 증거로 보아야 할 것이다.[55]

우계학파의 무실학풍은 윤선거, 윤증 부자에 이르러 절정에 달한다. 윤선거가 살았던 17세기는 임진왜란, 병자호란의 큰 전쟁을 겪고, 당쟁으로 인한 지도층의 분열이 심각하고, 가뭄과 질병으로 민생의 위기를 맞고 있었다. 더욱이 병자호란 후 청나라에 당한 굴욕으로 복수설치(復讎雪恥)의 명분론(名分論)이 고조되어 있었다. 이러한 시대의 변화는 이기심성(理氣心性)의 문제를 철학적으로 심화시켰던 16세기와는 다른 분위기였다. 따라서 철학도 이제 사변적인 성리학만으로는 간난(艱難)의 현실을 결코 구제할 수 없다는 절박한 반성이 싹트고 있었다. 이러한 사상적 변화에서 17세기의 사상적 동향은 실학, 양명학, 예학 등 다양한 모색을 하게 되었다.

윤선거는 말하기를, "금일 근심하는 바는 이름만 힘쓰고 실을 힘쓰지 않는 데 있다."라고 하고, "다스리는 한 가지 일은 단지 문구(文具)일 뿐"[56]이라 하였다. 마찬가지로 "당세(當世)의 폐단은 실사(實事)를 힘쓰지 않는 데 있다."라고 하고, "오직 문구를 일삼는 것이 큰 폐단"이라 하였다.

---

55) 윤사순, 「이수광의 무실사상」, 『실학의 철학』, 예문서원, 1997, 65쪽.

56) 『魯西遺稿』, 卷5, 「與宋英甫」(小註): "今日所患 已在於務名不務實 治繕一事 只是文具而已."

그리고 "금일의 인재등용이 또한 문구(文具)로 돌아갈 뿐"[57]이라 하여 인사의 형식적 폐단을 지적하였다. 이러한 관점에서 그는 당시의 무실현상을 다음과 같이 설명하고 있다.

> 금일 근심할 바는 그 뜻이 없음을 근심하지 않고, 단지 그 실(實)이 없음을 근심한다. 한갓 선하기만 하고 위공(爲政)이 부족하고, 한갓 법제만 있고 스스로 행할 수 없다. 한갓 뜻만 있고 노력하지 않는다면 금일의 급무(急務)는 과연 언어에 있을 뿐일진저.[58]

이처럼 당시 근심해야 할 문제는 위정자의 의지가 있느냐 없느냐가 아니라 실제 위공(爲政)을 실현하느냐 하지 않느냐에 있다고 보았다. 위정자의 선의지(善意志)만 있고 법제를 통해 실현함이 없다면 정치의 실효를 기대할 수 없고, 또 백성의 입장에서도 실익(實益)이 없다는 것이다. 그러므로 당시의 급선무가 바로 공리공론을 배격하고 실천하는 데 있다고 보았다.

윤선거는 또 허성무실(虛聲無實)의 폐단을 극론(極論)해도 스스로 그 근본이 어긋남을 깨닫지 못한다[59]고 한탄하고, 조정의 위에서 허명(虛名)을 너무 숭상하여 실심이 서지 못함을 근심하였다.[60] 「사진선소(辭進

---

57) 『魯西遺稿』, 卷12, 「上季兄」: "當世之弊 不務實事 唯事文具 爲大弊也 今日招賢之擧 亦歸於文具耳."

58) 『魯西遺稿』, 卷5, 「答宋英甫」: "今日所患 不患無其志 而只患無其實矣 徒善不足以爲政 徒法不能以自行 徒志不可以有爲 則今日之急務 果在於言語而已乎."

59) 『魯西遺稿』, 卷5, 「答宋英甫」: "極論其虛聲無實之弊 而不自各其倒底也."

60) 『魯西遺稿』, 附錄, 上, 「遺事」: "……然先生則猶以朝廷之上 虛名太崇而實心未立爲憂."

善疏)」에서는 "진실로 허명으로 선비를 구함을 그치지 아니하면, 비록 임
금의 두터운 예로 어진 사람을 부르고 날로 초야에 내리더라도 족히 조
가(朝家)의 글을 갖춘 하나의 정사일 뿐이니, 국사에 무슨 보탬이 있겠는
가?"[61]라고 하였다. 이처럼 그는 매사에 형식과 허명에 치우치는 폐단을
비판하고, 모든 것이 실심에 의한 실공, 실사로 돌아가야 한다고 보았다.

윤선거는 "평상무사(平常無事)한 때에도 오히려 허명을 숭상 장려하고
부경지풍(浮競之風)을 기를 수 없거늘, 하물며 위급존망의 때에야 더 말
할 것이 있겠느냐?"[62]라고 하면서, 진심으로 천재(天災)에 대한 대응을
해야 한다고 하였다. 천재지변에 군신상하가 진심으로 대응하지 않고 허
명으로 실화(實禍)를 구하고자 한다면, 이는 나무에 올라가 고기를 잡고
자 하는 것과 다를 바 없다고 하였다. 이처럼 당시 현실에 대해 윤선거가
깊이 우려하는 바는 무실현상에 있었다. 이름만 있지 실상이 없고, 말만
무성할 뿐 실천이 없으며, 형식만 있지 실제 내용이 없는 현실에 대해 심
각히 우려하고, 모든 분야에서 실(實)을 추구하는 무실의 기풍을 진작코
자 하였다.

윤선거는 무실을 말하면서 가장 먼저 확립해야 할 문제가 바로 실심
(實心)의 확립이라고 보았다. 진실한 노력을 통해 진실한 효과, 진실한 성
과를 기대하고자 한다면 가장 근본적인 것이 실심의 확립이다. 인간 주
체의 진실한 마음, 즉 실심이 서야 한다. 주자나 율곡이 이미 말한 대로

---

61) 『魯西遺稿』, 卷3,「辭進善疏(三疏)」: "苟以虛名求士不已 則雖使弓旌之招日降於草野
適足爲朝家備文之一政而已 其於國事 有何少補哉."

62) 『魯西遺稿』, 卷3,「三疏」: "平常無事之時 尙不可崇獎虛名 以長浮競之風 況當此危急
存亡之秋乎."

천도는 실리이고 인심은 실심이다.**63)** 즉 진실하여 거짓이 없는 것이 천도의 본래 모습이다. 진실한 천(天)의 이치가 곧 실리(實理)이고, 그 실리가 인간의 마음으로 주어졌을 때 실심이 된다. 인간의 본래 마음은 진실하지만, 형기로 인해 은폐되는 데서 문제가 야기된다. 그에 의하면 "주자 이후로부터 거경궁리의 방법과 정존동찰(靜存動察)의 요령과 성학문호(聖學門戶)의 차례가 찬연히 해와 별과 같아 밝지 않음이 없으니, 학자가 근심하는 바는 단지 실심이 서지 못함에 있고, 궁행(躬行)이 독실치 못함에 있을 뿐이다. 안으로는 심술(心術) 은미함과 밖으로는 언행의 드러남이, 은미하게는 보이지 않고 들리지 않는 가운데, 현저하게는 사물에 접하는 즈음에, 가깝게는 인륜일월(人倫日用)의 평상과 멀리는 출처진퇴의 변화에, 작게는 물 뿌리고 청소하며 응대하는 절차와 크게는 도덕성명(道德性命)의 쌓임이 한결같이 성현의 유훈으로서 기준 삼지 않음이 없고, 강구체찰(講究體察)해서 실천하였다."라고 하였다. 또한 "얻지 못하면 분발해서 잠자는 것도 잊고, 이미 얻으면 복응(服膺)해서 잃지 않았다. 그러므로 행동거지의 법칙이 질서정연하여 저절로 이루어진 법도가 있고, 성명박약(性命博約)의 노력이 독실하여 조금도 빈틈이 없고, 표리(表裏)가 일치해 서로 길렀다. 대개 그 마음을 학문에 뜻하기 시작하여 종신토록 한 때도 혹 그침이 없었다."라고 하였다.**64)** 이처럼 학자가 근심해야 할

---

63) 『性理大全』, 卷37: "誠者 在道則爲實有之理 在人則爲實然之心."
   『栗谷全書』, 拾遺, 卷6, 「四子言誠疑」: "天道卽實理 人道卽實心也."

64) 『魯西遺稿』, 附錄, 上, 「遺事」: "其爲學 嘗曰 自朱子以後 居敬窮理之方 靜存動察之要 聖學門戶工程次序 粲如日星 無有不明 學者所患 只在實心之不立 躬行之不篤耳 內而心術之微 外而言行之著 隱而不覩不聞之中 顯而應事接物之際 近而人倫日用之常 遠而出處進退之變 小而灑掃應對之節 大而道德性命之蘊 莫不一以聖賢遺訓爲準 講究體察而服行之……未得則憤悱而忘寢 旣得則服膺而不失 是故威儀動止之則 秩秩然

바는 다름 아니라 실심이 서지 못함과 궁행이 독실치 못함이라 하고, 이 양자는 서로 표리가 되고 내외(內外)가 되어 하나로 일치되어야 한다고 보았다.

윤선거가 실심의 확립을 중시하는 이유는 율곡의 말대로 한 마음이 진실하지 못하면 만사가 모두 거짓이어서 어디를 가도 행할 수 없고, 한 마음이 진실하면 만사가 모두 참되어 무엇을 해도 이루지 못할 리가 없기 때문이다.[65] 진실한 마음이 전제되지 않으면 하는 일도 진실할 수 없고 그 결과도 거짓일 수밖에 없다. 그러므로 윤선거는 도처에서 실심의 중요성과 실심의 확립을 반복해 강조했던 것이다.[66]

윤선거의 무실은 실심의 확립을 통해 실덕(實德)을 함양하는 데 있다. 앞에서도 언급했듯이, 인간의 본심은 참되고 착하지만 육신을 가진 존재요 형기를 벗어날 수 없기 때문에 참되고 착한 본심을 잃기 쉽다. 그래서 맹자는 학문의 도는 다름 아닌 '구기방심(求其放心)'에 지나지 않는다고 하였다. 이때 부단한 노력을 통해 본심을 지키고 본심을 찾으려는 수기(修己)공부가 중요하다. 진실한 마음을 바탕으로 내면에 얻어진 진실한 덕이 곧 실덕이요, 이 실덕을 지닌 자가 바로 군자라고 할 수 있다. 그는 이러한 실덕의 함양을 위해 겸양(謙讓), 경(敬), 수약(守約), 하학용공(下學用功) 등 다양한 논의를 하고 있는데, 이에 관해 검토해 보기로 하자.

自有成法 誠明搏約之功 慥慥焉無少間斷 言行相顧而不違 表裏一致而交養 盖其心自志學至終身 未有一時之或息也."

65) 『栗谷全書』, 卷21, 「聖學輯要3」: "一心不實 萬事皆假 何往而可行 一心苟實 萬事皆眞 何爲而不成."

66) 『魯西遺稿』, 附錄上, 「遺事」: "……然先生則猶以朝廷之上 虛名太崇而實心未立爲憂……"

윤선거에 있어 실덕(實德)은 자기를 낮추는 자기겸양에서부터 출발한다. 그는 이를 겸겸(謙謙), 퇴겸(退謙), 자비(自卑), 겸비(謙卑) 등으로 표현하는데, 이는 모두가 진실한 자기반성을 통해 끊임없이 자아완성을 향한 도정(道程)이라 할 수 있다. 실덕은 자만, 오만에서 결코 이루어지지 않는다. 항상 부족함을 느끼고 자신을 반성하는 참된 마음을 통해 가능하다.

그는 스스로 "죽을 죄를 지은 신 윤선거"(死罪臣尹宣擧)라고 하는가 하면, "실(實)은 없으면서 이름을 훔쳐 세상을 속였다."라고 고백한다.67) 물론 강도(江都)사건으로 인한 평생 짊어진 멍에의 표현이기도 하지만, 그의 겸비(謙卑)의 태도, 겸양(謙讓)의 인품이 잘 나타나 있다.

그런데 이러한 겸양의 학풍은 파문(坡門)의 전통이었다. 윤선거는 말하기를, "파문(坡門)의 여구(餘矩)는 실로 겸겸(謙謙)으로 자기 수양하는 것"68)이라 하고, 대개 파문의 제공(諸公)들은 모두 퇴겸(退謙)으로 도를 삼아 스스로 스승의 설을 서술하여 어록에 나타남을 볼 수 없어, 우리 후생으로 하여금 상고하고 믿을 바가 없게 되었다고 한다. 그리고 대개 사문(師門)의 유법(遺法)은 오로지 겸비지도(謙卑之道)를 주로 한 데서 그러한 것69)이라 하였다. 이와 같이 자신을 낮추고 겸양하고 물러서는 실덕의 학풍은 파산문하(坡山門下)의 일관된 가르침이요 전통이었다. 윤선거의 겸양의 학풍은 이미 외조부 우계를 통해서도 알 수 있듯이, 파문(坡門)의 전통이라고 할 수 있다.

---

67) 『魯西遺稿』, 卷4, 「受食物辭召命箋」, 三月: "死罪臣尹宣擧……無實而盜名欺世……"

68) 『魯西遺稿』, 卷8, 與宋明甫英甫(論滄浪碣銘): "……坡門餘矩 實以謙謙自牧."

69) 『魯西遺稿』, 卷8, 「與宋英甫」: "大抵坡門諸公 皆以退謙爲道 無人自述師說 著見於語錄上 使我後生無所考信 盖由師門遺法 專主謙卑之道而然也."

박세채(朴世采, 1631~1695)는 윤선거에게 올린 제문에서 "파산(坡山)의 학문은 반드시 자기를 낮추고 마음은 오로지 안을 써서 무실을 주로 하고 독경(篤敬)을 대요(大要)로 삼았다."[70]라고 하였다.

또한 윤선거의 실덕(實德)은 '소학율신(小學律身), 가례종사(家禮從事), 심신체인(身心體認), 제외양내(制外養內)' 등 자수(自守), 수약(守約)의 공부를 통해 함양된다. 그는 『소학』으로서 자신을 규율하고, 『가례(家禮)』로서 종사하며, 규거(規矩)를 엄격히 지키고, 겸손하고 공손하고 부지런하고 삼가서, 터럭만큼도 부허(浮虛)의 뜻이 없는 김집(金集)의 실덕(實德)을 배웠던 것이다. 그리하여 김집은 다른 사람들에게 말하기를, "윤모(尹某)는 행실이 독실하고 생각이 정밀하여 다른 사람이 미치지 못할 바가 있다."라고 칭찬했던 것이다.[71]

그런데 윤선거의 이러한 실학풍은 '천리돈확(踐履敦確)'[72]과 '조리독실(操履篤實)'[73] 그리고 실심(實心), 진심(眞心)을 몸소 실천하고 강조한 외조부 우계의 학풍[74]을 계승한 것이다. 그러므로 박세채(朴世采)는 송시열

---

70) 『魯西遺稿』, 附錄下, 「祭文, 又」: "惟其坡山流派 始出靜庵 文敬嫡傳 迨絲石潭 其所成就 能承先正之緒 則可謂有所漸矣 學必自卑 心專用內 務實以主 篤敬爲大要……"

71) 『魯西遺稿』, 附錄 上, 「年譜」: "丙戌六月 候愼獨齋金先生 會宋李諸公及從兄龍西公 於瀘巖書院(金先生年踰七十 用功不懈 先生在錦峽時 往來參候 事以師禮 自此以後 從游益親 講貫益切 先生嘗以爲愼齋以小學律身 以家禮從事 守定規矩 謙恭勤謹 無一毫浮虛務外之意 此其實德也 先生之所得於愼齋者盖如此 而愼齋亦語人曰 尹某之 篤行精思 諸人所不及也云)."

72) 유명종, 「절충파의 비조 우계의 이기철학과 그 전개」, 『성우계사상연구논총』, 우계문화재단, 1988, 336쪽.

73) 『牛溪集』, 年譜附錄, 「行狀」: "栗谷嘗稱曰 若論見解所到 吾差有一日之長 操履篤實 吾所不及云."

74) 황의동, 「우계의 도학사상」, 『우계학보』, 제16호, 우계문화재단, 1995, 22~25쪽.

에게 보낸 글에서 "지금 노장(魯丈)의 학문은 비록 한마디로 말하기 어려우나, 요컨대 그 대체는 스스로 우계의 가르침을 이었고, 신독재의 글에 의거했다."75)라고 하여, 윤선거이 무실학풍이 우계와 신독재에 연원하고 있음을 밝히고 있다.

또한 명재(明齋) 윤증(尹拯, 1629~1714)은 박세채에게 답한 글에서, 부친의 학풍을 '내(內)'와 '실(實)'로 특징지어 설명하였다.76) 즉 부친의 학풍은 내성(內聖)의 학이요, 실학(實學)이라 규정하였다. 이러한 관점에서 윤선거는 「주문지결(朱門旨訣)」의 요령은 지경(持敬)과 궁리(窮理)하는 방법이며, 하학용공(下學用功)의 일은 곧 바로 착수하는 것이 진실로 학문하는 지결(旨訣)이다."77)라고 하여, 하학용공의 중요성을 강조하였다.

윤선거의 무실사상은 궁극적으로 실공(實功)을 추구하는 데 목적이 있다. 실공이란 율곡에 의하면 일을 함에 있어 참이 있어, 빈말을 힘쓰지 않는 것을 말한다.78) 즉 진실하여 말로만 하지 않고 실천, 실행함을 말한다. 따라서 실공이란 다름 아닌 진실한 노력, 진실한 행위를 말하는 것이다. 아무리 뜻이 좋고 이론이 훌륭해도 실천하지 않으면 결과는 없다. 윤선거는 당시 사회의 공리공론의 병폐를 비판하고 자기수양은 물론 매사에 실천궁행하는 기풍을 강조했던 것이다.

---

75) 『南溪集』, 卷26, 「答宋尤齋」: "今魯丈之學 雖難一論 要其大體 自是述牛溪之訓 而依愼齋之文者."

76) 『明齋遺稿』, 別集, 卷3, 「答朴和叔」: "先人之學 內也實也 尤翁之學 外也名也."

77) 『魯西遺稿』, 「魯西遺事」: "朱門旨訣 則大要是持敬窮理之方 而下學用功之事 卽日使可下手 眞爲學旨訣也."

78) 『栗谷全書』, 卷5, 「萬言封事」: "所謂實功者 作事有誠 不務空言之謂也."

다만 말하는 것이 어려운 것이 아니라 행하는 것이 실로 어렵다. 왜냐하

면 모든 일이 하지 않으면 그만이지만 한다면 반드시 誠해야 한다.79)

말하고 주장하는 것이 어려운 것이 아니라 행하기가 어렵다고 한다. 그 이유는 매사가 참되어야 하기 때문이다. 여기에서 성(誠)은 곧 진실하여 거짓이 없는 것을 말한다. 말로만 하고 실천하지 않는다면 그것이 곧 거짓이다. 언행의 일치가 실공의 길이다. 그는 또 말하기를, "사의(私意)를 제거한 후에 기강을 세울 수 있고, 문구(文具)를 제거한 후에 실공을 이룰 수 있다."80)라고 하여, 형식적인 태도를 시정한 뒤에야 진실한 공을 이룰 수 있다고 하였다. 이때의 실공은 진실한 성과를 의미하는 말이므로, 앞의 진실한 노력과는 구별되지만, 진실한 노력의 산물이 실공이라는 점에서 보면 상통하는 의미라고 할 수 있다.

이와 같이 윤선거는 먼저 실심(實心)을 확립하고 실덕(實德)을 함양하여 실공(實功)을 이루어야 한다고 하였다. 실심, 실덕, 실공으로 대표되는 그의 무실사상은 유학 본래의 정신으로 돌아가자는 의미가 짙고, 나아가 수기치인, 내성외왕의 진실한 구현을 의미한다고 할 수 있다. 즉 진정한 수기의 실천, 진정한 왕도(王道)의 실현이야말로 윤선거 무실사상의 참뜻이라 할 수 있다.

또 박세당(朴世堂, 1629~1703)도 상소에서 조정의 대신들이 '무실지거(無實之擧)'만을 일삼기를 좋아한다고 비판하고, 이제까지의 미재책(弭災

---

79) 『魯西遺稿』, 卷12, 「上仲兄」: "第念辭之非難 行之實難 何者 凡事不爲則已 爲則必誠."
80) 『魯西遺稿』, 附錄上, 「遺事」: "又曰 去私意而後 可以立紀綱 除文具而後 可以做實功……"

策)도 무실정책이 아니라 일종의 허문(虛文)에 불과했다고 비판하였다.[81]

이로 볼 때 '실심(實心), 실공(實功), 실효(實效), 실덕(實德), 실천(實踐)'을 강조해 온 무실학풍은 우계 이래 전승되어 온 우계학파의 보편적 이념이었고, 이는 윤선거를 통해 더욱 강조되었으며, 송시열과 윤증, 박세채의 결별 이후 송시열을 비롯한 율곡학파와 구별되는 우계학파의 학문적 정체성으로 분명하게 드러났던 것이다.[82]

또한 명재 윤증도 부친 윤선거를 계승하여 무실학풍을 표방한다. 그는 "입지(立志)와 무실(務實)이 학문하는 자가 가장 먼저 힘써야 하는 것이며, 나머지는 모름지기 책에 있을 따름"이라 하였다.[83] 이와 같이 윤증에 있어 무실은 입지와 더불어 학문하는 데 가장 먼저 힘써야 할 공부로 제시되었다. 그는 이유태(李惟泰)에게 보낸 편지에서도 무실하지 않는 것이 학자들의 큰 병폐라고 지적하고 있으며,[84] 박세채에게 보낸 편지에서도 무실 두 글자로 학문의 기초를 삼아야 한다고 하였다.[85] 그는 또 이세구(李世龜)에게 답한 글에서 실심(實心)이 있으면 저절로 실공(實功)이 있고, 또한 쉼 없는 공부가 있을 뿐이라 하였다.[86] 실심은 인간 주체의 진실한 마음이다. 이 실심이 있어야 실공이 있게 된다는 것이다. 실심에 의한 실

---

81) 『西溪全書』, 卷5, 「應求言疏」.

82) 황의동, 『우계학파연구』, 89쪽 참조.

83) 『明齋遺稿』, 卷14, 「答羅顯道」, 戊辰, 正月 29日: "所叩教學之術 有何別方 立志務實 最爲學者之先務 其餘在方冊耳."

84) 『明齋遺稿』, 卷9, 「上草廬書」, 己未: "仄聞近地章甫 多有出入門墻者 未知有將來可望者否 近來彌覺不務 實爲學者之大患 須先有眞實根本而後 可以闡得去 隨其高下 而有所成就 未知如何(己未)."

85) 『明齋遺稿』, 卷11, 「與朴和叔」: "……以務實二字 貼於爲學初頭 庶乎做得基址."

86) 『明齋遺稿補遺』, 「答李壽翁: 世龜」, "有實心則 自有實功 亦在不息工夫而已."

공이 실학의 길이다.

그는 또 하학착실공부(下學着實工夫)를 강조하는가 하면,[87] 입지와 무실을 학문의 시종(始終)으로 강조하였다. 그는 말하기를, "『격몽요결(擊蒙要訣)』은 실로 학자의 요결이니 구하여 모두 읽는 것이 어떤가?"[88] 하고, "『격몽요결』, 『성학집요』는 모두 입지로써 수장(首章)을 삼는다. 대개 이 뜻이 있은 연후에 그 일을 할 수 있기 때문이다. 비록 그 일을 하더라도 참되지 아니하면 이룰 수 없다. 그러므로 무실하고자 하는 것이다. 무실로써 학문을 끝마치지 않는다면 또한 학문하는 지극한 공부가 되지 않는다."[89]라고 하였다. 윤증은 우리가 근심할 바는 실심을 확충하기 어렵고 실공을 힘쓰기 어려울 뿐이니, 이 실심, 실공이 없으면 헛소리와 실화(實禍)가 작은 일이 아닐 것이라 하였다.[90] 그리고 소위 입지와 무실 두 조목은 자신이 양 선생(우계, 율곡)의 뜻을 취하여 첨가한 것이라 하고, 대개 입지가 아니면 시작할 수 없고, 무실이 아니면 마칠 수 없으니, 이에 『격몽요결』과 『성학집요』가 모두 입지로서 수장(首章)을 삼은 것[91]이라고 하였다.

---

87) 『明齋遺稿』, 卷25, 「答金時濟」: "今承所示 一念在日用言動 不期於存心 而有不能放過云者 眞是下學着實工夫 極可喜也."

88) 『明齋遺稿』, 卷25, 「答宋翼輔」: "擊蒙要訣 實學者之要訣也 求得畢讀之如何."

89) 『明齋遺稿』, 卷26, 「答或人」: "擊蒙要訣及聖學輯要 皆以立志爲首章 盖有是志 然後方可爲其事故也 雖爲其事 不以誠則不能成 故欲其務實 非以務實爲學之終也 亦非以爲學之極功也."

90) 『明齋遺稿』, 卷29, 「與子行敎」: "……所患者 實心之難充而實功之難辦耳 無此實心實功 則虛聲實禍 非小事也."

91) 『明齋遺稿』, 卷30, 「題爲學之方圖」: "所謂立志務實二目 則拯之僭取兩先生之意而添之者也 盖非立志則無以始 非務實則無以終 此擊蒙要訣及聖學輯要 皆以立志爲首章……"

그는 또 수기에 있어서도 실심으로써 실공을 지어 하루에 반드시 하루의 일이 있고 잠시도 방과(放過)하지 않는다면, 비로소 차제(次第)를 말할수 있어 빈말로 돌아가는 것을 면케 될 것이라 하였다.[92] 또 옛 사람이학문하는 방법은 책에 갖추어 있는데, 세상의 학자들이 진실한 마음을가지고 있는 경우가 드물다 하고,[93] 선인(윤선거)께서는 초학자를 보면반드시 『격몽요결』로써 우선을 삼았으니, 이 책이 비록 약(約)하나 실로학문하는 지남(指南)이라 하였다. 그리고 그다음 또한 우계가 기록한 「위학지방(爲學之方)」보다 중요한 것이 없으니, 이로써 선인(先人)께서는 반드시 학자들로 하여금 반드시 먼저 이 두 책을 읽어야 한다고 강조하였다 한다.[94] 윤증은 말하기를, "금일 우리 무리가 함께 힘써야 할 바는 오직 마땅히 우리의 실학(實學)에 나아가 잠구역행(潛究力行)하여 하나의맥을 전하는 데 도와서 단절(斷絶)에 이르지 않도록 할 뿐이다."[95]라고하였다.

윤동원(尹東源)에 의하면, 윤증은 항상 "입지(立志)가 독실하면 '성인의성품이 곧 나의 성품'이라고 말한다. 학문이 성인의 경지에 이르지 못하면 나의 성품에도 미진함이 있는 것이다. 무실이 지극하면 '모두 실리(實

---

92) 『明齋遺稿』, 卷21, 「答金龜孫」: "深源以實心做實功 一日必有一日之事 勿令頃刻放過 則方有次第之可言 而免於擔閣空言之歸矣."

93) 『明齋遺稿』, 卷21, 「答李彦緯武叔」: "古人爲學之方 具在方冊 而世之學者 罕有眞實心 地."

94) 『明齋遺稿』, 卷21, 「答李漢游漢泳」: "先人每見初學者 必以擊蒙要訣爲先 以爲此書雖 約 實爲學之指南也 其次又莫要於牛溪所抄爲學之方 以此先人必使學者 必先讀此二 書……"

95) 『明齋遺稿』, 卷23, 「答朴壽岡」: "今日吾黨之所共勉者 唯當就吾實學 潛究力行 庶幾傳 扶一脉 不至斷絶而已."

理)'라고 말할 만큼 사물을 전부 제득하게 된다. 무실은 상하의 학문에 일관된 공효를 가져온다."96)라고 하였다. 이처럼 윤증은 입지와 무실을 학문의 근본으로 삼았는데, 이것은 곧 가전(家傳)의 지결(旨訣)이었다.97) 이와 같이 윤증은 외조부 성혼과 부친 윤선거를 계승하여 실심이 있은 후에 실공이 있고, 실공이 있은 후에 실덕이 있으며, 실덕이 있은 후에 밖으로 나타나 가는 곳마다 실하지 아니함이 없게 된다고 보았던 것이다.98)

양명학(陽明學)의 지행합일설(知行合一說)은 왕양명(王陽明)이 학술사에 남긴 가장 값진 구호로, 그리고 그의 대표적인 학설로 거론될 만큼99) 중핵적 이론이다. 양명에 의하면 "지(知)는 행(行)의 시작이고 행은 지의 성취라고 말한 적이 있다. 만약 이 같은 지행합일의 도리를 이해한다면, 지 하나만을 말해도 자연히 그 속에 행이 내재하고, 또 행 하나만을 말해도 자연히 그 속에 지가 내재한다."100)라고 말한다. 이처럼 양명은 근본적으로 심(心) 밖에서 이(理)를 추구하는 데 반대하고, 오심(吾心)의 이(理)를 추구하는 것이 곧 지행합일의 기초가 된다고 보았다.

이러한 논거를 바탕으로 조선의 양명학자들은 당시 성리학의 지나친 관념화와 사변화에 반대하고, 이를 해결하는 대안의 하나로 양명학을 제

---

96) 『明齋先生年譜』, 附錄, 卷1, 「家狀」: "立志之篤 則曰聖人之性亦吾性也 學問不及於聖人 則於吾性有未盡分處 務實之至 則曰 皆實理也 無物不體 務實爲徹上徹下之功."

97) 『明齋先生年譜』, 附錄, 卷1, 17章: "……又必以立志務實爲本 此乃先生家傳旨訣爾."

98) 『明齋遺稿』, 別集, 卷3, 「擬與懷川書」: "夫有實心 而後有實功 有實功而後有實德 有實德 而後發於外者 無往而不實."

99) 梁啓超, 『王陽明知行合一之敎』, 臺灣中華書局, 民國 57, 2~3쪽.
    송하경, 「왕양명의 지행합일설」, 『왕양명철학연구』, 청계, 2001, 238쪽.

100) 『傳習錄』, 卷上: "知是行之始 行是知之成 若會得時 只說一個知已自有行在 只說一個行已自有知在."

시하였던 것이다. 아울러 왕양명이 성(誠)을 심체(心體), 양지(良知)로 규정하고, 입성(立誠)과 성의(誠意)를 인도(人道)로 강조하는 데서101) 무실(務實)과의 연계 논리가 가능하게 되는 것이다. 즉 무실은 인간 주체의 실심(實心)을 바탕으로 실천을 강조한다는 점에서 양명학의 정신과 공감대를 갖게 되는 것이라 하겠다.

조선 양명학의 대표자로 일컬어지는 하곡(霞谷) 정제두(鄭齊斗, 1649~1736)는 본체론적인 측면에서 성(誠)을 '천도(天道), 실리(實理), 생리(生理), 실심(實心)' 등으로 이해하였고, 양명과 마찬가지로 일원(一元)의 주체인 심체(心體)를 성(誠)으로 인식하고, 실천적 측면에서는 입성(立誠)과 성의(誠意)를 강조하였다.102)

유계(俞棨), 윤증, 박세채의 문인이었던 덕촌(德村) 양득중(梁得中, 1665~1742)은 유형원이 쓴 『반계수록』을 높이 평가하고 이를 임금에게 권하였으니,103) 이는 양명학을 받아들여 유형원의 실사구시(實事求是) 정신을 절충한 것으로 양명학과 실학의 융회(融會)라는 의미를 갖는다.104) 그는 말하기를, "이(理)는 곧 실리요, 심은 곧 실심이며, 학(學)은 곧 실학이요, 사(事)는 곧 실사이다. 한 털끝만큼도 사위(私僞)가 그 사이에 끼어 있지 아니한 즉, 실심이 담연허명(湛然虛明)하고 실리는 결정정,

101) 민혜진, 「정제두의 성사상에 관한 연구」, 부산대학교대학원 박사학위논문, 2005, 11
    쪽.

102) 민혜진, 위의 논문, 199쪽.

103) 『德村集』, 卷2, 「又辭疏, 辛酉」: "近世有湖南儒生柳馨遠者 乃能爲之講究法制 粲然
    備具 始自田制 以至於設敎選擧任官職官祿制兵制 纖微畢擧 毫髮無遺 書旣成而名
    之曰隨錄 凡十三卷 臣嘗見之於臣之亡師臣尹拯之家 臣之亡師嘗爲臣言 此書乃古聖
    王遺法而修潤之 不失其本意 國家若欲行王政 則惟在擧而措之而已."

104) 유명종, 『한국의 양명학』, 동화출판공사, 1983, 144쪽.

미(潔靜精微)하다."105)라고 하였다. 그는 또 임금에게 올린 상소에서 "맹자가 제선왕, 양혜왕에게 여민동락 네 글자로 입지의 표준을 삼아야 한다고 하듯이, 신의 생각에는 실사구시의 네 글자가 곧 오늘날 성상의 입지하는 표준이 되어야 한다고 생각합니다."106)라고 하였다. 이와 같이 양득중의 경우 양명학을 하면서도 무실사상을 그 속에 접목시켜 깊이 있게 이해하고 있음을 알 수 있다.

또 정제두의 문인인 원교(圓嶠) 이광사(李匡師, 1705~1777)는 "내가 하곡선생을 사모한 지는 여러 해가 되었지만, 사시는 곳이 외져서 27세 되던 해 봄에야 비로소 강화로 들어가, 83세의 노선생님을 뵙고 실학을 배웠다."라고 하여,107) 자신이 하곡에게 실학을 배웠음을 고백하고 있다.

또 이광사의 아들인 신재(信齋) 이영익(李令翊, 1738~1780)은 "아아 불민한 내가 덕에 나아가지 못하는 것은 무슨 까닭인가? 마음에 향하는 바가 있되 건성건성하여 실심(實心)이 없고, 행동하려는 바가 있되 억지로 대충하여 실행(實行)이 없다. 대개 신실(信實)되지 않음에서 말미암는다."라고 하여,108) 실심, 실행과 함께 신실을 강조하였다.

또한 하곡의 문인이며 손자사위인 완구(宛丘) 신대우(申大羽, 1735~1809)는 지행합일의 전내실기지학(專內實己之學)을 추구하여 개아

---

105) 『德村集』, 卷2, 「辭別諭召命疏」: "理則實理 心則實心 學則實學 事則實事 無一毫私僞參錯於其間 則實心湛然虛明 而實理潔靜精微矣."

106) 『德村集』, 卷2, 「告歸疏, 辛亥」: "孟子之於齊宣梁惠 以與民同樂四字爲立志之標準 臣愚竊以爲實事求是四字 卽今日聖上立志之標準也."

107) 이용규 편저, 『강화학파 학인들의 발자취』, 수서원, 2007, 112쪽.

108) 이용규, 위의 책, 217쪽.

(個我)의 주체성을 강조하였다.109) 그는 일면 경세에 뜻을 두고 목민론(牧民論)을 전개하고 국학에도 관심을 보였지만, 진정한 인간 주체인 덕성아(德性我)의 확립에 더 큰 비중을 두었다.110)

영재(寧齋) 이건창(李建昌, 1852~1898)은 "성실이란 진실된 이치요, 진실한 이치가 안에 있지 아니하면 진실된 사물이 밖에서 이루어지지 못하며, 성실하지 못하면 사물이 없는 것이다."라고 하였다. 그리고 "이름이란 실(實)의 손님이니, 실을 먼저 하고 명(名)을 뒤에 함은 천하의 바른 길이다."라고 하여, 실리(實理), 실사(實事), 실심(實心)을 강조하여 양명이 본체가 실리, 실심, 실사라고 한 말과 일치시켰다.111)

한말의 독립운동가요 사상가였던 백암(白巖) 박은식(朴殷植, 1859~1925)은 최남선(崔南善)이 말하듯이, 조선의 유학을 왕양명으로 일신하려 했던 한말의 대표적인 양명학자였는데, 다산 정약용의 제자인 신기영(申耆永), 정관섭(丁觀燮)을 통해 다산실학을 접하였으며 실사구시(實事求是)의 학풍에 심취하였다.112)

이렇게 볼 때, 무실사상은 조선 양명학의 흐름에도 분명 영향을 미쳤음을 알 수 있다. 양명학의 지행합일(知行合一), 입성(立誠), 성의(誠意)의 성(誠)사상과 무실(務實)사상이 자연스럽게 교감되었음을 알 수 있다.

---

109) 이용규, 위의 책, 166쪽.
110) 이용규, 위의 책, 179쪽.
111) 이용규, 위의 책, 137쪽.
112) 이용규, 위의 책, 432쪽.

5. 조선 유학사(朝鮮儒學史)에서 무실학풍의 전승(傳承)

이러한 율곡의 무실사상은 17세기 조선 유학의 다기화(多岐化) 현상과 맞물려 다양하게 전개되고 있다. 율곡학파에서는 사계(沙溪) 김장생(金長生), 신독재(愼獨齋) 김집(金集)을 통해 예학적(禮學的) 무실로 계승되고 있으며, 우계학파에서는 노서 윤선거와 명재 윤증을 통해 무실학풍이 심화되어 강조되어 왔다. 특히 윤증은 멀리 우계와 부친 윤선거의 무실학풍을 계승하는 동시에 율곡의 무실학풍을 적극적으로 계승하였다. 우암(尤庵) 송시열(宋時烈)을 비롯한 율곡 직계가 영남 퇴계학파의 도전에 대한 성리의 이론 무장에 많은 시간과 노력을 보낸 데 비해, 우계학파는 우계, 율곡의 무실학풍을 충실히 계승하여 자파의 정체성으로 삼고 있는 것이다.

그러나 우계학파의 무실학풍은 실심(實心) 실학풍으로 수기적(修己的) 측면이 매우 강하다. 다시 말하면 율곡에게서 보이는 무실학풍의 현실적 적용이나 정치적, 제도적 적용은 매우 소극적이라는 한계를 갖는다.

이러한 우계학파의 수기적 무실학풍에 대해 보다 적극적으로 무실학풍을 현실에 접목한 것은 조선 후기의 실학파라고 할 수 있다. 그것은 실학파의 공통적 특성이 실심(實心), 실천(實踐), 실용(實用)에 있음은 물론이거니와, 유형원과 이익 등 실학파에 미친 율곡의 영향은 매우 크기 때문이다. 비록 실학파들이 직접적으로 율곡이나 우계의 무실을 인용하거나 원용한 것은 아니지만, 이미 그들의 실학정신은 율곡, 우계의 무실학풍의 연장이요 계승인 것이며, 유형원의 『반계수록』만 하더라도 율곡의 수많은 개혁책과 상소문이 중요한 자료로 활용된 데서 알 수 있는 것이다.

또한 이들의 무실학풍은 조선 양명학과도 교감하고 소통된 흔적을 찾을 수 있다. 양명학 자체가 성리학의 지나친 관념성과 사변성을 비판하고 실천과 실용을 강조한 측면에서 이미 무실학풍과 이념적 동질성을 갖고 있었다고 볼 수 있다. 특히 양명학의 지행합일사상과 입성(立誠), 성의(誠意)의 성(誠)사상은 무실학풍과 그 정신을 함께 하는 것이라는 점에서 상호 소통의 가능성이 이미 열려 있었다. 이런 흔적은 조선 양명학의 태두로 일컬어지는 정제두를 비롯하여 양득중, 이광사, 신대우, 이영익, 이건창, 박은식 등 강화학파(江華學派)에 흐르는 공통된 정서라는 점에서 무실사상과 양명학파의 깊은 관련성을 이해할 수 있다. 다만 양명학파의 무실사상은 제도개혁이나 부국강병과 같은 적극적인 실학의 실현이기보다는, 인간 주체의 실심(實心) 확보 내지 진실한 도덕 주체의 확립이라는 내면적 실학의 진작이라는 성격이 강하게 드러나 보인다.

또한 무실학풍은 한말 개화사상과도 접목되었는데, 그 대표적인 경우가 도산(島山) 안창호(安昌浩)라고 할 수 있다. 안도산은 민족의 독립과 번영의 근본을 힘에서 찾고, 그 힘의 원천을 무실역행(務實力行)에서 찾았다. 안도산이 일제 강점기 절망의 시대에 힘의 원천을 무실역행에서 찾았다는 것은 매우 주목해야 할 일이다. 안도산의 무실역행은 일면 도덕적 진실, 참의 추구인 동시에 실용, 실천의 추구였다. 이렇게 볼 때, 무실사상은 여말선초에 발아되어 16세기 우계, 율곡에 의해 심화되고 체계화되었다고 볼 수 있다.

그런데 17세기 이후 시대의 변화에 따라 사상적 추이도 다기화(多岐化)되는데, 무실사상이 그 다기화의 중핵이 되었다고 보아도 좋다. 왜냐하면 17세기 조선 유학의 다기화는 '무력(無力), 부실(不實), 공리공담(空

理空談), 허명(虛名)'에 대한 반성에서 출발하였기 때문이다. 즉 실학, 양명학, 예학이 모두 당시 성리학시대의 모순과 문제를 인식하고 이를 극복해야 한다는 필요에서 출발한 것이기 때문이다.

한말, 일제 강점기에 있어서도 폭력적, 혁명적 독립운동이 필요했고 또 의미 있는 것이었지만, 무실에 기반을 둔 실력양성론 내지 개화개방론은 기초주의, 근본주의에 입각한 대안이었다는 점에서 그 의미를 다시 재평가해야 할 것이다.

이상의 논의를 통해 무실사상은 조선조 유학사상사에 있어서 여러 측면에서 영향을 미쳐 왔음을 알 수 있다. 성리학, 예학, 실학, 양명학, 개화사상 등 다양한 갈래의 유학전개에 공통적으로 무실사상이 적용될 수 있었다는 것은, 무실사상이 유학의 본질적 속성을 담지(擔持)하고 있음에 기인하는 것이라 하겠다. 즉 선진 유가의 성(誠)을 매개로 '실리(實理), 실심(實心), 실덕(實德), 실천(實踐), 실공(實功), 실리(實利), 실용(實用)'의 구체적인 가치와 덕목으로 전개된 실학(實學)이라는 점에서 다양한 유학의 흐름 속에서도 보편의 지평을 담지(擔持)한 것이라 생각된다. 그리고 이 무실사상은 인간 주체는 물론, 대(對)사회적, 정치적, 경제적 영역에서도 두루 통용된다는 점에서 내외, 표리를 일관한다 하겠다.

6. 맺는 말 −우계학파 무실론(務實論)의 한계와 문제점−

무실(務實)학풍은 조선 유학사에서 그동안 외면되거나 지나쳐 버린 감이 없지 않다. 논자는 이 문제를 오래전부터 제기해 왔고 또 중요하게 여겨 이에 관한 학술적 검토를 부단히 해온 바 있다. 우리는 조선 유학사를 자칫 성리학 중심으로 보기도 하고, 또 이기론 중심으로 보기도 한다. 물론 이러한 문제가 당시 학계의 중심적 과제로 논의되었고, 이에 관한 연구가 주류를 이루었던 것은 부인할 수 없다.

그러나 다른 한편으로는 인간 주체의 내면적 진실성과 함께 실천, 실용을 강조하는 학풍이 연면하게 이어져 왔음을 주목해야 한다. 조선 유학사에서 17세기 이후 전개된 조선 실학의 전통과 함께 양명학의 실심, 실천의 학풍, 또 성리학을 하면서도 실사(實事)의 문제를 결코 놓지 않았던 일군의 학풍에 관해 눈여겨볼 필요가 있다. 본고는 이러한 입장에서 우계학파의 무실학풍에 관해 깊은 관심을 갖고 이에 대한 논의를 하고 있다. 무실학풍은 여말선초부터 간간이 언급되어 오지만, 본격적으로 이 문제를 제기하고 강조해 온 것은 율곡과 우계라고 할 수 있다. 물론 우계보다는 율곡의 경우가 훨씬 이 문제에 적극적이었지만, 우계도 그의 학문적 기본에 무실학풍을 깔고 있었음은 물론이다. 무실학풍의 핵심은 인간 주체의 성실성 확보를 전제로 실천적 태도, 실용적 가치를 추구하는 데 있다. 결국 이 무실학풍은 개인이나 국가의 역량이나 힘, 그리고 삶의 문제와 직결된다. 따라서 이 무실학풍은 실제적이고 현실적이며 역동적이라는 데 특징이 있다. 유학이 아무리 윤리도덕과 성리의 존엄성을 강조하더라도 배가 고프고 가난해지면 그것조차 유지할 수가 없는 것이다. 이 점에서 무실학풍은 매우 중요한 가치와 의미를 갖는다.

율곡 직계계열은 영남 퇴계학파와의 성리 논쟁에 주력하느라 율곡철학의 중요한 정신인 무실정신을 망각한 측면이 없지 않다. 이에 반해 우계학파는 오히려 우계, 율곡이 강조해 온 무실학풍을 계승하고 진작해 왔다고 평가된다.

그렇지만 우계학파 그리고 이를 계승한 조선 양명학파의 무실학풍은 실심(實心), 실천(實踐), 실덕(實德)이라는 내실(內實)로서의 무실(務實)학풍에 머무른 한계를 보여 준다. 즉 율곡이나 조선 후기 실학파들에게서 볼 수 있는 경세적(經世的) 실학풍은 보이지 않는다는 말이다. 그러나 이들의 무실학풍이 조선 후기 실학은 물론이고 양명학, 한말 개화사상에까지 미친 영향은 의미 있다 할 것이다.

제2부
우계학문의 연원과 사상

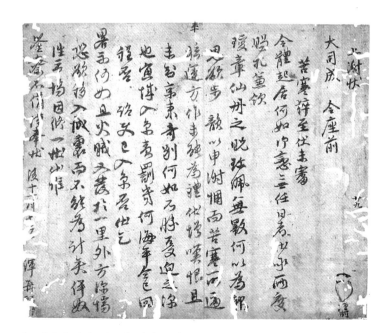

〈우계선생 친필: 행초서, 대사성 이해수(李海壽)에게 보낸 편지글 / 한국학 중앙연구원 자료〉

우계 詩 감상

- 율곡에 대한 만사 - 갑신년(1584) 봄

벼슬 없는 것이 어찌 좋지 않으랴,	無官豈不好
몸이 한가롭고 또 책을 읽을 수 있다네.	身閑且讀書
산과 들이 어찌 넓지 않으랴,	山野豈不寬
한가로이 내 집에 살 수 있다네.	居然着吾廬
어이하여 서울을 떠났다가 다시 와서,	云胡去復來
말년의 길 주저하였나.	末路仍躊躇
지사도 성공하기 어려우니,	志士亦少成
하늘의 마음 끝내 어떠한가.	天心竟何如
대도가 마침내 어두워지니,	大道終晦蝕
생민들 농토를 잃은 듯하네.	生民失菑畬
기심(機心) 없음이 뛰어난 지혜이니,	無機是獨智
공교로운 생각은 도리어 시끄럽기만 하다오.	用巧還紛挐
가슴에 서린 한 다 말할 수 없으니,	有恨不可窮
나의 노랫소리 어이 이처럼 슬픈가.	有歌何太歔
하늘로 돌아감이 즐거운 것을 비로소 알겠네.	樂哉歸太虛
모름지기 구천(九泉) 아래에서 만나,	會須泉下逢
우리들의 뜻 천추에 길이 이루리라.	千秋長遂初[1]

---

1) 『牛溪集』 권1, 「詩」, 〈栗谷輓詞〉.

우계사상의 연원(淵源)과 계승(繼承)[1]

오종일[2]

〈차례〉

1. 서론

이 글은 우계(牛溪) 성혼(成渾, 1535~1598)사상의 형성 연원과 그 계승에 대한 사실을 서술한 것이다. 따라서 그 구성은 우계 이전, 곧 조선조 초기로부터 우계에 이르기까지의 사상적 전승이 어떻게 이루어져 왔는가 하는 문제와, 이를 계승한 우계의 의식과 사상은 어떻게 나타나고 있는가 그리고 우계 이후의 그 가르침은 어떤 모습으로 계승되었는가 하는

---

1) 이 논문은 우계학보 제35호, 우계문화재단, 2017년에 게재한 논문이다.

2) 吳鍾逸, 전주대학교 명예교수

문제로 요약된다.

우계는 잘 알려진 것처럼 청송(聽松) 성수침(成守琛, 1533~1564)의 아들이며, 청송은 정암(靜庵) 조광조(趙光祖, 1482~1519)의 문인이었다. 우계의 조상을 살펴보면, 조선조 초, 예조판서를 지낸 성석인(成石因)이 6대조인데, 그는 이성계를 도와 조선조 건국에 많은 업적을 세운 성석린(成石璘)의 막냇동생이다. 둘째가 석용(石瑢)인데, 그는 성삼문(成三問) 성담년(成聃年) 성담수(成聃壽)의 증조부가 된다.

여기에서 우리는 이와 같은 배경과 그 가풍의 의식이, 우계사상의 형성에 있어서 어떠한 영향을 주었으며, 이를 계승한 우계의 학문은 조선조 성리학의 발전기에 있어서 어떠한 의미를 지니고 있는가 하는 점에 주목하게 된다. 이와 관련하여 우계사상을 서술함에 있어서 먼저, 지금까지 조선조 초기 학풍의 전승에 대한 인식을 살필 필요가 있다. 그것은 지금까지 이해하고 있는, 조선조 도통, 곧 포은(圃隱) 정몽주(鄭夢周, 1337~1392)에서 정암(靜庵) 조광조(趙光祖, 1482~1520)에 이르기까지의 학통과, 우계의 학문은 어떤 연관성이 있는가 하는 문제와 직결되기 때문이다.

다음은 우계사상의 특징을 살피는 일이다. 널리 알려져 있듯이, 우계의 학문은 율곡과 함께 조선조 중기, 성리학의 발전을 이룩하는 데 중요한 한 축을 담당하고 있었던 것만은 분명하다. 그러나 아직까지 그 성리학 연구의 업적과 가치에 대한 올바른 이해가 없었다. 그의 성리학은 퇴계(退溪) 이황(李滉, 1502~1571)과 고봉(高峰) 기대승(奇大升, 1527~1572)의 사단칠정에 관한 논쟁 이후, 율곡과 함께, 새로운 이론을 전개하였기 때문에, 조선조 중기 성리학의 발전적 특징으로서 중요한 위치를 차지하고 있다.

다음에 살펴야 할 것은, 이와 같은 우계사상의 학문적 특징을 이해하는 바탕 위에서 그 학풍은 어떻게 계승되었던 것일까 하는 문제를 생각할 수 있다. 우계학문의 전승을 일별하면, 그 문인으로서 중봉 조헌과 은봉 안방준, 그리고 그의 혈연적 인연으로서 사위 윤황과 윤황의 아들 윤선거, 윤선거의 아들 윤증, 그리고 인조시대의 정엽, 이귀, 김자점 등, 우계사상의 계승은 매우 활발한 것이었다.

이와 같은 관점에서만 보더라도 우계사상의 연원과 그 계승에 대한 이해는 조선조 유학의 발전적 특징을 나타내는 매우 중요한 영역을 차지하였다는 것을 알 수 있으니, 그 위상은 매우 크고, 쌓은 업적 또한 우뚝한 것이라 하지 않을 수 없다. 이제 이와 같은 순서에 따라서 우계사상의 특징을 살피기로 한다.

2. 조선조 초기 유학의 전승과 우계사상의 배경

지금까지 우리는 조선조 초기 유학의 전승을 말할 때, 대체적으로 포은(圃隱)의 절의를 계승하였던 인맥과 그 정신이 정암(靜庵)에 이르렀다고 여겨 왔고, 이를 도통(道統)의 정맥으로 정의하였다. 그러나 지금까지 그와 같은 도통정맥은 과연 합리적인 것이며, 또한 그 정당성을 지니고 있는가 하는 것에 대한 검토가 없었다. 여기에서 조선조 초기의 도통을 말하는 것은 유학사상의 근본정신, 곧 유학이란 어떤 학문인가 하는 그 정의(定義)와 일치할 수 있는가 하는 문제가 제기될 수 있기 때문이다. 유학의 본질에 비추어 볼 때, 조선조 초기 유학의 전승 과정을 지금까지

도통정맥으로 여겼던 그러한 정의가 올바른 것인가 하는 문제가 제기될 수 있는 것이다.

이를 보다 구체적으로 지적한다면 이른바 포은을 이학지종(理學之宗)으로 정의하였던 것은, 고려의 멸망으로부터 조선조의 건국에 이르게 된 그 특수한 환경에서 이루어진 산물이라는 점이다. 그것은 포은에 대한 선양은 조선조 초기 왕권을 튼튼히 하고자 하였던 정책적 배려로 인하여, 그 충절을 선양하고자 하였던 의식과 깊은 연관성을 지니고 있기 때문이다.

그러나 유학의 도통을 설정하는 데 있어서 먼저 상정(想定)하여야 할 사실은, 그와 같은 충절의식의 고취는 유학사상의 근본정신에 비추어 볼 때, 과연 이를 유학의 정통성으로 여겨도 좋을 것인가 하는 문제이다. 또한, 그와 같은 도통설의 탄생 배경을 살핀다면, 기묘사화에 희생된 정암(靜庵)을 신원(伸冤)하고자 하는 상소문에서 이를 제기하였다는 것은,[3] 그 도통에 대한 정립이 유학의 보편적 가치실현을 기준으로 말한 것이라기보다는 그 당시의 시대적 특수한 상황에서 이루어진 것임을 알 수 있기 때문이다.

유학의 근본정신은, 어떻든지 그 이상은 요(堯)·순(舜) 지치(至治)에 연원을 두고 있는 것이며, 그 요·순정신을 실현하는 것은 공자의 가르침으로 나타난 것이기 때문에, 유학이란 인(仁)의 정신으로서 인간의 존엄성을 실현하여 치국평천하를 실현하는 치인지학(治人之學)으로 이해하여

---

3) 『靜庵集』,「年譜」(仁宗元年): "太學生朴謹等上疏……趙光祖受業於 金宏弼 宏弼學於金宗直 宗直之學 傳於其父叔滋 叔滋之學傳於吉再 吉再之學傳於鄭夢周之門 夢周實爲東方理學之祖 此光祖學問之淵源也"

야 할 것이다. 또한 그 내용은『논어(論語)』의 가르침을 구체적으로 제시한『대학(大學)』과『중용(中庸)』으로 요약된다고 할 수 있으니, 이는 주희가 말하는『사서(四書)』의 정신이 그것이다.

이와 같이 이해한다면 유학은 결국 경세학(經世學)으로 정의할 수밖에 없는 것이다.

유학을 이해하는 이와 같은 관점에서, 이제 다시 조선조 초기 유학사상의 시대의식과 구세(救世)정신은 어떤 모습으로 나타난 것인가 하는 점을 돌아보게 된다. 따라서 우계사상의 연원을 살피는 데 있어서는, 조선조 초기 유학의 다양한 현상과 특징, 그리고 그 가치를 어떻게 이해하여야 할 것인가 하는 것을 전제로, 우계의 정신, 특히 그 출처관은 어떤 것이며, 그것은 어떤 의미와 가치를 지니고 있는 것인가 하는 것들을 살펴야 할 것으로 본다.

우리는 지금까지 우계사상의 배경과 그 학문을 말할 때는, 대체적으로 우계의 부친 청송(聽松)을 중심으로 그 학문과 출처를 해명하고자 한 경우가 많았다. 그중에서도 특히 청송이 정암의 문인이었다는 사실을 부각시킴으로써, 우계 또한 사림의 절의정신을 계승한 특징이 있다는 점을 드러내고자 하였다. 그러나 우리는 여기에서 우계의 학문연원을 보다 깊이 이해한다면 우계학은 그와 같이 단순한 것만은 아니라는 것을 알게 될 것이다.

이제 다시 우계로 돌아와 그 사상적 연원을 살피면, 우계에게는 현실 참여로서의 경세적(經世的) 특징과, 의리정신의 실천으로서의 충절정신, 그리고 은둔하는 산림으로서 출세간적 학문의 탐구 등, 여러 가지 모습이 나타나고 있음을 알게 된다. 우계의 가계를 보면, 여말(麗末) 선초(鮮

初)에 저명한 현조(顯祖)들이 등장하게 되는데, 그중 오세조(五世祖), 여완(汝完)에 이르러, 가문의 번영과 창달을 볼 수 있다.

여완(汝完)은 호(號)가 이헌(怡軒)으로서 시호는 문정(文靖)인데, 창녕부원군에 봉해진 인물이다. 포천의 삼방산 아래 한류촌 묘덕암이 있는 마을에 처음 자리를 잡고4) 걸출한 세 아들을 두었으니, 그들이 석린(石璘), 석용(石瑢), 석인(石因)이다.

성석린(成石璘, 1338~1423)은 호가 독곡(獨谷), 자(字)는 자수(自修)로서, 고려 말의 문신이었는데, 이성계의 조선조 건국에 참여하고 태조 원종공신으로서 공신녹권을 받았다. 문하시랑(門下侍郎) 찬성사(贊成事), 한성부판사를 역임하고, 태종 때 좌명공신(佐命功臣)이 되었으며, 태조가 함흥에 있을 때 그를 설득하여 부자(父子)를 화합하게 한 인물이다.

성석용(成石瑢, 1352~1403) 또한 고려 말의 문신(文臣)이며 조선조 건국 원종공신이다. 자(字)는 자옥(自玉), 호(號)는 회곡(檜谷), 강원도 관찰사 경기도 관찰사를 거쳐서, 보문각(寶文閣) 대제학(大提學)을 역임하였는데, 시호(諡號)는 문숙(文肅)이다. 그의 손자가 성승(成勝)이며, 성승의 아들이 성삼문(成三問, 1418~1456)이니 성삼문의 절의는 너무나 잘 알려진 사실이다. 또 석용의 증손이 성담수(成聃壽)와 성담년(成聃年)이니 이들과 성삼문과는 6촌이 된다.

성석인(成石因)이 우계의 6세조이다. 석인 또한 고려 말 문신이었고, 조선조 개국에 참여하여 강원도 충청도의 관찰사를 역임하고, 대사헌, 예문관 대제학, 형조·호조·예조의 판서를 두루 역임하였다.

---

4) 『牛溪集』, 「世系」: "在抱川縣 三方山下 漢流村 妙德庵洞"

우계의 조부는 세순(世純)인데, 세순은 세정(世貞)과 세준(世俊)을 형제로 두었다. 우계의 종조(從祖) 세준(世俊)은 대곡(大谷) 성운(成運)의 아버지이니, 대곡은 아버지 수침과는 4촌 사이로서 우계의 당숙이 된다.

여기에서 우리는 이와 같은 윗대를 배경으로 하고 있는 청송과 우계의 출처와 학문을 주목하게 된다. 그것은 청송이 은거와 은일의 생활로서 일생을 보냈던 것은 사실이지만, 그렇다고 이를 단순히 정암의 문인으로서 사림의 피화(被禍)에 영향을 받아서 처사로서 지낼 수밖에 없었는가 하는 점이다. 이는 당시의 시대적 환경으로서 하나의 근인(近因)은 분명하지만, 그렇다고 우계 또한 그와 같은 청송의 정신을 철저하게 계승하였다고 보기에는 어려운 면이 있다. 그것은 우계사상의 다양성, 곧 경세관이나 성리학의 연구, 그리고 당시의 시대 상황에 대응하고자 하는 출처관 등, 여러 모습은 우계의 윗대인 조선조 초기에 나타난 조상들의 출처관, 특히 조선조 건국기에 그들이 보여 주었던 현실 참여의식과 그 정신적 특징을 종합 실현하고 있기 때문이다. 이러한 점에서 우계의 출처와 학문이 산림으로서의 은둔과 독선 기신하는 학문의 탐구를 근본으로 하고 있지만, 그러나 그 시대의식과 현실적 관심은 단순한 은거에 그친 것은 아니었다는 것을 알 수 있다.

여기에서 우리는 지금까지 조선조의 초기 도통, 이른바 포은으로부터 정암에 이르기까지의 정신적 전승을 정통성으로 여겨야 한다는 그 집착으로서 청송을 이해하고자 하였고, 이와 같은 관점에서 우계 또한 그와 같은 청송의 정신을 계승하고 있다고 여겼지만, 우계에게는 경세의식과 시대정신 등 보다 다양한 특징이 나타나고 있었음을 지적하고자 하는 것이다. 그러므로 우계에 대한 이해는, 그 선대의 성석린 등의 구세의식과 경세정신, 성승, 성삼문 등에 나타난 충군의리정신, 대곡이나 청송 등에 나타난 산림으로서의 학문 연구 등, 다양한 면모들을 볼 수 있다.

이와 같은 그 선대의 의식과 시대 배경 등을 바탕으로 하여, 우계사상을 보다 구체적으로 살피기로 한다.

3. 우계사상(牛溪思想)의 특징

우계사상의 특징과 그 위상을 이해하는 데는 우계의 시대와 그 환경, 그 사상적 특징으로서의 성리설과 경세론, 그리고 그것들이 지니고 있는 가치와 그 위상 등을 차례로 살펴야 할 것이다.

먼저 우리의 관심을 끄는 것은 그의 성리학 이론이라 할 수 있는데, 그 내용은 율곡과 주고받은 서간(書簡)에 나타나 있다. 율곡과 토론하였던 성리설(性理說)부터 살피기로 한다. 이를 알 수 있는 것은 『중용』의 지선(至善)에 관한 문답과, 율곡과 나누었던 사단칠정에 대한 '왕복서(往復書)'라 할 수 있다.

지선(至善)에 대한 논의는 「연보」의 34세(1568년, 선조 1) 5월에, "율곡 선생과 더불어 중(中)과 지선(至善)에 대한 논의가 있었지만 그 내용은 잃어버렸다."[5]라고 하였는데, 『율곡집』에는 그에 대한 답서들이 실려 있다. 그러나 이는 우계의 어떤 견해에 대한 답서인가 하는 것을 정확하게 알 수 없다.

사단칠정에 대한 논의는 1572년 선조 5년부터 시작되었는데, 이에 대

---

5) 「牛溪先生年譜」, 隆慶六年(宣祖1年) 五月與栗谷先生 論中至善 原書失不錄 不錄.

하여는 "임신년 여름부터 율곡선생과 더불어 사단과 칠정의 리기설(理氣說)에 대한 의논이 있었다."라고 기록하고 있다6). 왕복의 서신은 '무릇 9편'이라 하였으니7), 모두 9차례에 걸쳐서 이루어진 것을 알 수 있는데, 문집에 육서(六書)까지는 실려 있고, 칠서(七書), 팔서(八書), 구서(九書)의 편지는 없다. 이에 대하여 「연보」에는 '문실불록(文失不錄)'이라 하였으니 지금 남아 있는 것은 6편이다.

잘 알려진 것처럼, 우(牛)·율(栗)의 논변은 퇴(退)·고(高) 논변의 연장선에 있다. 그것은 우계의 제일서(第一書)가 퇴계의 설을 옹호하는 입장에서 시작되었고, 그에 대하여 율곡은 고봉의 입장을 말하고 있기 때문이다. 따라서 이를 이해하기 위하여서는 먼저 퇴계와 고봉의 중요한 입장의 차이는 어디에 있었던 것일까 하는 것부터 확인하기로 한다.

지금까지 우리는 퇴계와 고봉 사이에서 이루어진 토론을 가리켜 '왕복서(往復書)'라 말하기도 하고, '사칠리기왕복서(四七理氣往復書)'라고 부르기도 하였다. 그러므로 이 말을 자세히 보면, 이는 '사칠리기'란 말은 사(四)·칠(七)과 리기(理氣)를 혼합한 말이지만, 실제로 그 내용에 있어서는 양인(兩人)은 사·칠(四·七)을 중시하는 입장에서 그 논의를 전개하고자 하였는가, 아니면 리·기(理氣)를 중심으로 사·칠을 설명하고자 하였는가 하는 입장의 차이가 있었다. 여기에서 우리는 리·기를 중시하는 입장에서 사·칠을 설명하고자 하였던 것이 퇴계의 입장이라면, 사·칠을 중심으로 리·기를 해명하고자 하였던 것이 고봉의 견해였음을 알게 된다. 이를 올바로 이해하는 것이, 양인(兩人)의 입장과 그 전개 과정에 나

---

6) 위의 곳. 隆慶六年(1572년) 壬申夏 與栗谷先生 論四端七情理氣之說.

7) 「牛溪先生年譜」, 隆慶六年(宣祖1年) 書凡九篇.

타난 논지를 이해할 수 있는 중요한 관건(關鍵)이 되는 것이며, 나아가 그 이후에 전개되었던 조선 유학의 사조를 이해하는 중요한 핵심이 될 수 있다는 사실이다.

이에 퇴계와 고봉의 입장부터 확인하고 우계와 율곡의 견해를 살펴보기로 한다. 퇴·고 논변의 발단은, 고봉이 명종 13년에 과거에 합격하고, 이듬해 고봉의 서신을 받은 퇴계가, '사단발어리(四端發於理), 칠정발어기(七情發於氣)'라는 자신의 견해를, '사단리지발순리고무불선(四端理之發 純理故無不善) 칠정지발겸기고유선악(七情之發兼氣故有善惡)'이라고 정정하면 어떻겠느냐는 서신을 보내 온 것이 그 시작이었다. 고봉은 이 편지를 보고, 자신의 입장을 피력하였는데, 그 내용을 간추려 요약하면 다음과 같다.

1. 사단과 칠정은 모두 정(情)인데 칠정은 정(情) 전체를 말하는 것이며, 사단(四端)은 칠정(七情) 가운데서 선(善) 일변(一邊)만을 분리해서 말한 것이다

2. 사단은 성(性)이 발할 때, 그 기(氣)가 용사(用使)하지 않아, 그 발함이 직수(直遂)한 것이며 성(性)이 발하여 중절(中節)한 것이다.

3. 리와 기는 사물에 뒤섞여 있어서 나눌 수 없는 것이다. 그러므로 사단과 칠정을 마주하여 말하거나 서로 상대적으로 말하는 것은 둘로 갈라놓은 것이니, 칠정(七情)이 성(性)에서 나온 것이 아니라는 말이 되는 것이며, 사단이 기(氣)를 타지 않는 것이 된다.

4. 기(氣)의 과불급(過不及)이 없이 자연 발현되는 것은 리(理)의 본체가

그러한 것이다.8)

이 장황한 논지를 인용한 깃은, 퇴계와 고봉, 그리고 우계와 율곡의 입장을 이해하기 위함이었다. 위에 인용한 내용의 입장을 보면, 본래 퇴계는 '사단발어리(四端發於理),' '칠정발어기(七情發於氣)'라고 생각한 것임을 알 수 있다. 이는 사단과 칠정의 근원이 리와 기에 있다고 본 것이며, 여기에서 사단과 칠정이 발한다고 여긴 것이다. 이에 비하여 고봉은 사단과 칠정은 모두 정(情)이라 하였다. 이는 사단이나 칠정이나 모두 정(情)으로 발현되는 인간의 모습을 중시한 것이다.

이를 보면 양인(兩人)은 그 입론하는 근거와 그 출발점이 서로 다른 근거에 있었음을 알 수 있다. 퇴계는 리기(理氣)의 근원적 존재를 중시하는 입장으로서, 그 발을 설명하고자 하였고, 고봉은 성정(性情)의 현상을 중시하는 입장에서 그 실현을 말하고 있었다는 것이다. 따라서 두 사람의 관심을 거슬러 보면, 퇴계의 경우는 리기의 존재문제로 귀착되는 것이며, 고봉의 경우는 성정의 실천문제로 전개된다는 것이다.

이와 같이 이해한다면, 훗날 퇴계는 리기이원(理氣二元)을 주장했다 하고, 고봉은 리기일원(理氣一元)을 주장하였다고 정의하였던 명제는, 퇴계는 리기이원(理氣二元), 고봉은 성정일원(性情一元)을 말한 것으로 정리되는 것이 양인의 견해를 보다 정확하게 나타내는 것이라 할 수 있다. 그와 같은 입장에서 우리는 퇴계의 리기의 근원을 중시하는 사고는 천리의 존숭과 주경(主敬)의 수양론을 제기하는 사상적 근원이 되었던 것이며,

---

8) 이상 고봉의 입장에 대한 요약은, 1973년 고봉 400주기 기념 논문집 『고봉사상연구』에 등재된 이상은의 「四七論辨과 因說 對說의 意義」에서 인용한 것이다.

성정의 일치를 주장하였던 고봉의 생각은 인간가치의 실현과 도덕적 실천을 중시하는 사고로 발전되었음을 알게 된다.

이제 이와 같은 이해를 전제로 우계와 율곡 사이에 논의된 사단칠정리기지설(四端七情理氣之說)을 살피기로 한다.

우계는 선조 5년 임신(壬申)년, 율곡에게 편지를 보냈다. 그 내용은,

근래 십도(十圖)의 「심성정도」에 있는 퇴계의 입론을 보니, 중간의 일단(一端)에 "사단(四端)의 정(情)은 리발이기수지(理發而氣隨之)한 것이니, 저절로 순선무악(純善無惡)한 것이지만, 반드시 리의 발함이 미수(未遂)하여 기(氣)에 가려진 다음에 불선에 흐르게 되고", "칠자(七者)의 정(情)은 기발리승(氣發理乘)한 것으로서, 역시 불선이 없는 것이니, 만약 기발(氣發)이 부중(不中)하여, 그 리(理)를 멸(滅)하면 함부로 하여 악(惡)이 된다."[9]

라고 하였다 이는 우계가 퇴계의 「심통성정도(心統性情圖)」에 "사단이 정(情)으로 발하는 것은, 리발기수(理發氣隨)한 것이니 그 자체는 순선이며 무악이라 할 수 있지만, 리가 발하는 것이 완전하지 못하여 기에 가려지게 되면, 불선에 흐르게 되는 것이다. 칠정은 기발리승(氣發理乘)한 것이기 때문에 역시 불선이 없는 것이지만, 만약에 기가 발할 때 부중(不中)하게 되면, 그 리를 멸하게 되어 악이 함부로 나타나게 된다."라고 하는

---

9) 『牛溪集』卷四, 「簡牘」, 第一書 「聖學十圖」 「心統性情圖」의 引用: "近看十圖 心性情圖 退翁立論 則中間一端 曰四端之情理發而氣隨之 自純善無惡 必理發未遂而掩於氣 然後流爲不善 七者之情氣發而理乘之 亦無有不善 若氣發不中而滅其理 則放而爲惡云"

말을 인용하고 있는 것으로, 이와 같은 퇴계의 견해를 다음과 같이 옹호
하고 있다.

> 퇴계의 이 말을 논구하면, 사단은 리발기수한 것이며 칠정은 기발리승한
> 것이니, 리와 기의 발(發)이 당초에는 모두 불선이 없는 것이지만, 기의
> 부중(不中)으로 말미암아 악으로 흘러들게 된다는 것이다. 인심과 도심
> 의 설(說)은 본래 리와 기의 발(發)이 나누어지는 것과 같은 것이니, 옛
> 성인들이 모두 이를 으뜸으로 여겼다면, 퇴계의 이 말은 올바른 것이 아
> 닌가?10)

이는 사단은 리발(理發), 칠정(七情)은 기발(氣發)한 것인데, 다만 리발
이 미수(未遂)해서 기에 가려서 불선이 되고, 칠정은 기발(氣發)한 것인데
그 발(發)함이 부중(不中)하여 악이 되는 것이기 때문에, 이는 본래 퇴계
가 말한 사단발어리(四端發於理) 칠정발어기(七情發於氣)라는 말에는 변
함이 없다는 것이다. 그러한데도 굳이 사단리지발순리고무불선(四端理之
發純理故無不善) 칠정지발겸기고유선악(七情之發兼氣故有善惡)이라고 정
정하면, 이는 리기가 본래 나뉘어 있다는 것이니 이는 성인의 말과는 다
른 것으로써 퇴계가 한 본래의 말은 잘못이 없다는 것이다. 이러한 우계
의 말은 주희의 인심도심(人心道心) 설에서 말하는, 심(心)이 혹생어형기
지사(或生於形氣之私), 혹원어성명지정(或原於性命之正)으로 말미암아 그
용(用)이 달라짐과, 그 하나의 체에서 둘의 작용을 나누어 보고자 하는

---

10) 위의 곳. "究此議論 以理氣之發當初皆無不善 而氣之不中 乃流於惡云矣 人心道心之
說 旣如彼 其分理氣之發 以從古聖賢皆從之則退翁之論 自不爲過也?"

그 견해를 수긍함으로써, 사단(四端) 발어리(發於理) 칠정(七情) 발어기를
지지한 것이다.

율곡은 이에 대하여 다음과 같이 답하였다.

사단과 칠정은 바로 본연지성(本然之性)과 기질성지성(氣質之性)과 같은
것인데, 본연의 성은 기질을 겸하지 않고 말하는 것이며, 기질의 성은 본
연의 성을 겸하는 것이다. 그러므로 사단은 칠정을 겸 할 수 없으나, 칠
정을 사단을 겸한다는 것이다. 주자가 말하는 "리(理)에서 발(發)하고 기
(氣)에서 발한다."라는 것은 대강을 말하는 것인데, 후인들이 너무 깊이
전개 할 것을 어떻게 알았겠는가? 후인들은 이를 잘 살펴야 할 것이다.
퇴계는 이미 선(善)으로서 사단(四端)에 돌렸고, 또 칠정 또한 선하지 않
음이 없다고 하였으니, 그렇다면 사단 밖에도 선한 정이 있다는 것이니,
이 정은 어디에서 발한 것인가? 맹자는 그에 대한 대개를 들어서 말하
였기 때문에 측은(惻隱), 수오(羞惡), 공경(恭敬), 시비(是非)만을 말하였
고, 그 밖의 선한 정이 사단이 된다는 것은 배우는 자가 마땅히 미루어
알아야 할 것이다. 사람의 정이 어찌 인의예지(仁義禮智)에 근본하지 않
고 선(善)한 정이 될 수 있겠는가?11)

여기에서 우계는, 퇴계의 사단발어리(四端發於理), 칠정발어기(七情發

---

11) 『栗谷答書』, 「書」: "四端七情正如 本然之性氣質之性 本然之性不兼氣質而爲言也 氣
質之性則却兼本然之性 故四端不能兼七情 七情則兼四端 朱子所謂發於理發於氣者
只是大綱說 豈料後人之分開太甚乎
學者活看可也. 此退溪先生 旣以善歸之四端 而又曰七者之精無有不善 若然則四端
之外 亦有善情也 此情從何以發哉 孟子擧其大槪 故以言惻隱羞惡恭敬是非 而其他
善情之謂四端 學者當反三而而知之 人情安有不本於仁義禮智 而僞善情者乎"

於氣)라는 명제는 잘못이 없다는 것이며, 율곡은 맹자가 말하는 측은(惻隱), 수오(羞惡) 등의 사단의 정은 모두 선한 본성인 인의예지(仁義禮智)에 말미암은 것이니, 인간의 정(情)은 본성의 선(善)에서 발한 것이라 한 것이다.

우리는 이와 같은 제일서(第一書)의 간략한 내용으로서도 우계는 퇴계의 설이 잘못이 없다는 것이며, 율곡은 고봉의 성정일원을 말하고 있음을 알 수 있다. 그러나 두 사람의 이와 같은 견해가 어디에 말미암은 것인가 하는 것을 거슬러 올라가 보면, 이는 퇴계와 고봉의 입장에 근원한 것이며, 또한 이와 같은 사고는 필자가 위에서 설명한 바와 같이 그 입론의 근거는 리기(理氣)의 존재를 우선하여야 할 것인가, 아니면 성정(性情)의 실현에 더욱 중요한 가치를 부여할 것인가 하는 그 입장에 차이가 있었다는 것을 알 수 있다.

결국 퇴·고, 우·율의 논의는 조선조 성리학의 발전적 현상으로서, 퇴(退)·우(牛)의 리기(理氣)의 존재와 그 발(發)을 중시하고자 하는 사고는, 그 존재에 대한 분석적 경향으로서 우주의 근원을 중시하는 의식에서 천리를 존숭하는 의식으로 발전되었던 것이며, 고(高)·율(栗)의 성정의 일치를 주장하였던 사고는 도덕적 가치의 실천을 중시하고, 인간가치를 실현하는 실천적 사고로 전개되었음을 알 수 있다,

그러면 이제 우계의 경세론을 살피기로 한다.

우계의 경세정신은 그 출처관(出處觀)과 깊은 관계가 있다. 곧 그 의식이 현실을 떠난 처사(處士)로서 국가의 경영을 제시하고자 하였는가 아니면, 그 국가경영의 당로자(當路者)로서, 그 시대의식을 반영한 것인가 하는 문제다.

『우계집』의 「상소(章疏)」에는 많은 상소들이 실려 있는데, 그 가운데서도 치국의 요도(要道)를 논한 것은 기묘(己卯, 1579, 선조 12)봉사, 신사(辛巳, 1581, 선조 14)봉사, 그리고 경인(庚寅, 1590, 선조 23)봉사가 대표적이라 할 수 있는데, 내용은 모두 청렴(淸廉)한 자세로서 양민(養民)의 도(道)를 실현하여야 한다는 것이다.

「기묘봉사」에서는 군주의 마음가짐을 치국의 중요한 요소로 삼고 있는데, 내용은 사욕을 버리고 선(善)을 따르고자 하는 마음을 갖추는 것이 인군의 대덕이며, 나라를 소유한 자의 요도(要道)라 하였다.[12] 허심이란 인욕의 사(私)가 없는 마음이니, 곧 악의 근원을 버려야 한다는 것으로서, 이는 성리학에서 인욕의 사(私)를 버리는 것이 천리의 공(公)을 회복하는 것이며, 그 천리는 선(善)을 실현하는 근간이 된다는 가르침에 연원한 것이다. 따라서 우계의 경세이론은 성리학적 이상을 실현하는 것을 그 목적으로 하고 있음을 알 수 있다.

유학의 이상은 지선(至善)의 세계를 이루는 것이며, 그 지선에 이르는 것은 명덕에서 비롯된다. 그 명덕을 밝히는 것은 인욕의 사(私)를 극복하는 데서 출발한다. 그러므로 "인욕의 마음을 버리고 선(善)을 따르는 것이 인군(人君)의 대도(大道)이며, 나라를 소유하는 요긴한 방법"[13]이니 먼저 사욕을 바리고 천리(天理)를 간직하도록 권유하였다. 그 천리는 만인이 공유하는 것으로서 피차의 구별이 없다. 따라서 그 천리를 간직하여야 선의 실체가 드러나는 것이다. 그러므로 우계는 다음과 같이 인욕의 사를 버리고 올바른 마음을 간직하는 것이 천리의 선(善)을 실현하는 방

---

12)『牛溪集』,「己卯封事」: "臣聞虛心從善 人君之大德 而有國之要道也."
13) 위의 곳. "臣聞虛心從善 人君之大德 而有國之要道也."

법이라 한다.

> 무릇 선(善)이란 중(中)을 받아서, 본연에서 생겨난 것이니, 천하의 공리
> (公理)이다. 천하의 공리이기 때문에 처음부터 나와 남과의 사이에 피차
> 가 없는 것이다. 다만 힘써 나의 사욕을 버리고 허심으로 즐거이 선(善)
> 을 취하면, 천하의 선(善)이 모두 나의 쓰임이 되어, 그 선(善)이 무궁하
> 게 되는 것이다.[14]

　여기에서 우계의 경세의식의 출발은 선(善)의 발현에 있는 것이며, 천
리의 공(公)을 회복하면 천하의 선(善)이 자기의 선(善)이 되는 것이니, 그
선(善)을 베푸는 마음을 간직하는 것으로 삼았음을 알 수 있다.
　다음은 선(善)한 마음을 간직하여 조정의 기강을 세우고, 능력이 있는
인재를 등용하여야 한다는 것이다. 어진 인재는 나라를 다스리는 도구와
같은 것이다. 어진 인재를 등용하면 임금이 부족하더라도 나라는 다스려
지는 것이다. 그러므로 우계는 용인(用人)의 중요성을 말한다.

> 무릇 현인(賢人)을 등용하는 것이 인주(人主)의 책무이니, 어진 인재의
> 등용은 나라를 소유하는 방법이 된다. 양공(良工)이라도 둔기로서는 물
> 건을 잘 만들 수 없고, 현명한 군주는 노둔한 사람으로서 그 업적을 쌓
> 을 수 없다. 이러한 까닭으로 용인(用人)을 잘하면 군주가 비록 평범하
> 더라도 그 나라를 넉넉히 유지하게 될 것이며, 용인을 잘하지 못하면 인

---

14) 같은 곳. "夫善者受中而生之本然 而天下之公理也. 在己在人 初無彼此 但能力去有我
之私 而虛心樂取 則天下之善 皆爲一己之用 而其善無窮矣."

군이 잘하더라도 그 나라는 위태함을 면할 수 없다.15)

우계는 그 시대 상황을 어떻게 보았던 것일까? 「경인봉사」에는 당시의
상황에 대하여 이렇게 말하였다.

> 오늘날 생각해 보면, 백성들을 길러 주지 못한 지 오래되었다. 굶주리고
> 괴로워 근심하고 원망하며 아파하는 소리를 차마 들을 수 없게 된 것이
> 다. 전하의 지인(至仁)의 계책은 상하가 믿고 의지하지만 백성을 돌아보
> 면 그 혜택을 입지 못하고 있음은 무슨 까닭인가? 무릇 이는 그 은혜가
> 백성들에게 미치어 가지 못한 까닭이며, 양민(養民)하는 방법이 그 도
> (道)를 다하지 못한 때문이다.16)

이와 같은 사고는 인정(仁政)의 실천과 그 효과를 중시함에 말미암은
것이다. 군주의 은혜는 백성들에게 미치어 나가야 하고, 양민(養民)하는
것은 백성들이 그 혜택을 입어야 한다. 우계는 그 당시 모든 기강과 질서
가 무너져서 금방 민란이라도 일어날 것 같은 현실을 직시하고 이를 두
려워하였다. 따라서 백성들을 어루만져서 그 불만을 해소시키는 것이 급
선무라 하였다.

---

15) 『牛溪集』, 「辛巳封事」: "蓋用賢人主之職也 賢才 有國之器也 良工不能以鈍器善其事
哲士不能以篤才成其績 是故能用人則 仁君雖或凡庸 亦足維持其國 不能用人則 人君
雖無失德 未免危亡"

16) 위의 책. 「庚寅封事」: "竊惟今日 民失其養久矣 飢寒困苦 愁冤痛楚之聲 不忍聞者矣
殿下至仁覆燾 惻怛惠愛 足以孚感于上下 而顧民不蒙其澤者 其故何哉 蓋以推恩不及
於民 而養民之方 未盡於其道故也."

오늘날은 정말로 백성들의 마음에 원망이 깊이 맺혀 있고, 여염집의 재산마저 탕진되어 백성들은 이산하고 풍속은 뒤죽박죽이 되었다. 소인들이 윗사람을 침범하는 일이 자주 일어나서 성낸 마음과, 윗사람을 원망하는 말들이 날로 늘어나서 흡사 나라가 멸망할 것처럼 되었다. 예악(禮樂)이 무너지고 백성들의 바른 길이 궤멸되어도 이를 막아 낼 길이 없게 되었으니, 엄혹한 형벌로서도 간악함을 바로잡지 못하고, 법으로서도 악을 징계할 수 없게 되었다. 하나의 방법은 먼저 너그러운 다스림으로 은혜를 베푸는 실상이 드러나게 하여, 사람들에게 따뜻한 곳에 쉬게 하고, 원망하고 독기 서린 마음을 풀게 하는 것이 시무의 급한 방법이며 양민의 요긴한 일이니 결국은 이를 먼저 할 수밖에 없다.[17]

우계는 이와 같이, 군주는 선(善)을 길러 어진 인재를 등용하여 백성을 다스려야 하는 것이 먼저임을 말하고, 그 급선무는 백성들의 마음을 달래 주는 데 있다는 것이다. 이때가 임진란이 일어나기 바로 2년 전이었으니, 그 시대 백성들의 사정을 이해하고 그 위급한 사태에 대처할 수 있는 방법은, 민심을 달래는 것을 우선하여 민심을 수습하는 것을 가장 절실하게 여겼음을 알 수 있다.

---

17) 위의 곳. "誠以今日 怨已結於民心 財已盡於閭閻 百姓離散 風俗淸漓 小人犯上 侵益之事 相繼而起 敢怒之心 怨上之言 日以滋甚 恰如衰亡之世 禮樂之崩潰 民彝之潰決 將不可以隄防 嚴刑不足以戢姦 法律不可以懲惡 惟有急施寬大之政 加以惠愛之實 使人人自安於溫飽之域 潛消其怨毒不平之氣者 此實時務之大 養民之要 而不可不先者也"

4. 우계사상의 계승과 학문적 위상(位相)

우계는 1598년(戊戌. 宣祖 31, 萬曆 26)에 졸(卒)하였다. 부인 고령(高靈) 신씨(申氏)와의 사이에서 2남 3녀를 두었고 측실에서도 자녀가 있었다. 장남은 문영(文英)인데 일찍 죽었고, 차남은 문준(文濬)이며, 큰 사위는 남궁명(南宮蓂)이며, 둘째 딸은 일찍 죽고, 셋째 사위가 윤황(尹煌)이다.

우계사상이 어떻게 계승되었는가 하는 것은 그 교유관계와 학문적 위상, 그리고 문인 및 후손들에 나타난 사상적 특징들을 종합하여 살펴야 할 것이다. 또한 교유관계와 당파의 문제, 이른바 율곡과 우계를 가리켜 서인(西人)이라 하고, 더러는 서인의 영수라 하는 경우가 있었는데, 이는 어떤 원인에 말미암게 되었는가 하는 것들을 살펴야 할 것이다.

우계의 차남 문준(文濬)은 1559(명종 14)년에 태어나 1626(인조 4)년에 졸(卒)했다. 호(號)가 창랑(滄浪)으로서 『창랑집』 4권 2책을 남겼으며, 그의 시와 글씨는 많은 사람들의 사랑을 받았다. 아들은 역(櫟), 익(杙), 직(稷)인데, 『창랑집』은 직(櫻)이 편차하고, 증손 지선(至善)이 1682년에 전라도 관찰사 신익상(申翊相)에게 부탁하여 간행하였으며, 익(杙) 또한 『나진시고(懶眞詩稿)』를 남겼다. 『창랑집』은 정두경(鄭斗卿, 1597~1613)이 서문을 쓰고 신량(申湸)이 발문을 썼는데, 정두경은 창랑과 그의 아버지가 이종(姨從)형제 사이라 하였고, 신량은 그의 아버지 응거(應渠)가 우계의 문인이라 하였다.

윤황(尹煌, 1572~1639)은 자(字)는 덕요(德耀), 호(號)는 팔송(八松)인데, 선조 30년 문과에 급제하고 병조·예조좌랑을 거쳐, 예조정랑을 지냈다. 정묘·병자년의 두 호란 때, 척화를 주장하여 강직한 성품을 보였다. 윤황은 훈거(勳擧), 순거(舜擧), 상거(商擧), 문거(文擧), 선거(宣擧), 민거(民擧), 경거(耕擧), 시거(時擧) 등 8형제를 두었으니, 이들이 우계의 외손들이다.

우계의 교유관계를 보면, 율곡과는 물론, 송강(松江) 정철(鄭澈, 1536~1594), 구봉(龜峰) 송익필(宋翼弼, 1534~1599)과도 가까운 사이였다. 이러한 까닭으로 서인으로 지목되기도 하였다.

문인은 매우 많다. 우계와 율곡의 문하에서 수업하였던, 사계(沙溪) 김장생(金長生, 1548~1631)과 그 아들 신독재(愼獨齋) 김집(金集, 1574~1651)은 물론, 김집의 문하에서 수업하였던 우암(尤庵) 송시열(宋時烈, 1607~1689), 동춘당(同春堂) 송준길(宋浚吉, 1606~1672), 윤황의 아들 미촌(美村) 윤선거(尹宣擧, 1610~1669) 등 헤아릴 수 없이 많은 인물들이 배출되었는데, 이들이 기호유학의 본류를 형성하였다. 윤황 또한 문인이었고, 중봉(重蜂) 조헌(趙憲, 1544~1592), 충장공(忠壯公) 김덕령(金德齡, 1567~1596), 은봉(隱峰) 안방준(安邦俊, 1573~1654) 등 구국의식으로서 충절을 바친 호서와 호남의 의병장과 거목들이 모두 문인들이다.

우계사상의 계승과 그 학문적 위상이 어떠하였는가 하는 문제는 조선조 유학의 발전적 사조로 볼 때, 그 문인들은 그 학문이 어떤 특징을 나타내고 있으며, 그러한 학문적 현상은 조선 유학의 발전 과정에서 어떤 가치와 의의를 지니고 있는가 하는 문제이다. 이를 살피는 데 전제되어야 하는 것은, 조선 유학의 정통성으로 볼 때, 그 업적을 어떻게 평가하여야 할 것인가 하는 것이다. 앞에서 지적한 것처럼, 지금까지 조선 유학의 발전 과정을 이해하는 그 관점은, 지금까지 포은의 충절정신을 계승하였던 의리정신과 그 계승을 조선조 유학의 정통으로 보아 왔고, 이를 이은 성리학의 연구로서 퇴계와 고봉의 논변이 이루어진 것이며, 그 양인(兩

人)의 이견(異見)으로서 기호, 영남학이 성립한 것이라 한다. 그로써 성리학 이론의 다양화와 민권의식의 성장으로 발생한 실학정신, 그리고 조선조 말기의 외세의 침략에 대한 자주의식과 구국운동을, 조선 유학의 발전 현상이라 하여, 이를 정통성으로 여겼다.

우계의 학문과 업적을 살피고자 한다면, 이와 같은, 조선조 유학의 발전사적 특징으로 볼 때, 그 학문은 얼마만큼의 영역을 차지한 것이었으며, 어떤 가치를 지니고 있는가 하는 것이다. 필자는 위에서 우계의 학문적 배경으로서, 그 조상들이 보여 준, 조선조 건국 기에 나타난 위민의식과 경세정신, 단종의 복위를 위한 의리와 충절, 그리고 산림으로서, 은거하여 스스로의 도를 실현한 사림의식들이 복합적으로 나타났다는 사실을 지적하였다.

이제 우계의 학문적 업적과 특징, 그리고 그 가르침을 계승한 후학들의 행의는 조선 유학사에 어떤 영역을 차지하고 있으며 그 의미는 무엇인가? 이를 성리학적 특징, 기호학의 계승과 발전 현상, 그리고 우계 문인의 활동 등에서 살피기로 한다.

먼저 성리학적 특징을 보면, 나는 위에서, 퇴계와 고봉의 사이에서 전개되었던 리기(理氣)와 사칠(四七)에 대한 입론의 근거를 말하고, 우(牛)·율(栗) 또한 퇴계와 고봉의 사상을 계승하고자 하였음을 말하였다. 이에 우계 문인들의 우계학의 계승에서 주목되는 것은, 사계(沙溪)와 신독재(愼獨齋)가 이룩한 조선조 예학의 발전적 업적과 그 성과들이라 할 수 있다. 이들이 이룩한 예학 연구는 조선조 유학의 발전에 있어서 크나큰 성과를 이룩하였다는 것은 누구나 공인하고 있는 사실이다.

여기에서 그 예학에 대한 관심과 그 연구 동기는 어디에 있었던 것일까 하는 문제이다. 예(禮)란 그 실천적 근거를, 천리(天理) 곧 하늘에 있다고 여기는 것이며, 그 실현은 인간 곧 인사(人事)에 의하여 이루어지는 것으로 정의한다. 이는 이른바 예(禮)를 가리켜 '천리지절문(天理之節文)', '인사지의칙(人事之儀則)'18)이라고 하는 것이 그것이다. 이와 같은 예(禮)의 정의를 성리학적 이론으로서 접근한다면 천리(天理)란 우주론에 근원한 이치이며, 인사(人事)란 인성론의 실현하는 현상이라는 사실을 주목하게 된다.

이러한 관점에서 기호유학에 있어서 예학의 발전은, 리기(理氣)와 성정(性情)의 일관으로서, 인간의 가치를 어떻게 실현할 것인가 하는 데 대한 해명으로서 나타난 그 실천적 전환에서 이루어진 것임을 주목하게 된다. 여기에서, 기호유학에 있어서 예학(禮學)의 출현은 단순한 형식의 추구가 아니라, 천리를 구명하고자 하는 사고와, 성정의 실천을 일치하고자 하는 의식들이 하나로 종합된 실천현상으로서 예(禮)라고 하는 새로운 학문을 개창하게 되었다는 사실을 주목하여야 할 것이다. 이 점에서 기호유학에 있어서 예학의 발전 현상을 말한다면 이는 우주론에 대한 논의와 인성론에 대한 실천적 종합을 구하고자 하는 사고에서 발생한 것을 알 수 있으니, 결국 이는 우계의 리기론과 율곡의 성정론을 종합한 실천적 현상으로서 예(禮)라고 하는 새로운 학문을 창조하게 된 것임을 알 수 있다. 이와 같은 기호유학의 예학적 발전은 결국 우 · 율 사상의 종합으로서 실천적 진보라 할 것이며, 이를 더욱 거슬러서 살피면 퇴 · 고의 우주론과 인성론에 대한 종합으로서 그 실천적 변환이었음을 알 수 있는

---

18) 『論語』, 「學而」, 〈有子 曰禮之用 節. 集註〉: "禮者天理之節文 人事之儀則也."

것이다.

다음은 우계의 문하에서 이루어진, 의리실천과 그 계승 현상이 어떻게 나타나고 있었는가 하는 문제이다.

조선조 의리사상의 연원은 포은의 충절정신에서 발원한 것이었음은 앞에서 지적한 바 있거니와, 포은 이후 그 정신은 불의한 현실에 대한 저항으로서 산림에서 도(道)를 추구하는, 은일(隱逸)의 선비를 생겨나게 하였으니 청송(聽松)의 행의가 그러한 것이었다. 그러므로 은일 또한 불의한 현실을 거부하고 스스로의 도를 실천하고자 하였다는 점에서 절의를 계승한 특징이 있다. 그러므로 의리는 그 정신적 근원에 있어서, 국난의 시대에 국가를 구하는 의병의 정신과 같은 것이다. 다만 그 의(義)의 주체가 자신에 있을 때 의리가 되는 것이며, 국가에 실현될 때 의병이 되는 것이다.

우계의 학문을 계승한 문인으로서 이와 같은 의리정신을 실현하였던 일군(一群)을 발견하게 되는데, 그들이 중봉(重峰) 조헌(趙憲), 충장공(忠壯公) 김덕령(金德齡), 은봉(隱峰) 안방준(安邦俊) 등이다. 잘 알려진 바와 같이 이들 모두는 우계 문인으로서 구국운동에 앞장선 인물들이다.

중봉은 금산에서 고경명과 더불어 700명의 의병과 함께 순국하였고, 김덕령 또한 광주에서 의병을 일으켰으나 당화로 인하여 억울한 죽음을 당하였고, 안방준 또한 그 일생을 포은의 충절과 중봉의 의리를 소중하게 여기고, 은봉(隱峰)이 되고자 하여, 임란(壬亂)과 정묘(丁卯)·병자(丙子)의 양난에 모두 거병하였다.

여기에서 우리는 청송의 사림의식과 이들의 충절정신은 모두 의리를 실천하였다는 점에서 그 계승성을 발견하게 된다. 다만 청송의 정신은 불의한 현실에 대한 저항으로서 자신의 도를 실현하고자 하였던 것이며, 의병의 정신은 외세에 대한 국가의 정통성을 옹호하고자 하였다는 점에서 그 방법은 달라도 그 의지는 같은 것이었다.

5. 결론

이 글은 우계사상의 연원은 어디에 있으며, 그 업적은 어떤 것인가? 그리고 그 계승은 어떤 모습을 나타내고 있는 것일까 하는 데 대한 서술이었다. 그러므로 우계사상의 일반적 면모를 소개한 것이며, 그 사상적 본질에 대한 깊은 천착을 이루지는 못하였다. 그러나 이상의 서술에 대한 내용을 종합하면 여기에는 몇 가지 주안점이 있었다.

먼저 우계사상의 배경을 이해하는 데 있어서 전제가 되어야 하는 것은, 우리가 지금까지 일반론으로 여겨 왔던 조선조 초기 유학도통에 대한 이해의 문제였다. 이는 이른바 포은에서 정암에 이르는 학통을 조선조 도통 정맥으로 여겨 왔던 기존의 의식에 대한 반성이다. 그것은 지금까지 정론으로 여겼던 그 도통론은 고려 말 조선 초의 특수한 상황에서 이루어진 현상일 뿐, 유학의 근본정신이라 할 수 있는 치도(治道)의 도통(道統)과는 다르다는 것이다.

필자는 우계사상의 특징에 대하여, 우계의 성리학과 경세론에 관한 두 가지 견해를 소개하였다. 우계 성리학은 퇴계의 이론을 계승한 특징이 있었다는 것과, 우계의 경세의식은 군주로서 사욕을 버리고 냉엄한 현실에 대한 인식으로서 백성들의 구휼을 그 과제로 제시하였다는 점이었다.

그리고 우계학문의 계승으로서, 기호유학 발전으로서의 예학의 정립,

그 의리정신의 계승으로서 의병활동을 지적하였다. 여기에서 기호유학의 예학적 전환은 천리와 인사를 종합한 것으로서, 이는 리기론과 인성론의 실천적 전환이었고 의병활동은 의리의 실현이었음을 지적하였다.

이상에서와 같이 이해하면 결과적으로 조선 유학사에서 차지하고 있는 우계의 학문과 그 위상은 결코 단순한 것이 아니었음을 확인할 수 있는 것이다.

우계학파 중봉(重峯) 조헌(趙憲)의 의리사상[1]

오석원[2]

1. 서론

우계(牛溪) 성혼(成渾, 1535~1598)은 문묘(文廟)에 배향된 도학자(道學者)이다. 우계는 정암(靜庵) 조광조(趙光祖, 1482~1519)의 도학사상(道學思想)을 계승한 부친 청송(聽松) 성수침(成守琛, 1493~1564)의 가학(家學)을 기반으로 하여 일생 동안 도학사상을 몸소 실천하는 데 힘썼으며, 정암의 문인인 휴암(休庵) 백인걸(白仁傑, 1497~1579)을 스승으로 모시고 율곡

---

1) 이 논문은 우계성혼선생학술대회, 〈우계학파의 학풍과 특성〉, 우계문화재단, 2017년 11월 17일 발표한 논문이다.

2) 吳錫源, 성균관대학교 명예교수

(栗谷) 이이(李珥, 1536~1584)를 벗으로 삼았다.3)

우계의 실천적 도학사상은 우계의 문인들에게 계승되어 당시 선비들의 정신적 기반이 되었다.『파산세고(坡山世稿)』에 기재된 우계의 문인(門人)은 92명에 이르며4), 이 저서 이외에『동유사우록(東儒師友錄)』을 비롯한 조선시대의 여러 문집을 통하여 살펴보면 223명에 이른다.5) 이들 우계의 문인들은 '우계학파'를 형성하여6) 대부분 임진왜란(1592)의 위란시기에 국난극복을 위한 의병활동을 하거나 당시의 폐정(弊政)을 개혁하는 데 큰 역할을 하였다.

우계학파의 대표적 인물로는 중봉(重峰) 조헌(趙憲, 1544~1592)을 비롯하여 백사(白沙) 이항복(李恒福, 1556~1618), 묵재(默齋) 이귀(李貴, 1557~1633), 추탄(楸灘) 오윤겸(吳允謙, 1559~1636), 선원(仙源) 김상용(金尙容, 1561~1637), 수몽(守夢) 정엽(鄭曄, 1563~1625), 충장공(忠壯公) 김덕령(金德齡, 1567~1596), 수은(睡隱) 강항(姜沆, 1567~1618), 월곡(月谷) 오윤함(吳允諴, 1570~1635), 팔송(八松) 윤황(尹煌, 1572~1639), 은봉(隱峰) 안방준(安邦俊, 1573~1654) 등을 들 수 있다.

이러한 우계학파 가운데 의리사상의 구현에 힘쓴 대표적 인물이 중봉(重峰) 조헌(趙憲)7)이다. 중봉은 우계의 도학사상을 계승하여 투철한 역

---

3) 오석원,「우계(牛溪) 성혼(成渾)의 도학사상」,『유교와 한국유학』, 성균관대출판부, 2014.

4)『坡山世稿』,「牛溪先生年譜補遺」, 卷5, 師友門人錄, 1980年 影印本.

5) 이형성,「우계 성혼(牛溪 成渾) 문인(門人)조사에 의한 우계학(牛溪學) 계승성(繼承性) 연구」,『우계 성혼(牛溪 成渾)의 우계서실(牛溪書室)과 그 문인(門人)들』, 財團法人 牛溪文化財團, 2013.

6) 황의동,『우계학파 연구』, 서광사, 2005.

7) 조헌(趙憲, 1544~1592)의 자는 여식(汝式), 호는 중봉(重峰)·후율(後栗)·도원(陶原),

사의식과 의리정신을 기반으로 하여 당시 위란에 빠진 국정 전반에 걸쳐 일대 개혁론을 제시하고, 임진왜란이 일어나자 항일의병을 일으켜 항전하다, 금산전투에서 700명과 이병과 하에 순절하였던 것이다. 이러한 중봉의 의리사상을 이해하기 위하여 먼저 의리실천의 기반인 도학사상과 '위기지학(爲己之學)'을 실천한 구체적인 삶의 모습을 살펴보았다. 다음으로 의리사상의 비판정신에 의거하여 대내적 문제점을 지적하여 대비책으로 제시된 그의 개혁성을 살펴보고, 마지막으로 '사생취의(捨生取義)'의 정신으로 국난에 임하여 의병을 일으켜 투쟁하다 순절한 중봉의 의리사상을 고찰하여 보았다.

2. 중봉의 도학사상(道學思想)과 의리실천

중봉의 조부인 세우(世佑)는 정암(靜庵) 조광조(趙光祖, 1482~1519)의 문인이었으며, 부친인 응지(應祉)는 청송(聽松) 성수침(成守琛, 1493~

본관은 황해도 배천(白川)이다. 시호(諡號)는 문열(文烈)이며, 고경명(高敬命)·김천일(金千鎰)·곽재우(郭再祐) 등과 함께 임진년(壬辰年)의 사충신(四忠臣)의 한 사람으로 불린다. 1544년(중종 39) 6월 28일 김포현(金浦縣) 서쪽 감정리(坎井里)에서 태어났으며, 1584년(선조 17) 율곡이 서거한 뒤 옥천(沃川)의 안읍(安邑) 밤티[栗峙]로 내려와 후율정사(後栗精舍)를 짓고 강학에 힘썼으며, 1592년 임진왜란이 일어나자 의병을 일으켜 싸우다 8월 18일 금산전투에서 700명의 의사와 함께 순절하였다. 1649년(인조 27) 문열(文烈)이라는 시호가 내려졌으며, 1754년(영조 30)에는 영의정으로 추서되고, 1883년(고종 20)에는 문묘에 배향되었다. 문집으로는 『중봉집(重峰集)』이 있다. 『중봉집』은 원집 13권 부록 7권 합 20권 10책으로서 활자본이다. 1740년(영조 16) 7월 18일 왕이 교서관에 명하여 문집을 간행하였으며(경신본), 1934년 이 경신본을 대본으로 전주 광문당(光文堂)에서 중간하였다(갑술본). 1973년 후손 건상(建相)이 갑술본을 6책으로 다시 발간하였으며, 1974년 조헌선생기념사업회에서 번역집인 『조헌전서(趙憲全書)』를 간행하였다.

1564)의 문인이다. 이를 보아 중봉의 학맥은 가까이는 율곡과 성혼에서 부터 위로는 퇴계 이황과 정암 조광조의 도학사상까지 연계되어 있음도 알 수 있다. 이러한 한국의 도학사상은 송대의 정자(程子)와 주자학(朱子學)에 연원된 것이요, 궁극적으로는 공자(孔子)와 맹자(孟子)의 도(道)에 연원한 것이다.

중봉은 토정(土亭) 이지함(李之菡, 1517~1578)을 비롯하여, 우계(牛溪) 성혼(成渾, 1535~1598)과 율곡(栗谷) 이이(李珥, 1536~1584) 등 세 사람을 평생의 스승으로 섬기었다. 중봉은 27세(1570)에 파주목 교수로 재임할 때 우계 성혼을 만났으며[8], 28세(1571)에 홍주목 교수로 재임할 때 토정 이지함을 만났으며, 토정의 권유로 그 해 가을 파주로 율곡을 찾아가 만났으며, 37세(1580)에 해주(海州)의 석담(石潭)으로 율곡을 찾아가 강학하기도 하였다.

41세(1584)에 율곡이 서거한 뒤에는 옥천(沃川)의 안읍(安邑) 밤티[栗峙]로 내려가 후율정사(後栗精舍)를 짓고 후학지도에만 전념하였다. 42세에는 당론이 격심하여 정여립(鄭汝立: ?~1589)이 우계와 율곡을 모함하고 이발(李潑, 1544~1589)이 이에 동조하자, 오랜 친구였던 이발과 절교를 하였다. 이후에도 지속적인 상소를 통하여 끊임없이 율곡을 변호하였으며, 스스로의 호를 '후율(後栗)'이라고 한 것으로 보아 중봉이 율곡을 얼마나 존숭하였는지를 알 수 있다.

중봉은 세 스승에 대하여 상소문을 통하여 "신이 이 세상에서 스승으로 섬긴 사람은 이지함과 성혼과 이이입니다. 세 사람은 학문의 성취는

---

8) 『우계집(牛溪集)』, 연보(年譜), 권1에는 중봉이 25세(1568, 戊辰, 가을(秋))에 찾아와 강학한 것으로 되어 있다.

비록 같지 않으나 깨끗한 마음과 적은 욕심 그리고 뛰어난 행실이 세상의 모범이 된 것은 똑같습니다. 신은 일찍이 세 분의 학문을 만분의 일이라도 배워 보려고 노력하였으나 이루지 못하였습니다."9)라고 하였다.

세 스승의 특성에 대하여도 "동방의 남자로서 함정과 같은 욕심에서 스스로 초탈한 자는 이지함과 성혼 이외 다시 몇 사람이 있겠습니까? 신이 이 세상에서 사사(師事)한 자가 세 사람인데, 이지함, 성혼, 이이입니다. 이상의 세 사람은 학문의 성취는 비록 똑같지 않으나, 마음을 깨끗이 하고 욕심을 적게 하며 지극한 행실이 있어 세상에 모범이 됨은 똑같습니다."10)라고 평하였다. 이를 통하여 세 스승을 통한 학문적 특성이 도학사상(道學思想)에 있음도 알 수 있다.

도학사상이란 인간의 존재와 도리에 대하여 올바르게 인식하고 참된 인격을 연마하여 인간의 도리를 다하고 사회에 사랑과 정의를 구현하려는 실천적 사상이다. 공자와 맹자의 도를 계승하여 송대(宋代)에 확립된 도학사상에는 인간의 존재와 본질을 철학적으로 규명하는 성리학, 인간의 구체적 현실에서 올바르고 마땅한 삶을 추구하는 의리사상, 정의와 진리를 위하여 생명까지 버릴 수 있는 종교성이 모두 포함되어 있는 것이다. 즉 철학적, 윤리적, 종교적 영역을 포괄하고 있는 종합적인 사상이라고 하겠다.

인간의 구체적 현실에서 정의와 정도를 구현하려는 의리사상은 대내적으로 사회의 비리와 부정을 비판하여 인간의 존엄성과 사회의 정의를

---

9) 『重峰集』, 卷5, 「辨師誣兼論學政疏」: "臣於斯世 所師事者三人 李之菡成渾李珥也 右三人者 學問成就 雖各不同 其淸心寡欲 至行範世則同 臣嘗欲彷彿其萬一而不得"

10) 『牛溪集』, 年譜補遺, 卷1, 德行(『重峯集』, 丙戌疏)

구현하고, 대외적으로 외세의 부당한 침략과 무도한 패도에 항거하여 민족을 수호하고 국란을 극복하려는 강인한 저항정신이 있다. 이러한 의리사상의 비판정신이 우리나라에 큰 영향을 미친 것은 송대의 도학사상이 전래하던 고려 말기부터다. 즉 내적으로는 고려 말기의 부패한 정치를 비판하고 외적으로는 몽고의 침략 세력에 대한 저항의식을 고취하여 민족정기를 되살렸던 것이다.

중봉은 어려서부터 '장부를 탄생케 한 것이 우연한 일이 아니라는 신념'[11]을 갖고 학문에 전심하였다. 유교의 경전공부에 대한 이해가 깊었을 뿐만이 아니라, 고사(古事)와 금무(今務)에도 정통하였으며, 방대한 양의 독서로도 유명하다. 굴원(屈原)의 『이소경(離騷經)』, 제갈량(諸葛亮)의 『출사표(出師表)』 등을 암송하였으며, 특히 140권이 넘는 『주자대전』과 『주자어류』를 모두 배송(背誦)하였다.[12] 그러므로 1575년(선조 8) 교서관에서 『주자대전』과 『어류』를 교정할 때, 미암(眉巖) 유희춘(柳希春, 1512~1577)은 이 책을 교정할 수 있는 사람은 오직 중봉뿐이므로 교감이 끝날 때까지 중봉의 체직을 만류하는 진언을 선조에게 올렸던 것이다.[13]

중봉은 평생을 두고 학문에 힘쓴 사람이다. 어려서 가난 속에 농사일을 지을 때도 주경야독을 하였고, 과거를 급제한 뒤 사로(仕路)에 든 뒤에도, 중국에 다녀오는 수레 속에서나 심지어는 귀양 가는 길에서도 항상 독서를 그치지 않았다. 이와 같은 지속적인 독서와 깊은 사색으로 인하

---

11) 『重峰集』, 附錄 卷1, 「年譜」(16歲): "天生男子之意 豈偶然哉"
12) 『青莊館全書』, 卷56, 「盎葉記」(古人勤學): "柳眉巖希春 背誦朱子大全 宋龜峯翼弼 背誦朱子語類 趙重峯憲 大全語類俱背誦"
13) 『重峰集』, 附錄 卷4, 「遺事」(眉巖日記): "啓曰 博士趙憲 盡心詳校……請命仍仕校書館 以畢二書監校 何如"

여 고금의 일에 박학하였을 뿐만 아니라 높은 수준의 학문에까지 이르렀던 것이다. 그러므로 우계 성혼은 "중봉의 학문이 일취월장하니 매우 두려운 사람이다."라고 하면서 율곡이 일찍 작고하여 중봉의 학문이 크게 진보한 것을 보지 못한 것을 크게 아쉬워하였다.14) 이를 통해 중봉의 학문적 기반이 매우 넓고 깊은 것을 알 수 있다.

중봉의 학문은 단순히 박학을 능사로 삼은 것은 아니다. 무엇보다도 공자와 맹자 그리고 정자와 주자의 학문을 근본으로 하여 그 진수를 몸소 체득하여 실천하고자 하였던 것이다.15) 한갓 지식에 머무르는 것이 아니라 자득하여 인간의 참된 도리를 구현함에 목적을 둔 것이라고 할 수 있다. 중봉은 항상 제생들에게 이론과 실천의 중요성을 다음과 같이 강조하였다.

> 글을 읽지 않으면 마음이 밝지 못하고, 공경스러운 태도를 갖지 않으면 마음의 중심이 존재하지 않으며, 힘써 행하지 않으면 밝은 마음과 갖고 있던 마음의 중심이 모두 허탕한 데로 돌아가 쉽게 이단으로 빠져 든다.16)

중봉은 이론과 실천을 위한 중요한 경전으로 율곡의 『격몽요결(擊蒙要訣)』과 『소학(小學)』을 강조하였으며, 제자들을 가르칠 때도 나이에 관계

---

14) 『重峰集』 附錄, 卷2, 「行狀」: "牛溪先生亦曰 汝式之學 日將月就 甚可畏也 盖栗谷早歿 未見先生學問之長進也"

15) 『重峰集』, 附錄 卷2, 「行狀」: "先生爲學 一以踐履爲主"

16) 『重峰集』, 附錄 卷4, 「遺事」: "不讀書 則心不明 不持敬 則心不存 不力行 則其所明所 存皆歸虛蕩 而易入於異端"

없이 이 책으로부터 시작하고 스스로의 일상생활 역시 이에 근거하여 행동하였다.17)

유학사상은 궁극적으로는 인간의 자기 존재를 올바르게 구현하는 인도사상(人道思想)이다. 도덕적으로 올바르게 사는 것은 남에게 좋은 평가를 받기 위한 것이 아니며, 출세를 위한 것은 더욱 아니다. 올바른 삶을 추구하는 동기와 목적이 바로 인간 존재의 자기실현에 있는 것이다. 인간 자체의 존재원리가 도덕적 삶을 살 수 있도록 되어 있으니까 최선의 힘으로 인간의 도리를 다하여 자기의 존재가치를 구현하고 자기의 생을 마치는 것이다. 이것이 바로 유학의 '위기지학(爲己之學)'이다.

군자(君子)는 이러한 위기지학을 실천하기 때문에 자기 행위에 대하여 남이 알아주지 않거나 대가가 없더라도 다른 사람을 탓하지 않으며, 궁극적으로는 하늘에게조차 원망하지 않을 수 있는 것이다.18) 오직 사랑과 정의의 자세로 자기가 할 수 있는 인간의 도리를 다하고 하늘의 명을 기다릴 뿐이다. 이러한 유학의 이념에는 참된 자기의 존재가치를 인식할 수 있는 자득처(自得處)와 인간의 삶을 관조할 수 있는 높은 경지의 자락처(自樂處)가 담겨 있다고 하겠다.

중봉은 20세(1563)에 처음 서울에 왔다가 귀가하면서 배로 양천강(陽川江)을 건널 때, 큰 바람을 만나 배가 전복될 상황이 되어 배 안의 사람들이 사색이 되었으나 선생은 홀로 태연하였다. 사람들이 이유를 물으니, 중봉은 웃으며, "사생은 천명인데 분주하여 울부짖는다고 면할 수 있을

---

17) 『重峰集』, 附錄 卷2, 「行狀」: "必本於小學 後生之請敎者 雖年至三四十 必先課以是書焉"
18) 『論語』, 「憲問」37: "不怨天, 不尤人"

것인가?"19)라고 하였다.

중봉은 사람을 사귀는 데 귀천이나 현우(賢愚)를 가리지 않고 한결같
이 지성(至誠)으로 대하였으며, 그 외모가 장숭하고 그 말이 엄정하여 자
연히 사람을 감동하게 하였다. 그러므로 비록 어리석은 사람이나 부인이
라도 선생을 군자로 대하지 않는 사람이 없었다.20) 토정은 중봉의 인간
됨에 대하여 "가난에 편안하여 도를 즐기고, 명예나 사리를 추구하지 않
으며, 애군우국이 지성에서 나오므로 옛 사람에서 구하더라도 실로 그러
한 사람을 찾아보기 어렵다."21)라고 하였다. 월사(月沙) 이정구(李廷龜,
1564~1635)도 중봉의 인간성에 대하여 "평소에 남이 알아주기를 구하지
않았고, 사람들이 비록 자기를 미치광이라 하여도 마음을 불안하게 하지
않았다."22)라고 하였다.

중봉은 46세(1589년) 4월에 당시의 정치적 폐단을 극론하는 상소를 올
리고, 이로 인하여 함경도 길주(吉州) 영동역(嶺東驛)으로 유배되었다. 의
금부의 역졸이 중봉의 곧은 성품을 알고 일부러 저녁 늦게 집에 도착하
였는데, 중봉은 임금의 명령은 잠시도 지체할 수 없다고 하여, 그 밤으로
길을 떠나면서 가인들로 하여금 행장을 꾸려서 뒤따라오도록 하였다.23)
당시 귀양지에서의 노역도 대부분 역관과 밀통하여 그 노복(奴僕)으로

---

19) 『重峰集』, 附錄 卷1, 「年譜」(20歲): "死生有命 豈奔走啼號 所能免乎"

20) 『重峰集』, 附錄 卷2, 「行狀」: "先生接人 無貴賤賢愚 一以至誠……故雖愚夫愚婦 莫不
    以先生爲君子也"

21) 『重峰集』, 附錄 卷4, 「遺事」: "安貧樂道 擺脫名利 愛君憂國 出於至誠 求之古人 實罕
    其儔"

22) 『重峰集』, 卷首, 抗義新編序: "惟公雅自負 不求人知 人雖謂公狂 不屑也"

23) 『重峰集』, 附錄 卷2, 「行狀」: "君命不可宿 徒步夜發 而使家人束裝隨之"

하여금 노역을 대신하도록 하는 것이 관례였는데, 중봉은 그 노역을 몸소 담당하면서, "조정에서 노역을 시키는 것은 죄를 지은 사람을 다스리려고 하는 것인데, 이것을 모면할 것을 구한다면 이것은 임금의 명을 어기는 것이다."24)라고 하였다.

이상의 몇 가지 사례들을 통하여 중봉은 일생을 위기지학의 자세에서 부동심을 이루고 매사 최선을 다하는 성실한 자세와 신독(愼獨)의 자세로 일관되게 의리를 실천하였음을 알 수 있다. 일찍이 담헌(湛軒) 홍대용(洪大容, 1731~1783)은 동궁 시절의 정조 임금에게 중봉을 소개하기를, "지극한 공심과 정성 그리고 오륜이 모두 갖추어져 천고에 비교할 수 없어 실행한 바와 같으니 그 학문을 알 수 있다."25)라고 하였다. 위기지학을 실천한 중봉의 학문적 특성을 올바르게 지적한 평가라고 할 수 있다.

중봉은 31세(1574)에 명나라를 다녀온 뒤 올린 상소문에서 김굉필(金宏弼, 1454~1504), 조광조(趙光祖, 1482~1519), 이언적(李彦迪, 1491~1553), 이황(李滉, 1501~1570) 등 4현을 문묘에 종사하도록 건의하면서 성현을 높이는 의미에 대하여 다음과 같이 설명하였다.

대개 그 사람을 받드는 것은 그 도를 쓰기 위함이다. 그런데 세상의 임금들은 다만 외면적인 존경만을 하여 배우는 자에게 표시하고 성현의 말씀을 몸소 실행하지 못하기 때문에 예전이나 지금이나 천하가 잘 다스려지는 것이 적고 어지러운 것이 많은 것이다.26)

---

24) 『重峰集』, 附錄 卷2, 「行狀」: "朝廷正欲以此治有罪者 必要免此 是不受君命者也"

25) 『湛軒書』, 卷2, 「桂坊日記」: "至公血誠 五倫全備 千古無兩 實行如此 其學可知"

26) 『重峰集』, 卷3, 「質正官回還後先上八條疏」(聖廟配享之制): "盖尊其人者 將以用其道

성현을 높이는 것은 도학을 크게 일으켜서 선비의 기풍을 진작시키고, 궁극적으로는 인간의 올바른 도를 실천하는 데에 목적이 있음을 강조한 내용이다. 이와 같이 성현의 말을 경전에 있는 관념적인 내용으로 이해하는 것이 아니라, 사회적 실천을 중요시하는 그의 학문적 태도는 실제의 정치 현실에서 임금의 잘못을 직간하는 원동력이 되었으며, 나라와 백성을 사랑하는 정신과 어울려 당시의 피폐한 사회현실을 극복하려는 개혁론으로 나타날 수 있었던 것이다.

3. 불의(不義)에 대한 비판과 개혁성

중봉의 성품은 질박하여 꾸밈이 없으며, 불의와 타협하지 못하는 강직한 기질로 인하여 당시 조정으로부터 인정을 받지 못하고 오히려 정적들의 핍박을 받았다. 평생을 직언(直言)으로 일관하였으므로 그의 관직생활은 평탄하지 못하였고, 그만큼 생전에 정적도 많았다. 특히 중봉의 비판을 많이 받았던 동인들은 중봉을 음험하고 사독한 인물로 평가하였으며, 선조 임금조차 간귀(奸鬼)라고까지 폄하하여 언급[27]하였다. 당시 중봉에 대한 일반 사람들의 평가에 대하여 월사 이정구는 다음과 같이 언급하고 있다.

대개 중봉이 생존하였을 때에 세상에서 공을 안다고 하는 사람들은, 강개하고 당직한 위인에 지나지 않을 뿐이라고 말하였고, 공을 알지 못하

也 世之人君 徒爲外貌之敬 以示學者 而不能躬行聖賢之言 故古今天下 治少而亂多"

27) 『朝鮮王朝實錄』, 宣祖 22年 12月 15日(戊子)

는 사람은 미친 사람이라고 지목하기도 하였다. 사람들 가운데 의에 부당함이 있으면, 그를 도외시하였기 때문에 공을 아는 사람은 진정 적었고, 원수같이 미워하는 사람은 더욱 많았다."28)

당시의 이러한 평가에 대하여 중봉 자신 스스로도, "우주가 생성된 이래 많은 소인배들에게 노여움을 산 사람은 자신보다 더 심한 사람이 없다."29)라고 하였다. 그러나 중봉은 자신에 대한 어떠한 평가에도 개의하지 아니하고, 불의를 보면 힘을 다하여 선악을 분별하고 성패를 지적하여 말하였다. 수차례 임금의 노여움을 샀으나, 죽음도 두려워하지 않는 강한 신념으로 일관하였으며, 오직 지극한 정성으로 국가의 안위만을 생각하여 지속적인 비판상소를 올렸던 것이다. 지속적인 직언으로 일관한 구체적 사례를 살펴보면 다음과 같다.

22세(1565년, 명종 20) 중봉이 성균관에 입학하여 수학하고 있을 때, 성균관 유생(재생)들과 함께 승려 보우(普雨)를 탄핵하는 글을 올렸다. 이때 수개월 동안이나 대궐 문 밖에서 엎드려 임금의 비답을 기다렸으나, 아무런 결과를 보지 못하였으므로 다른 유생들은 자리를 비우고 멋대로 행동하는 자가 많았는데, 중봉은 시종일관 정좌하고 자리를 뜨지 않고 끝까지 혼자 남아 있었다.

29세(1572년, 선조5) 6월에 왕이 절에 향(香)을 하사하고 자수궁(慈壽

---

28) 『重峰集』, 卷首, 「抗義新編序」: "盖重峰公之在世也 世之號爲知公者 不過曰忼慨戆直人已 其不知者 或指爲狂 生……人有不當於義 視若洗 以故知公者固少 而仇疾者滋益多"
29) 『重峰集』, 卷6, 「陣所懷仍辭職疏」: "竊算宇宙以來 慍于群小者 未有甚於賤臣"

宮) 성수청(星宿廳)에 봉향하자, 중봉은 이에 반대하는 비판 상소를 올렸다. 이로 인하여 교서관(校書館) 정자(正字)로 삭직되었다가 이듬해 교서관 저작(著作)에 재기용되고, 다시 향실의 직무를 맡게 되었다. 중봉은 다시 공불지향(供佛之香)을 거부하는 상소를 올려, "입으로는 성현의 글을 읽으면서 손으로 부처에게 올리는 향을 올릴 수 없다."[30]라고 하였다. 학문과 행동의 일치를 추구하는 입장에서 임금의 엄명을 거부한 것이다. 이때 왕이 진노하여 중죄로 다스리려고 하였으나, 여러 대신들의 도움으로 겨우 벌을 면할 수 있었으며, 이로부터 그의 강직성과 직언이 세상에 알려지고 많은 사람들의 각광을 받게 되었다.

38세(1581년) 봄에 중봉은 공조좌랑으로 다시 기용되고, 곧이어 전라도 도사(都事)로 부임하였다. 이때 그는 연산조의 공안(貢案)을 혁파하고 율곡의 입장을 지지하는 내용의 상소를 올렸으며, 이듬해 8월에 계모의 봉양을 위해 외직을 자청하여 보은현감(報恩縣監)에 부임한 뒤에도 거듭 상소를 올려서 연산군 당시의 공안을 폐지하고, 노산군(魯山君)의 후사를 세우고, 사육신의 절의를 현창할 것 등을 청하고, 민간의 고통을 제거하기 위한 시무책을 주장하였다.[31]

43세(1586년, 선조 19) 때 조정에서는 학제를 수정해서 각도에 제독을 두고 선비들을 교육하기 위한 조치를 취하였는데, 중봉은 선조의 특명으로 공주교수겸제독속교관(公州牧教授兼提督屬教官)에 제수되었다. 10월 당시 정권을 잡고 있는 이발(李潑), 김홍민(金弘敏), 윤탁연(尹卓然) 등이

---

30) 『重峯集』, 卷3, 「論香祝疏」: "口讀聖賢之書 手封供佛之香 臣之所不忍也"
31) 『重峯集』, 卷5, 「擬上疏」

우계와 율곡을 추죄하려고 하자, 이른바 만언소를 올려 비판하고,[32] 당시 수차례의 상소를 올려 이산해 등의 전횡을 비판하였다. 이듬해인 44세(1587년) 여름에 동인들의 전횡과 정여립의 흉패를 논변한 상소문을 지어 올리려 하였으나, 당시 관찰사인 권징(權徵)이 받아들이지 않자, 다시 짧은 소를 지어 원래의 상소문과 함께 올렸다. 이와 같이 6월에서 9월까지 다섯 차례의 상소문을 올렸으나 모두 받아들여지지 않았다.

이러한 상소들 가운데 가장 중요한 내용은 그의 개혁사상이라고 할 수 있다. 중봉은 31세인 1574년(선조 7) 5월, 명나라 신종의 생일을 축하하기 위해 파견된 성절사(聖節使) 박희립(朴希立)의 질정관(質正官)으로 명(明)에 갔다가 11월에 돌아왔다. 당시 명나라에 가서 중국 조정의 새로운 문물제도를 살펴보고, 우리나라에서 비교적 시행하기 쉬운 내용을 밝힌 「시무팔조소(時務八條疏)」를 올리고, 뒤에 근본적인 혁신책을 제시한 「의상십육조소(擬上十六條疏)」를 지었으나 올리지는 못하였다.

조선조에서 16세기 후반은 집권 사대부들 사이의 당쟁이 표면화되면서 권력투쟁으로 인한 정치사회적 혼란이 가속화되고, 토지국유를 원칙으로 하는 과전법(科田法)의 붕괴와 폐지로 인하여 귀족관료층의 토지겸병과 수탈행위가 확대됨으로써, 국가재정의 고갈과 농민들의 경제적 부담이 더욱 가중되는 시기였다. 또한 대외적으로는 삼포왜란(1510년) 이후 왜구에 대한 조선 정부의 통제력이 상실되어 일본의 조선 침략이 가시화되는 시기였으나, 국제 정세에 어두워 이러한 동향을 파악하지 못하고 있었으며, 피역(避役)과 군포(軍布) 대납제 등으로 인하여 군사력이 점차

---

32) 『重峰集』, 卷5, 「辨師誣兼論學政疏」

약화되어 외적의 침입에 대응할 준비가 전혀 갖추어지지 못한 상태였다.[33] 즉 개국 이래 수성기를 지난 당시의 조선 사회는 국내외의 제반 문제들로 인하여 국가 존망이 위태로운 시기였으며, 사회 전반에 걸쳐 일대 개혁이 시대적 과제로 요청되던 상황이었다.

중봉은 46세(1589년) 4월에 올린 「논시폐소(論時弊疏)」에서 과도한 세금과 부역과 그리고 지나친 형옥(刑獄)으로 인하여 당시 민생의 곤궁함과 국가의 운명이 기울어지는 위급한 상황에 대하여 "수많은 백성들을 밑이 뚫린 배에 태워 출항하였다가 바다 한가운데 풍파를 만나 행방을 잃는 것과 같다."라고 비유하였으며, 만약 특단의 대책을 마련하지 못하면 내란과 외침을 막지 못할 것이라고 예언하고, 나라와 백성을 위한 단기, 장기 대책을 제시하였다.

중봉의 대내적 개혁의 구체적인 내용은 31세(1574년) 때 질정관으로 명나라에 가서 중국의 새로운 선진 문물제도를 살펴보고, 우리나라에서 비교적 시행하기 쉬운 내용을 밝힌 「시무팔조소(時務八條疏)」와, 뒤에 근본적인 개혁방안을 제시한 「의상십육조소(擬上十六條疏)」 등의 상소문을 묶어서 간행한 『동환봉사(東還封事)』에 잘 나타나 있다. 또한 중봉의 대외적 대비책의 구체적인 내용은 48세(1591년) 3월에 올린 「청참왜사소(請斬倭使疏)」와, 임진왜란에 대비한 8가지 방책을 제시한 「영호남비왜지책(嶺湖南備倭之策)」 등에 잘 담겨 있다.

「시무팔조소」는 주로 당시 조선의 피폐된 현실과 대책을 제시한 것으로 문묘 배향의 제도, 관리임용 제도, 의관 제도, 음식 제도, 관리들의 읍양

---

33) 姜萬吉, 「槪要」, 『한국사』 12, 국사편찬위원회, 1984.

의 예, 사제(師弟) 간의 예, 향당의 아름다운 풍속, 군사의 엄정한 기율 등에 관한 내용이다. 「의상십육조소」는 당시의 폐단이 일어나 원인과 그 대처 방안들을 모색하기 위하여 더 본질적인 문제에 대하여 언급한 것으로서, 임금의 정성과 효도, 경연 참석과 간언을 듣는 도리, 왕릉과 제사와 음식의 검소, 인재 선발과 관원의 봉급, 노비 관원의 활용, 군의 부패척결과 조련의 강화, 성의 수축과 군수물자의 보급, 인사행정의 공정성과 책임한계, 엄격한 명령과 애민정신 등을 담고 있다. 이 두 개의 상소문들은 1622년(광해군 14) 은봉 안방준에 의해『동환봉사(東還封事)』라는 이름으로 간행되었는데, 중봉의 개혁사상은 이『동환봉사』에 가장 잘 나타나 있다.

중봉은 43세(1586년) 10월에 올린 만언소(萬言疏)에서 중봉은 율곡을 적극 옹호하면서 이르기를, "율곡이 경국제민(經國濟民)하는 재주를 가지고 있음은 이미 그의 등과초(登科初)에 나타나 있었고, 시폐를 없애고 백성의 고통을 제거하려는 뜻은 「동호문답(東湖問答)」에, 수양을 하고 정치를 하는 도는 「성학집요(聖學輯要)」에 모두 구비되어 있습니다."[34]라고 하였다.『동환봉사』에 나타난 그의 개혁정신은 율곡의 「만언봉사(萬言封事)」와 「성학집요」에 담긴 내용과 그 취지가 비슷하거나 경우에 따라서는 이를 보다 더 구체적으로 논한 것이 많다.[35] 이는 토정과 우계와의 토론과 절차탁마 속에서 많은 영향을 받았지만, 중봉의 탁월한 개혁론은 특히 율곡의 영향이 매우 컸음을 알 수 있다.

이와 같이 볼 때, 율곡의 개혁방안과 경세치용(經世治用)정신을 계승

---

34)『重峰集』, 卷5, 「辨師誣兼論學政疏」: "珥有經濟之才 已見於出身初載 祛弊除瘼之意
自具於東湖問答 修己爲政之道 備述於聖學輯要"

35) 金龍德,『朝鮮後期思想史硏究』, 乙酉文化社, 1977, 590~596쪽.

한 중봉의 학문적 특징은, 도학과 민본사상을 바탕으로 하여 사회적 실천을 중요시하는 실학이라고 할 수 있다. 특히 불의를 참지 못하고 애국충절의 강한 기질을 갖고 있는 중봉이기에 당시 도학이 끊어지고 정치기강이 무너지고 민생이 도탄에 빠진 현실을 보고, 피폐한 사회현실을 극복하려는 적극적인 개혁론을 제시하였던 것이다. 그러므로 중봉의 개혁사상은 백성을 사랑하는 민본정신에 입각하여 백성들의 경제생활을 안정시키고, 국력을 배양시키는 데 그 목적이 있다고 할 수 있다.36) 당시의 현실에 대한 그의 비판의식은 정치·경제·교육·군사문제 전반에 걸친 일대 개혁론으로 전개되고 있다.

정치개혁에 있어서, 중봉은 인정(仁政)의 구현에 목적을 두고, 당시 명의 제도를 본받아 피폐한 조선 사회의 현실을 개혁하려고 하였다. 명나라의 성대한 문물제도를 본받자는 중봉의 뜻은 단순한 명나라 문물제도의 모방이 아니라, 장차 이를 토대로 보다 높은 질적 향상을 도모하여하·은·주 삼대(三代)의 정치를 구현하고자 함에 있었던 것이다. 이러한 중봉의 정치개혁의 본질에는 두 가지 의식이 전제되어 있는데, 하나는 당시의 시폐(時弊)를 제거하여 백성들의 생활을 안정되게 하는 것이고, 또 하나는 정치의 중심이 되는 군주가 사심을 억제하여 올바른 정치를 실행하는 것이다.

이를 위하여 먼저 군주는 경연(經筵)을 통하여 학문을 증진시키며 간하는 말을 수용하고, 어진 신하를 분별하여 덕망을 갖춘 인재를 등용하고 관리의 임용제도의 확립과 공평한 포폄과 출척이 이루어져서, 국가의

---

36) 『重峰集』, 卷4, 「擬上十六條疏」(十六日 命令之嚴): "節用愛民一句 最是君乎人者之先務"

질서와 기강을 세워야 한다는 것이다. 다음으로 그는 치자로서의 모든 관원들에게도 치인을 위한 수기를 요구함과 동시에, 인재를 뽑는 공평한 인사제도가 이루어져야 한다고 주장하였다. 인재를 등용할 때는 서얼과 재가(再嫁)의 아들이나 천민의 자식이라도 학행이 뛰어난 자는, 그들의 지위를 개선하여 등용하고자 하였다.

중봉은 유능한 인재가 천민 신분이라는 이유로 구속받는 현실을 개탄하면서, 명나라의 제도와 관례에서도 비첩의 자제들이 요직에 등용되고 있음을 근거로 하여, 인재는 고난으로 단련된 하층민 중에서 나올 것이라고 하여, 천민 출신의 인재에 기대를 걸면서 능력본위로 인재를 써야한다고 하였다.[37] 즉, 사천(私賤)이라도 자격자면 신분을 해방시키고 적당한 대우를 하여서, 비록 고관의 자제라도 스승으로 모셔야 한다고 하였다.

또한 무조건 재가를 금지하는 시속과, 재혼한 여자들의 자손에 대한 금고법(禁錮法)에 대하여도 비판하여, 명나라에서 재가 여자의 자손을 금고시키지 않는 실례를 들어, 모두 본인의 뜻에 따라 재가하거나 수절하도록 하였다. 이러한 주장은 구봉(龜峰) 송익필(宋翼弼, 1534~1599) · 고청(孤靑) 서기(徐起, 1523~1591)와 같은 서얼과 노비 출신들의 영재들이 그에게 미친 영향도 크다고 할 수 있겠다.

중봉은 백성을 괴롭히고 민생을 곤궁하게 하는 가장 큰 요인은, 지방의 토산물을 바치는 진상(進上) 등의 공물(貢物)제도와 노동력을 제공하는 군역(軍役)이나 부역(賦役)제도의 불합리성과 잘못된 운영에 있다고

---

37) 『重峰集』, 卷4, 「擬上十六條疏」(八曰 取人之方)

보았다. 당시의 공안(貢案)은 연산군 시대에 과도하게 마련된 것이므로 마땅히 이를 개혁하여 과다한 공물과 비토산물의 징수를 혁파해야만 민생을 안정시킬 수 있다고 히었다.

이를 위하여 먼저 군주 자신이 어선(御膳)을 줄여 진상을 가볍게 하고, 바람직한 공납(貢納)제도로서 생물(生物)을 공납하는 조선 왕조의 공물 진상 대신 중국의 은납제(銀納制)의 실시를 제시하였다.[38] 부역의 폐단은 토지를 근거로 한 요역(徭役)이 되지 못하고 있음과, 족징(族徵)과 인징(隣徵) 등 군포(軍布)의 징수 과정에서 생기는 것임을 지적하고, 과중한 군역과 부역을 해소하기 위하여, 당시 정철(鄭澈, 1536~1593)이 실시한 균역법(均役法)을 전국적으로 확대하여 실시할 것을 주장하였다.

특히 그의 세제 개혁안은 주로 지방의 관원들이나 서리들이 실권을 장악하고 중간에서 농간함으로써 야기되는 제반 정치의 악폐와 민생의 고통을 직시하고, 이를 배제하는 데에 초점을 맞추고 있다. 무엇보다도 서리들이 작폐하는 근본적인 원인은, 서리들의 급료가 보장되지 못한 제도적 불합리성에 있으므로, 관리들의 숫자를 줄이고 그들에게 급료를 주어야 한다고 주장하고, 녹봉을 마련하가 위한 구체적이고 합리적인 방법까지 제시하고 있다.[39] 이와 같이 녹봉이 없는 서리들의 생활 터전을 마련해 주고 난 뒤에 이들의 작폐를 근절시키고자 한 중봉의 주장은, 매우 합리적이고 본질적인 해결책이라고 할 수 있다.

교육개혁에 있어서도, 중봉은 교육의 중요성을 강조하고, 사장(詞章) 중심의 과거만을 지향하는 당시의 학문풍토를 비판하였다. 그는 당시 인

---

38) 『重峰集』, 卷4, 「擬上十六條疏」(九日 飮食之節)
39) 『重峰集』, 卷4, 「擬上十六條疏」(十日 餼廩之稱)

재를 양성하는 데 있어 장애가 되는 폐단으로 뇌물로 진출한 교육자들의 부패, 도학을 격려하는 방법의 부재, 과거제도의 폐단, 사장 중심의 학풍 등을 지적하였다. 이를 바로잡기 위하여서는 학문과 덕행이 뛰어난 자를 뽑아 벼슬을 주어 직책을 맡기고, 도학을 크게 일으켜서 선비의 기풍을 진작시키기 위하여 김굉필(金宏弼), 조광조(趙光祖), 이언적(李彦迪), 이황(李滉) 등 4현을 문묘에 종사하여 학자들이 공경하게 하고, 학교의 규칙과 과거시험 과목을 정비하고, 율곡의 『격몽요결(擊蒙要訣)』과 『성학집요(聖學輯要)』 등을 간행하여 보급하고, 다음에 『소학(小學)』, 『가례(家禮)』, 『근사록(近思錄)』, 『사서(四書)』 등을 가르쳐 인재를 양성할 것을 주장하였다. 따라서 그의 개혁안은 대체로 도학을 중시하여, 인간을 가르치는 교육제도와 관원을 뽑는 과거제도를 일치시키려는 방향에서 전개시키고 있는 것이다.

국방의 개혁에 있어서도, 중봉은 당시 여러 가지 요인 등으로 군역 의무자들이 대부분 피역(避役)하여 군정(軍丁)의 확보에 문제점이 노정되고, 각종 군폐로 인하여 군사시설이 부족하며 군대의 기율이 약화되어 있는 가운데, 남북의 방어체제가 붕괴되고 있음을 지적하였다. 그러므로 시급한 혁신 대책이 없으면, 국가에 큰 변란이 있을 때 토붕(土崩)의 화를 면하기 어렵다고 하여, 군제상의 개혁과 함께 국방 강화책을 제시하였다. 이른바 군정, 군비, 군율 등의 세 요소에 대한 개혁을 주장한 것이다.

그는 군정 부족의 원인을 노비와 승려의 증가현상에 있다고 보아, 우선 내수(內需) 노비부터 시작하여 노비의 수를 대폭 감축하여 남녀 각 1,000명만 남기고, 나머지는 해방시켜 이를 군역 담당자인 양인으로 돌리자고 주장하였다. 이와 같이 서얼과 천민들에게 양인이 되는 길을 터

주어 하층민 일부의 신분제를 개선하는 일은 중봉의 평생 신조이며, 동시에 군역의 모순을 시정하여 체제의 안정을 이룩하는 급무로 본 것이다. 중봉은 구체적인 대책으로 당시의 수많은 노비를 줄여 병사로 선발하여, 10년간 훈련을 시키면 20년 내에 100만 정병을 갖출 수가 있다고 하였다.[40]

또한 중봉은 군정의 확보를 기반으로 하여 군마와 무기 등의 군수물자를 충분하게 확보하고, 군비가 갖춘 뒤에 군사들의 훈련을 강화하여 강병을 양성하여야 함을 주장하였다. 아울러 공정한 인사로 훌륭한 장수들을 선발하고 이들이 덕망과 엄격한 군령을 세워 군대의 위엄과 기강이 확립되어야 진정한 강군이 될 수 있다고 하였다. 이와 함께 중봉은 너무 넓은 우리의 성제(城制)를 고치고, 노는 백성들을 모아 점차적으로 성을 개축하여 유사시에 대비할 것도 강조하였다. 중봉의 이러한 제안들은 20년 뒤 임진왜란이 발발한 것을 생각할 때 선견지명을 갖고 있는 훌륭한 대비책이라고 할 수 있으며, 만약 이러한 제안들이 받아들여 실시되었다면 왜란을 사전에 막을 수 있었을 것이다.

이상과 같이 각 분야에 걸쳐 제시된 중봉의 개혁론은 거의가 당시의 폐단을 적절하게 지적한 것이며, 그가 제시한 해결책들 역시 실제 대부분 실현 가능한 것들이다. 비록 이와 같은 중봉의 여러 가지 개혁안들이 당시의 위정자들에게는 채용되지 못하였으나, 그의 높은 식견과 그리고 국란에 처하여 보인 국가를 위한 지극한 정성과 충절은 사후에 더욱 높이 평가되었던 것이다. 안방준은 당시 제시된 중봉의 진단과 대책들에

---

40) 『重峰集』, 卷4, 「擬上十六條疏」(十二曰卒伍之選): "今者若自上爲定限……則百萬精兵
可辦於二十年之後矣"

대하여, "중봉의 자품과 조예는 비록 징암이나 율곡에 비해 미치지 못한 듯하지만, 견식의 고명함과 구체적으로 제시된 말과 계책들은 정암과 율곡이 중봉의 섬세하게 모두 갖추어 있음과 같지 않을 것이다."41)라고 논하였다.

이와 같은 중봉의 민본주의에 기반을 둔 개혁론은 실학파인 반계(磻溪) 유형원(柳馨遠, 1622~1673), 담헌(湛軒) 홍대용(洪大容, 1731~1783), 초정(楚亭) 박제가(朴齊家, 1750~1815) 등에게 큰 영향을 주었다. 초정은 그의 『북학의(北學議)』 서문에서 어려서부터 고운(孤雲) 최치원(崔致遠: 857~ ?)과 중봉을 사모하여 왔음을 지적하고, 특히 『북학의』를 저술한 동기와 목적은 중봉이 명나라를 다녀온 뒤에 중국의 신진문물을 본받아서 개혁을 통해 민생을 구제하고자 지은 『동환봉사』의 뜻을 계승한 것42)이라고 밝혔던 것이다.

4. 임진란(壬辰亂)의 대비책과 의리사상(義理思想)의 구현

중봉은 우계와 율곡에게서 『주역』을 배운 뒤 미래의 일을 점치는 것도 능통하였으며, 천문과 지리에도 밝아 실제로 인사에 활용하였다. 46세(1589년) 11월 4일 유배에서 풀려난 뒤 올린 「청절왜사제삼봉사(請絶倭使第三封事)」에서 중봉은, 천문을 관측하여 병란의 조짐이 있음을 살피고

---

41) 『隱峰全書』, 卷10, 「牛山問答」: "重峯之資稟造詣 雖似未及於靜栗 而見識之高明 設施之言計 靜栗皆不如重峯之纖悉備其"

42) 『北學議』, 「朴齊家 序文」: "余幼時 慕崔孤雲趙重峰之爲人 慄然有異世執鞭之願……鴨水以東千有餘年之間 有以區區一隅 欲一變而至中國者 惟此兩人而已……是亦孤雲重峰之志也"

왜란의 침입을 경계하는 상소를 올렸던 것이다.43) 중봉의 높은 학문적 수준에서 나온 이러한 예측들과 이에 대비한 구체적인 대비책들이, 임진왜란이 일어난 뒤 모두 적중되었음을 확인하고 많은 사람들은 그의 선견지명에 감탄하였다. 그러므로 택당(澤堂) 이식(李植, 1584-1647)은 "중봉의 계책이 당시 제일이다."44)라고 평가하였던 것이다.

1587년(선조 20) 11월에 일본의 도요토미 히데요시(豊臣秀吉, 1536~1598)가 정권을 획득하고 조선에 현소(玄蘇)를 보내어 화친을 청하였는데, 중봉은 왜국의 사신을 끊어 버릴 것을 주장하는 「청절왜사소(請絶倭使疏)」를 올렸으나 관찰사가 왕에게 올리지 않았으므로, 12월 다시 두 번째 글인 「이소(二疏)」를 지어 직접 대궐 문앞에 가지고 가서 지난번의 상소와 함께 올렸다. 중봉은 이 상소문에서 왜국과의 절교가 상책이지만 부득이 통호한다면 3개의 조건이 먼저 이루어져야 함을 주장하였다. 그 3개의 조건은, 첫째, 외교문서에 나타난 일본의 연호를 삭제하여 명분을 바로잡을 것, 둘째, 왜구 및 왜상의 불법 침입을 금할 것, 셋째 전라도 왜구 침입 시 포로가 되어 끌려간 80여 명과 반민(叛民)을 송환할 것 등이다. 세 번째의 요구사항은 국가의 정책으로 왜사에게 제시되어 얼마 뒤 어민들이 송환되고 반민은 처형되었다.

1589년(선조22, 己丑) 4월 중봉은 제1차 「지부상소(持斧上疏)」를 올려 장차 내우외환이 있음을 예견하고, 조정의 잘못과 동인의 전횡을 비판하여 극론한 「논시폐소(論時弊疏)」를 올렸다. '지부상소'란 도끼를 가지고

---

43) 『重峰集』, 卷7, 「請絶倭使三疏」: "惟是仰觀乾象 則熒惑貫于尾箕 入南斗浹旬 狼星又有光耀 求之古籍 俱系兵象"

44) 『宣祖修正實錄』, 宣祖 25年, 8月 1日(戊子): "其策爲當時第一"

가서 만약 자신의 주장이 잘못되었을 경우 그 자리에서 처분하여도 좋다는 결연한 의기를 담고 있는 상소이다. 우리나라에서 최초의 지부상소는, 고려 말 감찰규정(監察糾正)을 맡고 있던 역동(易東) 우탁(禹倬, 1263~1342)이 충선왕(忠宣王)의 패륜 행위를 비판하여 직간한 의행(義行)에서 비롯되었다.[45] 중봉 역시 이러한 우탁의 지부상소의 대의를 계승하여 상소하였음을 상소문 서두에서 밝히고 있다.[46]

중봉의 이 상소는 당시 집권하고 있던 동인 세력들의 배척과 선조의 분노를 촉발하여 그는 함경도 길주(吉州) 영동역(嶺東驛)으로 유배를 당하였다. 중봉은 귀양지에서도 여러 번 상소를 올려 왜의 외교에 담긴 허위 술책을 역설하고, 간계한 왜국에 통신사를 보내지 말 것을 주장하였다. 10월 정여립(鄭汝立)의 모반사건이 일어나고 동인이 실각하자, 양천회(梁千會)를 비롯한 호남 유생들이 상소하여, 중봉의 정여립 사건에 대한 선견지명이 있음을 언급하니 11월 4일에 사면되었다. 귀향지에서 돌아오는 길에 다시 왜와 절교하여 통신사를 보내지 말 것과, 동인들을 통박하는 상소문인 「청절왜사삼소(請絶倭使三疏)」를 올렸다.

임진왜란이 일어나기 1년 전인 1591년(선조 24) 3월에 일본은 다시 사신을 보내 명나라를 칠 길을 빌려달라는 명분으로 조선 침략을 구체화시킬 때, 조정의 상하는 일본의 침입여부로 의견이 분분하고 당황하여 적절한 대비책을 마련하지 못하였다. 이때 중봉은 제2차 지부상소를 올려 일본의 침입을 정확하게 예견하고, 정탐 들어온 일본의 사신을 처단하고,

---

45) 吳錫源, 「易東 禹倬思想의 硏究」, 『禹倬先生의 思想과 易東書院의 歷史』, 형설출판사, 1992.

46) 『重峰集』, 卷8, 「請斬倭使」: "以禹倬白衣 詣厥再拜"

명나라에 보고한 뒤 탐관오리들을 물리치고 국방을 튼튼히 하면서 일본의 침략에 대비할 것을 주장하였다. 또한 밖으로는 명나라와 유구(琉球), 태국(暹羅) 등 동남아시아의 여러 제국과 연합하여 일본을 치고, 안으로는 일본의 침략에 대비하는 8가지의 구체적인 방비책을 밝힌 '영호남비왜지책(嶺湖南備倭之策)'을 상소하였다.

중봉은 당시 국서에 담긴 일본의 침략의도를 꿰뚫어 보고 즉시 명나라에 보고해야 하며, 만약 일본 국서를 흐지부지하면 일본과 결탁한 듯이 일본이 중국에 모함할 우려가 있어 나중에 명의 오해와 문책이 있을 수 있다고 주장하였다. 이러한 중봉의 지적은 뒤에 명과 외교적 문제로 대두되었음을 볼 때, 단순한 기우가 아니었음을 확인할 수 있다. 또한 동남아 국가들과의 연합작전에 대한 주장에 대하여도 일부에서는 '우활(迂闊)'하다는 평가도 있었으나, 당시 명에서도 똑같은 구상을 하였으며, 만약 이러한 소식이 일본에 알려지면 중국을 비롯하여 국제여론과 내부의 허점을 감안하여 일본이 감히 침략하지 못할 것이므로, 일종의 심리전적 대책으로서도 상책이 될 수 있다는 점에서 중봉의 주장은 당시로서는 매우 파격적인 명안이라고 할 수 있다.[47]

이때 중봉이 올린 왜적의 침입에 대한 국내 방비책의 내용을 정리하면 다음과 같다.

첫째, 변방 장수의 배치문제이다. 중봉은 당시 훌륭한 장수와 중신이 없음을 아쉬워하여서 변방에 이른바 명장들을 파견하지 아니하고 조방장

---

47) 金龍德,「重峯 趙憲 研究」,『朝鮮後期思想史硏究』, 乙酉文化社, 1977. 36~42쪽.

(助防將)만을 사도(四道)에 배치한 정책을 비판하면서, 왜적이 침공하면 반드시 정예한 병사들을 뽑아 선봉으로 삼을 것이므로 왜적의 이러한 선봉부대를 안일하게 조방장만으로는 막기 어려울 것이기에 왜란이 일어나기 전에 미리 명장들을 요충지에 보내어 대적하게 하여 그 선봉을 꺾어야 한다고 주장하였다.

둘째, 군사작전의 문제이다. 왜적이 침입하였을 때, 적의 선봉군을 꺾지 못하면 성을 굳게 닫고 들판에는 곡식을 비워 적들에게 식량이 모자라게 함과 동시에, 속전을 피하고 장기전을 취하면 우리에게 유리할 것이라는 청야(淸野) 작전을 주장하였다.

셋째, 왜적들의 침입경로 문제이다. 당시 많은 사람들이 왜적의 침입을 호남해안으로 예상하였거나, 또한 예상할 수 없어 장수가 서울에 있다가 침입지로 달려가야 한다고 하였는데, 중봉은 적들이 호남해안보다는 길에 익숙한 영남으로 침입하여 이곳을 발판으로 북상의 길을 트고 군사를 나누어 호남지방을 육로로 쳐들어가 장악할 계책을 쓸 것이라고 예상하여, 미리 명장을 영남으로 파견하여 동남쪽의 바다를 지켜야 한다고 주장하였다. 또한 낙동강 하류를 지키지 못하면 상주(尙州) 이남에는 험준한 곳이 없으므로, 대거 북상의 가능성이 있다고 진단하고 이 지역의 방어를 중요시 하였다. 만약 왜적이 호남지방에 집결한다면 진산(珍山), 고산(高山), 금산(錦山), 무풍(茂豐) 등의 지역은 본래 험한 곳이라 지킬 만한 곳이요, 연산(連山)과 개태(開泰)는 지키기 힘들며, 은진(恩津), 채운(綵雲)은 들이 넓어 지키기가 매우 어려운 곳이라고 분석하면서 구체적으로 세밀하게 지적하였다.

넷째, 적의 길잡이 문제이다. 왜적의 길잡이 노릇을 하는 향도자(嚮導者)

가 생기지 않도록 해야 한다는 주장이다. 왜적은 해안의 정박할 곳을 알지 못하므로, 그들이 향도자를 얻지 못하면 배들이 좌초하게 될 것이라고 예상하고, 국가에서는 생복어(生鰒魚)의 진상을 막아서 그들이 복어를 잡으러 나갔다가 적들의 향도자가 되지 않도록 해야 한다고 하였다. 만약 향도자가 없으면 왜적들이 호남으로는 절대 들어오지 못할 것이라고 주장하였다.

다섯째, 복병전과 유격전의 문제이다. 적들은 무기가 우리보다 우수하고 군사들의 조련이 잘 되어 있어 왜적과 정면으로 싸우는 것은 불리하므로, 가급적 복병을 두고 유격전을 펴는 것이 좋다는 제안이다. 이를 위하여 미리 유망한 인물을 각 읍에 책임자로 선정하여, 보루(堡壘)와 목책(木柵) 등을 만들고 좁은 도로에 복병을 매복시켰다가 활을 쏘고 돌을 굴려서, 그 지방민들이 지형의 유리한 점을 최대한 이용하며, 날쌘 병사들로 하여금 유격대를 편성해서 저들을 추격하면 적들의 허다한 분탕질을 최소화할 수 있다고 하였다.

여섯째, 문관들의 참전문제이다. 이전에 북방 오랑캐의 침략 사실을 예를 들어 국방을 장수들에게만 맡기지 말고, 식견 있는 선비들과 협력하게 하자는 의견이다. 구체적으로 청주의 전찰방 박춘무(朴春茂)와 공주의 전참봉인 정진생(鄭晉生) 등은 담력이 있고 능력이 있는 인물들이라고 하여 추천하기도 하였다.

일곱째, 장수들의 대민자세 문제이다. 무장(武將)들이 지방에서 호령만 엄하게 하고 따뜻하게 관리와 백성들을 보살필 줄 모르므로, 이를 시정하여 중앙에서 장수를 파견할 때에는 백성들을 잔인하게 죽이지 못하게 할 것이며, 여러 번 명령해도 듣지 않는 자들만을 엄한 군기로 다스려야 민심이 이완되지 않게 된다고 하였다.

여덟째, 전공을 세운 사람들에 대한 보상문제이다. 적에게 빼앗길 것을
막은 자는 그 반을 상으로 주고, 적의 목 20급 이상을 벤 자는 천민이
면 양민으로 환속해 주고, 서얼이면 관직에 나아갈 수 있게 하며, 적의
선봉 등을 죽인 자는 그 수가 적더라도 그 공을 더 많이 인정해 주도록
제시하였다.

이상의 내용에서 왜군의 침입지가 호남이 아니라 영남지방일 것이며,
그 규모도 종전과는 달리 대규모일 것이요, 변란이 생기면 전술적인 면
에 있어서 복병전, 유격전 등을 실시하고, 아울러 변방에 명장을 파견하
여 초전에 적의 선봉을 제압해야 한다는 등의 의견 등은, 당시 위정자들
과는 다른 견해들이었는데, 이러한 문제들은 실제 왜란을 일어난 뒤에
모두 사실로 확인되고 올바른 작전이었음이 입증되었다. 이러한 중봉의
주장은 누구보다도 정확하게 사태를 통찰한 탁견이면서도 매우 구체적
이고 간편한 주장들이었다고 할 수 있지만, 하나도 시행되지 못한 채 그
의 우려대로 왜란이 일어나 큰 환란을 당하고 말았던 것이다. 만약 이 안
이 실시되었더라면 왜군은 속전의 이점을 잃어, 왜란이 결코 그와 같이
장구하지 못하였을 것이다.

중봉의 왜란의 형세를 통찰한 선견지명과 왜란에 대비하는 주도면밀
한 대책에 대하여 『선조수정실록』에서는, "왜란 초기에 미리 걱정하는 사
람은 매우 적었고, 그 걱정하는 사람도 성을 막는 방책 등에 불과하였으
나, 오직 조헌만이 천하에 그 죄를 성토하여 그 야욕을 쳐부수고 명군이
움직여 때맞춰 왔으면 오히려 구할 수 있다고 하였으니, 그 대책이 당시

최고의 상책이다."48)라고 평하였다. 월사 이정구도 "임란의 변고에 이르러 중봉의 상소 가운데의 앞과 뒤의 말이 모두 부합되어 조금도 틀림이 없었다."49)라고 하였다. 이를 볼 때, 중봉의 말은 모두 의리의 공정한 데서 나왔으며, 결코 현실 사정에 우활(迂闊)하지 않았다는 것50)을 확인할 수 있다.

중봉은 대궐 문 밖에서 3일간 기다렸음에도 불구하고 선조 임금의 비답이 없자, 강렬한 의기(義氣)로 주춧돌에 이마를 찧으면서 "내년 피난 시에 반드시 내 말을 생각하게 될 것"이라고 언명하였다. 이와 함께 평안도 관찰사 권징(權徵)과 연안(延安) 부사 신각(申恪), 그리고 금산(錦山) 군수 김현성(金玄成)을 통하여 전라도 관찰사 이광(李洸) 등에게 수비대책을 강구하도록 권고하기도 하였다. 이광은 비록 적이 오더라도 함경도와 평안도까지는 안 올 것이라고 하여 무시하고 장계를 올리지도 않았으나, 부사인 신각은 나름대로 방어의 대책을 세워 뒷날 왜병을 물리칠 수 있었던 것이다.

이 해 겨울 중봉은 대둔산(大芚山)에 들어가 네 명의 스님과 식사하면서 "명년에는 반드시 왜란이 있을 것이며, 나는 마땅히 의병을 일으킬 것이니 오늘 이 밥을 같이 먹은 자는 같이 와서 거사하여야만 한다."51)라고 하며, 참여할 것을 권고하였다. 당시 이들은 이해하지 못하면서 건성으로 대답하였는데, 뒷날 이들 가운데 한 사람은 병 때문에 싸움에 나가지 못

---

48) 『宣祖修正實錄』 宣祖 25年 8月 1日(戊子)

49) 『重峰集』, 卷首, 抗義新編序: "及乎壬辰之變 公疏中前後語 若符左契無毫髮爽"

50) 『重峰集』 附錄, 卷2, 「行狀」: "先生之說 皆出於義理之公 而亦不濶於事情矣"

51) 『重峰集』 附錄, 卷2, 「諡狀」: "明年有變 我當赴難 共此飯者 可來同事"

하였으나, 나머지 세 사람은 모두 금산전투에 참어하여 순절하였다.

1592년 임진왜란이 일어나자, 중봉은 즉각 의병을 모집하여 항전하였다. 중봉의 거의(擧義)는 5월 3일에 제1차 의병을 일으킨 뒤, 모두 두 네 차례에 걸쳐서 이루어졌다. 당시 의병을 모집하는 과정에서 가장 큰 문제 중의 하나는 관군과의 불화였다. 당시 충청도 순찰사 윤선각(尹先覺)과 청주 방어사 이옥(李沃) 등은, 중봉의 의병 모병을 갖가지 방법으로 철저히 방해하였고, 창고에 쌓여 있는 곡식을 불태울지언정 의병에게는 지급하지 않을 만큼 불편한 관계를 지속하였다. 이러한 관군과의 불화는 의병들의 작전능력을 약화시킴으로써 효과적인 전투를 어렵게 만들었지만, 중봉은 한결 같은 애국 충정의 자세로 이러한 문제들을 극복하여 청주성을 탈환하는 전과를 올렸다.

중봉은 군기를 엄하게 하면서도 사졸들을 다스릴 때는 자애로운 인정으로 통솔하였으며, 그의 높은 인격과 국가에 대한 충성은 사졸들에게 깊은 감명을 주어 그의 휘하에서 헌신하였던 것이다. 뿐만 아니라 이들은 국가를 위하여 도학적 의리를 실천하려는 중봉의 대의명분에 한마음으로 뭉쳐 있었던 것이다. 의병들의 대부분은 국가의 위태로움을 보고 대의에 따라 나선 선비들이기에 무장한 왜군과 상대가 될 수 없는 전투이지만, 승패와 관계없이 생명을 버리는 의용(義勇)을 발휘할 수도 있었다.

8월 16일 금산전투가 시작되기 전날 승장(僧將)인 영규(靈圭)대사가 마침 쏟아진 비로 진지를 구축하기 어려우니 내일의 결전을 미루자고 했을 때, 중봉은 "이 적들이 본래 나의 적이 아니며, 내가 구구하게 속건을 하려는 것은 오직 충의(忠義)의 격정으로 사기를 높이고자 한 것이다."라고 하였던 것이다. 중봉이 군사들과 왜적의 토벌에 임하는 지표로서 맹세한 글인 「호군서사(犒軍誓辭)」에는 "오직 의(義)만을 시종일관 생각한다."[52]라는 내용이 담겨 있다.

8월 18일 마지막 금산전투에서 "오늘은 오직 한 번 죽음이 있을 뿐이다. 죽고 살며 나아가고 물러감에 있어, 의(義)라는 글자에 부끄러움이 없게 하라."[53]라고 하며 싸움을 독려하니, 모든 병사들이 이 명령에 따랐다. 왜적이 장막 안까지 돌입하자, 막하에 있는 부장들은 중봉에게 빠져나갈 것을 청하였는데, 중봉은 웃으며 말안장을 풀면서, "여기가 나의 순절할 땅이다. 장부는 죽음이 있을 뿐, 난에 임하여서 구차하게 이를 모면해서는 안 된다."[54]라고 하면서 북을 울리며 싸움을 독려하였다.

이에 우리 군사들은 중과부적으로 화살까지 떨어지자 맨주먹으로 최후까지 격전하고 700명의 의병과 함께 순절하였다. 의병들이 한 명의 이탈자도 없이 중봉과 함께 죽을 수 있었던 것은 고금에 없는 일이며, 그만큼 중봉의 인격적 감화가 얼마나 큰 것이었는가를 단정적으로 보여 주는 실증적 사례이기도 하다. 이 금산전투는 비록 당시는 적에게 패하였으나, 이로부터 호서와 호남지역이 왜적들로부터 온전하게 되었으니, 나라를 회복하는 기틀이 되었으며 호남을 지키는 대공을 이룬 것이다.[55]

위의 내용들을 통하여, 중봉은 의병을 일으키는 처음부터 순절하는 끝까지, 오직 의리정신으로 일관하여 왜적의 침략에 대항하였음을 알 수 있다. 이것은 바로 중봉이 공자의 '나라가 위태로울 때 생명을 버리는 선

52) 『重峯集』, 附錄 卷1, 「年譜」(48歲): "惟一義字 終始念之"

53) 『重峯集』, 附錄 卷1, 「年譜」(48歲): "今日只有一死 死生進退無媿義字"

54) 『重峯集』, 附錄 卷1, 「年譜」(48歲): "此吾殉節地 丈夫死耳 不可臨亂而苟免也"

55) 李錫麟, 「趙憲의 改革思想과 學問의 實踐」, 『湖西文化研究』 第13輯, 忠北大湖西文化研究所, 1997, 47쪽.

비의 정신'56)과, 맹자의 '생명을 비려 대의를 취하는 의리정신'57)을 올바르게 계승하여 몸소 실천적으로 보여 준 것이라 하겠다. 중봉은 1591년 3월 18일에 올린 상소에서,

안으로는 종묘에 치욕을 끼치지 않고, 밖으로는 추한 오랑캐의 모욕을 받지 않으며, 아래로는 생령에게 화를 돌리지 않는다면, 평생 독서한 힘이 강상의 중요함을 한 번 부지할 수 있는 것이다.58)

라고 하였다. 즉 평생 독서한 힘을 모아 국가를 위해 생명을 바치고자 하는 고귀한 뜻이 담겨 있는 것이다. 이것으로 보아 중봉의 순절이 일시적인 충동에서 나온 것이 아니며, 평생 공부한 학문의 힘을 실천으로 드러낸 것임을 알 수 있다.59) 무엇보다도 이와 같이 평상시 위기지학을 실천하고 도학적 의리사상을 기반으로 한, 확고한 사생관 위에서 그의 순절이 이루어졌다는 점에서, 중봉의 순절이 더 큰 의미를 주고 있는 것이다.

중봉의 실천적 의리사상은 도학파인 은봉(隱峯) 안방준(安邦俊, 1573~1654), 청음(淸陰) 김상헌(金尙憲, 1570~1652), 우암(尤庵) 송시열(宋時烈, 1607~1689) 등에게 영향을 주었다. 특히 중봉의 의리정신은 당시에 계속

---

56) 『論語』, 「子張」 1: "士見危致命"

57) 『孟子』, 「告子章句上」 10: "生亦我所欲也 義亦我所欲也 二者不可得兼 舍生而取義者也"

58) 『重峰集』, 卷8, 「請絶倭使二疏」: "內不貽恥於宗廟 外不取侮於醜虜 下不嫁禍於生靈 則平生讀書之力 似可以一扶綱常之中"

59) 李東俊, 「十六世紀 韓國性理學派의 歷史意識에 관한 연구」, 성균관대 박사학위논문, 1976, 225쪽.

이어진 의병봉기뿐만 아니라, 후대의 민족정기 확립에 커다란 영향을 주었던 것이다.

5. 결론

오늘날 조헌에 대한 인식과 평가는, 단지 임진왜란 당시 의병장으로서 활동하다 순절(殉節)한 의거(義擧)에만 초점이 맞추어져 있다. 이런 점에서 볼 때, 우암 송시열의 다음과 같은 지적은 매우 시사하는 바가 크다.

> 임진왜란에 임하여 목숨을 바친 것은 선생의 한 소절(小節)에 불과한 것인데 세상에 말하는 사람들이 혹은 "하나의 의사(義士)에 불과할 뿐이다."라고 하는 것이다. 아! 그 덕을 아는 사람이 드무니 어찌 족히 선생의 만분의 일이라도 더불어 의논할 수 있을 것인가?[60]

임진왜란 때 의병을 일으키다 순절한 의병장은 매우 많다. 그 가운데서도 특히 중봉을 높이는 이유는 무엇인가? 그것은 단순히 국난에 임하여 순절한 의용에만 있는 것이 아니다. 무엇보다도 공맹(孔孟)과 정주(程朱)의 도학적 의리사상을 올바르게 인식하고, 전 생애에 걸쳐 일관되게 몸소 구현한 실천성, 높은 수준의 학문과 경륜에 근거하여 근본적이고 구체적인 변혁과 대비책을 제시한 개혁성, 확고한 역사의식을 기반으로 하여 국가의 우환과 백성의 고통을 제거하려는 애국애민의 정신, 그리고

---

60) 『重峰集』, 附錄 卷2, 「行狀」: "若其臨亂效死 乃先生之一節 而世之論者 或以爲不過一義士而止耳 嗚呼 知德者鮮矣 烏足與誼先生之萬一哉"

의리사상을 기반으로 한 확고한 사생관(死生觀)에서 그의 순절이 이루어졌다는 데에 의미가 더 크게 있다고 할 수 있다.

「청주전장비명」에 나오는 다음과 같은 평가 역시 중봉의 전체적 삶에 대하여 그 정곡을 잘 드러낸 내용이라고 할 수 있다.

> 대개 선생은 순수하면서도 강대한 자질로서 학문의 연원이 있어 독실하게 실천하고, 평일에도 늘 가슴에 담고 있는 것은 천명과 인륜의 막중함과 티끌만한 이해도 간연함이 없도록 하는 것이었다. 그러므로 의리에 밝고 통달하여 그 일을 처리함에 나타나는 것이 마치 해와 달이 하늘에 달려 있는 것 같아서 가려지거나 장애됨이 없고, 바다의 물결이 트인 것 같아서 막히고 걸리는 데가 없었다. 이것이 그가 춘추대의를 우리나라에서 능히 밝힐 수 있었던 이유이다.61)

중봉은 그의 뛰어난 식견과 강렬한 애국충정에도 불구하고 불우한 일생을 보냈다. 불의와 타협하지 못하는 강직한 성품으로 인하여 살아 있을 때에 중봉을 아는 사람까지도, 현실을 모르는 우활한 사람이거나 의기에 비분강개하는 고지식하고 우직한 사람이라고 경원시하였으며, 순절한 뒤에는 "이름을 드러내기 위한 죽음"62)이라고 의심하는 사람까지 있었다. 그러나 세월이 지남에 따라 중봉에 대한 올바른 이해와 함께 그

---

61) 『重峰集』, 附錄 卷4, 「淸州戰場碑銘」: "盖先生以純一剛大之資 學有淵源 踐履篤實 平日所拳拳者 天命民彝之重 而無一毫利害之間雜 故義明理達 其發之於事爲者 如日月之揭而靡有障蔽 江河之決而無所凝滯 此其所以能任春秋之事於左海偏邦者也"

62) 『重峰集』, 卷首, 「抗義新編跋序」: "至或謂先生之死爲釣名也"

에 대한 정당한 평가가 이어지고, 중봉을 추모하며 그의 높은 정신을 계
승하려는 존숭자가 수 없이 이어졌다.

중봉과 함께 우계와 율곡의 문하에서 같이 수학했던 묵재(墨齋) 이귀
(李貴, 1557~1633)는, 「항의신편」의 간행을 청하는 상소문에서 절의(節義)
의 중요성에 대하여 다음과 같이 언급하였다.

> 절의는 사람에 있어 원기와 같은 것이니, 사람이 원기가 없으면 반드시
> 죽는 것이고, 나라가 절의가 없으면 반드시 망하는 것입니다. 예로부터
> 창업하고 중흥하는 임금이 절의를 포상하고 높여, 절의로 급선무로 삼
> 지 아니함이 없는 것은 이 때문입니다. 절의 있는 신하를 알고자 한다면
> 그 요점이 있으니, 평화로운 시대에서는 면전에서 잘못됨을 지적하여 간
> 쟁하고, 국난에 임해서는 절의로 순절하는 것이 이것입니다.[63]

당시 절의의 대표적인 인물로 중봉을 지목하고, 국가와 민족의 중흥을
위해서 지속적인 간쟁에 힘쓰고 국가의 존망 앞에서는 절의로 목숨을 바
친 중봉의 삶을 정신적 표상으로 삼아야 함을 강조한 내용인 것이다. 그
러나 중봉은 절의뿐만이 아니라 훌륭한 인격과 폭넓은 학문, 그리고 도학
사상을 바탕으로 하여 의리를 실천하였다는 점에서 학문과 덕성을 겸비
한 인물이라고 할 수 있다. 그러므로 청음(淸陰) 김상헌(金尙憲, 1570~
1652)이 중봉에 대하여 "국가가 200년 간 인재를 양육한 이래 선조 대에

---

63) 『重峰集』, 附錄 卷5, 「請印布抗義新編箚」: "以節義之於人 猶人之有元氣 人無元氣者
必死 國無節義者必亡 自古創業中興之主 莫不以褒崇節義爲急先之務者 良以此也 欲
得節義之臣 知之有要 時平則面折廷爭 臨亂則伏節死義者是也"

이르러 충효와 절의와 도학을 겸비한 한 사람이다."[64]라고 한 것이 더 적절한 평가라고 볼 수 있을 것이다.

은봉 안방준은 중봉이 순절한 이후에, 중봉의 도학사상과 의리사상을 흠모하여 그의 호를 포은(圃隱) 정몽주(鄭夢周, 1337~1392)의 '은'자와 중봉의 '봉'자를 합하여 '은봉'이라고 하였으며, 항상 그의 사적이 민멸하여 후세에 전해지지 못할 것을 근심하였다. 그리하여 은봉은 오랫동안 중봉이 남긴 글과 언행록들을 수집하여 1613년『항의신편』을 간행하였으며, 중봉이 명에서 돌아와 상소한 「팔조소」와 뒤에 작성한 「의상십육조소」만를 합쳐,『동환봉사(東還封事)』라는 이름으로 1622년 간행하였다. 은봉은 이 두 저서를 간행하면서, "중봉의 절의는 「항의신편」을 통해서, 실학적 경제대지는 「동환봉사」에서 알 수 있다."라고 하였다. 또한 은봉은 「동환봉사」의 발문(跋文)에서 "이때 선생의 나이는 겨우 30이었는데, 그 견식과 학문은 이미 공명정대한 경지에 이르렀으니, 실로 우리나라 역사 이래 수천 년 동안에 있어서 보기 드문 영재이며 뛰어난 진유(眞儒)이다."[65]라고 하여 중봉을 지극히 높였다.

이와 같이 우계와 율곡의 도학사상을 계승한 중봉의 학문과, 실학적 개혁정신, 그리고 실천적 의리사상은 후세에 많은 사람들에게 큰 영향을 주었으며, 중봉의 국가를 위한 충절과 대외적 항쟁의식은, 도학자들에 의하여 선비의 표본과 민족의 사표로 존숭되었던 것이다. 특히 중봉의 호

---

64) 『重峰集』, 附錄, 卷3, 「神道碑銘」: "國家養育人材二百年 至宣祖朝 有忠孝節義道學兼備之士一人焉 重峰先生諱憲是也"
65) 『重峰集』卷4, 「東還封事跋」: "是時先生年纔三十 而其見識學力 已造高明正大之域 則實吾東土箕封以來 數千載間 間世鍾英傑出之眞儒也"

국정신은 병자호란을 전후하여 청의 무력적 침략과 굴욕적 화약(和約)에 항거한 청음 김상헌과, '척화삼학사(斥和三學士)' 등의 의기(義氣)와, 한말(韓末) 일제의 침략으로 인한 국권의 상실에 이르사 항일 의병을 일으켜 국권의 회복과 민족의 자존을 확립하고자 한 면암(勉庵) 최익현(崔益鉉, 1833~1906)과 의암(毅庵) 유인석(柳麟錫, 1842~1915) 등의 의병정신에 이르기까지, 민족정기의 맥락으로 면면히 계승되어 내려왔던 것이다.

우계 성혼의 '『위학지방(爲學之方)』'의 공부법[1]

김문준[2]

1. 서론

『위학지방(爲學之方)』은 우계(牛溪) 성혼(成渾, 1535~1598)이 초학자들을 위해 만든 책이다. 우계는 36세 되는 봄에 자신에게 찾아와 공부하는 학생들을 위해 자신의 서실(書室)에 〈서실의〉(書室儀) 22개 조항을 제시

---

1) 이 논문은 『우계학보』 제27호, 우계문화재단, 2009년에 게재한 논문이다.

2) 金文俊, 건양대학교 교수

하여 서실에 입학한 제생들에게 공부하는 기본 생활규칙을 제시하고, 『주자대전(朱子大全)』 가운데 주자가 문인들에게 면학을 격려하기 위해 보낸 편지글과 『주자어류(朱子語類)』 가운데 학문하는 방법에 관한 부분을 가려 뽑아 손수 베껴 『위학지방(爲學之方)』을 만들었다. 우계는 자신에게 배우러 오는 학생들에게 먼저 이 책을 읽게 하여 배우는 사람이 공부에 임하는 자세와 공부를 행하는 태도를 가르쳤다.3) 그러므로 이 책은 우계가 제시한 학문의 방향과 교학의 기본 지침이라고 할 수 있다. 훗날 우암(尤庵) 송시열(宋時烈, 1607~1689)은 이 책의 발문에 다음과 같이 기술했다.

> 우계선생이 손수 이 글을 베껴 가지고, 와서 배우는 자가 있으면 반드시 먼저 이를 받아 읽게 하여 문정(門庭)을 세우고 추향(趨向)을 안 뒤에야 다른 글을 가르쳤으니, 선생의 문법(門法)과 노맥(路脈)이 바르고 과급(科級)이 엄한 까닭에 그 사람을 가르침이 이와 같았다. 배우는 자가 진실로 이것을 맨 처음에 공부할 것으로 삼는다면, 널리 요도(要道)를 알아 위와 아래가 관철(貫徹)되어서 성인(聖人)을 배우는 공부가 이것과 바꿀 수 없을 것이다.4)

---

3) 『牛溪集』, 「年譜」, 〈穆宗 隆慶 5년(1571, 선조 4) 신미〉.

4) 『宋子大全』 권146, 「跋」, 〈朱門旨訣跋〉: "牛溪先生手抄此書, 凡有來學者, 必先使受讀. 有以立門庭知趨向. 然後授以他書. 蓋先生門法路脈正而科級嚴, 故其敎人者如是爾, 學者苟以是爲入頭下手處, 則知要盡博, 徹上徹下, 而作聖之功, 無以易此矣. 蓋先生之學, 專尙考亭, 不唯以訓示學者, 而所以告於君者, 亦未嘗外此. 故當時上下尊信, 如奉神明矣. 不幸世道壞破, 反以爲病, 至有上疏力詆其說. 豈所謂今日紛紛, 本非爲程氏者耶. 此書行世已久, 而當初先生嫌以纂述自居. 故未嘗有題目, 今所稱 朱門旨訣者, 後人之所加也. 崇禎丙午十月日. 恩津宋時烈書."

우암이 이 책에 발문을 쓴 시기가 1666년(현종 7) 10월이니 우암이 세도(世道)를 자임하고 주자서를 정리하는 일에 매진하던 때였다. 그러므로 우암 자신도 이 책을 남다르게 대했으리라 생각된다. 그러한 우암의 소회가 발문에도 그대로 드러나 있다. 우암은 우계선생의 학문이 오로지 주자학을 숭상하여서 단지 이것으로써 배우는 자를 훈시(訓示)하였을 뿐 아니라, 임금에게 고하는 일도 여기에서 벗어나지 않았다고 했다. 그러나 불행히 세도(世道)가 무너져 도리어 주자학을 병폐(病弊)로 여기고 소(疏)를 올려서 그 말을 극력 비방하는 자가 있기까지 하다고 심정을 토로하고 있다.5)

이 책은 처음에는 『위학지방』이라고 불리다가, 후대에 다른 사람이 『주문지결(朱門旨訣)』이라고 책명을 바꾸었다고 한다. 그래서 우암의 발문도 '주문지결발'(朱門旨訣跋)이다. 이처럼 이 책은 우계선생이 제자들을 가르치기 위해 주자학의 입도문으로 삼은 책으로서, 우계가 수립한 주자학 입문서라고 할 수 있다.

우계의 『위학지방』과 관련한 논문으로는 독서론을 중심으로 고찰한 김오봉의 연구와 교육사상을 중심으로 다룬 박균섭의 연구가 있다.6) 이 글은 『위학지방』의 전체적인 구성과 내용을 공부론과 관련하여 살펴보고자 한다. 이를 통하여 초학자에 대한 우계의 교육 방침을 살펴볼 수 있고, 아울러 우계 자신의 학문관과 학문 방법을 엿볼 수 있을 것이라고 생각된다.

---

5) 위와 같은 곳

6) 김오봉, 「우계 성혼의 독서론에 관한 연구」, 『서지학연구』, 서지학회, 1997.
   박균섭, 「우계서실 연구」, 『한국교육사학』 20집, 한국교육학회 교육사연구회, 1998.

2. 『위학지방』의 체계와 내용

이 책은 총 28개 조항으로 구성되어 있으며, 그 순서와 핵심 내용은 다음과 같다.

1. '여장자수지(與長子受之)'는 일상생활에 대한 훈계, 2. '여위응중(與魏應仲)'은 독서하는 순서와 방법, 3. '편전주차(便殿奏箚)'는 거경궁리 등 전체적인 학문 태도, 4. '답주남중(答周南仲)'은 독서 태도, 5. '답임백화(答林伯和)'는 지경(持敬)과 정제(整齊) 엄숙(嚴肅), 6. '답진렴부(答陳廉夫)'는 일상생활에서의 학문 태도, 7. '답여자약(答呂子約)'은 박문약례(博文約禮)와 경, 8. '답팽자수(答彭子壽)'는 독서 태도, 9. '답양자직(答楊子直)'과 10. '답방경도(答方耕道)'는 일상생활에서의 지경, 11. '답반숙도(答潘叔度)'는 경과 심신수렴(心身收斂), 12. '답혹인(答或人)'은 존심과 격물, 13. '답항평부(答項平父)'와 14. '답하숙경(答何叔京)'은 경과 지수(持守), 15. '답반자선(答潘子善)'은 계근(戒謹) 공구(恐懼), 16. '답호계수(答胡季隨)'는 긍지(矜持)의 폐해, 17. '답여백공(答呂伯恭)'은 정돈(整頓) 수렴(收斂), 18. '답송용지(答宋容之)'는 독서의 기본태도, 19. '독서지요(讀書之要)'는 독서의 차례와 방법, 20. '창주유학자(滄洲諭學者)'는 독서의 태도, 21. '우유학자(又諭學者)'는 입지(立志), 22. '답진초종(答陳超宗)'은 학문하는 기본 태도, 23. '답소숙의(答邵叔義)'는 학문하는 태도, 24. '답방보왕(答方賓王)'은 강학(講學) 공부, 25. '답이처겸(答李處謙)'은 존심(存心) 치지(致知) 역행(力行), 26. '답혹인(答或人)'은 섣부른 지식에 대한 경계, 27. '어록(語錄)'은 신심수렴(身心收斂)과 학문하는 전체적인 태도, 28. '행장(行狀)'은 거경궁리와 일상생활의 학문 태도에 관한 부분 등 주로 주자가 제자들에게 가르침을

설명한 편지글에서 총 28개의 내용을 발췌하여 채록한 책이다.

이처럼『위학지방』에 수록한 내용의 순서는 뚜렷한 계획에 따라 독서(讀書), 경(敬) 등 조목별로 모은 것은 아니라고 생각되며, 우계 본인이『주자대전』을 읽으며『주자대전』에 수록된 글의 순서에 따라 발췌한 것도 아니지만, 대체로 일상생활의 태도, 독서법, 경, 학문하는 자세 등의 내용으로 기술되어 있다. 〈표 1〉은『위학지방』의 수록문을 주요 내용별로 분류하여 정리한 것이다.

〈표 1〉『위학지방』의 내용 분류

분류	수록문
일상생활 태도	1. '與長子受之'은 일상생활에 대한 훈계
독서법	2. '與魏應仲'는 독서하는 순서와 방법, 4. '答周南仲'은 독서 태도, 8. '答彭子壽'과 18. '答宋容之'는 독서의 기본 태도, 19. '讀書之要'는 독서의 차례와 방법, 20. '滄洲諭學者'는 독서의 태도
경	5. '答林伯和'는 지경(持敬)과 정제(整齊)엄숙(嚴肅), 7. '答呂子約'은 박문약례(博文約禮)와 경, 9. '答楊子直'과 10. '答方耕道'는 일상생활에서의 지경, 11. '答潘叔度'는 경과 심신수렴(心身收斂), 12. '答或人'는 존심과 격물, 13. '答項平父'과 14. '答何叔京'은 경『持守』, 15. '答潘子善'는 계근(戒謹) 공구(恐懼), 16. '答胡季隨'은 긍지(矜持)의 폐해, 17. '答呂伯恭'는 정돈(整頓)수렴(收斂)
학문 자세	3. '便殿奏箚'는 거경궁리 등 전체적인 학문 태도, 6. '答陳庸夫'는 일상생활에서의 학문 태도, 21. '又諭學者'는 입지(立志), 22. '答陳超宗'은 학문하는 기본 태도, 23. '答邵叔義'는 학문하는 태도, 24. '答方賓王'는 강학(講學)공부, 25. '答李處謙'는 존심(存心) 치지(致知) 역행(力行), 26. '答或人'은 섣부른 지식에 대한 경계, 27. '語錄' 2段은 신심수렴(身心收斂)과 학문하는 전체적인 태도, 28. '行狀' 2段은 거경궁리와 일상생활의 학문 태도

위와 같은『위학지방』의 모든 내용의 핵심은 일상생활과 학문하는 내도에서의 경(敬)이라고 요약할 수 있다. 경은 공경하며 삼가고 엄숙하

게 한다는 뜻을 지니고 있어서, 공(恭), 각(恪), 숙(肅), 근(謹), 신(愼) 등과 동의어라고 할 수 있다. 경이란 부지런하고 공경하며, 겸손하고, 경계하며 근신하고 조심한다는 뜻이다 경이 의미에 상반되는 말은 집중하지 못하고 산만하거나, 게으르고 거만한 태도[怠慢]라고 할 수 있다. 우계는 『위학지방』에서 경을 핵심으로 하여 평소의 생활 태도와 독서, 학문 태도 및 입지 등 구체적인 공부 방법을 기술하여 가르치고자 했다. 이에 관한 내용을 주제별로 자세히 살펴보도록 하겠다.

3. 일상의 생활 태도와 독서법

1) 일상의 생활 태도

일상생활에 대한 훈계는 28개 발췌문 중 첫 번째인 1개 문항이며, 그 내용은 주자가 자기의 장자(長子)에게 주는 글로서, 모두 13개 조항의 당부하는 말이 기술되어 있다. 그 핵심 내용은 일상생활과 대인관계에서의 근면(勤勉)과 삼감[勤謹]이다. 그 내용은 주자가 스승에게 공부하러 떠나는 자기 아들에게 매사에 근면하고 대인(對人) 처사(處事)에 신중하고 삼가하도록 당부하는 마음이 간절하게 담겨 있다.

그 대강의 내용을 보면, 스승을 어버이 섬기듯 하며, 모든 일을 여쭈어보고 행할 것이며, 말씀을 잘 듣고 기운을 낮추어 기쁜 듯이 말하고 쟁변하지 말라는 내용이다.[7] 또한 붕우라도 나이가 배가 되면 어른으로 대하고, 10년 이상이면 형으로 대하며, 나이가 어리더라도 일과 학업에 나보

---

7) 『朱門旨訣』, 1, 〈與長子受之〉: "到婺州事師如事父, 凡事咨而後行, 聽受其言 切須下氣怡聲, 不得輒有爭辨."

다 어질면 두터이 공경하라고 했다.8) 또한 일 없이 한가로운 사람을 만나 한가롭게 한담을 나누지 말고, 오로지 동학(同學)이라고 해도 의리(義理)와 문자(文字)만을 말할 뿐이며, 뜻을 전일하게 하여 자기 공부를 분명하게 하면 자연히 학습이 진보되어 유익함이 있을 것이라는 내용이다.9)

이외에도 학업에 태만하게 하지 말 것이며, 제멋대로 출입하지 말고 거처에 공경하듯 하고, 말을 할 때에는 농담이나 우스갯소리를 하지 말라고 했다. 이처럼 모든 일에 겸손함과 공경함으로 행하며 다른 사람을 업신여기지 말아야 하고, 술을 마시지 말고, 다른 사람의 과오나 장단 시비를 말하지 말며, 그런 말을 하는 사람에게는 대응하지 말라고 했다.10) 또한 친구를 잘 선택할 것이며, 나의 잘못을 말하는 자가 좋은 친구라고 충고했다.11)

2) 독서법

우계는 모두 28개 편지글과 어록, 행장 가운데 독서법에 대하여 총 6개 정도의 항목을 발췌하여 기술하여 놓았다.

첫째, 책 읽는 순서와 독서방법을 제시했다. 주자는 위응중이라는 제자에게 독서법에 대해 다음과 같이 자세히 설명했다.

---

8) 위와 같은 곳: "朋友年長 以倍丈人行也. 十年以長兄事之. 年少於己 而事業賢於己者 厚而敬之."

9) 위와 같은 곳: "日間勿接閒人說閒語 雖同學亦只可說義理論文字而已 專意辨自己工夫 則自然習熟進益矣.

10) 위와 같은 곳, "不可言人過惡及人家長短是非 有來告者亦勿酬答. 於先生之前 又不可 說 同學之短."

11) 위와 같은 책, 〈與長子受之〉: "交流之間 尤當審擇……能攻吾過者 益友也. 其諂諛輕 薄傲慢褻狎導人爲惡者 損友也."

날마다 아침 일찍 일어나 『예기(禮記)』와 『춘추좌전(春秋左伝)』 가운데 각각 200자를 육덕명(陸德明)의 『경전석문(經傳釋文)』에 참고하여 음(音)과 구두(句讀)를 바르게 읽되, 엄숙한 자세로 단정하게 앉아 각각 100번을 읽어라. 다 읽은 후에는 『맹자(孟子)』를 20~30번 반복해서 소리 내어 읽어라. 그리고 역사서 몇 장을 보되 여러 번 반복하라.[12]

이처럼 『춘추』, 『맹자』, 『예기』 등 고전을 소리 내어 여러 번 읽고, 의심나는 곳이 있으면 스스로 해결하려 노력하되, 그래도 해결하기 어려운 것은 주자 자신에게 가져와 묻도록 당부하고 있다. 이 밖에도 앉거나 서거나 몸가짐을 단정하게 하도록 힘쓰고, 게을러지지 않도록 힘쓸 것 등을 자상하게 타이르고 있다.

둘째, 경서(經書)와 사서(史書)를 읽는 방법에 대해서는 다음과 같이 비교적 자세하게 설명했다.

우선 반복해서 읽고 정밀하게 읽어야 절실하고 긴요하며, 점차 깊은 맛을 볼 수 있다. 암송은 급박하지 않게 천천히 해서 글자마다 분명하게 파악해야 한다. 또한 단정히 앉아 성현을 마주 대하는 듯한 마음가짐을 가지면 마음이 안정되어 의리를 궁구하기가 쉬워진다. 또한 많은 분량을 탐하고 광범위하게 하는 데 힘쓰거나 함부로 뛰어 넘고[躐等] 거칠게 대충 보고서는 이제 통했다고 해서도 안 된다. 조금이라도 의심나는 곳

---

12) 위와 같은 책, 〈與魏應仲〉: "三哥年長, 宜自知力學, 以副親庭責望之意, 不可自比兒曹, 虛度時日. 逐日早起, 依本點禮記·左傳各二百字, 參以釋文, 正其音讀, 儼然端坐, 各誦百遍訖, 誦孟子三二十遍, 熟復玩味訖, 看史數板, 反復數遍." (『주자대전』, 권39, 「書」)

이 있으면 즉시 다시 생각해 보고, 생각해 보아도 통하지 않으면 곧 작
은 책자를 비치해 놓고 매일 기록하여 수시로 살펴보고, 이곳으로 돌아
오는 날 하나하나 이해해 나가도록 해야 한다. 모호한 상태이면서 묻기
를 부끄러워하여 종신토록 어리석은 생각으로 스스로를 속여서는 절대
로 안 된다. 또 장부를 두고 매일 암송한 부분의 시작과 끝을 기록하였
다가 이곳에 돌아오는 날 곰곰이 살펴보아야 한다.13)

셋째, 일상의 생활 태도와 연계하여 독서하는 태도에 관하여 다음과
같이 당부하고 있다.

앉거나 서거나 몸가짐을 단정하게 하도록 힘써서 한쪽으로 기울이거나
기대서는 안 되며, 자칫 혼미해지거나 나태해질까 두려워해야 한다. 들
어가고 나가거나 걷고 달릴 때는 엄숙하면서도 신중하도록 힘쓰고 자칫
가벼이 움직임으로써 덕성을 해쳐서는 안 된다. 겸손하게 자신을 다스
리고 온화함과 공경함으로 남을 대하라. 매사에 삼가고 경계하여 이
유 없이 함부로 출입해서는 안 된다. 한담(閑談)을 적게 하라. 시간을 허
비할까 염려된다. 잡서를 읽지 마라. 정력을 분산시킬까 염려된다. 익힌
학업을 아침저녁으로 점검하고 열흘마다 쉬는 날에는 열흘 동안 본 책
을 익숙해지도록 몇 번을 익혀 마음을 조금도 게으르게 하지 않는다면

---

13) 위와 같은 곳: "大抵所讀經史, 切要反復精詳, 方能漸見旨趣. 誦之宜舒緩不迫, 令字字
分明. 更須端莊正坐, 如對聖賢, 則心定而義理易究. 不可貪多務廣, 涉獵鹵莽, 纔看過
了, 便謂已通. 小有疑處, 卽更思索, 思索不通, 卽置小冊子逐日抄記, 以時省閱, 俟歸日
逐一理會. 切不可含糊護前, 恥於資問而終身受此黯暗以自欺也. 又置簿記逐日所誦說
起止, 以俟歸日稽考."

저절로 점차 도리에 가까워져서 강습한 것이 쉽고 분명해질 것이다.14)

넷째, 언제나 깨어 있고 진실한 마음으로 독서에 임하라고 다음과 같이 격려했다.

이 마음과 이 도리는 원래 끊어지거나 결함이 있는 것이 아니며, 성현이 남기신 가르침은 책에 모두 갖추어져 있다. 만약 과연 확고한 뜻이 있으면 어찌하여 의심하며 능장을 부린 채 기다리거나, 어찌하여 그전대로 편안히 지내기만 하는가? 다만 오늘부터 시작하여 어느 곳 어디서든지 각성하고 수습하며, 어느 때 무슨 일이든지 연구하고 토론하여, 다만 하루 사이에 열다섯 번 정돈하고 열다섯 가지 일을 이해하면 날이 갈수록 축적되어 저절로 익숙해지고 저절로 밝게 될 것이다. 만약 그렇게 제목만을 만들어 눈앞에 그냥 둔 채 도리어 고개를 숙이고 배회하며 앞뒤로 왔다 갔다 하면서 앞을 향해 진실하게 착수하지 않는다면 유유히 흐르는 저 세월이 어찌 사람을 기다려 주겠는가? 다만 자신을 속이는 결과가 되어 마침내 믿을 수 있는 학문의 힘을 얻을 곳이 없게 될까 두렵다.15)

---

14) 위와 같은 곳: "起居坐立, 務要端莊, 不可傾倚, 恐至昏怠. 出入步趨務要凝重, 不可票輕, 以害德性. 以謙遜自牧, 以和敬待人. 凡事切須謹飭, 無故不須出入. 少說閑話, 恐廢光陰. 勿觀雜書, 恐分精力. 早晚頻自點檢所習之業, 每旬休日, 將一旬內書溫習數過, 勿令心少有放佚, 則自然漸近道理, 講習易明矣."

15) 위의 책, 〈答周南仲〉: "此心此理 元無間斷虧欠, 聖賢遺訓具在方冊. 若果有意, 何用遲疑等待, 何用准擬安排? 只從今日爲始, 隨處提撕, 隨處收拾, 隨時體究, 隨事討論, 但使一日之間整頓得三五次, 理會得三五事, 則日積月累, 自然純熟, 自然光明矣. 若只如此立得箇題目頓在面前, 又却低徊前却, 不肯果決向前, 眞實下手, 則悠悠歲月豈肯待

다섯째, 독서하는 기본 태도로서는 과거를 위한 학문을 경계하면서 다음과 같이 다독(多讀)보다는 많이 생각하고 궁리하는 정밀한 독서를 권했다.

편지에서 "독서하면서 의심할 줄 모른다."라고 한 말은 초학자들의 공통적인 근심이다. 이것은 평소 독서함에 다만 과거를 볼 생각으로 욕심내어 많이 얻으려고 힘쓰느라 자세하게 볼 겨를이 없게 되어, 뜻과 생각이 이에 익숙해졌기 때문이다. 그래서 오랜 동안 바쁘고 급하게 읽으면서 문자를 볼 때 정밀하고 거친 것을 따지지 않고 모두 한 가지로 여기고 대충 읽은 것이다. 이제는 이런 일을 깊이 경계하여 다 씻어 버리고, 따로 규모를 세워 마땅히 보아야 할 글 가운데 더욱 정밀히고 시급한 것을 골라라. 또 한 권의 책을 보면서 하루에 능력껏 우선 한두 단락을 보되, 그 단락이 이해가 되면 다음 단락으로 넘어가고, 그 책을 다 마치면 다른 책으로 넘어가라. 이에 앞서 마음을 비우고 기운을 가라앉힌 다음 익숙하게 읽고 정밀하게 생각하여 한 글자 한 구절도 다 귀착(歸着)될 곳이 있게 하고, 여러 주해(注解)를 하나하나 통관(通貫)하고 나서 그 옳고 그름을 비교하여 성현(聖賢)이 입언(立言)한 본뜻을 구해야 한다. 비록 이미 터득했더라도 또 다시 이렇게 반복 음미하여 그 의리가 그 가운데 푹 젖어들고 살과 골수에 스며든다면 그 후에야 학문을 말할 수 있다.16)

人, 恐不免但爲自欺自誣之流, 而終無得力可恃之地也."(『주자대전』, 권60,「書」)

16) 위의 책, 〈答宋容之〉: "所喩讀書未能有疑, 此初學之通患. 蓋緣平日讀書只爲科擧之計, 貪多務得, 不暇子細, 慣得意思, 長時忙迫, 凡看文字不問精粗, 一例只作如此涉獵. 今

여섯째, 〈讀書之要〉에서는 『논어』, 『맹자』의 예를 들어 숙독(熟讀)과 정사(精思)하는 독서 방법을 통하여 자득하는 체험을 중시해야 한다고 다음과 같이 권했다.

"숙독(熟讀)과 정사(精思)는 무엇입니까?" 대답하기를, "『논어』 1장은 몇 구절에 지나지 않으니 쉽게 외울 수 있다. 외운 뒤에 한가롭고 고요한 가운데 반복 완미(玩味)하여 충분히 젖어드는 것이 좋다. 『맹자』는 장구마다 수천 수백 어가 되기도 하여 반복 논변하기에 끝이 없는 것 같지만, 그 조리가 통하고 말뜻이 깨끗하여, 천천히 읽어 뜻을 뒤따르게 하고, 출입왕래를 수천 번 하면 그 끝이 없어 보이는 것을 장차 손가락과 손바닥 사이에서 얻을 수 있는 것처럼 할 수 있다. 대개 책을 보는 것은 먼저 숙독하고 그 말이 나의 마음에서 나온 것같이 하며, 이어서 자세히 생각하여 그 뜻이 나의 마음에서 나온 것같이 한 뒤에 이해할 수 있다. 글 뜻에 의심이 나고 여러 학설이 차이가 나면, 마음을 비워 고요히 생각하고, 그 사이에서 갑자기 취사(取捨)하지 않아야 한다. 한 학설이 저절로 한 학설로 여겨지고, 그 뜻하는 바에 따라 그 통달하고 막힘[通塞]을 증험하게 된다면, 더욱 의리가 없는 것은 다른 학설을 구하지 않고도 먼저 저절로 수그러든다. 거듭 여러 학설로 서로 힐난하여 알맞은 이치를 구하여 시비를 살핀다면, 사이비한 것도 공론에 침탈되어 거론

當深以此事爲戒, 洗滌淨盡, 別立規模, 將合看文字擇其尤精而最急者, 且看一書, 一日隨力且看一兩段, 俟一段已曉, 方換一段, 一書皆畢, 方換一書. 先要虛心平氣, 熟讀精思, 今一字一句皆有下落, 諸家注解一 一通貫, 然後可以較其是非, 以求聖賢立言之本意. 雖已得之, 亦且更如此反復玩味, 今其義理浹洽於中, 淪肌浹髓, 然後乃可言學耳." (『주자대전』, 권60, 「書」)

되지 않는다. 내개 서행과 물러섬은 靜에서 動을 보는 것으로 "마치 굳은 나무를 치는 것과 같아서 그 쉬운 것을 먼저 하고 어려운 절목은 뒤에 한다."라고 하는데 흐트러진 실타래를 푸는 것과 같다. 통하지 않는 것이 있으면 그대로 두고서 서서히 다스리는 것이니, 이것이 독서 방법이다."17)

일곱 번째, 〈滄洲諭學者〉에서는 반복하여 독서하고 이로써 마음을 살펴보고 글에 담긴 뜻을 착실하게 실천해 볼 것을 다음과 같이 권했다.

老蘇의 법에 의거하여 2~3년을 기약하고 의복을 바르게 입고 꿇어 앉아, 『대학』, 『논어』, 『중용』, 『맹자』, 『시경』, 『서경』, 『예기』, 정자(程子)와 장자(張子)의 여러 책 가운데 분명하고 이해하기 쉬운 곳을 반복하여 읽고, 다시 자기 심신을 보존하고 기르며, 글의 깊은 뜻을 생각하여 찾고 착실하게 실천하라. 도에 들어가는 곳이 있으면, 스승을 잘 구하여 얻은 바를 증험하여 오류를 고쳐라. 이것이 '도 있는 사람에게 나아가

---

17) 위의 책, 〈讀書之要〉: "日其熟謂精思者何耶, 日論語一章不過數句, 易以成誦. 成誦之後, 反復玩味於燕閒靜一之中, 以須其浹洽可也. 孟子每章或千百言, 反復論辨, 雖若不可涯者, 然其條理疏通, 語意明潔, 徐讀而以意隨之, 出入往來以十百數, 則其不可涯者將可有以得之於指掌之間矣. 大抵觀書先須熟讀, 使其言皆若出於吾之口, 繼以精思, 使其意皆若出於吾之心, 然後可以有得爾. 至於文義有疑, 衆說紛錯, 則亦虛心靜慮, 勿遽取舍於其間. 先使一說自爲一說, 而隨其意之所之以驗其通塞, 則其尤無義理者不待觀於他說而先自屈矣. 復以衆說互相 難, 而求其理之所女, 以考其是非, 則似是而非者亦將奪於公論而無以立矣. 大批徐行却立, 處靜觀動, 如攻堅木, 先其易者而後其節目 如解亂繩, 有所不通, 則姑置而徐理之. 此讀書之法也." (『주자대전』, 권74, 「雜著」, 〈讀書之要〉)

바르게 한다'는 것이며, 학문의 성취를 바랄 수 있다.18)

4. 경(敬) 공부와 학문 자세

1) 경(敬) 공부

『위학지방』에서 제시한 모든 공부법은 경 공부로 요약할 수 있을 정도로 경 공부가 핵심이라고 생각된다. 일상생활에서부터 독서법 등 여러 가지 공부법은 모두 경 공부가 바탕이며, 시종일관해야 하는 공부법이라고 할 수 있다.

첫째, 일상생활에서의 지경(持敬)과 정제(整齊) 엄숙(嚴肅)에 관하여 다음과 같이 훈계했다.

그대의 오늘날의 계획은 지경을 우선으로 삼아야 한다. 인심(人心)의 병은 방종하지 않으면 어둡고 어리석거나[昏昧] 게으르다[怠慢]. 현자들은 방종하는 근심은 없으나 다만 혼매하고 태만함을 벗어나지 못할까 두려워한다. 만약 일상생활의 사이에 정제(整齊), 엄숙(嚴肅)에 힘쓰면서 스스로 항상 지니는 경책(警策)으로 삼는다면 어둡고 나태함에 이르지는 않을 것이다.19)

---

18) 위의 책, 〈滄洲諭學者〉: "依老蘇法, 以二三年爲期, 正襟危坐, 將大學, 論語, 中庸, 孟子及詩, 書, 禮記, 程, 張諸書分明易曉處反復讀之, 更就自己身心上存養玩索, 著實行履, 有箇入處, 方好求師, 證其所得而訂其謬誤. 是乃所謂就有道而正焉者, 而學之成也可冀矣. 如其不然, 未見其可. 故書其說, 以示來者云."(『주자대전』, 권74, 「잡저」)

19) 위의 책, 〈答林伯和書〉: "爲老兄今日之計 莫若且以持敬爲先 而加以 講學省察之助. 蓋人心之病 不放縱 卽昏惰, 如賢者必無放縱之患, 但恐不免有昏惰處. 若日用之間 務以整齊嚴肅, 自持常加警策 卽不至昏惰矣."(『주자대전』, 권45, 「書」)

정제(整齊), 엄숙(嚴肅)하는 생활 태도는 저절로 '안을 곧게 함'(直內)과, '하나로 오로지 함'(主一) 공부가 자연스럽게 된다고 다음과 같이 가르쳤다.

지경(持敬)에 관한 설에 대해서는 많이 이야기할 것 없이, 다만 정제(整齊)함, 엄숙(嚴肅)함, 엄위(嚴威)함, 엄각(儼恪)함, 용모를 움직임, 생각을 정돈함, 의관을 바로함, 눈가짐을 존엄하게 함 등 이런 몇 단어를 자세히 맛보아, 진실로 공(功)을 들인다면, 이른바 '안을 곧게 하는 것'(直內)과 주일(主一)공부가 자연스럽게 애쓰지 않고 편안하게 되어 심신이 숙연해지고, 안팎이 하나로 될 것이다.[20]

또한 다음과 같이 빨리 공부하는 효과를 얻으려고 하거나 게으르게 해서도 안 된다고 가르쳤다.

원컨대 일상적인 생활에서 말하고 행동하는 가운데 스스로 규정을 세워 깊이 함양하는 데 힘쓰고, 빠른 효과를 바라지 마라. 요컨대 기질 변화에 힘쓰라. 정자(程子)가 말한 경(敬)은 '의관을 바로 하라'(正衣冠)·'사려를 오로지 하라'(一思慮)·'정제하고 엄숙하라'(莊整齊肅)·'게으르거나 속이지 말라'(不慢不欺)에 불과하다. 다만 실제로 공부를 행하면서 그때그때 익힘에 게으르지 않고 스스로 의미를 알아볼 것이며, 미루어 헤아

---

20) 위의 책, 〈答楊子直方〉: "持敬之說不必多言, 但熟味整齊·嚴肅·嚴威·儼恪·動容貌·整思慮·正衣冠·尊瞻視此等 數語而實加功焉, 則所謂直內, 所謂主一, 自然不費安排而身心肅 然, 表裏如一矣."(『주자대전』, 권45, 「書」)

리거나 말을 꾸미거나 할 필요가 없고, 또 후회한 것을 빨리 잊어버리거
나 미세한 잘못을 미리 근심해서도 안 된다.21)

그리하여 다음과 같이 마음을 항상 정돈하여 가다듬고 맑게 깨어 있도
록 하라고 가르쳤다.

지수(持守)의 요체는 대저 다만 이 마음을 항상 정돈하여 깨어 있고 또
렷하여 곧 아직 마음이 발하지 않았을 때에 어둡고 멍하지 않고, 이미
발한 후에도 제멋대로 내버려 두지 않게 할 따름이다.22)

둘째, 박문약례(博文約禮)와 경에 대하여 다음과 같이 훈계했다.

대개 학문은 박문(博文)과 약례(約禮) 두 갈래일 뿐이다. 박문의 일은
강론과 사색을 지극히 정미하게 한 뒤에 도리를 얻는 데 그 크고 작으
며 세밀하고 거친 것이 다하지 아니함이 없으니, 쉽거나 소략하거나 지
나칠 수 없다. 약례의 일은 합당하다고만 알고 이와 같이 공부한다면
곧 이처럼 착실하게 착수하게 되어, 다시는 앞뒤로 생각하고 계산하며,
이리저리 따져 볼[計較·商量] 것이 없다.……이른바 경이란 또한 다른 현

---

21) 위의 책, 〈答方耕道(未)〉: "……願更於日用語黙動靜之間自立規程, 深務涵養, 毋急近
效, 要以氣質變化爲功. 若程夫子所謂敬者, 亦不過日正衣冠,一思慮·莊整齊肅·不慢不
欺而已. 但實下功夫, 時習不懈, 自見意味. 不必懸加揣料, 著語形容, 亦不可近捨顯然
悔尤, 預憂微細差式也."(『주자대전』, 권46, 「書」)
22) 위의 책, 〈答項平父〉: "持守之要 大抵只要得此心常自整頓 惺惺了了 卽未發時不昏昧
已發時不放縱耳."(『주자대전』, 권54, 「書」)

묘하고 기특할 것이 없고, 단지 매사에 사람들이 오로지 함[專一]을 습득하는 것을 말할 뿐이며, 도시 여러 가지의 쓸데없는 말이 없는 것이다.……일이 없을 때는 전일·엄정하게 하여 놓아 버린 자기의 마음을 구하고, 책을 읽을 때는 마음을 비우고 이치를 잘 음미하여 성현의 본뜻을 구하는 것이다. 이처럼 어지럽고 고되며, 마음과 힘을 허비하고 기운을 손상하여 병을 얻어, 실제 아무것도 얻는 것이 없어서는 안 된다.23)

셋째, 존심(存心)과 격물(格物)에 대하여 다음과 같이 가르쳤다.

학문을 함에 존심(存心)과 격물(格物)의 두 길이 있음은 진실로 그대의 말과 같다. 그러나 그 순서에 따라 나아가는 것은 또한 하나일 뿐이다. 마음을 보존하지 못하면 어떻게 격물을 할 수 있겠는가? 그러나 마음의 보존은 마음을 잡아 묶어 두고서 질곡(桎梏)을 가하는 것이 아니고, 마음이 안정되지 아니하여 밖으로 치달릴 때에 한 생각을 하는 사이에 한 번 깨달음이 있으면 곧 마음이 여기에 있는 것이니, 보존하려는 생각을 잊지도 말고 억지로 하려고 하지도 말아서 털끝만큼도 거기에 인위적인 지려(智慮)와 노력을 더하지 않으면 이 마음을 제대로 보존할 수 있을 것이다.24)

---

23) 위의 책, 〈答呂子約〉: "大抵爲學只是博文約禮兩端而已. 博文之事, 則講論思索要極精詳, 然後見得道理巨細精粗無所不盡, 不可容易草略放過. 約禮之事, 則但知得合要如此用功, 卽便著實如此下手, 更莫思前算後, 計較商量……. 其所謂敬, 又無他玄妙奇特, 止是敎人每事習箇專一而已, 都無許多閑說話也……. 無事則專一嚴整, 以求自己之放心, 讀書則虛心玩理, 以求聖賢之本意, 不須如此周遮勞攘, 枉費心力, 損氣生病而實無益於得也."(『주자대전』, 권48, 「書」)"

24) 위의 책, 〈答或人〉: "爲學兩途, 誠如所喩. 然循其序而進之, 亦一而已矣. 心有不存, 物

넷째, 정좌(靜坐)에 힘쓰지 말고, 계근공구(戒謹恐懼)에 힘써야 한다고 가르쳤다.

학문하는 뜻을 말한 것이 좋기는 하지만 전적으로 정좌(靜坐)에만 힘쓰려고 한다면 한쪽으로 떨어지게 되지나 않을까 걱정된다. 다만 이 마음을 비워서 동(動)하든 정(靜)하든 때와 장소에 관계없이 계근공구(戒謹恐懼)에 힘을 다하면 자연히 주재(主宰)가 분명해지고 의리가 밝게 드러난다. 그러나 '계근공구' 네 글자에만 집착하는 것은 이미 부담이 크니, 요컨대 넉넉하고 여유롭게 스스로 살피고 깨닫게 함이 곧 공부이다.[25]

다섯째, 긍지(矜持)의 폐해에 대하여 다음과 같이 설명했다.

문: 학자가 질문하기를, 『유서(遺書)』에 "일을 할 때는 모름지기 경(敬)으로 해야 하며, 또한 긍지(矜持)가 너무 지나쳐도 안 된다."라고 했습니다. 학자들이 경에 대해 항상 방심하다 전도될까 두려워해야 한다는 말로 생각되나, 아직 조용하고 자연스러운 곳에 도달하지 못했다면 아마도 긍지에 지나쳐도 무방하다고 해야 할 것입니다. 그런데 대시(大時)는 답하기를, 근래에 유중본(劉仲本) 역시 일찍이 이 조목을 들어서 질문을

何可格. 然所謂存心者, 非拘執係縛而加桎梏焉也. 蓋嘗於紛擾外馳之際, 一念之間一有覺焉, 則卽此而在矣. 勿忘勿助長, 不加一毫智力於其間, 則是心也其庶幾乎."(『주자대전』, 권64, 「書」)

25) 위의 책, 〈答潘子善〉: "所論爲學之意善矣, 然欲專務靜坐, 又恐墮落那一邊去. 只是虛著此心, 隨動隨靜, 無時無處不致其戒謹恐懼之力, 則自然主宰分明, 義理昭著矣. 然著箇 戒愼恐懼四字, 已是壓得重了. 要之只是略綽提撕, 令自省覺, 便是工夫也."(『주자대전』, 권59, 「書」)

하였는데 일찍이 대답허기를 "경(敬)은 병을 고치는 대약(大藥)이고, 긍지는 병의 방증(傍證)이니, 약의 효력이 발하여 병세(病勢)가 물러가면 방증도 제거될 것이다."라고 했습니다.26)

답: "경(敬)은 병의 약이고, 긍지는 병의 방증이다."라고 한 이 두 구절은 문의(文義)가 어긋나 서로 조응(照應)되지 않는다. 만약 경(敬)을 약(藥)에 비유하면 긍지는 바로 약제(藥劑)를 지나치게 복용하고 나서 도리어 다른 그 병이 생긴 증세이니, 그 원인을 따지면 대개 이 경(敬) 자를 가지고 따로 하나의 물건으로 여기고, 또 일심(一心)으로 지킨 까닭에 이런 병이 났던 것이다. 만약 경(敬) 자가 다만 자기 마음을 스스로 살펴 체득하는 것임을 안다면 저절로 이런 병이 없을 것이다.27)

여섯째, 정돈(整頓) 수렴(收斂)에 대하여 다음과 같이 설명했다.

그대의 편지를 받아 보니 "정돈하고 수렴하게 되면 조장(助長)하는 잘못에 빠져들게 되고, 자연스럽게 노닐다 보면 또한 한가롭게 노닥거리는 병통에 떨어진다."라고 했다. 이는 진실로 배우는 자들의 일반적인 병폐이다. 그러나 정자(程子)는 일찍이 또 반드시 우선은 여기 '정돈·수렴'으

---

26) 위의 책, 〈答胡季隨〉: "學者問曰 遺書曰 執事須是敬 又不可矜持太過 竊謂學者之於 敬 常懼其放倒 旣未能從容到自然處 恐寧過於矜持 亦不妨也 大時答曰 頃年劉仲本 亦曾擧此條以爲問 蓋嘗答之曰敬是治病之大藥 矜持是病之旁證 藥力旣到 病勢旣退 則旁證亦除矣"(주자서, 권53, 「書」)

27) 위의 책, 〈答胡季隨〉: "敬是病之藥 矜持是病之旁證 此兩句文意齟齬 不相照應 若以敬 喩藥 則矜持乃是服藥過劑 反生他病之證 原其所因 蓋爲將此敬字別作一物 而又以一 心守之 故有此病 若知敬字只是自心自省 當體便是 則自無此病矣"(『주자대전』, 권53, 「서」)

로부터 나아가야 하니 덕이 왕성해진 뒤에는 저절로 좌우로 그 근원을 만나게 된다고 말했다. 이제 마땅히 '정돈·수렴'에 나아가 힘써야 한다. 다만 사사로운 의도를 개입시켜 적당히 베치하는 싯을 하거나 '가만히 앉아' 기다리듯 함으로써 병폐를 만들어내어서는 안 된다.28)

2) 일상의 학문 자세

우계는 학문이 '위기기학'일 뿐이라는 것을 강조하고, 주자가 제자들에게 학문(學問)과 궁리(窮理), 궁리(窮理)와 독서(讀書)의 관계 및 거경(居敬)과 궁리(窮理), 그리고 검신(檢身)과 거가(居家)와 궁리(窮理)의 중요성을 거듭 강조하여 설명한 부분을 발췌하여 기술했다.

우계는 주자가 임금에게 올린 편전주차(便殿奏箚)의 두 번째 차자 가운데에서 독서 방법을 설명한 부분을 발췌해 놓았다. 이 글은 독서는 경을 유지하고[居敬], 의지를 지속하는[持志] 마음가짐에 근본해야 하며, 정치(精致)한 독서를 통해 이치를 탐구하는 구체적인 순서로 학문을 진행해야 한다고 다음과 같이 권하고 있다.

학문하는 도리는 이치를 탐구하는 것[窮理]보다 앞서는 것이 없고, 이치를 탐구하는 요체는 독서에 달려 있으며, 독서하는 방법은 순서에 따라 자세하게 읽는 것이 가장 귀중하다. 그리고 지극히 정밀하게 읽는 근본은 공경함을 유지하여[居敬] 뜻을 견지함[持志]에 달려 있으니, 이것은

---

28) 위의 책, 〈答呂伯恭〉: "承喩 整頓收斂則人於著力, 從容游泳又墮於悠悠, 此正學者之通患. 然程子嘗論之曰: '亦須且自此去, 到德盛後, 自然左右逢其原.' 今亦當且就整頓收斂處著力, 但不可用意安徘, 等候卽成病耳."(『주자대전』, 권33, 「書」)

바뀔 수 없는 이지이다.29)

주자는, 궁리(窮理)란 군신간의 이치, 부자간의 이치, 부부, 형제, 벗에
서부터 드나들고 기거하며, 일에 호응하고 외물을 대하는 데에 이르기까
지 모든 인간관계와 생활의 이치를 탐구한다는 뜻이라고 했다. 이러한
이치를 탐구하면 군신(君臣)으로부터 미물에 이르기까지, 그 소이연(所以
然)과 소당연(所當然)을 알게 되어 조그마한 의심도 없게 되어, 선하면 따
르고 악하면 물리쳐 조금의 잘못도 없게 된다는 것이다. 이것이 배우는
데 이치의 탐구보다 앞서는 것이 없다고 하는 이유라고 했다. 주자는 세
상의 이치를 논하자면 중요하거나, 오묘하거나, 정치하거나 은미하거나
제각각 마땅한 것이 있어 영원토록 바꿀 수 없는 것으로, 오직 옛 성인만
이 이를 철저하게 탐구해서 말과 행실이 모두 후대 사람들이 바꿀 수 없
는 위대한 모범이 되었다고 했다. 그리고 성인을 제외한 나머지 사람들
가운데서 이를 따르는 사람은 군자가 되어 길하고, 거스르는 사람은 소
인이 오히려 흉하게 되었는데, 크게 길한 사람은 세상을 보전하여 모범
이 될 수 있었고, 지나치게 흉한 사람은 자기 몸도 보전하지 못하여 후대
의 경계가 되었다고 인류의 발자취를 평가했다. 이러한 효과는 반드시
그렇게 되는 것이며 경전의 가르침과 역사서 속에 모두 갖추어져 있다고
훈계했다. 따라서 온 세상의 이치를 탐구하려 하면서 경전과 역사서를
대하고서 탐구하지 않는다면 이것은 바로 담장을 마주하고 서 있는 격이

---

29) 위의 책, 〈便殿奏箚〉: "蓋爲學之道, 莫先於窮理, 窮理之要, 必在於讀書, 讀書之法, 莫
貴於循序而致精, 而致精之本, 則又在於居敬而持志, 此不易之理也."(『주자대전』, 「차
자」, 〈行宮便殿奏箚 二〉)

라고 경계했다. 따라서 이치의 탐구는 반드시 독서에 달려 있으며, 다음과 같이, 반드시 책 읽기에 침잠하여 깊은 맛을 느끼도록 읽어야 한다고 강조했다.

독서를 좋아하지 않는 사람들은 읽는 것을 소홀히 여겨 뜨문뜨문 읽기 때문에 성취가 없다. 독서를 좋아하는 사람은 또 넓게 읽고 많이 읽으려고 욕심을 부려서 종종 그 단서를 이해하지 못한 채 갑자기 결론을 찾으려고 한다. 이것을 탐구하지도 못한 채 느닷없이 저기에 뜻을 두기도 한다. 이런 까닭으로 비록 종일토록 열심히 읽으면서 쉬지도 못하고 뜻과 정서가 급급하여 늘상 언제나 쫓기는 사람처럼 바쁠 뿐 조용하게 푹 젖어드는 즐거움이 없다. 이렇게 한다면 또 어떻게 자신이 깨달은 것을 굳게 믿고 오래도록 물리지 않을 수 있을 것이며, 또 어떻게 그처럼 소홀하게 여겨 뜨문뜨문 읽느라 성취를 이루지 못한 자들과 다르다고 하겠는가? 공자께서 말씀하신 "빨리 이루려고 하면 제대로 하지 못한다"(欲速不達)는 것이나, 맹자가 말한 "빨리 나아간 자는 그만큼 빨리 후퇴한다"(其進銳者 其退速)는 것은 바로 이것을 말한다. 진실로 이것을 거울삼아 반성할 수 있다면 마음을 하나에 집중시켜 깊이 안정시킨 다음 오래도록 여기에서 움직이지 않게 되고, 읽은 책 속에 있는 문장의 의미가 연결되고, 혈맥이 관통되어 저절로 물에 젖어들 듯이 마음속에 스며들게 된다. 이렇게 되면 마음과 이치가 일치되어 선을 권장함도 깊어지고, 악을 경계함도 절실하게 된다. 이것이 순서를 따라 정치함에 이르는 것이 독서의 방법이 되는 이유이다.[30]

---

30) 위와 같은 곳: "若夫讀書, 則其不好之者固怠忽間斷而無所成矣. 其好之者又不免乎貪

그리고 "정지함에 이르는 근본"(致精之本)은 마음에 달려 있다고 했다. 마음이란 지극히 텅 비고 신령한 것으로, 헤아릴 수 없이 신묘하여 언제나 한 몸의 주재가 되어 만사의 벼리를 쥐고 있으며, 단 한 순간도 존재하지 않을 수 없는 것이라고 설명했다. 그러므로 자신도 깨닫지 못하는 사이에 한번 마음이 내달리고 날아올라 몸의 바깥에서 물욕(物慾)을 좇는다면 이 몸에 주재가 없게 되고, 모든 일에 벼리가 사라지게 된다고 했다. 그래서 비록 위아래를 쳐다보고 주위를 돌아보는 사이에도 이미 자기 몸이 어디에 있는지조차 깨닫지 못하게 된다고 했다. 이렇게 되면 성인의 말을 되풀이해 보고 여러 사물을 고찰해서 의리가 지당한 귀결을 탐구할 수 없다고 했다. 공자가 "군자가 중후하지 않으면 위엄이 없으니, 학문도 견고하지 못하다."라고 말한 것과, 맹자가 "학문하는 방법이란 다른 것이 없다. 그 잃어버린 마음을 찾는 것일 뿐이다."라고 말한 것은 바로 이것을 말한다고 설명했다.31)

진실로 엄숙하고 공손하며 삼가고 두려워하면서 항상 이 마음을 보존해서 종일토록 의젓한 태도로 임하여 물욕에 침란(侵亂)을 당하지 않

多而務廣, 往往未啓其端而遽已欲探其終, 未究乎此而忽已志在乎彼, 是以雖復終日勤勞, 不得休息, 而意緖匆匆, 常若有所奔趨迫逐, 而無從容涵泳之樂, 是又安能深信自得, 常久不厭, 以異於彼之怠忽間斷而無所成者哉. 孔子所謂欲速則不達, 孟子所謂進銳者退速, 正謂此也. 誠能鑒此而有以反之, 則心潛於一, 久而不移 而所讀之書文意接連, 血脈通貫, 自然漸漬浹洽, 心與理會, 而善之爲勤者深, 惡之爲戒者切矣. 此循序致精所以爲讀書之法也. 便殿奏箚."

31) 위와 같은 곳: "若夫致精之本, 則在於心. 而心之爲物, 至虛至靈, 神妙不測, 常爲一身之主, 以提萬事之綱, 而不可有頃刻之不存者也. 一不自覺而馳騖飛揚, 以徇物欲於軀殼之外, 則一身無主, 萬事無綱. 雖其俯仰顧盼之間, 蓋已不自覺其身之所在, 而況能反覆聖言, 參考事物, 以求義理至當之歸乎. 孔子所謂'君子不重則不威, 學則不固', 孟子所謂'學問之道無他, 求其放心而已矣'者, 正謂此也."

는다면, 이로써 독서하고 이로써 이치를 관찰하면 통달하지 않는 바가 없을 것이라고 했다. 이러한 마음으로 일에 응하고, 이 마음으로 외물을 대하면 처리하는 바가 적당하지 않음이 없을 것이니, 이것이 경을 유지하고 뜻을 보전함이 독서의 근본이 되는 이유라고 설명했다.[32]

또한 학문은 자기의 일상생활을 벗어나서 따로 구하는 것이 아니라, 자기 자신의 생활을 위한 '위기지학'이니 절실하고 긴급한 생활공부에 착수하라고 다음과 같이 가르쳤다.

……학문을 하는 공부는 일상생활에서 벗어나지 않는다. 몸가짐 단속[檢身]은 동정(動靜) 어묵(語黙)이며, 집에 거처함[居家]은 부모와 어른을 섬기는 일이고, 이치를 궁구함[窮理]은 글을 읽어 그 의리를 강론함이다. 대개 옳고 그름을 분별하여 그른 것은 버리고 옳은 것은 행하고자 할 뿐이지 달리 현묘(玄妙)한 이치는 없다. 지극히 가깝고 쉬운 것을 논하면 지금 곧 힘을 쏟을 수 있고, 지극히 급절(急切)한 것을 논하면 지금 즉시 힘을 쏟아야 하는 것이지 더 이상 늦추거나 의심해서는 안 된다. 일단 깊이와 얕음에 따라 하루 종일 힘을 쏟으면 곧 하루의 효과가 나타난다. 의심나는 곳에 이르러서는 다른 사람을 찾아가거나 깊이 생각함을 좋아하면, 진보하고 통달함을 예측할 수 없다. 만약 지금 즉시 시작하지 않고 굳이 다른 날을 기다려 멀리 사우(師友)를 찾은 다음에 힘을 쓰려고 한다면 눈앞에서 마땅히 해야 할 절실한 공부를 놓쳐 버릴 것이고, 얻기

32) 위와 같은 곳: "誠能嚴恭寅畏, 常存此心, 使其終日儼然, 不爲物欲之所侵亂, 則以之讀書, 以之觀理, 將無所往而不通. 以之應事, 以之接物, 將無所處而不當矣. 此居敬持志所以爲讀書之本也."

어려운 젊은 시절을 무의미하게 보내게 된다. 그렇게 되면 가령 후일에 성현(聖賢)을 만나 스승으로 모시더라도 가르침[鉗錘]을 받아도 축적하고 의거할 바탕이 없으니 진정한 유익함이 없을 것이다.33)

그리고 학문의 기본 태도로서 입지(立志)의 상태와 중요성을 다음과 같이 깨우쳤다.

글을 기억하지 못하면 숙독해야 기억할 수 있으며, 뜻이 정밀하지 않으면 생각을 정밀하게 해야 정밀해진다. 오직 뜻을 세우지 않으니 바로 힘쓸 곳이 없다. 다만 당장 이록(利祿)을 탐하고 도의(道義)를 탐하지 않으며, 귀인(貴人)이 되려고 하고 호인(好人)이 되려고 하지 않으니, 모두 뜻을 세우지 못하는 병폐이다. 곧장 반복 생각하여 병통이 일어나는 곳을 찾아내어, 용맹스럽게 분발·도약하여 다시는 이러한 사람이 되지 않고, 크게 도약하게 되어 성인의 여러 가지의 말이 한 글자도 실제의 말이 아님이 없음을 안다면 비로소 뜻을 세운 것이다. 이러한 공부를 쌓아 나가면 큰 성취가 있을 것이다. 너희들은 노력해라. 작은 일이 아니다.34)

---

33) 위의 책, 〈答陳廉夫〉: "示喩縷縷, 足認雅意. 但爲學功夫不在日用之外, 檢身則動靜語黙, 居家則事親事長, 窮理則讀書講義, 大抵只要分別一箇是非而去彼取此耳, 無他玄妙之可言也. 論其至近至易, 則卽今便可用力, 論其至急至切, 則卽今便當用力. 莫更遲疑, 且隨深淺, 用一日之力便有一日之救. 到有疑處, 方好尋人商量, 則其長進通達不可量矣. 若卽今全不下手, 必待他日遠求師友然後用力, 則目下蹉過却合做底親切功夫, 虛度了難得底少壯時節. 正使他日得聖賢而師之, 亦無積累憑藉之資可受鉗錘, 未必能眞有益也." (『주자대전』, 권58, 「서」)

34) 위의 책, 〈又諭學者〉: "書不記, 熟讀可記. 義不精, 細思可精. 唯有志不立, 直是無著力處. 只如而今貪利祿而不貪道義, 要作貴人而不要作好人, 皆是志不立之病. 直須反復思量, 究見病痛起處, 勇猛奮躍, 不伏作此等人, 一躍躍出, 見得聖賢所說千言萬語, 都

또한 입지(立志) 이후에 점차적으로 진행해 나아갈 공부를 다음과 같이 설명했다.

……학문을 하는 것에 비록 점차적인 단계가 있으나, 처음 뜻을 세우면 또한 모름지기 의리의 대개와 규모를 대략이나마 보아 자기의 마음 사이에 척연(惕然)히 부끄러워하거나 두려워하고 분연히 용맹하게 결단하는 뜻이 있은 뒤에야 토론하고 글의 뜻을 깊이 음미하는 공부와 존양하고 성찰하는 힘을 더하여 터득함이 있기를 기약할 수 있을 것이다……35)

그리하여 다음과 같이 일상생활에서 차근차근히 마음을 보존하고, 독서궁리하는 학문에 마음을 다 하도록 권유하고 있다.

가만히 생각건대, 반드시 실제로 이 학문을 하고자 한다면, 마땅히 스스로 그 힘을 일상생활에 다하고, 마음을 보존하고 기(氣)를 기르며, 독서하여 이(理)를 궁구하며, 그 정성을 쌓아 차례대로 점차 나아간 뒤에야 터득할 수 있을 것이다. 하루아침에 무릎을 탁치며 길이 탄식하면서 단계를 뛰어넘고 다리 꼬고 가만히 앉아서 마음만 치달려 이를 수 있는

無一字不是實語, 方始立得此志. 就此積累功夫, 迤邐向上去, 大有事在. 諸君勉旃, 不是小事."(『주자대전』, 권74, 「잡저」)
35) 위의 책, 〈答陳超宗〉: "……但爲學雖有階漸, 然合下立志, 亦須略見義理大槪規模, 於自己方寸間若有箇惕然愧懼奮然勇決之志, 然後可以加之討論玩索之功·存養省察之力而期於有得……"(『주자대전』 권55, 「서」)

것이 결코 아니다.36)

　또한 우계는 다음과 같이, 일상생활에서 지속적으로 본원을 함양하는
공부법을 설명하는 글을 발췌하여 실었다.

　편지로 말해 준 본원 함양의 노력은 참으로 틈이 생기고 끊어짐이 있기
쉽다. 그러나 틈새나 끊어짐을 깨달으면 곧 이것이 연속되는 곳이니, 단
지 늘 스스로 일깨워 조금씩 공부를 쌓아 가기를 오래 지속하면 자연히
접속되어 이어질 것이다. 강학(講學)공부 역시 이와 같으니, 사물의 크고
작음과 이치의 얕고 깊음을 막론하고 다만 무엇이건 눈앞에 이르는 즉
시 깊이 이해하기를 오래 지속하면 자연히 이치가 마음에 푹 젖어들어
관통된다.37)

　이처럼 사람이 항상 심신을 수렴(收斂)하면, 정신이 항상 마음 안에 있
어서 마치 수백 수십 근을 짊어지는 것과 같이 근육과 뼈를 굳세게 하여
짊어지는 것과 같다고 했다.38)

---

36) 위의 책, 〈答邵叔義〉: "然竊意必欲實爲此學, 亦當有以自致其力於日用之間, 存心養氣,
讀書窮理, 積其精誠, 循序漸進, 然後可得. 決非一旦慨然永歎而躐等坐馳之所能至
也."(『주자대전』, 권55, 「서」)

37) 위의 책, 〈答方賓王〉: "所喩涵養本源之功 誠易間斷, 然纔覺得間斷, 便是相續處. 只要
常自提撕, 分寸積累將去, 久之自然接續, 打成一片耳. 講學工夫亦是如此, 莫論事之大
小, 理之淺深, 但到目前卽與理會到底, 久之自然浹洽貫通也." (『주자대전』, 권56,
「서」)

38) 위의 책, 〈語類〉: "人常須收斂箇身心, 使精神常在這裏. 似擔百十斤擔相似, 須硬著筋
骨擔" (『朱子語類』, 권12, 「學六」, 〈持守〉)

5. 맺는 말

우계는 자기의 학문과 품성에 대해 다음과 같이 기술했다.

혼(渾)은 약관 시절에 병을 앓아 몸이 허약하고 정신이 어두웠는데, 이렇게 일생을 마쳤다. 어려서부터 가정에서 수학하였는데 언제나 옛사람들이 몸을 닦고 학문한 내용을 들으면 개연히 흠모하는 마음을 가지고 책을 읽고 이치를 궁구하여 은미한 뜻을 깊이 찾으려고 노력하였으나 끝내 얻지 못하였으며, 마음을 잡아 지키고 함양하여 허물과 죄악을 면하려고 노력하였으나 끝내 잡아 지키지 못한 채, 병 때문에 스스로 폐하여 조금도 뜻을 성취하지 못하였으니, 참으로 슬프다. 타고난 성품은 경박하여 착실하지 못하였다. 그리고 언제나 침착하고 굳세며 독실히 행하는 것을 미덕으로 여겼으나 또한 이에 가까이 다가가지는 못하였으며, 기질(氣質)이 혼탁한 것이나 외물(外物)에 어지럽혀진 것에 이르러서는 말로 다 표현할 수가 없다. 또 남의 과실을 자주 지적하여 이 때문에 사람들이 대부분 꺼리고 싫어했다.[39]

그러나 우계의 학덕은 누구보다 앞서는 모범으로서 널리 알려진 바이다. 우계선생은 학문에 뜻을 둔 이후로 마음을 진실하게 하고 학문에 힘써 규모가 엄밀하였다. 우계와 도의지교(道義之交)를 맺었던 율곡이 우계를 칭송하기를, "만약 견해의 도달한 경지를 논한다면 내가 다소 나은 점

---

39) 『牛溪集』, 제6권, 「잡저」, 〈스스로 지은 墓誌, 정해년(1587, 선조 20) 7월〉.

이 있겠지만, 조행(操行)의 독실함과 확고함은 내가 미치지 못한다."라고
하였다.40) 이러한 우계가 율곡에게 쓴 편지를 통해 우계가 추구하는 학
문의 핵심 내용을 알 수 있다.

> ……의(義)와 이(利)의 구분은 털끝만한 데에서 갈라져 조금이라도 정도
> 에서 벗어나면 곧바로 사사로움과 간사함이 되고 마니, ……본원(本原)
> 을 함양(涵養)하고 경(敬)과 의(義)의 공부를 함께하여 위기지학(爲己之
> 學)으로 마음을 세우는 요점을 삼고, 옳음을 구하는 것으로 일을 처리
> 하는 법을 삼아서 내외(內外)·빈주(賓主)의 구분과 출입(出入)·생숙(生
> 熟)의 절차를 깊이 살펴, 이익을 꾀하고 공을 따지는 마음을 끊어 버리
> 고 속임수와 부황(浮荒)한 것을 사모하는 습관을 끊어 버려 대중지정(大
> 中至正)한 법칙을 따라야 할 것입니다.41)

우계는 세상에 나아가 벼슬하지 않고 안분(安分) 자족(自足)하면서 성
인의 학문을 닦아 자기의 본성을 기르고, 일상생활은 지극히 겸허하고
자신을 드러내지 않으며 신중(愼重)하기를 도모했다. 이러한 학문 태도로
일관한 우계의 다음 시를 보면 우계가 지닌 평상시의 마음과 생활 태도
를 엿볼 수 있다.

---

40) 「우계연보」, 〈명나라 세종(世宗) 가정(嘉靖) 33년(1554, 명종 9) 갑인〉.
41) 『牛溪集』, 속집(續集) 제3권, 「간독(簡牘)」, 〈이숙헌(李叔獻)에게 보내다〉.

우연히 쓰다42)

너는 너의 마음을 화평하게 하여	爾平爾心
빨리 하시노 말고 느리게 하지도 말라	不疾不徐
밤에는 편안히 잠을 자고	淸夜安眠
낮에는 한가롭게 있어라	白晝閑舒
편안하고 한가롭고 깨끗하고 고요하면	安閑淸靜
하늘이 많은 복을 내리리라	天餉之厚
자연 속에서	雲水中間
책을 벗 삼으라	黃卷爲友

『위학지방』은 이와 같은 마음과 생활경지에 도달하기 위하여 초학자들에게 마음의 본원(本原)을 함양(涵養)하고 경(敬)과 의(義)의 공부를 성심으로 행하는 공부법을 제시한 것이다. 그 내용과 순서는 일상의 생활태도와 독서법, 그리고 경 공부와 일상의 학문 자세가 일관된 공부법이었다.

---

42) 『牛溪集』, 제6권, 「잡저(雜著)」, 〈우연히 쓰다〉.

우계의 우환의식(憂患意識)과 경세사상(經世思想)

조남욱2)

1. 서론

일반적으로 유자(儒者)라 하면 평소 공부한 것을 사회 현실에 구현함

---

1) 이 논문은 『우계학보』 제28호, 우계문화재단, 2010년에 게재한 논문이다.

2) 趙南旭, 부산대학교 명예교수

을 정도(正道)로 보기 때문에 정치 참여를 바람직한 모습으로 본다. 그 벼슬길을 외면적으로는 '출사(出仕)'라 하여 명예롭게 여기며, 내용적으로는 '행도(行道)'라 하여 부단한 의무감으로 작용한다. 따라서 '진유(眞儒)'의 경우 유교 진리의 구현자로서 그 행도를 위한 현실 비판과 개혁의 제안은 당연시되는 것이었다. 그리하여 조선시대 15세기 전반 연속된 사화(士禍)로 희생되던 여러 유현(儒賢)들은 선비사회에서 부단히 칭송되어 온 것이다.

바로 그 중심에는 행도를 이상으로 하는 국가 경영의 경세사상이 흐르고 있었다. 이 경세사상의 기본은 '사서(四書)'를 중심으로 하는 유교 경전에서 '성군현상(聖君賢相)의 위정론(爲政論)'으로 이미 철저하게 밝혀진 상태이다. 따라서 조선시대의 유자들이 보인 경세사상이란, 경전에서 이미 확인한 그 행도의 도덕사회를 어떻게 구현해 나가느냐 하는 측면을 주요 내용으로 한다. 이러한 측면에서 나타난 것이 각종의 상소문(上疏文) 그리고 차자(箚子)들이다.

기묘명현(己卯名賢)인 조광조(趙光祖)와 뜻을 같이했던 청송(聽松) 성수침(成守琛, 1533~1564)은, 그 사화(士禍)에 의한 행도의 한계 상황을 직시하고 정계 진출을 굳게 포기하는 모습을 보였다. 그러나 그의 아들 우계(牛溪) 성혼(成渾, 1535~1598)은 조심스럽게 정계에 나아갔으며, 당쟁과 망국의 혼란을 극복하기 위한 다양한 의견을 개진하였다. 즉 학문적으로는 율곡 이이와 성리학의 정수를 토론하여 당대를 대표하는 학자적인 면모를 보였고, 정치 사회적으로는 선조(宣祖)의 부름에 사양으로 일관하면서도 끊임없는 품계의 제수에 따라 국가 경영의 지혜를 보여 주고 있었던 것이다. 이러한 국가 경영의 지혜를 이른바 '경세사상'이라 부른다

면, 우계에 있어서의 그것은 그 난국의 시대적 상황을 전제하지 않을 수
없었던 것이므로, '우환의식의 경세관'이라는 성격을 가지게 된다. 이 논
문에서는 바로 이러한 측면을 주목하여 우계의 진면목을 살피는 데 기여
할 수 있다고 본다.

오늘날 현대어로는 '우환(憂患)'이라 하여 '우(憂)'자와 '환(患)'자의 합
성어로 쓰지만, 고전에서는 각각 한 글자씩 쓰였고 그 의미 성격도 약간
달라 보인다. 즉 이 한자어는 공히 '근심 걱정'이라는 의미를 담고 있으
나, '우'자의 경우는 자기 내면을 향한 인격 수양의 측면에서 사용되었으
며, '환'자의 경우는 자기 외면을 향한 인간관계나 사회 상황의 측면에서
사용되고 있었다는 점이다. 이러한 사실은『논어(論語)』에서 '우'자와 '환'
자의 용례3)만 보더라도 알 수 있다. 이 점에 유의하여 필자는 우계의
우환의식을 파악해 보는 방법으로 세목에서 우선 그와 같은 두 관점을
설정해 보았다.

---

3) 〈'憂'자의 용례〉
　① "덕을 닦지 못하고 배운 것을 익히지 못하며 옳음을 듣고도 실천하지 못하며 착하
　지 못한 것을 고치지 못하는 것이 나의 근심이다.(子曰 德之不脩 學之不講 聞義不能
　徒 不善不能改 是吾憂也.『論語』,「述而」)"
　② "군자는 도를 걱정하지 가난을 걱정하지는 않는다.(君子 憂道不憂貧.『論語』,「衛靈
　公」)"
　③ "안으로 살펴서 병이 없으니 무엇을 걱정하고 무엇을 두려워하랴.(內省不疚 夫何憂
　何懼.『論語』,「顏淵」)"
　〈'患'자의 용례〉
　① "남들이 자기 알아주지 않는 것을 걱정할 것이 아니라 남을 알아주지 못할 것을
　걱정한다.(子曰 不患人之不己知 患不知人也.『論語』,「學而」)"
　② "적은 것을 걱정할 것이 아니라 균등하지 못할 것을 걱정하고, 가난을 걱정할 것이
　아니라 불안할까 걱정한다.(不患寡而患不均 不患貧而患不安.『論語』,「季氏」)"

공자의 이른바 "어진 이는 근심이 없다."[4]라는 말에서 알 수 있듯이, 우환의식이 해소된 경우는 더 이상 무엇을 추구할 필요가 없는 완전한 이상의 경지이다. 하지만 그러한 경지에 이르기 전까지는 그것을 지향하는 근심 걱정이 부단히 작용한다. 즉 우환의식은 인생의 생명력과 같은 삶의 활력과 사회 발전의 에너지를 낳은 근원적 요소이다. 따라서 우환의식은 내면적으로는 인간다움을 향한 구도적인 동질적 측면도 있으나, 외면적으로는 사회 상황에 따라서 그 정도를 달리할 수 있다. 우계의 경우 이 후자는 너무나 암담한 상황이었다. 사회적으로 공직 부패가 만연하고 당쟁이 시작되었으며, 왜적의 침입으로 망국의 위난을 당하고 있었기 때문이다.

따라서 우계의 경세사상은 이러한 특수 상황을 간과하고서는 그 실상을 논하기 어렵다. 즉 우계에 있어서의 사회 불안의 시대 배경에서 나타나는 우환의식은, 바로 국가 경영의 정책론으로 구체화되고 있었다는 사실이다. 이러한 관점을 견지하면서 문집과 실록 등에 근거하여 주제의 관련 내용을 살펴보기로 한다.

2. 우환의식(憂患意識)의 두 방향

1) 자기 수양

우계가 스스로 밝힌 자기 수양의 우환의식은 53세 때 지은 '묘지(墓誌)'에 잘 나타나 있다. 그 일단을 보면 다음과 같다.

---

4) 『論語』, 「子罕」: "子曰 知者不惑 仁者不憂 勇者不懼."

어릴 때부터 가정에서 배웠는데, 언제나 옛사람들이 수신하고 공부한 것을 들으면 개연히 흠모하는 마음이 생겨서 독서하고 궁리하며 은미한 뜻을 찾아보려고 노력했으나 결국 얻을 수 없었다. 함양을 굳게 해서 과오를 면하려고 했으나, 끝내 지키지 못한 채 질병으로 스스로 포기하여 뜻을 조금도 이루지 못했다. 슬프다![5]

사후의 역사에 남기는 자기소개의 글에서 우계는 매우 겸손한 태도를 보이면서, 평소 지향했던 수학의 목적을 확인시켜 주고 있다. 여기 "슬프다!"라는 표현으로 나타낸 그 목전 완성에의 우환의식은, 곧 그 자신의 인생 활력으로 또 수학의 깊이를 더해 주는 요인으로 작용했음을 알 수 있다. 위에서 보이듯이 그는 당대 유일(遺逸)의 인물로 천거되던 부친 성수침[6]으로부터 공부하여, 성인(聖人)의 인품을 함양해 왔음을 밝히고 있다. 곧 그에 있어서의 부친은 바로 스승으로서의 역할을 다하고 있었다는 점이다.

그리고 또 주목되는 부분은 건강이 좋지 않아서 어려움을 겪었다고 회고하는 모습이다. 실로 그가 남긴 수많은 사직 상소문에는 거의 모든 곳에서 어려서부터 있었던 질병문제를 언급하고 있을 정도였다. 그는 약관의 나이 때부터 병을 얻어 기혈이 약하고 살이 빠지며 비위(脾胃)가 약해

---

5) 『牛溪集』, 권6, 「自書誌」, 〈丁亥七月〉.

6) 成守琛(1493~1564)이 명종 15년(1560) 忠孝遺逸의 등용 과정에서 임금의 의망을 받는 기록에서는 다음과 같이 평가되었다. 즉 그는 젊어서 趙光祖와 가까이 지냈는데, 기묘년의 화가 일어나자 벼슬에 뜻이 없어서 파평산 아래에 은거하였는데, 성품이 맑고 효성이 지극했으며, 遺逸로 천거되어 현감에 제수되었지만 나가지 않고, 또 司紙에 제수되었어도 역시 나가지 않았다고 하였다.(『명종실록』, 15년(1560) 7월 3일(丁卯)) 그리고 그의 卒記는 『명종실록』 18년 12월 26일(庚午)조에 전한다.

소화도 잘 시키지 못하는 앙상한 모습이었다고 자술했다.[7] 그런데도 그는 29세 무렵 부친이 위독할 때에는 다리 살을 베어 약으로 쓰는 효행을 두 차례나 겸행하였다.[8] 허약한 체질에서도 이와 같은 자상(自傷) 행위를 감행하는 면에서 또한 우계의 특이함을 볼 수 있다. 자신의 건강 문제를 넘어 조금이라도 어버이를 살려보겠다는 절실한 효심이 앞서고 있었던 것이다.

우계의 학우인 율곡이 그를 임금께 평가하던 말 중에는 이런 내용도 있었다.

성혼은 타고난 기질이 박약하여 어려서부터 걸린 병이 매우 무거운 것이었는데도 그가 죽지 않을 수 있었던 것은 또한 마음을 다스린 공효 때문이었습니다. 만일 방심하는 이에게 성혼과 같은 병이 있었다면 어찌 일찍 죽지 않았겠습니까? 만일 전하께서 반드시 이 사람을 보려고 하신다면, 그의 관직을 체직하고서 올라오도록 하시는 것이 좋겠습니다. 대저 선비를 대우하는 도리에서 쓸 만하면 쓸 것이나 임용할 수 없다면 물러가 편히 있도록 허락하고, 그의 節操를 기려서 고매하게 산림에서 지내도록 하는 것이 또한 사기를 배양하는 한 가지 방도일 것입니다.[9]

여기서 우리는 우계와 같은 깊은 심신수양이 있었기에 그와 같은 지병

---

7) 『牛溪集』, 권2, 「乞放還田里疏」乙亥.

8) 그 自傷 행위가 남들에게 효행으로 이목을 살까 두려워 손가락을 베지 않고 다리 살을 베었는데 그 사실은 제자 한 사람만이 알 정도였다고 한다. 조남욱, 「牛溪 德行에서 肉身 孝行의 문제」, 『우계학보』 제24호, 우계문화재단, 2005, 131~167쪽.

9) 『선조실록』, 「7년 2월 29일(甲戌)」.

으로 죽음에 이르지 않을 수 있었다는 사실, 그리고 그의 뜻에 따라 산림
에 있게 하는 것도 사기(士氣)를 높이는 지표가 될 정도의 큰 인물로 평
가되고 있었다는 사실을 확인하게 된다. 그러한 율곡의 진언에 대하여
"우계의 덕은 나도 이미 들어서 알고 있다."라는 선조의 비답이 있었고,
또 율곡은 그를 활동적인 직위보다는 경연관이 적절할 것이라는 의견으
로 이어졌다.

그런데도 불구하고 우계는 항상 자기 자신이 부족하다는 겸양의 모습
을 잃지 않았다. 그리하여 계속되는 선조의 후대(厚待)로 이조참의(吏曹
參議)에 제수될 때는 또 다음과 같이 진언하기도 했다.

> 신하가 떳떳한 下賜에 사양하지 못하는 것은 '禮'이고, 비상한 하사로
> 마음이 편치 못한 바 있으면 사양하여 감히 받지 못하는 것은 '義'입니
> 다. 義가 중한 곳에는 禮 또한 어긋나지 않는 것입니다. 제가 이미 감히
> 이미 관직 이름을 받을 수 없는데도 품대를 하사하신 것은 비상한 것입
> 니다. 사직하면서 품대를 받는 것은 왕조의 법을 문란하게 할까 두려운
> 것이니 감히 사양하지 않을 수 없습니다.10)

이처럼 우계는 일반적 인사 행정을 넘어서는 특별한 대우에 대해서는
예(禮)와 의(義)의 도덕 가치를 확인시키면서, 조정의 이상(理想)과 자수
(自修)의 면모를 잃지 않게 하려는 특이함을 보였다.

이러한 자수의 실상은 자기의 개인적인 이유는 묻어 둔 채, 위난의 정

---

10) 『牛溪集』, 권2, 「移除吏曹參議仍辭第二疏」.

국에 적극적으로 나서지 못한 점을 자책하는 모습으로 나타내기도 했다. 즉 그는 우참찬의 직위를 사양하면서 임금께 아뢰기를 "저는 헛된 명성으로 속이고 저버려서 은혜에 보답하지 못한 것이 죄의 하나요, 항상 질병으로 직책을 제대로 수행하지 못한 것이 죄의 둘이요, 국가 재난의 시기에 곧바로 와서 문안 여쭈지 못한 것이 죄의 셋이며, 가을이 되어서야 뒤늦게 왔으니 죄의 넷입니다."[11]라고 하였다. 조정의 부름에 대하여 적극적으로 대응하지 못한 자기의 한계 상황과, 국가 위난 시에 떨어져 있게 되었던 문제를 자책하고 있는 것이다.

우계의 수양의식은 역사에 남길 사후의 자기 모습으로까지 이어지고 있었다. 그는 51세 때 병상에서 아들 문준(文濬)에게 전한 유언의 편지에서 이렇게 말했다.

> 관작이 아직 환수되지 않았으니 조정에서 만일 제사에 부의하는 예를 거행하거든 너는 곧 글을 올려 이렇게 사양하라. "저의 아버지가 돌아가실 때 저에게 이르기를 '나는 國恩에 보답하지 못하고 헛되이 융숭한 은혜를 받아 사방에 웃음거리가 되고 후세에 나무람을 받게 되었으니 내 평생의 恨이 된 것이다. 내가 죽으므로 조정에서 만일 恤典을 그만둘 것을 의논하지 않거든 네가 拜疏하여 사양하라.'고 하였습니다. 이에 따라 감히 아룁니다."라고 하라.[12]

우리는 여기서 사후에도 국가의 이름으로 내릴 수 있는 예대를 사양하

---

11) 『牛溪集』, 권3, 「辭免右參贊啓辭第三」.
12) 『牛溪集』, 권6, 「後事書付文濬」, 〈乙酉十月病中〉.

면서, 혹시 남들의 입에 오르내리는 허명의 인사로는 역사에 남고 싶지 않다는 자기 관리의 철저함을 보게 된다. 이와 같은 겸양의 발언 행간에서 우리는 항상 무언가 부족하여 더욱 노력하는 인물로 남기를 염원하는 우계의 우환의식을 읽을 수 있다. 청렴하고 깨끗한 자기 관리의 우환의식은, 생시는 물론 사후의 영역에 이르기까지 심층적으로 작용하고 있었던 것이다.

2) 사회 안정

유교의 이상경인 '평천하(平天下)'의 구현은 바로 도덕적 방법으로 가능하다고 보는 데에 그 특징이 있다. 따라서 유자들은 자신을 향해서는 인격 함양을 중시하고, 사회를 향해서는 도덕성 추구를 강조하기 마련이다. 만일 안팎으로 그와 같은 도덕의식이 약화되면 패도(覇道)·난국(亂局)의 상황으로 평가하면서, 그 극복을 향한 사회 안정에의 우환의식을 강하게 나타냈다.

우계는 자신에 대한 임금의 우대 조치도 도덕적으로는 바람직하지 못한 것으로 간주한다. 그는 생활이 어렵다는 소문을 듣고 특별히 자신에게만 녹봉을 내린 것은 실제와 명분에 맞지 않는 것이고, 또 임금 공경의 마음으로 받아들인다면 마음속으로 부끄러움을 이길 수 없는 것이므로, 하사의 명을 거두어서 국가의 예전(禮典)이 합당하게 적용될 수 있도록 해야 한다고 진언하기도 하였다.[13] 그러한 특별한 조치는 임금과 한 신하와의 개별적 인간관계를 넘어서는 구성원 모두의 공감대, 즉 국가가

---

13) 『牛溪集』, 권2, 「辭命周急疏」.

정한 예의(禮儀)의 기준에 의거할 때 사회적 안전성을 확보할 수 있다고 보는 것이다.

그리고 우계는 사회 안정의 기반으로 민생의 측면을 주목한다.

천하의 禍亂은 민심의 離怨에서 일어나고 민심의 離怨은 부역의 무거움에서 생긴다. "나를 어루만져 주면 임금이고 나를 학대하면 원수"라고 하는 것은, 物情과 理勢에 있어서 필연적이다. 하늘의 살핌은 어긋남이 없고 보고 듣는 것은 백성들로부터 하니, 민심의 離合에 따라 天命의 움직임이 결정되는 것이니 두렵지 않을 수 있겠는가?[14]

민생이 안정되지 못하여 백성이 불안하면 그것은 곧 하늘의 뜻에 어긋나는 것이라는 천(天)·민(民) 일치(一致)의 논리로 그 중요성을 강조하고 있는 것이다. 이 천·민 일치의 견해는 "하늘이 보고 듣는 것은 백성들로부터 한다."라는 『서경(書經)』의 원론[15]을 토대로 한 것이다. 민생문제는 백성들뿐만 아니라 국가 구성원 모두의 생명줄로 이어지지 않을 수 없다는 사실성이 전제되어서, 민심의 향배를 치란의 요인으로 지적하는 모습이다.

그리고 우계는 또 사회 안정의 첩경으로서 지도층의 화해 분위기를 중시하였다. 그리하여 그는 그 어떠한 이유로 상대를 비방하고 격하시키려는 감정적 태도를 경계한다. 그는 친구 율곡이 탄핵되는 정국의 불안을 우려하면서 이렇게 진언했다.

---

14) 『牛溪集』, 권2, 「己卯封事」.
15) 『書經』, 「周書」, 〈泰誓上〉: "天視自我民視 天聽自我民聽."

그 성품이 결백 정직하고 우활 성실하여 절대 외모를 수식해서 사람들의 정서를 맞추려는 태도가 없습니다. 뜻이 커서 작은 부분에 소략하고 자신감이 넘쳐 시속을 따르지도 않습니다. 이로 인하여 그를 사랑하는 자 절대 드물고 비웃는 자가 많으며 그를 걱정하는 자 적고 질시하는 자가 많습니다.……사대부는 마땅히 공평정대한 것으로 마음을 삼고 극기하여 사심을 제거하는 데에 힘써야 할 것입니다. 비록 소인을 공격하다가 형세가 이길 수 없어서 떠나게 되더라도 오직 그 바름을 잃지 않아야 마음속에 부끄러움이 없어질 수 있는 것입니다. 지금 하나의 우활한 李珥를 공격하고자 곧 기관을 설정하여 다시는 사대부 名節을 돌아보며 애석히 여기지 않으니, 지금 당사자들로 하여금 스스로 그 적중함을 살피게 한다면 마음속에 걸리는 점이 없겠습니까?16)

정도(正道)와 대의(大義)를 지향하는 선비로서의 내면적 가치지향에 비추어 보게 한다면, 율곡의 외면적 단점은 사소한 문제로 정리해 갈 수 있다는 견해이다. 즉 어떤 선입관적 감정주의에서 벗어나는 정의의 이성적인 태도를 요구하고 있는 것이다. 감정이 앞서는 것은 사실의 본말(本末)을 전도시키고 결국은 사회 불안의 요인으로 작용할 수 있다고 보았기 때문이다.

그리하여 우계는 그 감정주의를 극복하는 논리로 기질의 편벽성을 다음과 같이 지적하기도 했다.

---

16) 『牛溪集』, 권2, 「論三司劾栗谷疏」.

이른바 '기질의 편벽됨'(氣質之偏者)이란, 사람에 이러한 덕이 있으면 반드시 이러한 병이 있는 것이다. 병이 있는데도 다스리지 않는 것은 천하의 큰 병폐다 남들이 말하는 것 중에 자신이 사상 싫어하는 것이 바로 가장 큰 병통이다. 기질이 가리는 폐해가 이 같은데도 돌이킬 줄 모른다면, 결국 이러한 병통만 있고 이러한 덕은 없게 될 것이니 경계하지 않을 수 있으랴.17)

성리학(性理學)에서 말하는 본연지성(本然之性)·기질지성(氣質之性)의 공존 논리에 따라 견지해야 할 도덕성(道德性)과 교정해야 할 기질성(氣質性)을 동시에 확인하면서, 특히 타인으로부터 지적받는 부분을 감정으로 대응할 것이 아니라 수용 교정해 나갈 수 있는 기질 변화의 지성적 태도를 중시하고 있는 것이다. 이러한 측면이 확장된다면 사회 구성원 상호관계에서 나타날 수 있는 불안 요인은 근본적으로 제거될 수 있다고 보기 때문이다.

나아가 우계는 사회적 인간관계의 안정성을 확보하기 위하여 다음과 같은 적극적 대안을 제시하기도 했다.

가깝거나 먼 관계, 새롭거나 예날 것에 차이를 두지 말고, 많고 적음, 가볍고 무거움에 관계하지 말며, 같고 다름에 귀결시키지 말며, 이곳저곳의 다름을 말하지 않고, 항상 간사함과 올바름을 구별하고, 忠心과 阿諂을 살피며 중도를 잡아 붕당의 소멸에 힘쓴다면, 여러 현자가 모이고

---

17) 『牛溪集』, 권2, 「辛巳封事」, 〈辛巳四月 以內瞻寺僉正拜疏〉.

공론이 너욱 성해져서 사람들은 잘 다스림을 바라는 마음을 가지게 되고, 나라에는 정치가 닦이는 실효가 있어서 治化의 아름다움이 모든 곳에 미치고 백성 부양의 공이 서게 된다.18)

인간 존중의 보편적 가치를 따라 구성원 각각을 향한 상호 존중의 평등성을 강조하고 있는 내용이다. 즉 미워할 것은 정의롭지 못한 것, 공정하지 못한 것에 있다는 가치추구를 천명하면서, 그 어떠한 파당을 일으킬 수 있는 불평등의 시각을 경계하고 있는 것이다. 이와 같은 그의 '역지사지(易地思之)'적 공존론(共存論)은 『대학(大學)』에서 말하는 '혈구지도(絜矩之道)'19)의 실천을 주문하는 형식으로 나타나기도 했다.20)

또한 우계의 외향적 우환의식에서 추구된 사회적 안전성의 기반 확보는 곧 정치개혁의 노선으로 이어지고 있었다. 대표적인 사례가 오랫동안 쌓여온 시폐를 찾아 개선하며 위민정치(爲民政治)를 총괄하는 '혁폐도감(革弊都監)'의 설치 제의이다.21) 이것이 임란 10년 전의 일이고 보면 그

---

18) 『牛溪集』, 권3, 「庚寅封事」

19) 『大學』, '傳十章': "君子有絜矩之道 所惡於上 毋以使下 所惡於下 毋以事上 所惡於前 毋以先後 所惡於後 毋以從前 所惡於右 毋以交於左 所惡於左 毋以交於右 此之謂絜矩之道."

20) 『牛溪集 續集』, 권2, 「登對宣政殿啓辭」.

21) 『牛溪集』, 권2, 「辛巳封事」: "지금의 방도를 따라 지금의 법을 고치지 않는다면 비록 孔孟으로 하여금 안에서 道를 논하게 한다 하더라도 세상을 바로잡고 백성을 구제하는 방법은 역시 찾지 못할 것입니다.……임금께서는 먼저 '맞다 틀리다'라는 선제의 마음을 갖지 말고 오직 사리에 맞는 것을 취하여 백성을 편안케 할 것을 정의로 삼아서, 대신에게 지극히 알맞게 할 것을 물으며 별도의 부서를 세워 그 이름을 '革弊都監'이라 하십시오. 대신으로 하여금 그것을 관장하게 하고 소속 관원들은 빼어난 자들로 구성하여, 조종의 좋은 법이 폐지되어 행하지 않는 것은 닦아 거행하도록 하며, 오래되어 폐단이 생긴 것들은 덜고 보태서 무거운 부담으로 백성에게 해로운 것

제의의 실천적 가치가 더욱 높아 보인다.

3. 경세사상(經世思想)의 중심

1) 군도론(君道論)

서론에서도 언급했듯이 유교의 경세사상은 『대학』을 비롯한 사서오경(四書五經)에 이미 구체적으로 밝혀져 있다. 따라서 후기 유학자들은 그 경전에서 천명한 성군현상(聖君賢相)의 정치를 어떻게 구현할 수 있느냐 하는 방법론적 측면에서 경세론(經世論)을 전개하기 마련이다. 예를 들어 공자(孔子)가 "정치란 바로잡아가는 것이다."[22]라고 했을 때, 어떻게 그 바름을 추구해 갈 수 있느냐 하는 현실적 과제이다. 이러한 맥락에서 "정치는 그 사람에 달려 있다."[23]라는 말이 가능하게 되고, 그 경세사상은 바로 군도론(君道論)·신도론(臣道論)으로 집약될 수밖에 없다는 사실을 알게 된다. 우계가 보인 경세사상을 고찰함에 있어서도 필자는 이러한 점에 유의하여 세목을 설정해 보았다.

우계는 왕권정치의 현실을 긍정하며 그 군주의 위상을 다음과 같이 확인시킨다.

① 하늘이 만물을 낳는 마음으로 인류를 살펴 기르되 반드시 한 사람

을 명하여 군주로 삼아 백성을 기르는 책임을 맡겼다. 이리하여 천하의

은 제거하면서 새로운 법으로 백성에 유익한 것은 시행하게 하소서."

22) 『論語』, 「顏淵」: "季康子問政於孔子 孔子對曰 政者 正也 子帥以正 孰敢不正."

23) 『中庸』, 20장: "其人存則其政擧 其人亡則其政息……故爲政在人."

필부들은 모두 그 군주에게서 부양되기를 구하나, 살아갈 곳을 얻지 못하면 원망하고 꾸짖어 서로 배반하여 화란이 일어나므로 군주 또한 자신을 보전하지 못한다.[24]

② '하늘이 되어 백성을 부양하는 것'(爲天養民者)은 군주의 직분이다. 하늘이 만물을 낳는 마음을 군주에게 맡기며 백성의 부모가 되도록 하여 인류의 위에 임해서 보호하고 자식처럼 기르도록 하였다. 만일 그 직분을 잃게 되면 자식들이 부모에게서 얻어먹지 못하는 것처럼 천지가 만물을 낳는 마음이 막히고 행하지 못하게 되므로 사람들이 곤궁해 죽을 지경이 되어 천하에 큰 난리가 일어날 것이다. 두려워하고 경계하지 않을 수 있으랴.……만물이 낳아 주는 마음이 하늘과 땅 사이에 충만하여 사람이 이 마음을 얻어 마음으로 삼았다. 그러므로 측은함의 단초가 두루 관철하여 아이가 우물에 빠지려는 것을 보면 깜짝 놀라는 마음이 저절로 생기고, 길에 굶어 죽은 시체가 있으면 음식을 먹어도 맛이 좋게 느껴지지는 않는 것이다.[25]

위의 ①은 내일의 임금인 세자에게 올린 글이고, ②는 현재의 임금인 선조에게 올린 글이다. 공통적으로 천지만물의 존재원리와 합일하는 군주의 위상을 확인시키면서, 하늘이 만물을 생육하듯이 군주는 온 백성을 부양할 수 있어야 한다는 책임의식을 제고하고 있는 것이다. 만일 이러한 존재와 생장의 원리에 충실하지 못하면, 백성들이 이반하게 되어 결국은 왕위 자체를 지킬 수 없다는 점을 일깨우고 있다. 특히 후자에서는

---

24) 『牛溪集』, 권3, 「上王世子箚」.
25) 『牛溪集』, 권3, 「庚寅封事」.

그와 같은 천지의 이치는 우리 인간들에 내재한 본성으로 이어진다는 사실을 맹자(孟子)가 말한 '측은지심(惻隱之心)'의 해설로 증명해 주는 부분은 특이하다. 요컨대 하늘의 뜻을 나라 군수의 통치 원리가 풀이되고 있으니, 이는 마치 세종대왕의 이른바 "임금은 하늘을 대신하여 만물을 다스린다."라고 하는 '대천이물(代天理物)'의 통치이념26)과 다를 바 없다.

그러면 그와 같이 하늘의 뜻을 따라 어진 정치를 펼치기 위해서는 어떠한 태도가 필요한 것일까? 이 부분에 대하여 우계는 공부의 필연성을 제기하였다. 물론 이러한 측면이 제도화됨으로써 내일의 임금인 세자에게는 서연(書筵)의 기구가, 또 현직의 임금에게는 경연(經筵)의 자리가 있는 것이지만, 우계는 위정자가 공부해야만 하는 실질적 의미를 다음과 같이 밝히고 있다.

① 필부가 공부하지 않으면 그 폐단은 자신을 버리는 데에 그칠 뿐이다. 그러나 제왕이 공부하지 않으면 백성이 재앙을 받아 혼란과 멸망이 뒤따르게 되는데 그때 필부가 되려고 해도 될 수 없다. 그러므로 천하에서 공부하는 일이 제왕보다 급한 자 없고 몸을 닦아 백성을 편안케 하는 것보다 큰 것이 없다.……저하께서 공부를 좋아하면 天心이 禍를 뉘우쳐 혼란이 그치게 될 것이요, 공부를 좋아하지 않으시면 주인의 덕이 날로 외롭게 되어 도적들이 치열해지므로 국가 존망은 이에서 결판될 것이다.27)

② 人君이 극기하려 하지 않음이 없는데도 자기를 이기지 못하고, 善을

---

26) 『세종실록』, 「12년 3월 2일(壬寅)」; "上曰 人君 代天理物 當順天道."

27) 『牛溪集』, 권3, 「上王世子箚」.

따르려고 하지 않음이 없는데도 선을 따를 수 없으니, 그 까닭은 무엇이 겠는가? 이는 공부에 밝지 못하고 마음을 잘 다스리지 못하기 때문이다. 듣건대, 선을 따르는 요령은 선을 잘 선택하는 데에 있고, 선을 잘 선택하는 방법은 선을 잘 밝히는 데에 있으며, 선을 잘 밝히는 功은 곧 格物致知의 방면으로서 공부의 근본이다. 학문의 길은 四書에 갖추어져 있으니 옛 성현들은 이것을 공부하여 전수하였다.……많은 聖人들이 서로 전한 심법의 오묘함은 천리 보전을 극진히 하고 인욕 없애기를 잘 살피는 것이었으니, 오로지 이것 이외로는 다른 방법이 없다.[28]

이 역시 ①은 세자를 향하여 올린 말이고, ②는 선조를 향하여 올린 말이다. 올바른 공부는 곧 천명과 정의를 따를 수 있는 기본 요건으로 본것이다. 특히 ①에서는 안민정치(安民政治)의 능력 확보로서 바른 공부를 논하고 있을 뿐만 아니라, 그것은 하늘에까지 이를 수 있다는 천인감응의식(天人感應意識)을 보이고 있다. 그리고 ②에서는 『대학』과 『중용』의 요지를 따라 좀 더 심화된 내용으로서, 인욕 극복의 경지에까지 이르는 성군(聖君)의 세계를 확인시키고 있다. 더불어 우계는 '정일집중(精一執中)'[29]과 '극기복례(克己復禮)' '지인용(智仁勇)' 삼덕(三德)과, 구경(九經) 및 택선고집(擇善固執)의 다섯 요소 '박학(博學)·심문(審問)·신사(愼思)· 명변(明辨)·독행(篤行)' 등을 함께 거론하였다. 이들은 유교에서 성군정

---

28) 『牛溪集』, 권2, 「己卯封事」.

29) 牛溪는 또 「辛巳封事」에서도 '精一執中'의 공부론에 대하여 "반드시 절실히 묻고 생각을 가까이 하며 요령을 알아가고 요점을 지키며 병통을 살펴 약을 쓰고 적절히 자신에 힘쓰는 간절한 노력이 있음으로서 '精一執中'의 공부가 근거하여 나갈 수 있다." 라고 진술하였다.

치 전개의 필수 요건으로 강조되었던 내용들이다.

이와 같은 방향으로 위정자의 공부가 부단히 이어질 때에 인정(仁政)을 전개할 수 있는 품성과 통찰력이 갖추어질 수 있다고 보는 것이다. 그리하여 우계는 옛 성군의 모습을 회고하여, "어진 임금들은 공손하고 검소하며 선(善)을 좋아하고 마음을 편안히 하며 기운을 온화하게 하여 세상을 헤아리고 사물을 다루는 근본으로 삼지 않는 이가 없었다고 이르면서, 군주가 공손하고 검소하면 욕심이 적어 근본이 맑고 깨끗해지고, 선을 좋아하면 간언을 따라 이치 보기를 더 밝게 하며, 마음이 편안하고 기운이 온화하면 마음이 담담하고 청명하여 정신이 안으로 지켜져서 객기가 요동치지 않고 기혈이 순화하여 기뻐하거나 노여워함이 넘치지 않는다."라고 묘사했다.30)

그리고 그와 같은 공부의 결과는 선을 지향하여 현능한 인재를 발탁하는 요인으로 작용한다는 점을 중시하고 있다. 그는 진언하기를 "선(善)을 밝혀 가는 것은 사람을 알아보기 위함이고, 현인(賢人)을 진출시키는 것은 백성을 편안하게 하기 위함입니다. 어진이나 간사한 자의 진퇴에 따라 나라가 흥하거나 쇠망하며, 백성들도 배반하거나 복종하게 되니 신중하지 않을 수 없습니다."31)라고 하면서, 공부에 의한 선(善)의 추구는 결국 인재등용과 국가안위에 직결되는 것으로 강조하였다.

---

30) 『牛溪集』, 권2, 「己卯封事」.

31) 『牛溪集』, 권3, 「庚寅封事」 그와 같은 내용은 「己卯封事」에서 "지금 임금께서는 진실로 誠心으로 다스릴 것을 추구함에 근본을 바로 하고 근원을 맑게 하여 정직한 사람을 등용하고 굽은 이는 물리쳐서 현자에게 정무를 맡기고 유능한 이에게 일을 시킨다면, 그 은택이 백성들에게 미쳐 나아가 앉아서 태평성대를 누릴 수 있게 될 것이다."라는 말로 나타나기도 했다.

동시에 우계는 정치 비판의 활성화 구도 형성을 군도의 책무로 보았다. 이와 관련한 그의 발언을 보면 다음과 같다.

> 임금이 자신의 잘못 듣기를 싫어하면 忠言은 날로 물러나고 아첨하는
> 말은 날로 나와서, 그 정치는 반드시 혼란되고 나라는 망하게 된다.……
> 임금이 비록 신하들을 유도하여 간하게 하고 상을 주며 말하게 하더라
> 도 오히려 다 말하기 어려운 법인데, 하물며 임금이 기뻐하지 않은 聲色
> 을 보인다면 어떻게 사람들의 충고를 얻을 수 있으랴.[32]

군주의 위상과 권력이 절내직이므로 위엄을 앞세우면, 자칫 정치 행정이 독선적으로 치우칠 수 있음을 경계하고 있는 것이다. 이를 예방하면서 공정하고 투명한 정치 전개를 위한 적극적 대안으로서는 바로 언로를 넓혀 주는 일이다. 따라서 군주는 여러 가지 의견을 수렴하는 데에 그 어떠한 껄끄러움도 없도록 해야 한다고 본다. 이것의 가능성 여부는 바로 군주 그 자신의 역량에 달려 있는 것이므로, 지나친 비판적 발언에도 부담을 주지 않을 정도의 여유와 이성적 태도가 필요하다는 주장이다.

이러한 경우에는 유자(儒者)의 정치 참여에서 성군현상(聖君賢相)의 위정론을 중심으로 그 발언의 폭을 넓혀 갈 수 있고, 정치 발전의 기본 요소로서 공론(公論)의 창출이 활발해질 수 있다. 이러한 모습은 또한 충직한 신도(臣道) 형성에도 그 전초적인 의미를 가진다.

---

32) 『牛溪集』, 권2, 「己卯封事」.

2) 신도론(臣道論)

왕조시대 국가 경영의 정치 현장에 있어서 군주와 신하의 역할은 거의 절대적이다. 이러한 사실을 주목하여 우계는 "국가의 치란은 기미(幾微)의 나뉨에서 비롯하고, 그 기미는 군주의 마음에 달려 있다. 그 한 마음의 명암에 사람 등용의 사정(邪正)이 달려 있고, 그 사정에 따라 천하의 안위(安危)가 결판된다."[33]라고 하였다. 군주의 심성과 그에 따른 인물 등용에 따라서 정치 현상은 다양하게 나타날 수 있다는 말이다. 따라서 국태민안(國泰民安)의 선정(善政)을 위해서는 부단히 군주와 신하의 자질 향상문제가 모두의 과제로 간주되지 않을 수 없는 일이다.

우계는 군주의 위상을 하늘에 비유했듯이 신하의 위치도 그처럼 높은 차원으로 해석한다.

> 천하의 의리[義]는 임금을 섬기는 것보다 큰 것이 없다. 충절을 다하여 몸을 바치는 것은 모두 인심의 본연에서 나오는 것이지 밖에서 만들어지는 것이 아니다. 사람이 태어날 때 천지가 만물을 낳는 마음을 얻어서 마음으로 삼으므로, 사람을 사랑하고 만물을 이롭게 하는 마음을 그만둘 수 없게 되는 것이니, 이는 억지로 만들어진 것이 아니다. 천성에 근원하니 惻隱之心이 그쳐지지 않는다. 이리하여 선비가 집에서 행실을 닦아 천하국가까지 미치는 것이다.[34]

---

33) 『牛溪集』, 권2, 「己卯封事」.
34) 『牛溪集』, 권2, 「辭召命疏」, 〈己卯四月 時以持平召〉.

임금께 충성하고 나라를 사랑하는 신하됨의 근거는 바로 천지의 원리로서 하늘로부터 부여받았다고 보는 것이다. 이와 같은 본성적 맥락으로 충의(忠義)의 태도를 말하는 것은, 그 신도(臣道)가 임의로 조작되거나 어떤 선택의 대상이 될 수 없다는 하나의 진리체계로 확인시키려는 의지가 작용한 결과이다. 따라서 그 원리를 찾아 공부하는 것이 선비이고, 또 그렇게 파악한 것을 현실에 실천해 가는 것은 바람직한 모습으로 본다.

그 바른 모습에 대하여 우계는 또 이렇게 진술한다.

> 반드시 仁을 찾고 사물의 이치를 연구하여 동정 간에 몸소 이치를 밝히고 마음을 바르게 해야 한다. 그런 뒤에 政事에 종사하여 임금을 섬길 수 있는 것이다. 이것은 본말 선후의 순서요 사리의 필연적 행세여서 바뀌지는 것이 아니다. 혹 이 점을 알지 못하고 선비가 자기 몸을 헤아림에 자세히 살피지 못하거나 국가가 선비를 취함에 신중하지 못하면, 선비는 자기 몸을 망치고 백성은 그 피해를 입어서, 이익을 위해 벼슬한다는 수치를 당하게 될 것이다.[35]

인애(仁愛)와 궁리(窮理)의 태도로 지식을 넓히고 행실을 바르게 하여 정무를 올바로 집행할 수 있는 요건으로서, 수기(修己)의 의미를 중시하고 있는 대목이다. 만일 그 지적(知的) 수준이 낮은 상태에서 공인(公人)을 향한 수기의 과제를 제대로 해결하지 못한 채 공직에 나가게 되면, 그 피해는 여러 방면으로 나타난다는 사실도 지적한다.

---

35) 『牛溪集』, 권2, 「辭召命疏」, 〈己卯四月 時以持平召〉.

그와 같이 지식 수준과 공공의식을 함양하여 신하의 도리를 다할 수 있는 자를 유교에서는 '군자(君子)'라 하고, 그에 반하는 사람을 '소인(小人)'이라 한다. 그리하여 유신(儒臣)의 세계에서는 흔히 군자(君子)·소인(小人)론이 등장하기 마련이고, 그로 말미암아 대립각이 세워지고 파벌의식이 형성되기도 한다. 그러나 '자기가 곧 소인'이라고 자처할 수는 없는 것이니, 그러한 인물론 제시는 각인의 공공성을 높이고 정계의 흐름을 맑게 하는 역할을 한다는 점에서 의미를 가진다.

우계의 경우에서도 당연히 군자를 등용하고 소인을 물리쳐야 한다는 입장을 취한다. 문제는 군자와 소인을 어떻게 구별할 수 있으며 또 어떻게 물리칠 수 있느냐 하는 데에 있다고 본다. 즉 그는 "난세(亂世) 때는 소인을 알기 쉬우나 평세(平世)의 사신(邪臣)은 구별하기 어렵다."[36]라고 하여 그 판단의 난이도를 확인시키면서, 이 정확한 판단은 결국 군심(君心)의 청탁(淸濁)에 달린 것이므로 군주의 높은 식견을 기대하지 않을 수 없다는 입장을 보였다.

그러면서 우계는 또 이렇게 말하기도 한다.

예로부터 위정자가 어찌 반드시 소인을 모두 제거했겠는가. 소인 중에도 재주 있는 자가 있다. 다만 어진 재상을 선택하고 맡겨서 고기가 물을 만나 좋아하듯이 소인도 각각 재능을 펼쳐 능력을 발휘하게 해야 한다. 지금 자리 지키는 신하들을 어찌 하나씩 다 제거할 수 있으랴. 다만 군자에게 맡겨서 국론을 주장하게 하고, 재주 있는 자들도 각기 유능한

---

36) 『牛溪集』, 권2, 「己卯封事」.

신하가 되어서 점점 예법을 따라 깨끗한 조정 사대부가 되게 할 뿐이
다.……임금은 마땅히 대신들과 함께 재주와 덕이 있는 자들을 신중히
가려 뽑아서 미리 길러 대비해 가는 것이 오늘의 급한 일이다.37)

　여기에는 군자·소인 판단의 정확도 유지문제를 비롯한 그 물리침의
현실적 어려움이 전제된 상태이다. 즉 이른바 '소인'으로 판단되는 자에게
도 일정한 시험 과정이 적용된 것이고, 또 그들에게는 군자 못지않은 기
능 발휘의 특장이 있다는 점을 고려하여 대신을 중심으로 하는 군자의
분위기에 적응하게 하는 것이 더욱 바람직하다는 견해이다. 이 경우 군
자 제일주의의 이상론에서는 논란이 일어날 수도 있는 것이지만, 우계는
그처럼 현실성에 유의하면서 군자 중심의 대세론을 펼치고 있었던 것이
다.
　그러면서도 우계는 신도(臣道)에서 기대되는 행도의 진취성과 공공성
의 활성화가 미진한 상황에 대해서는 자각적 비판론을 전개하였다. 이러
한 사례로 다음의 두 발언이 주목된다.

　① 富貴에 뜻을 둔 자는 流俗의 무리이고, 道理에 뜻을 둔 자는 君子의
무리이다. 舜임금과 도척 사이의 거리가 멀지만, 그 나뉨은 곧 善과 利
의 차이가 있을 뿐이다. 군자의 무리에도 반드시 병통이 없는 것은 아니
니 혹 우활한 자가 있고 과격한 자도 있다. 비록 이러한 병통이 있으나
결국은 선한 부류로서 각각 장점이 있다.……유속의 사람들은 평소 놀

---

37) 『牛溪集』, 권2, 「己卯封事」.

은 뜻 없이 관작에 애착하여 업무를 볼 때 다만 문서를 살피고 옛 일에 따르기만 하여 그 자리를 잃지 않으려 한다. 전형을 맡기면 先私後公의 태도로 인하여 인재 박탁은 가신의 임무도 삼을 줄 모르며, 禮文을 강론하게 하면 재주가 용렬하고 아는 것이 어두워서 의리의 소재를 알지 못하며, 獄事를 주관하게 하면 청탁에 따라 판결하기도 한다.[38]

② 지금 流俗의 사람들을 오직 순서대로 등용한다면 어찌 바른 政教를 이룰 수 있으랴. 서울 인사들은 어려서부터 과거를 거쳐 이익과 녹봉을 추구하는 것을 기풍으로 여겨 골몰하고, 이해득실이 날마다 눈앞에 치달려서 자기 몸과 지위 보전을 일삼으니 마음이 어찌 올바를 수 있겠는가. 반드시 일을 당하면 是非를 따지지 않고 그럭저럭 지내며, 아래로는 同列만 받아들이고 위로는 임금께 어떠한 異議도 내지 않는 것으로 어질게 여길 것이다.[39]

여기서 말하는 '유속(流俗)'이란 군자와 상대적인 시각으로 설명되기도 하지만, 그렇다고 '소인(小人)'의 모습으로도 볼 수 없는 세속적 관점의 출세지향형 사람들을 이른다. 즉 업무의 공공성과 전문성 및 창의성 등이 결여되어, 현실을 반성하고 비판하면서 발전적 대안을 제시하지 못한 채 녹봉과 명예의식에 사로잡힌, 소위 무사안일(無事安逸)·연고주의(緣故主義)·복지부동형(伏地不動型)의 공직자를 가리키고 있다.

이러한 모습은 예나 지금이나 공직사회에서는 흔히 볼 수 있다. 그런데 우계는 그와 같은 인습적 분위기가 지속되는 것은 국가 경영에 있어

---

38) 『牛溪集』, 권2, 「己卯封事」.
39) 『牛溪集 續集』, 권2, 「登對宣政殿啓辭」.

서 결코 바람직하지 않는 것으로 지적했다. 그러한 나태함으로서는 침체된 정국을 활성화시키지 못하고, 또 보국안민의 정치 과제를 해결하기 어렵다고 보았기 때문이다. 그가 임란(壬亂)의 위기 상황에서도 항상 관료들의 자질을 문제시하고 있었던 것도 그와 맥락을 같이한다. 그리하여 우계는 군주와 신하 사이의 활발한 협조관계를 강조하기에 이르렀다.

3) 군·신(君·臣) 상화론(相和論)

국가 경영의 실제는 정책의 입안과 적용 및 그 효과의 연속 과정으로 진행된다. 이때에 좋은 결과를 얻기 위해서는 그 정책 수립을 위한 논의는 활발해야 하고, 입안은 분명해야 하며 그 집행자에게는 남다른 실천적 열정이 요구된다. 따라서 이러한 과정에 동참하고 있는 구성원들의 협조적인 관계는 필수적인 것이며, 계획의 실현 여건 또한 간과될 수 없는 부분이다. 말하자면 정책 명령자로서의 군주와, 집행자로서의 신하, 그리고 성공 여건으로서의 현실 상황은, 정책 성공의 3대 필수 요소로서 하나같이 움직여져야 한다는 것이다. 이러한 점에 유의한 우계는 혁폐도감 설치 제의와 같은 개혁론으로서 실천적 여건을 정책에 반영시키고자 하였고, 또 군·신(君·臣) 상화(相和)의 관계 강화로서 일체감을 제고시키고자 하였다.

우계가 군신관계를 논하는 한 대목을 보면 다음과 같다.

신하들이 일을 논의하는 것은 모두 우리 집일이다. 우리 집안일들이 모두 공평정대에 말미암아 간다면 천리를 얻고 인심도 따를 것이니, 이는 또한 임금의 큰 바람이다. 이것은 마치 수레를 미는 것과 같아 그 수레가 잘 움직일 수 있도록 하는 것이다. 반대로 私意 때문에 그 말을 따르지 않는다면 이것은 스스로 수레를 부수는 꼴이 된다.……하늘의 군셈이 너무 높지 않도록 하여 君道가 아래에 이루어지게 하고, 충직한 논의가 활발하여 臣道가 위로 행해지게 한다면, 하늘과 땅이 태평하게 교통하고 상하가 서로 이루어져서 정치가 융성하고 교화가 아름다워 재앙이 없어지고 복된 상서로움이 이르게 될 것이다.[40]

국가 경영을 하나의 가사(家事)로 여기는 가운데 구성원들의 공동체적 친근감과 상응적 협력의 태도를 수레작동에 비교하고, 그에 반하는 경우를 경계하면서, 군도(君道)와 신도(臣道)가 상하로 교감될 때에 비로소 국가의 생명력은 피어날 수 있다는 점을 강조했다. 그러면서 우계는 그 이상적 모습을 천지교감의 원리에 비유함으로써 군신 상화의 길을 정당화시키기도 하였다.

군주와 신하의 올바른 관계에 대하여 일찍이 공자는 '예(禮)'와 '충(忠)'의 덕목을 말했고[41], 맹자는 '군신유의(君臣有義)'로써 그것을 포괄적으로 정리했다. 군주와 신하의 지위는 엄격한 차이가 있는 것이지만, 신하의 일방적 복종을 당연시하는 것은 아니었다는 점에서 주목되는 것이다. 즉 그 군·신관계란 국가 경영과 백성 부양의 과제를 전제한 경우이므로, 단순한 두 사람만의 관계로 해석될 수 없었다는 점이다.

이러한 입장을 배경으로 우계는 군주와 신하의 상화적(相和的) 교통론(交通論)을 다음과 같이 전개했다.

---

40) 『牛溪集』, 권2, 「己卯封事」.
41) 『論語』, 「八佾」: "定公問 君使臣臣事君 如之何 孔子對曰 君使臣以禮 臣事君以忠."

임금과 신하 사이의 분별은 하늘이 높고 땅이 낮음 같아서 높고 낮음에 일정한 위치가 있다. 그러나 이치의 형세가 서로 따르는 면으로 보면, 반드시 임금은 아래로 신하에게 구하고 신하는 임금께 경계를 올림으로써 군도가 아래로 흐르고 신도가 위로 돕도록 해야 한다. 그러한 뒤에 德業이 이루어지고 治化가 나타나는 것이니, 이것은 변함없는 이치이다. 『周易』에서는 乾이 아래이고 坤이 위로 하여 '泰卦'가 되었다. 이는 하늘과 땅이 교통하여 만물을 낳는 모습이다. 만일 하늘이 위에만 있고 땅이 아래에만 있어서 끊겨 서로 교통하지 못하면 사물을 낳는 도가 소멸된다.[42]

우계는 이처럼 『주역(周易)』의 '태괘(泰卦)'를 활용하여 군신상화의 이상을 천지운행(天地運行)의 조화(調和) 원리(原理)에서 찾고 있다. 즉 임금과 신하는 결코 비교될 수 없는 위치이지만, 국가 경영의 공동 과제를 중심으로 하는 상호 작용의 긴밀함은 천지 음양 관계와 같이 서로 화응하여 결코 떨어질 수 없는 사이로 이어져야 한다고 보는 것이다.

그러한 군신상화의 기반은 바로 신하의 등용에서부터 형성되는 것이므로, 우계는 또 이르기를 "좋은 목수는 무딘 연장으로는 일을 잘 할 수 없으며, 밝은 군주는 둔한 인물과는 업적을 이룰 수 없다. 사람을 잘 쓸 수 있으면 군주가 비록 용렬하더라도 그 나라를 유지할 수 있지만, 사람을 잘 쓸 수 없으면 군주가 혹 실덕함이 없더라도 위망에서 벗어나기 어렵다."[43]라고 하였다. 어신 임금에 민능민 신히의 경우가 가장 이상적이

---

42) 『牛溪集』, 권2, 「己卯封事」.

43) 『牛溪集』, 권2, 「己卯封事」.

지만, 부족한 군주보다 더 문제되는 것은 무능한 신하라고 보는 것이다. 이러한 발언은 재상에게 정치 행정의 실무를 맡기는 '선왕지제(先王之制)'이 정치체제를 의식하여 나타난 것으로 보인다.

그렇다고 군주를 이른바 '무위이치(無爲而治)'의 위상으로 간주하지도 않았다. 세종 원년엔 그 '선왕지제'와 더불어 임금이 정무를 직접 챙기는 '시왕지제(時王之制)'의 논란이 있었지만,44) 결국은 후자가 우세한 전통이 흐르고 있었기 때문이다. 그리하여 우계는 현재(賢才)의 등용을 군주의 책무로 강조하면서도,45) 군주는 항상 눈과 귀를 열어 놓아 여러 사람들의 의견을 들을 수 있어야 하고, 또 정무의 현실을 파악하여 그 결과를 확인하며, 새로이 개선해 나갈 수 있는 총괄적 안목을 갖추어야 한다는 입장을 견지하였다.

그와 같은 군신간의 밀접한 관계성을 논하는 것은 유자(儒者)의 위정론에서 쉽게 발견할 수 있다. 그러나 정책의 개발과 실현의 효과를 증진시키기 위한 군신관계에서 특히 화응성을 중시하며, 그 이론적 근거를 천지운행의 원리에서 도출하여 당위의 수준을 제고시키고 있었던 점은 우계의 특이함으로 보인다.

---

44) 세종 원년(1419) 1월에는 의정부 참찬 金漸의 '先王之制' 주장과 예조판서 許稠의 '時王之制' 주장이 활발하게 전개되었는데 세종은 결국 이 후자를 택했다.

45) 『牛溪集』, 권2, 「己卯封事」: "堯가 천하를 다스릴 때 舜을 얻지 못하는 것을 자기 근심으로 삼았고, 舜이 천하를 다스릴 때에 禹와 皐陶를 얻지 못함을 자신의 근심으로 삼았다. 지금 임금께서 인재 얻지 못함을 근심하지 않으면서 단지 時事가 잘 다스려지지 못하는 것을 근심한다면, 그 근심이 비록 깊어진다 해도 그것은 풀릴 수가 없을 것이다."

4. 우환의식(憂患意識) 발현으로서의 국가 경영론

유교 사회에서 정치 사회에 대한 우환의식은 국가 경영의 발전 요인으로 작용한다. 안병주는 모종삼(牟宗三)의 경(敬)·경덕(敬德)·명덕(明德)·천명(天命) 중심의 우환의식론(憂患意識論)46)을 확인하면서, 우환의식이란 도덕의식으로 끝나는 것이 아니라 정치의식이 포함되는 것47)으로 보았다. 그는 그 근거로 맹자의 이른바 "백성의 윗사람이 되어서 백성들과 더불어 즐거움을 같이하지 않는 것은 잘못이다. 백성의 즐거움을 즐거워하면 백성 또한 그 즐거워하심을 즐거워하고, 백성의 걱정을 걱정하면 백성 또한 그 걱정하심을 걱정한다. 천하 사람들로 즐거워하고 천하 사람들로 걱정하고서 왕답지 못한 경우는 있지 않다."48)라는 발언을 주목했다.

그와 같은 우환의식의 정치적 반영은 언로(言路)가 열려 있을 때에 가능하다. 그러므로 우계는 언로가 모든 사람들에게 열린 상황을 강조하였다. 이러한 모습은 이율곡의 탄핵이 부당한 것임을 아뢰는 상소에서 뚜렷이 나타났다.

臺諫은 말하는 것을 책무로 삼고 公論이 달려 있는 곳이기도 합니다.
그러나 사람됨의 邪正에 따라 말에 得失의 다름이 있을 수 있습니

---

46) 牟宗三, 『中國哲學的特質』臺灣 學生書局, 1980, 14~18쪽.

47) 安炳周, 「유교의 우환의식과 퇴계의 '敬'」, 『退溪學報』제35집, 퇴계학연구원, 1982, 43~55쪽.

48) 『孟子』, 「梁惠王下」: "爲民上而不與民同樂者 亦非也 樂民之樂者 民亦樂其樂 憂民之憂者 民亦憂其憂 樂以天下 憂以天下 然而不王者 未之有也"

다.……지금처럼 玉堂이라야 대간의 잘못을 논할 수 있고 다른 사람이 대간을 논하는 것에는 凶邪의 罪를 가하려고 한다면 여기에 어찌 이치가 있으리오. 역시 그 말의 邪·正에 달려 있을 뿐입니다.[49]

제도권으로 국한된 언로의 편향성을 비판하면서, 바름[正]의 국가 운영에 제약이 초래될 수 있음을 경고하고 있는 것이다. 이러한 내용의 상소를 접한 선조는 그 타당성을 인정하고 있을 뿐만 아니라, 대신들에게 임금 섬김의 기본 도리에 어긋남이 없는지 반문하면서 일방적인 율곡 탄핵의 흐름에 의혹을 제기하기도 하였다. 언로에 그 어떠한 막힘이 없을 때 비로소 공정하고 투명한 정치가 보장될 수 있다는 우계의 주장에 선조도 공감하고 있었던 것이다.

그리하여 우계는 현직의 유무를 넘어 그러한 언로를 통해 다양한 국가 운영 방안을 제시하였다. 특히 임진왜란의 국가 위기 상황에 직면해서는 심대한 우환의식의 반영으로서 그 모습은 더욱 뚜렷이 나타났다.

임진년 왜적이 침공한 지 3개월째 될 때, 우계는 왕세자에게 차자(箚子)를 올리면서 다음과 같은 시무(時務) 15개조를 제시하였다.[50]

① 항상 편전에 나와 현실 상황을 면밀히 파악하면서 병력 강화의 묘책을 강구할 것, ② 행궁 주변의 민심을 안정시키기 위한 노인 접견과 민폐 해소 등의 조치를 취할 것, ③ 전국에서 인재를 찾아 임무를 주고 특히 무예가 뛰어난 자들을 임대시킬 것, ④ 서자 차별의 법을 폐지하여

---

49) 『선조실록』, 「선조 16년 7월 15일(甲午)」.

50) 『牛溪集』, 권3, 「時務便宜十五條」.

인재 등용의 폭을 넓힐 것, ⑤ 軍律의 적용을 엄격히 하여 기강을 확립하되 과거사 처벌에 대해서는 백의종군의 기회를 부여함으로써 화합 분위기도 병행시킬 것, ⑥ 정확한 사실에 근거한 論功行賞으로 軍氣를 제고시킬 것, ⑦ 남방 義兵에 국운이 달려 있다는 사실을 중시하여 적극적으로 위무하고 포상할 것, ⑧ 전사자들의 공훈에 상을 높이고 그 가족들에게도 녹봉과 상금을 내려 충혼의 감동을 심화시킬 것, ⑨ 일시적으로 수령들에게 친병을 갖추도록 하여 수령의 위엄과 역할을 다지도록 할 것, ⑩ 조세와 공물 및 부역을 최소화 하여 백성의 고통을 덜어 줌으로써 민심 이반을 예방하고 조정에서는 난시 정국을 감안하여 더욱 검약하는 모습을 보일 것, ⑪ 강원도 伊川에 있는 行朝의 주변 경계를 강화하여 남쪽 병력의 수도 회복 의지를 높이도록 할 것, ⑫ 해자를 깊이 파고 보루를 높이 쌓아 적군을 방어하도록 하고 매복 작전을 감행하여 적의 선봉대를 궤멸시키도록 할 것, ⑬ 척후병을 멀리 파견하고 간첩 활동을 강화하여 정보 수집의 용병술로 아군의 참패를 모면하게 할 것, ⑭ 물을 소유하고 있는 천민과 양민 그리고 사족들에게 신분 상승의 제도를 활용하여 군량 확보를 넓히고 천민의 입대 기회를 확대시킬 것, ⑮ 전쟁의 와중에서 병기를 소유하게 된 백성들을 효유하여 그것을 내놓을 수 있도록 포상 제도를 시행할 것 등이다.

그리고 그로부터 약 5개월 뒤에는 행재소의 임금께 다음과 같은 9개 조항의 시무책을 건의하였다51)

① 왜적 격퇴를 위한 장수 선발과 병사 훈련 및 군량 확보의 계책을 강

구할 것, ②국가 보위의 전투력 향상을 위해 의병과 관군을 통합하도록
할 것, ③ 비변사와 팔도 관찰사를 중심으로 훌륭한 장수를 추천받아
용맹과 지략이 뛰어난 장수를 선발하도록 할 것, ④ 무예가 뛰어난 인재
와 숨은 장병들을 모을 수 있는 무과 시험장을 설치 운용하여 군대를
정예화시킬 것, ⑤ 募粟官을 증원 배치하여 균형적 세수 확장으로 軍資
비축을 강화할 것, ⑥ 敗將들에게 군율을 더욱 엄격히 적용하여 전투에
최선을 다하도록 할 것, ⑦ 신라의 경우과 같이 忠義의 길로 희생된 자
들은 품계를 따라 추증하고 처자들을 구휼하여 충의의 기풍을 진작시
킬 것, ⑧ 행재소 설치로 피해가 가중된 평안도 백성들에 유의하여 민
심 이반 예방의 차원에서 지나친 공물이나 부역을 가하지 말 것, ⑨ 오
늘의 파국을 초래하게 된 원인을 조정에서 찾는 자책 교서를 내리고 관
리들에게 더욱 성실한 복무를 독려하여 臥薪嘗膽 국권회복을 위한 민
심 화합과 국력 신장을 꾀할 것 등이다.

우계는 또 명(明)나라에서 온 지원병과의 유대 관계를 매우 중시하였
다. 즉 명나라 장군이 군수품 운송의 애로로 회군까지 고려한다는 소문
에도 조정에서는 확실한 입장을 제시하지 못하자, 우참찬의 직위에 있던
그는 의주(義州)에 쌓여 있는 중원의 13만 석 곡물을 비상수단으로 반드
시 운반할 것을 강조하고 있었을 뿐만 아니라, 임금의 행차 전진도 제의
하였다.

---

51) 『牛溪集』, 권3, 「行朝上便宜時務」.

大駕가 전신하기를 지금 상하 모든 사람들이 바라고 있습니다. 옛 수도
가 함몰되어 유민들은 날마다 돌아오실 것을 바랍니다. 명나라 장수가
군사를 돌린다면 국가는 다시 회복될 수 없습니다. 옛 전쟁 중에는 나
라 임금이 행군에 함께 따랐지 지금처럼 물러나 있는 일은 없었습니다.
저의 생각에는 平壤이나 松京으로 전진하심이 합당할 듯합니다.[52]

　　명나라 군인의 참전 사기가 떨어지지 않도록 적극적인 조치를 취하면
서, 백성과 함께하는 임금의 행렬 전진으로 국난 극복의 총화체제를 강
구하자는 의견이다. 이러한 제의는 조정 신하들에게는 물론 선조 임금에
게도 수렴되어, 더 이상의 위약한 모습에서 벗어날 수 있도록 하였다.
　　그리고 임란 발생 2년 만에는 또 다음과 같은 14개 조목의 시무책을
제시하기도 했다.[53] 이것은 그 전년 10월 비변사를 향해 국난 극복의 계
책을 각각 제시해 보라는 왕명을 배경으로 한 것이다. 그 요지를 정리하
면 다음과 같다.

　　① 호조에 비상용 기구를 설치하여 위난 극복의 회계를 작성하고 조세
기준을 새로이 적용할 것을 공지하면서 지방관의 불법 수익을 엄정히
다스릴 것, ② 국난 극복의 고통을 백성들과 함께하는 차원에서 조정에
서는 더욱 검약하도록 하여 평정 시까지는 지방의 진상품을 정지시킬
것, ③ 민폐를 더하는 지방의 탐관오리의 작태를 예방하기 위하여 팔도
에 청렴한 문관을 파견하여 감시토록 하고 수시로 암행어사를 보내 가

---

52) 『선조실록』, 「26년 2월 13일(戊戌)」.
53) 『牛溪集』, 권3, 「便宜時務畫一啓辭」.

렴주구를 제거시킬 것, ④ 軍功으로 武夫를 수령으로 삼아 민폐를 더하는 현행 제도를 폐지하고, 자애·청렴의 덕성과 행정의 재능을 갖춘 자를 찾아 수령으로 제수하여 애민정치의 기반을 돈독히 할 것, ⑤ 병력운영과 농업활동의 큰 과제를 해결해 가기 위하여 州縣의 경우 지나친 병력 차출이 없도록 행정 조치할 것, ⑥ 戰陣 차출로 인한 수령 직무의 공백을 메우고, 출중한 무예 수령의 內地 복무의 모순을 극복하기 위한 인사 행정을 취할 것, ⑦ 軍功이 일들인 자들을 계속 차출함으로써 발생하는 불만을 해소하고 軍力을 강화하기 위한 평가와 배정을 私賤에까지 적용할 것,

⑧ 公私의 재정 고갈과 군수 물자 부족을 극복하기 위해 제주의 곡물을 활용할 수 있도록 할 것, ⑨ 모속관의 부정과 악용 그리고 그에 따른 민폐를 극복하기 위해 품목 결정과 납품 시기를 관청이 주도하도록 할 것, ⑩ 척후병을 멀리 보내서 정탐하고 특히 장수 선발, 병사 훈련, 군량 확보, 병기 수선으로 전투력을 높이며 장수와 병사 사이에는 면식과 연고의식을 살려 단결력을 제고시킬 것, ⑪ 참전하는 明나라의 군대 운영과 전투 방식을 따라 전투의 집중력을 높이도록 할 것, ⑫ 애국 충절정신으로 전쟁에 참여하여 희생된 사람들과 그 가족들에게 포상하여 백성들이 일심 단결하도록 하고, 특히 의병장 김천일과 조헌의 공은 역사에서 높여 줄 것, ⑬ 임금은 국가 위난 극복의 중심에서 국정 운영의 정도를 따라 더욱 노력하고, 특히 명나라 장군들에게 예를 다하여 전투력을 높여가도록 하고 조정 신하들에게는 각기의 업무에 더욱 충실하도록 독려하면서 부단히 賢才를 찾아 등용하고 言路를 넓혀 지혜를 모아 정책에 적극 반영할 수 있어야 한다는 점 등을 강조하였다.

이에 대하여 선조는 "매우 가상하다. 비변사에 내려 의논 처리하도록 하겠다."라는 말로 정책의 기조로 삼을 것을 다짐하는 모습을 보였다.[54]

이상의 사실을 주목해 볼 때에 우계는 평소 넓혀 온 지식과 국정 참여의 경험 및 국난 극복의 우환의식을 포괄적으로 승화시켜, 전시의 국가 경영론을 구체적으로 제시하고 있었음을 알 수 있다. 위 행간에서 우계는 적병들에게 군민(軍民)이 적극 저항하지 못할 뿐만 아니라, 때로는 민심 이반 현상까지 나타나게 되는 것은, 그간의 과중한 조세와 부역 강요 및 탐관오리들의 부패 행위 때문이라는 사실을 지적하기도 했다. 또 그는 왜병에 속수무책으로 당하기만 하는 현실을 안타깝게 여기면서도, 특히 신라군의 용기와 단결력 그리고 당시의 거국적 대응을 종종 확인시키면서 그러한 방책을 제시하는 모습을 보였다.

5. 결론

필자는 지금까지 조선조 16세기의 큰 유학자 우계(牛溪) 성혼(成渾)과 관련한 자료에 근거하여 그의 우환의식과 경세사상을 유기적으로 살펴보았다. 그에 있어서의 경세사상은 유가 경전에 나타난 위정론과 그 시대적 삶에서 비롯하는 우환의식을 기반으로 하는 것이었다. 그는 일찍이 부친 성수침(成守琛)에게서 수학하면서 성리학에 밝았지만 그저 학자로서만 머무를 수는 없었다. 그의 학덕이 높았던 만큼이나 조정의 부름은

---

54) 『선조실록』, 「27년 5월 22일(己亥)」.

끝이 없었고, 임진왜란이라고 하는 망국의 위기의식을 피할 수 없었기 때문이다.

이제 이 글을 맺으면서 본 주제와 관련한 필자의 소감을 밝히면 다음과 같다.

첫째, 우계의 어려서부터 형성된 성인(聖人) 목표의 수기적(修己的) 우환의식(憂患意識)은 사람들에게 높은 인격 함양의 모델로 작용할 수 있게 했다는 점이다. 우계는 성리학적 인간관을 배경으로 기질 변화의 문제를 공통의 과제로 인식시켰을 뿐만 아니라, 일상에서는 근검절약과 겸양의 모습으로 일관했다. 그리하여 그는 생시는 물론 사후에 이르기까지 그 어떠한 허례허식이나 형식주의를 철저히 배격한 채, 겸손과 검소의 자수적인 모습을 남기려고 노력했다.

둘째, 수기치인의 논리 속에 보국안민을 목적으로 하는 군도(君道)·신도론(臣道論) 중심의 경세 사상은 유기적 이론체계를 갖추고 있다는 점이다. 즉 사람의 도리나 직분의 원리를 나누어 말하지 않으면서, 각각의 기본적인 원론을 확인할 때에는 반드시 하늘, 즉 천지 자연의 이치와 연계시킴으로써 그 정당성을 심화시키고 있다. 또한 각종 정책론의 실제에 있어서는 민생의 문제를 연계시켜 위민정치의 이상을 견지하고 있었던 것이다.

셋째, 부단한 비판의식을 정당화하고, 정치 발전과 시정의 효력을 증진하기 위한 개혁의식이 활발히 작용하고 있었다는 점이다. 우계는 소인의 완전 제거 불가론을 펼치면서도 '유속(流俗)'의 인습 타파를 위한 비판론을 전개했다. 특히 율곡이 탄핵되는 것을 보고는 제도권 언론의 편향성을 정면으로 비판하여 선조의 마음을 돌리게 했을 뿐만 아니라, 국정

쇄신을 위한 특별한 조치로서 혁폐도감의 설치까지 제의하고 있었던 것이다.

넷째, 우계의 건강 유지 부분에는 아쉬움이 크다는 점이다. 그는 수많은 사직 상소에서 항상 어려서부터 자신의 건강이 좋지 않다는 사실을 확인시키고 있다. 그럼에도 불구하고 그는 부친의 병환에 허벅지 살을 베는 할고(割股) 효행을 감행하기도 했다. 필자에게는 그가 비록 의료상식을 가지고 있었다 하더라도, 아마 그것이 그 후의 건강에 어떠한 영향을 미치지는 않았을까 하는 의구심이 들기도 한다. 하지만 그는 64세라는 당시로 보면 장수에 해당될 일생을 살면서, 친구인 이율곡과 달리 임진왜란의 고초 속에 특별한 국난극복의 대책까지 제시했던 점은 그의 특이한 모습이 아닐 수 없다.

요컨대, 현실에 대한 반성과 비판이 없으면 발전을 기약할 수 없듯이, 우계에 있어서는 부단한 자아 완성과 국태민안을 위해 안팎으로 수많은 근심 걱정을 낳았다. 그 우환의식이 하나의 생명력으로 작용하여 인생의 가치를 높이는 것이었고, 또한 사회 발전의 과제로 제기되는 것이었다. 우계의 그러한 모습을 보면서, 필자는 오늘날의 지성들도 우리의 인격 함양과 사회 발전을 위하여 과연 어떠한 근심 걱정을 가지는 것이 바람직한 것인가 하는 자성(自省)의 필요성을 느끼게 된다.

파산서원의 창건·변천과 파주사족의 동향[1]

이해준[2]

〈차례〉

1. 머리말

본고는 파산서원(坡山書院)의 역사와 변천, 그리고 그 과정에서 보이는 파주 사족의 동향, 파산서원의 사회사적 성격을 조망하여 보는 논고이다. 따라서 이미 많은 연구가 축적된 청송(青松) 성수침(成守琛)이나, 우계(牛溪) 성혼(成渾), 휴암(休庵) 백인걸(白仁傑) 등 파산서원에 제향된 인물들

---

1) 이 논문은 우계학보 제34호, 우계문화재단, 2016년 게재한 논문이다.

2) 李海濬, 공주대학교 교수

에 대한 상세한 언급은 가능하면 피하면서, 파산서원이 지닌 역사적 의미와 변천의 모습에 주목하여 보고자 한다.

우·율(牛·栗), 혹은 파주삼현(坡州三賢)으로 상징되는 파주의 학풍과 학맥에 대하여는 그동안 많은 주목들을 하여 왔으나, 명쾌한 학통으로 확립되지는 못한 아쉬움이 있다. 파주의 학풍은 또 '파산학(坡山學)'으로 불리기도 하는데, 택당(澤堂) 이식(李植, 1584~1647)은 파산서원(坡山書院) 상량문(上樑文)에서, "'한경(漢京)의 삼보(三輔)로 자리를 잡고서, 질(質)과 문(文)의 혜택을 흘려보내 상(商)과 주(周)의 뒤집힌 물결을 만회하였는가 하면, 굳게 붙잡으며 일으켜 세우는 신령스러운 힘을 밝게 드러내어 관락(關洛)의 추락한 학문의 기풍을 다시 진작시킨 곳'이라 하고, 정조대의 파주유생(儒生)들은 팽팽한 지역적 자부심을 내세워 '신들이 살고 있는 지역은 바로 여러 선현이 살았던 곳으로, 문성공(文成公) 이이(李珥)와 충숙공(忠肅公) 백인걸(白仁傑), 문정공(文貞公) 성수침(成守琛), 문간공(文簡公) 성혼(成渾)이 전후로 서로 잇따라 도학을 강명(講明)하였다'고 강조하고 있음"을 말하고 있다.

이와 같은 파주의 학문과 사상을 온축시키며 주도해 온 인물과 그들을 제향해 온 서원들이 있는데, 본고에서는 그중에서 파산서원을 중심으로 파주 향촌사회와 사족 동향을 살펴보고자 한다. 기존의 연구 성과와 추가로 확인되는 문헌 자료를 바탕으로 정리를 하였으나, 아직도 불실한 부분이 많아 앞으로 제현의 질정과 자료 보완이 필요할 것으로 생각한다.

2. 파주의 사림활동과 '파산학'

영남을 흔히 '추로지향(鄒魯之鄉)'이라 하지만, 파주도 '조선의 추로(鄒魯)'라는 지칭을 받았던 곳이다. 수은(睡隱) 강항(姜沆)이 파산(坡山)을 "노나라처럼 어진 사람이 많다."라고 하였다든가, 숙종 대 파주 유생들이 "파주 고을은 평소에 우리나라의 추로라고 불리었다.(坡州一邑 素號我東鄒魯)"라고 한 말이 그 예(例)가 된다. 그런가 하면 윤선거(尹宣擧)는 전라도 남평의 「봉산서원이건제문(蓬山書院移建祭文)」에서 휴암 백인걸을 칭송하면서, "정암(靜庵) 도학(道學)을 일찍이 심복하여 죽음을 무릅쓰고 지켜오더니 느지막에 파산학을 열어 주시어 우리에게 영세토록 혜택을 주었다.[3]라고 말하고 있다.

이와 관련하여 택당 이식의 파산서원 상량문에서는,

> 생각건대 파산의 한 지역으로 말하면, 한경(漢京)의 삼보(三輔)로 자리를 잡고서, 질(質)과 문(文)의 혜택을 흘려보내 상(商)과 주(周)의 뒤집힌 물결을 만회하였는가 하면, 굳게 붙잡으며 일으켜 세우는 신령스러운 힘을 밝게 드러내어 관낙(關洛)의 추락한 학문의 기풍을 다시 진작시킨 곳이라 하겠다.
>
> 탁월하도다. 청송 성수침의 드높은 그 풍도여, 흔들리지 않는도다. 휴상(休相) 휴암 백인걸의 곧은 그 절조여. 용처럼 숨었다가 봉황처럼 날아오르자 위학(僞學)이 여지없이 금지되었고, 쇠처럼 굳세고 옥돌처럼 단

---

3) 尹宣擧, 「蓬山書院移建祭文」(나주 남평)

단하게 대처하자 무옥(誣獄, 乙巳士禍)이 중도에 저지되었다.

하늘과 땅의 바른 기운은 마음을 확충하고도 남음이 있고, 기산(箕山)
과 영수(潁水)의 맑은 바람은 예로부터 지금까지 사라지지 않고 있나니,
다 함께 정암(靜菴) 조광조(趙光祖)의 한 도맥(道脈)을 일으켜 세워 선
묘(宣廟)의 성대한 첫 시대를 크게 열어 주었도다.[4]

라고 한 것을 유념해 볼 만하다. 조선 후기 정조대에 파주 유생 조심진
(趙心鎭) 등도 상소에서 다음과 같이 말하고 있다.

신들이 살고 있는 지역은 바로 여러 선현들이 살았던 곳입니다. 선정신
문성공 이이, 고 참찬 충숙공 백인걸, 고 처사 문정공 성수침, 선정신 문
간공 성혼이 전후로 서로 잇따라 도학을 강명하였습니다. 충숙공 백인
걸은 선정신 조광조 문하에서 사사하고 이문성과 성 문정 두 선현과 서
로 도와 학문을 닦았습니다.[5]

또한 정조대의 파주 유생 정재간(鄭在簡) 등 189인이 올린 다음의 상
소문에서도 살필 수 있다.

신들이 거주하는 곳은 바로 기내(畿內)의 파주인데, 지금까지도 마을의
서당에서 효제충신이 사람의 타고난 본성으로 당연히 해야 하는 덕목
인 줄을 아는 것은 실로 선성신 충숙공 백인걸, 문성공 이이, 문간공 성

---

4) 李植, 『澤堂集』 별집 권 12, 「坡山書院上樑文」
5) 『일성록』, 정조 9년(1785) 8월 27일(갑진), 파주 유생 趙心鎭 등의 상소.

혼 세 선생의 도덕과 행의에 사람들이 깊이 감화되어 체화되었기 때문입니다.

이 세 선현은 같은 시대를 살다가 죽은 뒤에는 각기 몇 칸의 사당이 건립되었습니다. 충숙공을 제사하는 곳은 월롱산 휴암 아래에 있는데, 휴암은 충숙공이 취하여 호(號)를 삼은 것입니다. 문성공은 여러 선대의 묘소가 자운산 아래에 있고, 문간공은 일생 동안 거주하던 곳이 바로 파산촌입니다. 그래서 각기 그들이 머물던 곳에 나아가 존모하여 제사 지내는 도리를 다하고 있습니다.[6]

이상에서 파주 선비들의 파주에 대한 자부심을 잘 살펴볼 수 있다.

파주를 추로지향으로 불리게 한 학자로 율곡(栗谷) 이이(李珥, 1536~1584)와 우계(牛溪) 성혼(成渾, 1535~1598)을 들 수 있다. 두 사람은 살아서는 도학을 함께 논하고 정치적 성향을 같이하는 동지였고, 죽어서도 '우율(牛栗)' 또는 '율우(栗牛)'로 불리면서 문묘종사(文廟從祀)라는 명예는 물론 정치적 불운도 함께 하였다.

율곡과 파주의 인연에 대하여는 이미 수많은 글들이 있고, 잘 알려진 바이다. 이이는 파주 자운산 아래의 율곡리가 그의 텃밭이었다. 그는 8세 때 「화석정(花石亭)」이라는 시를 지었을 정도로 소년시절 파주를 왕래했고, 학문의 성취시기인 청년기의 거의 전부를 파주에서 지내면서 성수침과 백인걸로부터 정암 조광조의 도학과 정치적 경륜을 배우며, 평생지기였던 우계 성혼과 교의를 나누었다. 그리하여 그의 학문적 성숙과 저술

---

6) 『일성록』, 정조 14년(1790) 2월 13일(갑자), 파주 유생 鄭在簡 등 189인의 상소.

이 파주에서 대부분 이루어졌으며, 무엇보다도 호를 '율곡(栗谷)'이라 한
것과,『성학집요(聖學輯要)』를 비롯한 그의 대표적 저술인『격몽요결(擊蒙
要訣)』,『학교모범(學校模範)』,『경연일기(經筵日記)』등이 파주에서 구상
되고 편찬되었다. 그래서 파주를 '율곡학(栗谷學)의 산실(産室)'이라고도
한다.

율곡 이이와 함께 파주를 대표하는 유학자가 우계 성혼이다. 성수침의
아들로 10세 때 부친을 따라 파주로 왔고, 향리의 지명을 따라 '우계(牛
溪)'로 호를 삼았다. 성혼은 아버지 청송 성수침과 휴암 백인걸의 가르침
을 받았으며, 64세로 작고할 때까지 평생을 파주의 우계(牛溪)를 떠나지
않았다. 윤두수(尹斗壽), 윤근수(尹根壽), 정철(鄭澈), 심의겸(沈義謙) 같은
서울 경기지역의 인물과, 영남에서 최영경(崔永慶), 정인홍(鄭仁弘)과 양
홍주(梁弘澍) 같은 선비들까지 그를 찾을 정도로 명망이 높았다. 성혼은
자신을 찾아오는 학도를 가르치기 위해 자신의 거처인 파주 우계에 서실
(書室)을 열고, 22조목으로 된 「서실의(書室儀)」를 지었다고 한다.

우·율(牛·栗)의 문인들은 주로 기호지역 사림들이 많았는데, 그 대표
적 인물로는 김장생(金長生), 이귀(李貴), 조헌(趙憲), 윤황(尹煌), 신응구(申
應渠), 이정구(李廷龜), 오윤겸(吳允謙), 황신(黃愼), 정엽(鄭曄) 김권(金權),
김집(金集), 김류(金瑬), 김상용(金尙容), 신흠(申欽), 강항(姜沆), 김육(金堉)
등이 있다. 이들은 후일 퇴계(退溪) 이황(李滉)과 남명(南冥) 조식(曺植)의
문인을 주축으로 하는 영남학파와 비견되는 기호학파의 거물들로 성장
하였다.

청송·휴암이 사림으로서의 위상과 생활의 모범을 보인 토대 위에, 후
배인 율곡과 우계를 중심으로 한 파주사족의 동향을 구체적으로 보여

주는 것은 파주향약(坡州鄕約)의 실시와 파산서원(坡山書院)의 창건이라 할 수 있다.

파주에서 향약(鄕約)이 제정된 것은 타 지역보다 비교적 빠른 시기인 1560년(명종 15)이다. 율곡 이이가 25세 때 지은 파주 향약의 서문, 즉「파주향약서(坡州鄕約序)」에는 당시 군수 변협(邊協, 1528~1590)이 향약 제정의 시기와 배경을 밝히고 있다. 불과 25세밖에 안 된 율곡이 서문을 쓴 것도 놀랍거니와, 이를 통해 율곡이 파주지역 유교윤리의 보급과 교화에 앞장서고 있는 사실과, 그리고 다른 지역에 비해 파주에 사림적 향촌질서 수립 움직임이 비교적 이른 시기에 선구적으로 시도되고 있었음을 알게 된다.

다음으로 파산서원의 창건이다. 율곡은 1568년(선조 원년) 33세의 젊은 나이로 통문을 내어 청송 성수침을 제향하는 서원 건립을 발의하였다고 한다. 기록에서는 휴암 백인걸과 율곡이 함께 이 창건을 발의하는 것으로 보이나, 휴암이 당시 70세의 고령이었던 점을 생각하면 휴암의 지시와 의론을 좇아서 율곡이 앞장을 섰던 것이며, 청송의 아들인 우계는 뒤에서 도왔을 것으로 추측된다. 그러나 파산서원은 창건 과정이나 초창기 운영이 매우 부진하였다. 20여 년이 넘도록 서원의 영건사업은 끝나지 않았고 위판봉안마저 하지 못했던 것이다. 이로 미루어 보면 당시 파주지역의 사림세가 향촌을 주도할 만큼 충분하지 못하였음을 엿볼 수 있다.

3. 청송 성수침과 청송서원 창건

파산서원(坡山書院: 聽松書院)은 1568년(선조 1) 휴암 백인걸과 율곡 이이, 그리고 파주 일대 유생의 발의에 의하여 청송(聽松) 성수침(成守琛, 1493~1564)을 제향하고, 유생들의 장수처(藏修處)로 삼기 위하여 설립되었다. 이러한 16세기 초반 파주의 사림 분위기가 마련되는 과정에서, 성수침과 백인걸의 입향과 정착은 결정적인 단초를 제공하였다. 성수침과 백인걸은 당시 새로이 유력한 정치세력으로 대두하던 사림(士林)의 영수(領袖) 정암(靜庵) 조광조(趙光祖, 1482~1519)의 문인들로서, 기묘사화(己卯士禍)로 인하여 유교적 이상의 정치실현이 좌절되자 향리로 낙향하거나 연고지를 찾아 은둔하며 수기(修己)와 학문에 힘쓰게 된다.

성수침은 조광조의 문인으로, 중종·명종 때 도학과 청절(淸節)로서 이름이 높았던 인물이다. 그는 처향(妻鄉)인 파평 늘로리 우계(牛溪)에 죽우당(竹雨堂)을 지어 정착하였는데, 파주에 우거하던 휴암(休庵) 백인걸(白仁傑, 1497~1579)과 교유하면서 파주의 사림 분위기를 주도하였다. 백인걸은 외가가 교하 만우리(萬隅里)였고, 처가도 파주의 교하(交河) 일대에 많은 전지를 소유해 유명했던, 고려 말 안목(安牧)의 후손 집안이어서 일찍부터 월롱산 아래에 우거(寓居)하였다. 사림의 향촌활동을 특징짓는 향약이 파주에서 명종 15년에 빠르게 시행된 것도 사실은 성수침과 백인걸의 파주 거주와, 그리고 그들의 영향 아래서 생겨난 파산학이나 그 학맥, 특히 후일 조선 성리학의 큰 흐름을 이끈 율곡 이이와 우계 성혼이 성장하고 있었던 것에서 원인을 찾을 수 있다.

그러한 파주사림·성장과 활동 모습은 파주향약과 파산서원 창건을 통하여 엿볼 수가 있다. 앞에서도 언급하였듯이 1560년(명종 15)에 파주 향약이 제정되고, 이때 율곡 이이는 25세의 나이로 「파주향약서」를 짓는다.[7] 그리고 불과 25세의 율곡이 서문을 쓰는 것을 미루어 보면 청송 성수침과 휴암 백인걸의 영향을 받아 성장한 신진 파주 사림들이 활동을 시작하고 있음을 보여 준다.

1) 파주와 청송(聽松) 성수침(成守琛)

다음으로 16세기 후반 파주지역의 사족 동향을 살피는 데 있어서 본고가 주목하는 점은 1568년(선조 1)의 파산서원[청송서원][8] 창건이다.

청송 성수침은 본관이 창녕, 자는 중옥(仲玉), 호는 청송(聽松)·죽우당 (竹雨堂)이며 시호는 문정(文貞)이다. 우계 성혼의 부친이며 정암 조광조의 문인이다. 정몽주-길재-김숙자-김종직-김굉필·정여창-조광조로 이어지는 여말 의리학파 내지 도학의 도통에 닿아 있고, 아래로는 아들인 성혼을 중심으로 윤황(尹煌)-윤선거(尹宣擧)-윤증(尹拯)으로 이어진 우계학파를 태동시킨 인물이다.

성수침은 기묘사화로 조광조를 비롯한 기묘명현이 희생되자, 출사를 포기하고 재야에서 산림처사로 학문 탐구에 몰두했다. 성수침이 파주와

---

7) 그러나 이때부터 향약이 실행되었다고 보기는 힘들고, 해주향약을 토대로 새로 파주 향약이 만들어지는 1693년(숙종 19) 이후에야 실제로 실시된 것으로 보인다. 즉 1636 년 병자호란으로 향약이 분실되어 이름만 있고 실체가 없으므로 율곡선생이 만년에 만든 해주향약을 토대로 파주향약을 복구하고자 하였는데, 오래된 해주향약을 그대로 따를 수는 없는 일이라고 하여 향론을 모아 현석 박세채를 찾아가 파주 사정에 맞게 고쳐 정해 줄 것을 부탁하였다고 한다. 그러나 현석은 해주향약이 거의 완전하므로 그대로 따라도 무방할 것이라고 하여 결국 해주향약과 동일한 파주향약이 새로 만들어지게 되었다.

8) 파산서원은 사액 후 명명된 것이고 창건 당시는 청송서원이라 불렸던 것 같다. 예컨대 『우계집(牛溪集)』의 「우계연보」에는 "율곡이 일찍이 많은 선비들을 이끌고 聽松書院을 우계에 경영하였는데, 임진왜란에 불탔다."라고 하고 있고, 鄭曄(1563~1625)의 「答月沙 李公廷龜書」, 月沙 이정구의 「下與申子方兼示尹可晦」, 愼獨齋의 「文簡公牛溪成先生墓 表」 등의 기록에 모두 "聽松書院"이라 지칭하고 있는 것을 보아 그것을 알 수 있다.

의 처음 인연을 맺는 것은 중종 9년(1514) 22세 때 부친상을 당하게 되어 파주 향양리에서 아우 절효 성수종(成守琮)과 같이 3년간 시묘살이를 했고, 52세 되던 중종 39년(1544) 9월에 후릉참봉을 사퇴하고 처가가 있는 파주의 우계(牛溪)에 은거하게 되었다. 당시 성수침은 우계 연변에 집을 짓고 '죽우당(竹雨堂)'이라 하였으며, 지금의 파산서원 터에서 훈학을 하면서 '파산청은(坡山淸隱)' 또는 '우계한민(牛溪閒民)'이라 자호(自號)하였다. 여러 벼슬이 내렸지만 모두 사은하고 오직 학문에만 전념하였으며, 명성이 높아져서 사방의 명사들이 그의 집을 찾았으나 겸손하였다고 한다. 1552년(명종 7)에는 예산(禮山) 등 여러 고을의 현감에 임명되었으나 모두 사퇴하였다.

퇴계와 율곡이 성리의 이론에 밝고 경세에 적극적이었다면, 청송과 남명(南冥) 조식(曺植)은 실천을 중시하고 은둔하여 처사로서 살았다고 할 수 있다. 청송 성수침은 16세기 초엽 조선 성리학의 방향을 '은거자수 성현자기(隱居自守 聖賢自期)'의 도학(道學) 군자풍(君子風)으로 전환하는 데 중추적 역할을 하였다. 스승인 정암(靜庵) 도학(道學)의 위기지학(爲己之學)과 실천유학을 계승하여, 은둔(隱遯)과 자수(自守), 이론보다 실천, 경세보다 내면적 자기 수양을 중시하였다. 그의 무실(務實)학풍은 아들 우계 성혼을 통해 전수되었고, 우계학파(牛溪學派)를 통해 면면히 계승되었다.[9] 그가 죽었을 때 "산림(山林)이 텅 비었구나"라고 했다든가, 그를 가리켜 "일국(一國)의 선사(善士)요, 당대(當代)의 일민(逸民)"이라고 평한 것만 보아도 알 수 있다.

---

9) 황의동,「聽松 成守琛의 道學精神과 務實學風」,『한국사상과 문화』제69집, 2013, 259~285쪽 참조.

성수침의 문하에서 많은 석학들을 배출되었으며 글씨를 잘 써서 명성을 떨쳤는데, 「방참판유령묘갈(方參判有寧墓碣)」이 유명하다.10) 그는 사후에 파주 파산서원에 제향되었으며, 문집으로『청송집(聽松集)』이 있고 문정(文貞)의 시호와 우의정에 증직되었다.

2) 청송서원의 창건(1568년)

휴암 백인걸과 율곡 이이와 파주 일대 유생 등의 발의에 의하여 1568년(선조 1) 청송 성수침을 제향하는 파산서원인 청송서원(聽松書院)이 건립된다. 창건 당시 휴암 백인걸과 율곡이 많은 선비들을 이끌고 창건하였다고 한다.

그런데 이때 72세였던 휴암 백인걸의 역할이 과연 어떤 것이었는지? 그리고 청송 성수침의 아들인 우계 성혼도 분명 많은 역할을 하였을 터이지만, 이에 관해서는 상세하게 전해지는 자료가 없다. 또한 33세의 젊은 율곡이 통문을 돌리고 창건을 주도할 때 동참하고 지원했던 파주일대 유생들의 존재도 분명하게 밝혀지지 않았다. 당연히 청송과 휴암의 문인들, 그리고 그 가계에서 배출된 인물들이 함께하였을 것이다. 그리고 창건 과정과 함께 초창기 운영의 실상도 거의 자료로 확인되지 않는데, 이들에 대하여는 앞으로 더 심도 있는 자료 추적이 필요하다.

후대의 자료이기는 하지만, 당시의 상황이 1785년(정조 9)에 파주 유학 조중길(趙重吉) 등이 성수종의 서원 배향을 회복해 주기를 청하는 상소

---

10) 2010년 보물 제1623호로 지정된 成守琛 筆蹟이 대표적인 작품이다. '청송서(聽松書)'라고 표제된 이 서첩은 聽松 成守琛이 당나라 賈島, 杜牧, 李商隱과 송나라 歐陽脩의 칠언시를 쓴 것으로 현재 대전선사박물관에 소장되어 있다.

에서 살필 수 있다.

> 선정 문성공 이이가 앞장서서 문정공 성수침의 서원을 세울 때에, 재신
> (宰臣) 이제신(李濟臣)이 성수침의 아들 선정 문간공 성혼에게 글을 보
> 내기를, "당신 선친의 덕업과 행의(行誼)와 학문은 당신 숙부 절효선생
> 과 참으로 난형난제라 할 수 있습니다. 지금 서원을 건립하는 날을 맞아
> 두 선생을 함께 배향한다면 하남(河南)의 두 명현이 동국(東國)에서 다
> 시 빛나는 것이니, 율곡 학사와 상의하시기 바랍니다." 운운하였습니
> 다.11)

이제신이 성혼에게 글을 보내어 청송·절효 형제의 제향을 율곡과 상
의하도록 하였음을 알 수 있다. 그런데 무슨 연유인지 밝혀지지는 않으
나 당시에 청송만의 제향으로 귀결되고 있다.

청송서원이 창건되고 3년이 지난 1571년에 우계는 자신을 찾아오는
학도를 가르치기 위해 그의 거처인 파주 우계에 서실을 열고 22조목으로
된 「서실의(書室儀)」를 지었다고 한다. 우계 성혼은 자신의 교육관을 밝
힌 이 서실의(書室儀) 22조12)를 서당의 벽에 걸어 놓고 후학들을 지도하
였다고 한다.

그러나 한편으로 20여 년이 넘도록 서원 영건과 위판 봉안이 지연되
었다는 일화나, 파주향약의 실시가 미진하였던 것을 미루어 보면, 아직도

---

11) 『일성록』, 「정조 9년 을사(1785) 2월 23일(계묘)」,

12) 성교진, 장재천, 「한국사상과 인성교육: 牛溪 成渾의 書室儀와 교육정신」, 『청소년과
효문화』 10권, 한국청소년효문화학회, 2007.

파주지역의 사림세가 향촌을 주도할 만큼 충분하지 못하였음도 예측된다. 비록 청송 · 휴암이 사림으로서의 위상과 생활의 모범을 보였고, 율곡과 우계가 당시 목사(牧使)인 변협(1538~1590)과 협력하여 향약을 실시하며 성리학적 교화를 시행하려 하고, 학문 활동을 통하여 문인 집단을 양성하고 있기는 하였지만, 훈척 기반과 정서가 남아 있는 파주의 향촌 분위기는 아직 율곡 · 우계가 추구하는 사림적 질서와 방식에 우호적이지 않았던 것 같다.

더욱이 파산서원(청송서원)은 1592년 임진왜란으로 소실되어, 그 이후 서원 운영이 20여 년간 중단된다. 그러다가 율곡과 우계의 후학들과 파주의 사족들에 의하여 1611년(광해군 3) 새롭게 서원이 중건되었다.[13]

4. 청송서원의 재건과 우계 성혼 추배(追配)

파주 사족활동의 활성화는 우계 · 율곡의 다음 세대가 활동하는 17세기에 이르러서 가능했다. 우계와 율곡을 배출하고 그것을 토대로 추로지향을 자부했던 파주사족으로서 그들의 학문전통을 계승하고 학풍을 유지하기 위해서는 서원이라는 상징적 활동거점이 필요하였다. 특히 북인정권하에서 우 · 율(牛 · 栗)에 대한 평가는 좋지 못했고, 우계 같은 경우는 죄안(罪案)에 들어가 있는 상황이었다.

주지하듯이 선조가 즉위하던 1567년 퇴계(退溪) 이황(李滉, 1501~1570)

---

13) 『牛溪集』, 「우계연보」, 〈萬曆 39년(1611, 광해군 3) 신해조〉: "제생들이 坡山에 서원을 세웠다. 율곡이 일찍이 많은 선비들을 이끌고 聽松書院을 우계에 경영하였는데, 임진왜란에 불탔다."

이 김굉필(金宏弼), 성여창(鄭汝昌), 조광조(趙光祖), 이언직(李彦迪)을 '현사(賢士)'로 평가한 이후, 1570년(선조 3)에는 사림파의 학문 연원을 공인받기 위하여 성균관 유생들이 중심이 되어 김굉필, 정여창, 조광조, 이언적의 문묘종사를 청하는 상소를 올렸다. 그리고 그 해에 퇴계가 죽자 4현이란 말은 퇴계를 포함하는 5현으로 대체되었다.

1604년(선조 37) 왜란으로 불탔던 문묘가 재건되는 것을 계기로, 5현의 문묘종사가 다시 논의되었지만, 이는 선조에 의해 거부되었다. 그리고 광해군(재위 1608~1623) 즉위 후에 다시 성균관 유생뿐 아니라, 지방의 유생들과 예조와 대간 등 조정의 문신들이 적극 동조하여 결국 1610년(광해군 2) 5현 종사가 결정되기에 이르렀다. 이러한 남인(南人)들에 의한 5현의 문묘종사는 서인(西人)들에게 커다란 자극제가 되었다.

1) 1611년의 청송서원 재건

이에 자극받은 서인계는 자신들의 학문적 연원인 율곡과 우계를 현양하고자 하였고, 그들의 근거지이자 유서가 남은 파주에서 활발한 움직임이 나타나게 된다. 즉 파주지역에서는 1611년 우계의 부친인 청송이 제향된 청송서원[파산서원]의 재건 논의를 통해서 우계의 서원제향을 앞서서 논의하였고, 율곡의 문인들은 1615년(광해군 7) 자운서원(紫雲書院)을 건립하기에 이르렀다.

1568년 창건하고 1611년 중건에 이른 파산서원에 비하면 율곡에 대한 추숭(追崇)은 파주지역에서 영향력이 신장되지 못하고 자못 위축된 모습이었다. 결국 이러한 논의 속에 별도로 율곡서원 건립을 주장한 정엽(鄭

曄) 등의 논의를 좇아, 김장생(金長生)이 주동이 된 문인들에 의하여 자운서원의 건립에 이르게 된 것이다.

사실 율곡을 제향하는 서원이 전국에 20여 개소에 이르지만, 파주 자운서원이 가장 이른 시기에 이루어진 것이며, 율곡을 제향한 서원 중에서 자운서원과 함께 잘 알려지는 문회서원(文會書院)이나 소현서원(紹賢書院)의 경우, 율곡의 제향은 서인계가 정국을 주도하던 17세기 후반에 이르러서야 이루어졌던 것이다. 그리고 더욱 중요한 것은 이때에 파주지역에서 파주 4현(청송·휴암·우계·율곡)의 합향(合享) 논의가 집중적으로 이루어지고 있었다는 점이다.

『우계집(牛溪集)』의 「우계연보(牛溪年譜)」에는 1611년(광해군 3)조에 "이때에 이르러 제생들이 선생을 함께 배향하기 위하여 옛터에 중창(重創)하였다."(至是諸生爲竝享先生 重創于舊址)라고 하여, 중수(重修)와 함께 우계 성혼의 추배(追配)가 목표였음을 기록하고 있다. 그리고 당시 중창을 발의하고 참여한 인물들은 신응구(申應榘), 이정구(李廷龜), 오윤겸(吳允謙), 황신(黃愼), 정엽(鄭曄) 등으로 알려진다.

그런데 이 중건이 우계의 제향을 위한 것이었다는 이 기록은 좀 더 면밀한 검토를 필요로 한다. 왜냐하면 그랬다면 이를 중건할 때에 우계가 제향되었어야 했는데, 실제로는 서인의 집권시기인, 우계의 신원(伸冤)이 이루어진 뒤인 1628년(인조 6)에야 이루어졌기 때문이다. 「우계연보」의 1628년(인조 6) 무진 10월조에는 "파산서원(坡山書院)이 이루어졌으므로 위판을 봉안하고 석채례(釋菜禮)를 행하였다."라는 기록이 보인다. 만약 중건이 지연되어서 그러했다면 1611년 중창이 이루어진 것이 아니고, '발의(發議)'된 것으로 볼 수도 있다. 이에 대하여도 조금 더 관련 자료를

추적, 보완하는 것이 필요할 것이다.[14]

2) 자운서원과 4현 합향(合享) 논의

그런데 「우계연보」에는 1628년(인조 6) 파산서원에 우계의 위판을 봉안하였다는 기록과 함께,

> 이보다 앞서 제생들은 청송(聽松), 휴암(休庵), 율곡(栗谷), 우계(牛溪) 네
> 선생을 한 사당에 함께 제향하기로 의논하고 서원의 터를 다른 곳으로
> 옮기려 하였는데, 역사(役事)가 오랫동안 완성되지 못하였다. 얼마 후 제
> 생들은 휴암과 율곡의 위차(位次)의 상하에 대한 논쟁이 일어나 의견이
> 하나로 귀결되지 못하였으므로 다시 옛터에 사당을 세우고 다만 청송과
> 선생만을 제향하였다.[15]

라는 전후 복잡했던 상황을 요약한 기사가 보인다.

1615년(광해 7) 율곡을 제향하는 자운서원이 건립[16]된 이후 제안된 4
현 합향 논의는 청송·우계 부자뿐만 아니라, 휴암 백인걸과 율곡 등 이
른바 파산 4현(坡山 四賢)을 함께 제향하자는 것으로 파주를 추로지향으

---

14) 『牛溪集』, 「우계연보」, 1623년(인조 1), 〈황해도 유생들이 상소하여 李珥와 함께 文廟
에 從祀할 것을 청함〉.

15) 『牛溪集』, 「우계연보」 권1, 〈우계연보〉: "毅宗皇帝崇禎元年戊辰十月 坡山書院成 奉安
位板 行釋菜禮先是 諸生議並享聽松,休庵,栗谷,牛溪四先生于同堂 移設院址于別處
役久未完 旣而諸生有休庵, 栗谷位次上下之論 未能歸一 故還設于舊址 只享聽松及
先生"

16) 자운서원 건립은 1609년(광해군 1)으로 기록되기도 한다. 이에 대하여는 조금 더 자
료를 추가 보완할 필요가 있다.

로 표방할 수 있고, 동시에 1읍1원(一邑一院)의 원칙도 지킬 수 있어 당시로서는 가장 바람직한 방향이었다고 할 수 있다.

나만 그 논의의 시기가 언제인지는 정확하지 않다. 전후 사정을 미루어 보면 자운서원이 건립되는 1615년에서, 파산서원에 우계의 위패를 봉안했던 1628년 어간에 이루어졌던 것으로 볼 수 있겠다. 그리하여 우계에 있던 파산서원과 자운에 있던 율곡서원(지금의 자운서원)을 합쳐 천점(泉岾)으로 옮기고, 성수침·성혼·이이·백인걸의 4현을 함께 모시고자 했다는 것이다.[17]

그러나 공역이 지지부진한 데에다 제향 위차문제로 시비가 계속되었다. 4현 합향의 문제점으로 제기된 것은 대개,

첫째 우계에게 혐의를 둔 집권당에서 제향을 반대하고 있다는 점,
둘째는 청송·휴암·우계 3인과 율곡을 함께 제향할 수 있느냐 하는 점,
즉 청송과 휴암의 학문적 성향에 대한 율곡학계의 일부 반론, 그리고
셋째는 합향할 경우 위차(位次)를 어떻게 할 것인가?

하는 문제가 논란의 대상이었다. 그리고 이때 파주 4현의 합향문제가 다시 거론되었으나, 파주에서의 기득권을 가지고 있던 파산서원의 입장

---

17) 휴암 백인걸은 1598년(선조 31) 파주 월롱산 아래에 사당을 지어 제향하였다고 전한다. 이와 관련 후대의 상소문이기는 하지만 『일성록』 정조 14년(1790) 2월 13일(갑자)의 파주유생 鄭在簡 등 189인이 상소에서는, "성대한 德業을 쌓은 聽松, 休巖, 栗谷, 牛溪 네 선생이 같은 고을에서 함께 태어난 것은 이미 우연한 일이 아니니, 한 사당에서 合祀하는 것이 예법에 맞는 일이다."라고 하고, "드디어 본주에 있는 虎溪 한 구역을 잡아 사원을 세워서 네 선생의 祠板을 차례로 봉안하려고 하였고, 마침내 월롱산에 벌였던 역사를 중지하고 사원을 호계로 옮겨지었다."라고 하였다.

에서는, 이 과정을 통하여 기득권이 분산될 것을 우려하여 소극적이었다.

3) 우계 성혼의 추배(追配)

결국 파산서원에 청송·휴암·우계·율곡 네 선생을 함께 모셔야 한다는 공론은 오래도록 결정을 보지 못하였으며, 결국 자운서원은 그대로 두고 양사(兩祠)를 나누어 동사(東祠)에는 율곡을, 서사(西祠)에는 휴암을 제향하게 되었다.18) 파산서원은 1628년(인조 6) 다시 원래 위치로 옮기게 되었으며, 이때 우계 성혼을 추배하기에 이르렀다.19) 이 시기에 우계가 추배될 수 있었던 것은 서인 집권, 우계의 신원이 이루어진 뒤였기에 가능했던 것이다.

이때 청송서원에 추배된 우계 성혼의 행적과 사상, 학문에 대하여는 많은 연구 성과들이 있으므로 본고에서 상론할 것은 아니지만, 신독재 김집은 「우계성선생묘표(牛溪成先生墓表)」에서,

옛날 선묘(宣廟)께서 문치(文治)를 위하여 열심이었는데, 그때 율곡 이 문성공이 몸소 경세제민의 책임을 지고서 그 당시의 제일인자를 기용해 줄 것을 청하자, 중앙과 지방을 막론하고 모두 그 대상자로 거명했던 이 가 바로 우계 성혼선생이었다. (중략) 선생은 행동거지를 반드시 정의에 근본해서 했고, 환경의 변화에 따라 지조를 바꾸지 않았다. 출처가 바르

---

18) 자운서원은 1686년(숙종 12) 원래 위치인 호명산하의 율곡 묘하 현 위치로 다시 옮기게 된다.

19) 李廷龜(1564~1635), 『月沙集』 제55권에 「聽松·牛溪 선생을 모신 坡山書院 祭文」이 전한다.

기로는 천지신명이 보장할 정도였으니, 보통 사람들로서는 알 수가 없었던 것이다. 이 문성공이 일찍이 칭찬하기를, "지조와 행동이 확실하기로는 내가 미칠 바가 아니다."라고 했는가 하면 또, "선을 좋아하기는 이 세상을 다스리고도 남는다."고도 했으며, 또한 "세상을 요리할 만한 인물"이라고도 했으니, 그러고 보면 문성공만이 선생을 알아보았던 모양이다. 그러니 남들이 선생을 인정하지 않는다 하더라도 선생에게야 무슨 상관이 있겠는가?[20]

라고 하여 그의 생애와 학문을 함축적으로 요약하여 주목된다.

우계가 청송서원에 추배된 다음 해(1629년, 인조 7)에는 대광보국숭록대부(大匡輔國崇祿大夫) 의정부좌의정(議政府左議政)에 증직되는가 하면, 1633년(인조 11)에는 '문간(文簡)'의 시호를 받았으며, 이어 1635년(인조 13)에는 관학유생들이 우계의 문묘종사를 청하는 등으로 추숭이 이어졌다.

그리고 이보다 앞서서 『우계집』의 편찬 및 간행도 이루어졌다. 문집 초고의 편집은 저자의 아들 성문준(成文濬)에 의하여 이루어졌으며, 이를 우계의 제자들과 함께 산정(刪定)하여 1621년(광해 13)에 임실(任實)에서 목판으로 간행(초간본)하였다. 간행에 앞서 계곡(谿谷) 장유(張維)가 중외에 통문을 보내는데, 그 첫머리에 "이 통문은 우계 성선생(牛溪 成先生)의 문집을 간행하여 도맥(道脈)을 전하고자 그 간행 비용을 모으기 위한 것

---

20) 『愼獨齋遺稿』 卷10, 「墓表陰記」, 〈文簡公牛溪成先生墓表〉: 이 글의 끝에 신독재는 "내가 일찍부터 선생 문하에서 노닐었을 뿐만 아니라 아버지와 스승을 통해 선생의 출처와 언행을 익히 들어왔기 때문에 대략 이상과 같이 기록해 보았다."라고 적고 있다.

이다. 호서는 신독재(愼獨齋) 김집(金集)을 유사로 하고 호남은 우산(牛山)
안방준(安邦俊)을 유사로 한다."21)라고 하여 서인학파인 율곡과 우계의
문하를 중심으로 간행이 도모되었음을 알 수 있다.

5. '파산' 사액과 휴암(休庵) 백인걸(白仁傑) 제향(祭享)

1) 서인계의 4현 합향 재논의

앞에서 거론한 파주 4현의 합향 논의는 서인계가 정치적 입지를 강화
하던 1640년대에 다시 제기된다. 당시 우암 송시열은 파산서원의 입장을
대변하는 윤선거와 이에 대하여 의논하였는데, 윤선거도 통합의 원칙에
는 동의하였지만, 결국 4현의 위차문제가 제기되자 논의는 벽에 부딪히
게 된다. 그리하여 송시열(宋時烈), 송준길(宋浚吉), 유계(俞棨), 이유태(李
惟泰), 윤선거(尹宣擧)는 물론 박세채(朴世采), 윤증(尹拯) 사이에 이 문제
를 놓고 의견을 나누고 절충하는 과정이 있게 된다.22) 청송과 우계를 합
설(合設)하는 문제는 별다른 문제가 없었지만, 휴암과 율곡의 위차문제,
합설이냐 별묘(別廟) 설치냐가 핵심 사안이었다. 우여곡절 끝에 윤선거
가 제시한 5개 방안 중에서 하나로 귀일하는가 싶었으나, 박세채

---

21) 『牛溪集』, 「年譜補遺」 제2, 〈雜錄上〉: "刊行牛溪先生文集 以壽道脉事 湖西則以愼獨
齋爲有司 湖南則以安牛山爲有司"

22) 『同春堂先生文集』 卷14, 「書」, 〈與卜生尙曾 丙申(1656)〉/ 『童土先生文集』 卷5, 「雜
著」, 〈與弟汝望 文擧吉甫 宣擧 書 丁未(1667)〉/ 『宋子大全』, 卷43, 「答趙士達」, 戊申
(1668)/ 『宋子大全』 卷66, 「書」, 〈答朴和叔 甲寅(1674)〉/ 『石湖先生遺稿』 卷4, 「書」,
〈與季氏美村書〉/ 『魯西先生遺稿』 卷11 「書」, 〈與宋明甫論坡院位次之議, 與朴和叔〉/
『魯西先生遺稿』 卷12, 「書」, 〈上成內兄〉

(1631~1695)의 반대 의견에 부딪쳐 원점으로 되돌아가고 말았다.

이와 관련하여 신독재 김집이 합설과 위차문제로 1647년 파산서원 유생들에게 답한 글이 『신독재전서』 제15권 부록 연보에 보이는데, 이에서 신독재는 "율곡이 평소에 휴암을 어른으로 대해 왔다. 따라서 함께 모시지 않는다면 그만이지만, 만약 함께 모신다면 당연히 휴암이 윗자리에 앉아야 한다. 그러나 두 분 사이의 도덕의 높고 낮음에 대하여는 나로서 논할 바가 아니다."라고 하고 있다.

그런데 이와 다르게 연대가 정확하지는 않으나, 파산서원의 상량문 2종이 전해져 혼돈을 일으킨다. 그 하나는 택당 이식이 지은 '파산서원상량문(坡山書院上樑文)'이고, 다른 하나는 악정(樂靜) 조석윤(趙錫胤, 1606~1655)이 지은 '파산서원강당상량문(坡山書院講堂上樑文)'으로 이 상량문에는 4현이 합향된 것처럼 묘사되어 있고, 찬자들의 연배나 내용을 미루어 보면 17세기 중반의 상량문들이기 때문이다.

이 상량문을 보면 사현(四賢: 成守琛, 成守琮, 成渾, 白仁傑)은 온 나라가 우러러보는 분들로 이들 현자들의 자취가 서린 옛터를 우러러 바라보면서 새로 성대하게 서원을 세우게 되었다고 그 의미를 적고, 파주의 학풍과 학맥에 대하여 이야기하고 있다. 그러나 근자에 옛날의 그 자취가 폐허로 변해 가고 옛날의 풍류가 눈에 사라지고 있음을 안타까워하던 차에 집터를 정하여 사우(祠宇)를 창건하고 전토(田土)를 배정하여 곳간을 채우게 되었다고 한다. 그리하여

도서(圖書)를 간직한 서원에 향화(香火)가 이어짐은 물론이요, 뜻깊은 말만 드러나고 부박한 의논은 사라지면서, 대도(大道)가 훤히 열리고 사

직인 길은 막히게 되었으면 한다. 그리하여 체용(體用)의 학문을 밝히고
충효의 윤리를 가다듬는 동시에, 뭇 성현들의 근원을 분명히 알고 당대
의 사표를 일으켜 세워야 할 것이니, 그렇게 되면 과거의 철인(哲人)들에
게 누를 끼치지 않으면서 영원토록 사문(斯文)에 도움을 줄 수 있게끔
될 것이다.23)

라는 말로 글 맺음을 하고 있다.

2) 파산서원 사액(1650년)과 우계 추숭(追崇) 활동

1628년 우계 추배 이후 청송서원은 우계 학맥을 잇는 파주 사족의 중
심거점으로서 명성을 얻었다. 그러나 우계 성혼이 동인들의 공척을 받았
기 때문에 사액이 지연되었으며, 파주 유생 백홍우(白弘祐) 등의 청액소
(請額疏)로 마침내 1650년(효종 1)에 이르러 '파산'이라는 액호를 하사받
게 된다.

이와 관련해서 효종 즉위년(1649) 11월 2일(정사)조 실록 기사에는 창
주 김익희가 근래에 파산서원에서도 역시 사액을 청한 일이 있었으니,
일체로 사액하는 것이 마땅함을 아뢰면서 학문 연원을 언급하고, 또 성
혼이 무함을 입은 곡절을 진달하니, 상이 이르기를, "다른 일은 속일 수
있지만 사는 곳의 멀고 가까움을 어찌 속일 수 있겠는가?"라고 하였다는

---

23) 李植, 『澤堂先生別集』 권12, 「坡山書院上樑文」 / 趙錫胤, 『樂靜先生文集』, 卷6, 「坡
山書院講堂上樑文」: "伏願上梁之後 圖書一院 香火千秋 微言著而浮議消 大道夷而私
徑塞 明體用之學 勵忠孝之倫 灼知群聖之根源 起爲當代之師表 庶無負於往哲 將永
賴於斯文"

기사가 보인다. 그리고 이어서 "성혼과 이이 두 사람은 비록 문묘종사는 하지 못하였다 하더라도 서원의 청액이 어찌하여 지금까지 지체되었는가?" 하고, 또 자운서원(紫雲書院)은 어느 곳에 있는지, 청송이 누구인지를 묻고 있었다.

마침내 1650년(효종 1) 7월에 파산서원에 사액이 내려지고, 예관을 보내어 치제(致祭)하였다. 자운서원도 같은 해인 1650년 5월에 사액을 받아, 이해에 정암을 제향하는 용인의 심곡서원, 우계를 추배한 파산서원, 율곡을 제향한 자운서원이 모두 사액을 받게 된다.

파산으로 사액을 받은 이후 파산서원은 명실공히 우계학맥의 산실이자 거점으로 기능을 하게 된다. 특히 우계에 대한 추숭활동은 매우 활발하게 이루어졌다.

우선 1664년(현종 5) 외손 윤선거(尹宣擧, 1610~1669)**24)**는 우계의 연보를 편간하고, 1681년(숙종 7) 우계 성혼이 율곡과 함께 문묘(文廟)에 배향되는 것, 그리고 이어 우계문집의 속집 편간사업이 1681~1682년에 윤선

---

24) 저자의 외손 尹宣擧는 年譜를 비롯하여 저자의 묘도 문자 정리에 많은 노력을 기울였다. 「魯西年譜」를 보면, 1648년 「牛溪年譜」 편찬 "「牛溪先生年譜」는 (尹宣擧의) 외삼촌 滄浪公이 草本을 만들어 놓았는데 소략하여 체제가 제대로 이루어지지 않았다. 그래서 선생(尹宣擧)이 여러 문헌을 두루 참고하여 완성하고, 이어 「誌碑」, 「行狀」, 「祭祝」 등을 모아 「附錄」을 편차하였다. 또 辨誣, 伸寃, 從祀 등에 대하여 올린 상소를 모아서 後錄을 만들었으며, 별도로 「栗谷先生年譜」와 합하여 한 질을 만들어 나중에 江陵의 松潭書院에서 간행하였다. 또 年譜後說을 만들어 선생의 出處와 進退에 대한 커다란 절의를 밝혔다."(『魯西遺稿』, 「附錄上」)라고 하였다. 즉 尹宣擧는 외삼촌 成文濬의 뒤를 이어 年譜와 附錄을 편찬하였던 것이다. 특히 張維가 찬한 「神道碑銘」이 부족하다고 판단되자, 淸陰 金尙憲에게 다시 신도비명을 청탁하였으며 (『魯西遺稿』, 卷11, 「上淸陰」), 愼獨齋 金集에게도 「年譜」 및 「附錄」 등을 보내어 질정받고 「墓表陰記」를 청탁하는 등(『魯西遺稿』, 卷11, 「上愼獨齋」) 저자의 부록문자를 정리하는 데 주도적인 역할을 수행하였다.

거와 아들 윤증(尹拯, 1629~1714)에 의하여 이루어진다. 김장생(金長生)은 『우계집』에 많은 부분 내용들의 산절(刪節)에 대하여, "지난 번 우계선생 문집(1621년 아들 성문준 편찬, 산정(刪定) 후 임실(任實)에서 목판으로 간행)을 편찬할 당시에 문생(門生)들이 저 무리에게 저촉되는 말을 모두 산절(刪節)하여 그 무리들의 이해를 구했고 그래서 많은 사람들의 비웃음을 받았다."라고 말하고 있다.[25] 김장생의 이 말을 보면 당시 본집의 간행은 북인정권의 용인 아래 이루어졌으며, 아울러 저자의 묘도문자에서도 시휘(時諱)에 저촉되는 부분을 의도적으로 누락시켰음을 알 수 있다.

이에 대한 보완 추가 작업을 윤증이 하였고, 그의 당질인 윤경교(尹敬教)가 충청도 관찰사로 부임하자 1682년 공주에서 6권 2책의 목판으로 간행하게 된다.[26] 속집에서는 정치적인 문제로 원집에서 제외되었던 많은 저술들이 수록되었다. 특히 1681년 우계가 문묘에 종사(從祀)되었으므로 적극적으로 공개할 필요성이 있었을 것이다.[27]

3) 휴암(休庵) 백인걸(白仁傑)의 제향

파주 4현 합향의 재논의가 불발로 끝나면서 미묘한 파주의 사족 분위기가 생겨났으나, 당시에 그것이 그렇게 큰 문제로까지 확산되지는 않았

---

25) "成仲深(成文濬)이 草를 잡은 牛溪의 行狀에는 李山海가 모함한 일에 대하여 언급하지 않았으니 어떻게 이것을 가지고 사실을 기록했다고 할 수 있겠습니까?"(『沙溪全書』 卷3, 「與鄭子容書」)

26) 『明齋遺稿』 卷12, 「書」, 〈答徐景霱〉: "坡山續集 두 책은 당질이 마침 이 忠清道에 관찰사로 부임해 와서 판각을 도모하고 있습니다. 두 집안에서 끝내지 못한 일을 이제 이루게 되었으니 어찌 사림의 다행스런 일이 아니겠습니까?"

27) 年譜와 附錄은 「栗谷牛溪二先生年譜」로 합편되어 1665년 江陵의 松潭書院에서 목판으로 간행되었다.

던 것으로 보인다. 그러나 뒤이어 윤선거의 묘비문 문제로 송시열과 윤증 사이의 틈이 벌어져 이것이 회니시비(懷尼是非)로 확대되고, 나아가 노론·소론 분립의 당론이 파주에까지 여파가 미치자 더 이상 거론되지 않았다.

즉 1666년(현종 7) 3월 기해예송과 관련하여 복제문제로 경상도 유생 생원 유세철(柳世哲) 등 1,000여 명이 상소하여 우암을 공척하자, 이에 대하여 서인 노론계에서는 반박소를 올리게 된다. 이때 장단(長湍)·파주(坡州) 유생이 송시열을 위하여 변명하는 소를 올리려고 그 비용을 파산서원에서 책임지고 내어 놓으라 하였다고 한다. 이에 파산서원의 유생 윤영(尹英)과 김일광(金一光) 등이, 우암이 우계를 공격·배척하는 데 힘을 다하였으므로 협조하지 않겠다고 하였다는 기록이 『연려실기술』에 보인다.[28]

다음으로 이 시기에 파산서원에는 휴암 백인걸의 위패가 이안된다. 1683년(숙종 9) 백인걸의 위패를 자운서원으로부터 옮겨와 추가 배향하였다. 왜 자운서원에서 파산서원으로 위패가 이안되는가를 설명해 주는 명확한 자료는 없다. 그런데 송시열은 이미 현종 14년(1673)에 해주에 살고 있던 율곡의 후손들을 파주로 불러들이고, 1681년 율곡의 문묘종사를 이루어 내며, 1683년(숙종 9) 율곡 신도비문을 짓고 자운서원 묘정비(송시열 찬, 김수증 서, 김수항 전)를 세우는 등으로 영향력을 보이자, 소외감을 느낀 휴암의 후손과 문인들이 파산서원으로의 위패 이안을 동조했을 가능성이 보인다.[29]

---

28) 『연려실기술』 제32권, 「숙종조 고사본말(肅宗朝故事本末)」
29) 그러나 한편으로는 1713년 휴암의 신도비를 송시열이 찬하고, 송준길이 쓰고 김수

그리고 마침내 이 시기에 율곡의 문인들은 원래의 위치인 자운서원을 1686년(숙종 12) 호명산 아래에서 현재의 위치로 이건하여 중수하게 된다. 그리고 서인의 노론계는 자운서원을 거점으로 하는 자파세력 부식에 힘쓰게 된다.

6. 노·소 대립과 파주사족(坡州士族)

1) 자운서원의 박세채(朴世采) 제향위차 논란

이처럼 우암 송시열을 위시한 서인 노론계 인사들은 자운서원을 중심으로 파주지역에서 자신들이 주도권을 지니기를 기대했다. 그러나 파주에서의 파산서원이 지닌 위상이나 인맥도 만만하지 않았을 뿐 아니라, 1684년(숙종 10)을 전후한 시기에 남인 처리문제를 놓고, 남계 황극탕평론(皇極蕩平論)을 주장하는 박세채와 군자소인론(君子小人論)을 주장하는 우암 송시열이 대립하였던 것도 문제였다. 박세채는 황극탕평설이 율곡의 조제보합론(調劑保合論)에 근거하였다고 주장하며, 자신이 율곡의 충실한 계승자임을 천명하였다.

그리고 바로 이 시기인 1687년(숙종 13)에 박세채는 파주 광탄(廣灘)의 남계에 우거(寓居)하면서 서당을 짓고 문도를 양성하며, 때로 멀지 않은 곳에 있는 자운서원을 찾아 파주 일대의 사림들에게 강학을 베풀고 있었다.[30] 이런 그의 활동은 자운서원에 대한 수십 년간 공력을 들인 송시열의 노력을 상쇄하면서, 자운서원이 송시열계의 노론서원으로 좌정하지

항이 전액을 쓰는 것을 미루어 본다면 그렇게 보기도 어려운 측면이 있다.

30) 朴世采, 『南溪先生續集』 권19, 「紫院院規」.

못하게 하였다.

그리고 1689년(숙종 15) 우계는 문묘에서 출향(黜享)되었고, 파산서원의 사액이 취소되었다가 1694년(숙종 20)에 다시 문묘에 복향(復享)되면서 파산서원도 재 사액을 받는 복잡한 변화가 일어났으며, 이와 동시에 박세채가 자운서원에 병향(並享)되기에 이르자 문제가 복잡해지게 된다.

즉 박세채가 죽은 해인 1695년(숙종 21) 5월 파주 유학 정영하(鄭綏夏) 등의 상소로 박세채는 자운서원에 병향되기에 이른다. 자운서원의 박세채 병향에 대하여 노론세력은 반발을 하였고, 급기야 파주 사족은 분기된다. 1707년(숙종 33) 파주 유생 조익주(曹翊周) 등이 김장생을 배향하고, 박세채도 합향에서 배향으로 강등시킬 것을 상소하였다. 이에 대하여 박세채의 문인들은 병향을 바꾼다면 박세채 제향서원을 그가 강학하던 파주 남계에 별도로 건립하겠다고 강경하게 반대하였다. 노론계에서는 사계 김장생의 추배(追配)를 통하여 박세채 강배(降配)의 명분을 얻고자 하였던 것이다. 이에 대하여 박세채 문인들은 크게 반발하여, 서원이 유생들의 싸움터가 되는 상황에 이르게 되었다고 한다.

물론 이 제향 위차 시비는 1713년(숙종 39) 김장생 추배와 박세채 강배를 조정에서 허락함[31]으로써 일단락되는 듯하였으나, 박세채 문인들이 박세채 강배 처분의 재고를 요청하는 한편, 불가하다면 남계에 별도로 제향서원 건립을 허용해 주기를 요청했다. 하지만 노론 정국에서 결정은 번복되지 않았다. 이러한 복잡한 기세 경쟁을 하면서 18세기의 파주지역은 영조대 이후 노론계 사림의 본거지인 자운서원과, 소론계의 근

---

31) 『승정원일기』, 「숙종 39년 4월 20일」.

거지인 파산서원이 공존·경쟁하는 형세를 보였다.

파주지역에서의 노론과 소론 대립과 분열상이 더욱 첨예하게 보이는 것은 1711년(숙종 43)이었다. 이 해에 진사 이상채(李相采)가 김장생의 문묘종사 문제와 관련 흑평을 하다가 의주로 정배되었는데, 이와 관련하여 같은 해 4월 14일(무술) 교하의 유생 박태문(朴泰文)은 이상채와 관련된 상소를 하면서, 윤선거의 시호 삭제와 서원사우 훼철을 논하기에 이른다.

5년 뒤인 1723년(경종 3) 5월에는 경기 유학 김홍석(金弘錫) 등이 상소32) 하여 송시열과 김창협이 성혼을 무욕하였다고 주장한다. 그 내용을 보면 우암 송시열은 그가 지은 「양현신연보서(兩賢臣年譜序)」에서 성혼에 대해, "선정신 문성공 이이와 문간공 성혼은 살아서는 동지가 되고, 죽어서는 도의를 함께 전하여 진실로 백세에 바뀔 수 없는 정론(正論)이 되었다."라고 하며 극도로 포양하였다. 그러나 윤선거 부자와 틈이 생긴 뒤로는 공공연히 폄하하고, 성혼의 후손 성지선(成至善)과 윤선거의 제자인 장령 나량좌(羅良佐) 등의 일에 이르자 더욱 심하게 성혼을 무욕하였다는 것이다. 또 성혼의 아들 성문준 등 이 가문과 문도들이 "정인홍(鄭仁弘)에게 붙어, 모두 송강(松江)을 탓한다."라고 하였다. 다분히 감정이 서린 양측의 주장들이 엿보이는 기록이다.

김장생의 글을 인용하여 흠을 잡은 것에 대하여도, "김장생이 성혼을 존모한 것이 문하의 제자들만 못하지 않았다는 것은 온 세상이 다 아는 바이며, 만일 의심스런 점이 있었다면 어찌하여 성혼의 생전에 한 번도 질의하지 않고, 죽은 뒤에 단지 뒷공론으로 몰래 송시열에게 전수하여

---

32) 『경종실록』, 「3년(1723) 5월 1일(기묘)」

무현(誣賢)하지는 않을 것이라든가, 아들 김집(金集)은 성혼의 묘표를 찬하면서 이르기를, '행동은 반드시 의(義)로써 하여 평탄하거나 험하거나 바꾸지 않았으며, 지킨바 출처의 정도(正道)는 신명(神明)에게 물을 만하다.'고 하면서 자신이 문하에서 수업하였고, 또 '부사(父師)로부터 출처와 언행에 대하여 익히 들었다.'고 하였다." 하면서 조목조목 비판하고 있다.

김창협(金昌協)의 경우도 조부 김상헌(金尙憲)이 성혼을 추앙하여 성혼의 묘비에 "평소에 몸을 잘 단속하고 법도를 지켰으며, 언행에 있어서 법받을 점이 아닌 것이 없다."라는 등의 말을 썼는데, 그런 뜻을 잊어버리고 조광조·이황·이이 3현의 도덕을 열서하여 찬미하되, 유독 성혼만은 꼽지 않아 마음대로 조종(操縱)하는 뜻을 보였다고 지적한다. 그러면서 송시열과 김창협의 직명을 추탈할 것을 요청하고 있다.[33)]

2년 뒤인 1725년(영조 1) 4월 25일자 실록 기사에서는 반대로 "파주 유생 정하복(鄭夏復)이 상소를 올려 송시열을 극도로 무함하였다." 하여 절도(絶島)에 정배하라는 기록이 보인다.

2) 성수종(成守琮)의 추배와 철향(1740~1741년)

절효(節孝) 성수종(成守琮, 1495~1533)은 청송 성수침의 동생으로, 자는 숙옥(叔玉)이고 시호는 절효(節孝)이다. 조광조 문하에서 학문을 배웠고 1519년(중종 14) 별시문과에 병과로 급제하였는데, 그 해에 기묘사화가 일어나고 조광조의 문인이라 하여 급제가 취소되었다. 사사된 조광조의 장례 때 다른 사람들은 감히 가지 못하였으나, 그는 이연경(李延慶), 이충

---

33) 김홍석은 이때에 成文濬을 坡山書院에 추배할 것을 요청하고 있다.

건(李忠楗) 등과 함께 가서 통곡하였다. 이후 과거를 버리고 학문을 연구하며 청빈하게 살았으며, 성품이 무겁고 도량이 넓어 사람들이 경복(敬服)하였다고 한다. 1741년(영조 17) 직제학에 추증되었고, 파주의 파산서원과 창녕 물계서원(勿溪書院)에 배향되었다.

파산서원에 절효 성수종이 제향되는 과정은 1740년(영조 16) 파주 유생 이익명(李翼明) 등이 상소하여, 파산의 명유 성수종(成守琮)을 그의 형인 문정공 성수침(文貞公 成守琛)의 서원에 함께 배향할 것을 청하자 임금이 묘당으로 하여금 품처하게 하였다.[34] 그리고 정조 때의 기사에서는 추배되었던 그가 곧바로 철향되는 과정이 상세하게 보인다. 즉 1785년(정조 9) 2월에 파주 유생 조중길(趙重吉) 등이 성수종의 서원 배향을 회복해 주기를 청하는 상소를 올리면서,

한 시대의 명류(名流)들이 모두 성수종이 함께 배향되지 못하는 일을 한스러워한 지 오래여서 영묘조(英廟朝) 경신년(1740, 영조 16)에 원근의 유생(儒生)들이 선배들이 이미 정해 놓은 논의에 의거하여 사문에서 오랫동안 빠뜨렸던 제의(祭儀)를 행하였으며, 한결같이 고 참찬 백인걸(白仁傑)을 추향(追享)했을 때 먼저 추향하고 나서 뒤에 등문(登聞)하였던 규례를 따라 성수종을 청송서원(聽松書院)에 배향하는 문제를 그다음 해 신유년(1741, 영조 17) 봄에 여러 유생이 봉장(封章)으로 위에 보고하여 해조(該曹)로 하여금 품처(稟處)하게 하라는 하교를 받았습니다. 예판 민응수(閔應洙)는 회계(回啓)에서, "성수종의 순후하고 독실한 덕행과

---

34) 『영조실록』, 「16년(1740) 9월 26日(甲午)」

정밀하고 깊은 학문은 진실로 사림이 존앙(尊仰)하는 대상입니다. 그런데 아직도 배향할 곳이 없다는 것은 실로 흠전(欠典)입니다. 상소의 내용대로 시행하도록 하는 것이 사리에 합당할 듯합니다." 운운하여, 상께서 특별히 윤허하셨습니다. 그리고 그 당시 영의정 김재로(金在魯)도 연석에서, "성수종은 참으로 명현이며 지조와 행실이 고결합니다. 그리고 또 잘못 삭탈되었던 과명(科名)도 죽은 뒤에 회복시켜 주었으니, 옥당의 높은 벼슬에 증직(贈職)하는 것이 마땅할 듯합니다." 하고 아뢰어, 또 특별히 직제학에 증직하는 명을 받았습니다.[35]

라고 한다.

결국 1740년 추배되었던 절효 성수종의 위패가 이듬해인 1741년 가을에 곧바로 철향되었음을 이 기사는 전하고 있다. 그 이유는 조정에서 갑오년(1714년, 숙종 40) 이후의 사사롭게 창건하고 제향한 경우 모두 훼철하도록 하였는데, 당시 예조 당상과 그 고을의 수령이 파산서원의 성수종 제향을 사사로운 배향으로 오인하고 훼철 대상으로 보고하였기 때문이었다는 것이라 한다.[36]

---

35) 『일성록』, 「정조 9년 을사(1785) 2월 23일(계묘)」, 〈坡州幼學趙重吉等上疏請成守琮復享〉: "蓋其一時名流 皆以守琮之不得腏食爲恨久矣 及夫 英廟庚申 遠近章甫 據先輩旣定之論 修斯文久闕之儀 一循故參贊臣白仁傑先追享後登聞之規 配享守琮於聽松書院 其翌年辛酉春 諸儒封章上聞 有令該曹稟處之敎 禮判臣閔應洙回啓 有曰成守琮純篤之行 精邃之學 允爲士林之宗仰 而尙無俎豆之所 此實欠典 依疏辭許施 恐合事理云云 自上特爲允許 其時領議政臣金在魯筵奏 又曰成守琮誠名賢也 志行高潔 且枉削之科 旣復於身後 贈以玉堂高職似宜爲奏 又蒙特贈直提學之命 禮官之啓 大臣之奏 旣盡守琮卓行篤學 猗我 英廟朝贈職許享之命"

36) 위의 글, 〈파주 유학 趙重吉 등의 상소〉.

별도로 서원을 세운 것도 아니고, 또한 윤허받은 배향이면 먼저 배향하고 뒤에 보고하는 것은 이미 선조의 오래된 전례가 있으며, 훼철하는 대상에 잘못 섞였다가 바로 회복된 사례도 있었지만, 성수종의 경우는 철향당하고 말았음을 언급하고 있는 것이다.

3) 성수종의 추배와 제향 위차(位次)문제

이러한 절효 성수종의 제향문제는 40여 년 후인 1785년(정조 9) 2월 파주 유학 조중길(趙重吉) 등이 성수종의 서원 제향이 중간에 뒤섞여 훼철된 것이 부적절했음을 알리고, 베풀었던 은전을 다시 회복해 파산서원에 다시 배향할 것을 청하기에 이른다. 이 상소로 2일 후에는 2월 25일에는 성수종이 파산서원에 다시 제향하게 되었다.[37]

그런데 문제는 추배된 절효 성수종의 제향 위차가 논란의 대상이 되었다. 같은 해 8월 27일에는 파주 유생 조심진(趙心鎭) 등이 상소[38]하여, 파산서원의 추배제향에서 위차를 바로잡기를 청하는 내용으로 상소에서는 먼저 종래의 제향 위차가 분명한 명분과 정례에 따른 것이었음을 다음과 같이 강조하고 있다.

---

37) 『정조실록』, 「정조 9년(1785) 2월 25일(을사)」: "파주(坡州)의 유학(幼學) 조중길(趙重吉) 등이 상소하여 증 직제학 성수종(成守琮)을 파산 서원(坡山書院)에 다시 배향할 것을 청하였다. 성수종은 문정공(文貞公) 성수침(成守琛)의 아우인데 기묘명현(己卯名賢)이었다. 영조[英宗] 경신년에 많은 선비들이 글을 올려 호소하여, 이 서원에 배향하도록 하였는데, 신유년에 갑오년 후에 사적으로 배향한 것을 모두 철폐하라는 조정의 명령으로 인하여 예조의 당상관이 잘못 알고 아울러 철폐하였다. 이때에 이르러 조중길 등이 다시 배향할 것을 청하니, 예조에서 복주(覆奏)하여 이를 시행하였다."

38) 『일성록』, 「정조 9년(1785) 8월 27일(갑진)」, 〈파주 유생 趙心鎭 등이 상소〉.

청송과 우계 두 선현 및 백 충숙공(백인걸)을 배향하는 곳은 모두 하나의 원우에 있으니, 바로 지금의 파산서원입니다. 바야흐로 위차에 대한 서열을 정할 때 선정신 문정공 송시열(文正公 宋時烈)과 고 상신 민유중(閔維重)은 성수침과 백인걸을 도학과 나이, 덕에 있어 우열을 가릴 수가 없으므로 주벽(主壁)을 정하기 어려우니 각각 동서(東西)의 빈주(賓主)의 위치에 배설하였는데, 동벽에는 성수침을 서벽에는 백인걸을 자리하면서 문간공 성혼의 위차를 동벽 아래 제2위에 두었으니, 염존(壓尊)의 혐의가 있기 때문입니다. 하나의 원우 안에 빈주의 예가 있고 부자의 차례가 있고 사제의 구분이 있어서 지금까지 향례(享禮)에 허물이 없었습니다.[39]

문제는 절효 성수종을 추배하면서 이 원칙과 정례가 허물어졌다는 것이었다. 그리하여,

나이를 높이는 의리를 핑계하여 백인걸의 위차를 마음대로 내려 배치하고, 이어 서벽의 제1위에 성수종의 위판(位版)을 특별히 봉안하였으니, 이는 형제가 빈주의 위차를 나누고, 스승과 제자가 도리어 그 아랫자리에 마주하여 앉는 꼴입니다. 이것이 과연 정례(情禮)에 편안하고 사전(祀典)에 어긋나지 않는 것이겠습니까?[40]

---

39) 『일성록』, 「정조 9년 을사(1785) 8월 27일(갑진)」, 〈파주(坡州)의 유생(儒生) 조심진(趙心鎭) 등이 상소하여 파산서원(坡山書院)에 추배(追配)하는 일을 바로잡기를 청한 데 대해, 비답을 내렸다.〉

40) 위의 글

라는 지적을 하면서, 신주를 모시는 원우(院宇)에는 애당초 나이에 따라 서열을 정한다는 예가 없으며, 또 원래 배향한 것과 추배하는 것은 선후가 자별하니 나이로써 자리를 바꿀 수 없다는 주장이었다. 즉 추배하면서 도리어 원래 배향된 자의 위에 놓고, 스승의 위차를 내려 문인제자의 자리와 마주하게 하였으므로, 이는 예의 마땅함을 잃고 일에 있어서는 존경이 결여되었다는 지적이다. 그리고 속히 유사에게 명하여 그 차례를 바로잡아 빈주의 옛 위차를 회복하여 선후의 차례가 바뀌는 일이 없도록 해 달라는 것이었다. 그러나 자세한 이유와 배경은 알 수가 없으나 당시 정조는 이에 대하여 "물러가 학업을 닦으라."라고 답하고 있다.

그 후 5년이 지난 1790년(정조 14)에는 파주 유생 정재간(鄭在簡) 등 189인이 휴암 백인걸 서원의 사액을 청하는 상소를 올렸는데, 여기에 저간의 사정이 잘 드러난다. 즉 1785년(정조 9)의 절효 성수종의 위패를 충숙공 백인걸의 윗자리에 올려 빈주와 사우의 좌차(座次)를 바꾸도록 상소를 하였으나 윤허를 받지 못하였다고 하면서, 그래서 재목을 모아서 월롱산 아래의 옛터에 몇 칸의 사우를 건립하고, 휴암의 위패를 봉안하고자 춘조(春曹)에 글을 올려 합당하다는 답을 얻었다고 한다. 그리하여 연명으로 상소를 올려 사액을 내려 주기를 요청하고 있다.41) 그러나 이에 대하여 정조는 다음과 같이 비답을 내렸다.

중건하는 것은 창건하는 것이 아닌데, 합사(合祀)하던 것을 어찌 분설(分設)할 수 있겠는가? 선정 이이가 평생 고심하던 것은 '조정(調停)' 두

---

41) 『일성록』, 「정조 14년(1790) 2월 13일(갑자)」, 〈파주 유생 鄭在簡 등 189인이 휴암 백인걸서원 청액상소〉

글자에 있었다. 더구나 선정 성혼과는 학업과 교분이 마치 리(理)와 기(氣)가 원래 서로 떨어지지 않는 것과 같았는데, 갑자기 위차의 어긋남으로 인하여 감히 마음대로 나누고 합한단 말인가? 만약 선정이 지각이 있다면 두 서원의 유생을 자신의 무리라고 여기겠는가, 자신의 무리가 아니라고 여기겠는가? 내가 듣지 않았으면 그만이지만, 일이 이미 보고되었으니, 어찌 의례적인 비답을 내리겠는가?

옮겨 봉안하는 대로 놔두었거나 지레 먼저 옮겨 봉안한 사람은 똑같이 두 선정에게 죄를 지은 것이다. 사원을 도로 합하되 위차는 예전대로 하며, 두 서원에서 수창유생(首唱儒生)은 우선 정거(停擧)하라. 그대들은 물러나 학업을 닦으라.**42)**

7. 맺음말

이상에서 파산서원을 파주지역의 사림활동과 연계하여 간략하게 조명하여 보았다. 파주는 조선시대 또 다른 추로지향으로 일컬어질 정도로 인물의 보고(寶庫)였고, 특히 율곡과 우계는 우·율(牛·栗), 또는 율·우(栗·牛)로 지칭되면서 파주의 상징인물이 되었다. 그런데 이들의 활동은 이전 시기 정암 조광조의 도학 전통을 이은 청송 성수침과 휴암 백인걸이라고 하는 인물이 있어서 가능한 것이었다. 그리고 그러한 인맥과 학맥이 바탕이 되어 파주향약도 실시되었으며, 본고가 주목하는 1568년 파산서원의 창건도 이루어진 것이었다.

---

42) 『일성록』, 「정조 14년(1790) 2월 13일(갑자)」, 〈파주 유생 鄭在簡 등 189인이 휴암 백인걸 서원 청액상소〉

파주에서는 임진왜란 이후 서인계 인물들에 의한 청송·휴암·우계·율곡 4현의 합향 논의가 일어났다. 그러나 제향 위차문제로 지지부진하다가 결국은 자운서원과 파산서원이 양립하면서 서로 상생하게 되고, 우계의 추배와 파산서원, 자운서원의 사액 등으로 파주의 사족위상이 강화된다.

그러나 서인계의 노·소론 분기와 절효 성수종의 추배로 인한 휴암 백인걸과의 위차문제 등으로, 파주 사족은 분기의 양상을 보이고 있었다. 그리고 이 과정에서 파산서원의 인맥과 학맥도 적지 않게 연관되지 않을 수 없었다. 대체로 본고에서는 이러한 변천과 역사를 간략하게 정리한 셈이다.

그런데 이러한 사건사로서의 파산서원보다 더 중요한 것이 서원 본연의 모습들이다. 예컨대 제향의례라든가, 교육 강학의 전통, 고문서와 전적들을 통한 서원 운영의 구체적인 실상, 그리고 관련 인물들의 사상과 활동 등이 더욱 중요하다고 할 수 있다. 그러나 자료의 제약으로 이들에 대하여 연구 진전을 이루지 못한 것이 본고의 결정적인 한계이다.

물론 우계의 22조목으로 된 「서실의(書室儀)」도 파산서원의 교육과 접목할 요소가 많고, 특히 시기는 늦지만 19세기 말에 성근묵(成近默)이 지은 「파산서원재규(坡山書院齋規)」 7조도 보다 면밀한 검토가 필요한 부분이다. 또 파산서원과 제향인물에 대한 국가의 예우를 보여 주는 사액과 치제의 문제도 조금 더 주밀하게 분석해야 할 대상[43]이었으나 완결

---

43) 파산서원에는 국왕의 치제도 여러 차례 이루어졌다. 파주 유생 백홍우(白弘祐) 등의 청액 상소로 사액을 받던 1650년 효종은 예관을 보내어 치제하였고(『牛溪集』, 「年譜」, 〈효종 1년(1650)〉, 숙종조에는 1710년(숙종 36)의 치제문(『聽松先生集』卷2, 「附錄」, 〈坡山書院賜額致祭文〉)이 전한다. 정조도 1784년(정조 8) 8월에 永陵과 恭陵,

짓지 못하고 앞으로의 과제로 남겨두고자 한다.

파산서원은 1871년(고종 8) 대원군의 서원 철폐령이 내렸을 때, 훼철되지 않고 존속한 47개 서원 중의 하나로 선현제향과 교육의 일익을 담당하여 왔다. 특히 파산서원에서 고종조에 이승만 대통령을 비롯한 여운영, 조소항 등 고명한 정치가를 조현규 선생이 마지막으로 지도 배출하였던 것으로도 유명하다. 그러나 1950년 6·25전쟁 때 다시 불에 타 소실되었고, 1966년 서원 사우를 복원한 이래 강당 찰륜당(察倫堂)은 1976년에 중건했고, 현재 건물은 1977년에 다시 복원하여 현재에 이르며, 1983년 경기도 문화재자료 제10호로 지정되어 오늘에 이르고 있다.

順陵에 전배하고, 고양 행궁에 머물다가 파주를 지나면서 "파산서원은 선정 문간공 成渾 부자가 함께 제향되고 있으니, 조정에서 어진 이를 숭상하는 뜻에서 어찌 치제해 주는 조처가 없어서 되겠는가? 승지를 보내 치제하게 하라."라는 하교를 내리고 있다(『일성록』, 「정조 8년(1784) 8월 17일」). 당시의 파산서원(坡山書院) 치제문은 『홍재전서』 제20권, 「제문(祭文)」에 실려 있다. 뒤이어 순조도 1808년(순조 8) 8월에 능행 중에 파산서원에 치제하고 있다.(『순조실록』, 「8년(1808) 8월 10일」).

◆ 부록: 우계 성혼선생 연보(年譜) 1)

1535년(중종 30년, 乙未): 6월 25일 甲寅 辰時에 서울 順化坊(현재 서울시 종로구 창성동 158번지) 본가에서 탄생하였다.

1544년(중종 39년, 甲辰) 10세: 9월에 聽松 成守琛선생이 坡山의 牛溪에 卜居하였는데, 선생은 가정에서 侍學하였다. 청송은 靜庵 趙光祖선생의 문하에서 수학하다가, 己卯士禍 이후로는 문을 닫고 들어앉아 일체 출입하지 않았다. 白岳山 松林 속에 書室을 짓고 '聽松'이라는 편액을 써 붙였다. 이때에 시국이 더욱 어지럽게 되므로 드디어 파산으로 돌아갔다. 이때 선생은 10세 나이로 학업이 크게 진보되어 스승의 가르침을 기다리지 않았다.

1551년(명종 6년, 辛亥) 17세: 7월에 부인 高靈 申氏를 順川郡에서 맞이하였다. 선생의 장인인 申公 汝樑이 이때에 평안도 順川郡守로 있었기 때문이다. 監試에서 生員과 進士에 모두 합격하였으나, 병이 생겨 覆試에는 나아가지 못했다. 이로부터 과거를 단념하고 오로지 학문에만 전념하였다. 겨울에는 休庵 白公 仁傑에게 『尙書』를 수학하였다.

1554년(명종 9년, 甲寅) 20세: 栗谷 李珥선생과 道義交를 맺었다. 선생은 15세 이후 부터 진실한 공부로 규모가 아주 엄숙하고 세밀하였다.

1561년(명종 16년, 辛酉) 27세: 12월에는 어머니 坡平 尹氏의 喪을 당하였다.

---

1) 우계문화재단, 『우계 성혼의 학문과 사상』, 이화, 2009의 「牛溪年譜」를 저본으로 기록하였음.

1563년(명종 18년, 癸亥) 29세: 2월에 外除한 다음 心喪으로 계셨다. 가을에는 聽松의 병환이 위독하여 다리의 살을 베어 약에 타서 올렸다.

1564년(명종 19년, 갑자) 30세: 正月에 聽松선생의 喪을 당하였다. 4월 向陽里 先山南岡에 장사 지내고, 곧 墓 아래에 廬幕을 짓고 侍墓하였다. 聽松의 行狀을 栗谷선생에게 청하였다.

1567년(명종 22년, 丁卯) 33세: 聽松의 墓誌를 高峯 奇大升에게 청하였다.

1568년(선조 1년, 戊辰) 34세: 2월 典牲署 參奉에 제수되었다. 5월에 율곡선생과 '中'과 '至善'에 대한 학설을 論하였다. 가을에는 退溪선생을 서울 사저에서 찾아 뵈었다. 重峯 趙憲이 와서 배움을 청하였다.

1569년(선조 2년, 己巳) 35세: 穆淸殿 참봉을 제수받았다. 12월 掌苑署 掌苑을 제수받았지만 부임하지 않았다. 청송의 墓碣을 퇴계선생에게 청하였다.

1570년(선조 3년, 庚午) 36세: 6월 積城縣監에 제수되었다.

1571년(선조 4년, 辛未) 37세: 봄에 「書室儀」를 지어 諸生에게 보여 주었다. 『爲學之方』(뒤에 『朱門旨訣』로 이름을 바꾸었다.)을 抄하여 제생에게 보여 주었다. 『朱子大全』과 『朱子語類』를 손수 抄하여 한 책을 만들었다. 9월 天摩山을 유람하여 花潭 徐敬德이 살던 옛집을 찾아보았다.

1572년(선조 5년, 壬申) 38세: 栗谷선생과 더불어 '四端七情'과 '理氣'의 학설을 편지글로 변론하였다. 왕복 서신은 모두 9편이었다.

1573년(선조 6년, 癸酉) 39세: 2월에 工曹佐郞, 7월에 掌苑이 되었으나 모두 부임하지 않았으며, 12월에 司憲府持平에 제수되었다.

1574년(선조 7년, 甲戌) 40세: 正月 本州에 狀啓를 올려 通禮院 引儀를 사임하였

는데, 또 工曹正郎으로 옮겨졌으나 부임하지 않았다. 또 持平을 제수받고 사면하였으나, 윤허하지 않아서 다시 사직소를 올렸다. 2월에 典牲署主簿를 제수받았고, 또 有旨를 내려 날씨가 따뜻한 후에 올라오라 하였으나 상소하여 사면하였다.

1575년(선조 8년, 乙亥) 41세: 2월 薛敬軒의 『讀書錄』 끝에 跋文을 쓰다.

1577년(선조 10년, 丁丑) 43세: 4월 雲長 宋翼弼의 편지에 답하였다. 10월 崔永慶과 鄭仁弘에게 편지를 보냈다.

1578년(선조 11년, 戊寅) 44세: 5월 持平에 제수받고 사직소를 올렸는데, 또 造紙署司紙가 되었다.

1579년(선조 12년, 己卯) 45세: 2월 持平에 제수되어 사직소를 올렸으나 宗廟署令에 제수되었다. 3월 다시 持平을 제수받고 사직소를 올렸으나 윤허하지 않았다. 4월 지평을 사직하였으나, 특명으로 長興庫 主簿에 제수되고 召命을 내렸다. 5월 한양으로 上京 중에 병이 심하여 사직소를 올렸으나, 임금이 조섭 후에 천천히 올라오라는 명을 내렸다. 8월 休庵의 訃音을 듣고 통곡하였다.

1580년(선조 13년, 庚辰) 46세: 7월 『小學集註』의 跋文을 지었다. 8월 사헌부 장령을 제수받았으나 병으로 사직하였다. 재차 소명이 내려 출거중도에 병이 심해져 더 나아갈 수 없어 그만두었는데 掌樂院 檢正을 제수받았다. 12월 掌令을 제수받고 병으로 사직소를 올렸으나 윤허하지 않았고, 陳情疏를 올리기까지 하였으나 윤허하지 않았다.

1581년(선조 14년, 辛巳) 47세: 正月 掌令을 사직하고 宗廟署 令이 되어 한양으로 올라갔으나 병으로 사직하였다. 2월 丁未日 대궐로 나아가 陳情疏를 올리려 하였으나 임금이 思政殿으로 불러 賜對하였다. 3월에 掌令을 제수받았다. 병으로 사직하였으나 內贍寺 僉正으로 옮겼다. 4월에 封事 萬餘言을 올리다. 11월 여섯 번의 사직소를 올렸으나, 임금은 윤허하지 않고 겨울을 지낼 薪炭을 내려 주라 명하였다. 龍驤衛 上護軍에 승진되어 사직소를 올려 거듭 간청하였으나 윤허하지 않았다. 戊子日에 迎曙村舍로 나갔는데 나흘 지난 12월 壬辰日에 御札을 내려 부름을 받았다. 戊戌日에 이르러 한양으로 되돌아왔다. 나흘 후 辛丑日에 대궐로 들어가 사직소를 올렸다. 宣政殿에서 賜對한 후 물러가기를 간청하고 받아들여져서 坡山으로 돌아왔다.

1582년(선조 15년, 壬午) 48세: 2월에 司憲府 持平 제수받고 3월에 두 차례 召命을 받았으나 사직하였다. 5월에 다시 司饔院 正으로 召命을 받아 사직소를 올렸으나, 윤허하지 않았다. 御賜한 『農事直說』의 끝에 跋文을 적었다. 9월에 다시 司饔院 正을 제수받았다가, 司宰監 正으로 옮겼으나 병으로 사직하였다.

1583년(선조 16년, 癸未) 49세: 正月에 執義를 제수받고 2월에 사직하였으나, 다시 司贍寺 正이 되었다. 3월에 特旨로 通政大夫 兵曹參知를 제수받았다. 4월 사직소를 올렸으나 윤허하지 않았다. 5월 癸巳日에 召命을 받고 한양으로 나아갔으나 병이 심해서 謝恩하지 못한 채 사직소를 올렸는데 參知를 그만두고 護軍이 되었다. 다시 대궐로 나아가 사직소를 올렸는데, 옮겨서 吏曹參議를 제수하고 銀帶를 하사하였다. 6월에 세 번에 걸쳐 사직을 상소하였으나 윤허하지 않았다. 護軍이 되어 사은한 후 또 상소하여 兼經筵을 사양하였으나 윤허하지 않았다. 7월 甲午日에는 상소하여 三司의 죄를 논박하고 栗谷선생을 伸救한 다음, 사직을 간청하였으나 윤허하지 않았다. 戊戌日에는 兩司의 비방을 듣고 坡山으로 돌아갔다. 9월에 特命으로 吏曹參議를 제수하고 속히 올라오라는 傳敎가 내려졌다. 10월 다시 거듭 사직소를 올렸으나 윤허하지 않고 속히 올라오라 傳旨가 내렸다. 戊寅日에 한양으로 돌아왔다. 11월에는 特命으로 嘉善大夫 吏曹參判을 제수받고 사직소를 올렸으나 윤허하지 않았다.

1584년(선조 17년, 甲申) 50세: 正月 栗谷의 죽음을 애통해 하였다. 2월에 乞骸 疏를 올렸으나 윤허하지 않았다. 3월에 병으로 사직하고, 栗谷선생 묘소를 찾아 제문을 짓고 제사지냈다. 4월에 同知中樞府事에 제수되었다. 얼마 지나 다시 吏曹參判에 제수되어 사직소를 올렸으나, 다시 同知中樞府事가 되었다. 7월 잠시 坡山으로 돌아왔다. 8월 사직소를 올렸으나 윤허하지 않았다. 11월 狀啓를 올려 사직하였으나, 다만 兼帶만 그만두게 하고 병을 치료한 후 올라오도록 하였다. 12월에 아전에게 명하여 存問하게 하고 식량을 量給하게 하였다.

1585년(선조 18년, 乙酉) 51세: 正月에 상소하여 存問한 命을 謝禮하였으며, 纂輯廳堂上으로 부른 有旨가 내렸으나 병으로 사양하였다. 3월 栗谷 묘소에 성묘하였다. 7월에 다시 同知中樞府事를 제수받고 사직소를 올렸으나 윤허하지 않았다. 9월 兩司의 訴斥을 받았는데 이름이 天府에 적혀 있으므로 自劾疏를 올렸다. 윤9월 두 번째 사직소를 올렸으나 윤허하지 않았다.

1587년(선조 20년, 丁亥) 53세: 2월에 汝式 趙憲에게 서신을 부쳤다. 7월에 自誌文을 지었다. 8월에 「感懷二絶」을 써서 吳允謙과 黃愼 두 선비에게 보였다.

1589년(선조 22년, 己丑) 55세: 7월 趙憲에게 서신을 부쳤다. 思庵 朴淳의 죽음을 애통해하였다. 8월 石潭祠에 祭享할 일을 의논하였다. 11월 壬子日에

吏曹參判을 제수받고 사직소를 올렸으나 윤허하지 않았다. 스무날 庚子日에 召命을 따라 한양에 들어와 謝恩하였다. 12월에 병으로 사직소를 올리니 그만두도록 하였고, 同知中樞府事를 제수하였다.

1590년(선조 23년, 庚寅) 56세: 4월에 封事를 올려 養民 保邦 律貧 進賢 등에 대한 방법을 개진하였는데 數千言이 되었다. 5월 壬子日 대궐로 나아가 謝恩한 뒤 乞骸疏를 올렸으나 윤허하지 않았다. 9월 左相 鄭澈에게 편지하였다. 11월에 舜卿 朴汝龍의 편지에 답하였다. 僉知中樞府事를 제수받았다.

1591년(선조 24년, 辛卯) 57세: 봄에 栗谷先生文集을 엮어 정리하였다. 4월에 沙溪 金長生과 더불어 거취에 대한 의리를 상의하였다. 7월에 松江 鄭澈을 謫所로 전송하였다.

1592년(선조 25년, 壬辰) 58세: 4월 甲午日 大閱에 불참한 이유로 상소하여 自劾하였다. 壬寅日에 왜적이 국경을 침입하였는데, 己未日에 大駕가 去邠하게 되었다. 7월 乙亥日 세자가 伊川에 머물면서 令을 내려 불렀으나 병으로 나아가지 못하고, 箚子를 올려 爲學之道와 時務에 대한 15조를 논하였다. 己卯日에 세자의 영을 받고 金漬의 의병이 주둔한 軍中에 이르렀다. 甲申日에 다시 세자가 불러들이는 영을 받고 떠났으나 安峽에 이르러 더 나아가지 못했다. 8월 庚子日 세자의 영을 받고 開城留守 李廷馨의 군중으로 나아갔다. 體察使 鄭澈에게 편지를 부쳤다. 9월 세자에게 檢察使를 제수받고 이정형에게 양보하였다. 세자가 다시 불러들이는 영을 내려 壬午日에 바로 군중을 떠나 成川에 있는 分朝로 향하였다. 10월 辛丑日 비로소 성천에 이르러 세자를 찾아뵙고 곧 大朝로 들어가도록 간청하였다. 辛亥日에 成川을 떠나 義州에 계신 行朝로 향하였다. 11월에 행차가 평안도 順川에 이르렀는데, 후일 身後의 일을 글로 적어 尹甥에게

부쳤다. 의주의 行朝로 들어가 啓辭를 올리고 待罪하였다. 右贊成을 사
직하고자 4번의 계사를 올렸으나, 윤허하지 않으므로 謝恩하였다. 行監
으로 나아가 入對하였다. 12월에 시무 9조항을 올렸다. 司憲府 大司憲에
제수되어 병으로 그만두었으나, 다시 右參贊이 되었다.

1593년(선조 26년, 癸巳) 59세: 正月 癸酉日 大駕가 定州로 다시 돌아왔으나, 병
으로 따라가지 못했다. 明나라 兵部主事 袁黃의 편지에 답하다. 壬申日에
永柔에 이르러 得罪啓를 올렸다. 寅城 鄭澈에게 편지를 부쳤다. 5월에 大
司憲을 제수받고 대궐로 나아가 啓辭를 올린 뒤 그만두게 되었으나, 다
시 知中樞府事가 되었다. 庚申日에 명을 받고 宣陵과 靖陵을 奉審하였다.
7월 다시 載寧으로 돌아왔는데 병으로 여러 날 머물렀다. 9월 海州 行
朝로 가서 復命한 뒤 船路의 보고 들은 바를 아뢰었다. 乞骸疏를 올렸으
나 윤허하지 않았다. 大駕가 한양으로 돌아가게 되었는데, 병으로 隨駕
할 수 없어서 머물다가 중전을 호송하였다. 10월에 石潭精舍에 寓居하였
으며 이때 율곡 제자들이 講學하였다. 重峯 趙憲이 임진년 8월 七百義士
와 함께 왜적과 싸우다가 錦山에서 순절하였다. 일찍이 義州 行朝에 있
을 때 褒典을 내리라고 啓請하였는데, 이때에 이르러 시를 지어 의병장
조헌의 죽음을 슬퍼하였다. 上護軍을 제수받았다. 12월에 松江 鄭澈의
訃告를 듣고 통곡하였다.

1594년(선조 27년, 甲午) 60세: 正月에 僉知 李海壽에게 편지를 부쳤다. 2월 癸酉
日에 石潭을 떠났었다. 3월 壬寅日에 한양 대궐로 나아가 상소하고 待罪
하였다. 4월 自劾疏를 올렸다. 備局堂上을 사면하고자 했으나 윤허하지
않았다. 5월에 다시 左參贊을 제수받았다. 備局堂上에 有旨가 내려와 시
무14조의 계책을 지어 올렸다. 癸卯日에 備局에서 引對하였는데 奏本의
내용을 의논하였다. 또 상소하여 비국당상과 좌참찬을 사직하려 했으나

윤허하지 않았다. 右參贊으로 옮겨지자 다시 사직소를 올렸다. 7월 다시
걸해소를 올렸다. 또 상소하여 병으로 사직하고자 하자 윤허하였다. 8월
丁未日에 龍山으로 나갔다. 다시 걸해소를 올렸다. 9월에는 병으로 軍職
을 그만두고, 壬午日에는 배를 세내어 타고 서강을 떠났다. 甲辰日에 延
安 角山에 이르러 寓居하였다.

1595년(선조 28년, 乙未) 61세: 2월 각산에서 坡山으로 돌아오고, 6월에 副護軍
에 제수되었다.

1596년(선조 29년, 丙申) 62세: 여름에 參議 李海壽에게 편지를 보내다. 10월 思
叔黃愼에게 답신을 보냈다.

1597년(선조 30년, 丁酉) 63세: 조상 제사를 받들 田宅과 奴婢는 대대로 종가에
게 전해 주라는 遺書를 지어 아들 文濬에게 부쳤다. 8월 左相 尹斗壽의
편지에 답하였다.

1598년(선조 31년, 戊戌) 64세: 正月에 옛 병이 더욱 심해졌다. 6월 己未日에 坡
山 시냇가 오막살이에서 易簀하였다.
　　8월 壬申日 坡州 向陽里 卯坐 酉向에 장사 지냈다. 葬地는 聽松선생 묘
소의 뒤이다. 墓誌는 손수 지은 自製文을 썼고, 戊子年(1586년) 이후의
경력은 아들 文濬이 이어 적었다. 訃音이 전해지자 임금이 禮官을 시켜
致祭하도록 하였다.

1602년(선조 35년, 壬寅): 2월 뭇 소인들의 척소로 官爵을 追奪 당하였다. 丁酉
年에 鄭仁弘이 그의 무리 朴惺을 꾀어 상소하도록 하였는데, 처음에는
선생이 崔永慶을 죽였다는 죄목을 덮어씌웠으며, 다음해 辛丑年에는 文
景虎를 꾀어 朴惺의 말을 상소문에 그대로 적어 선생이 임금을 잊었다
는 죄목을 덮어씌웠다.

1609년(광해 원년, 己酉): 戶曹判書 黃愼이 상소하여 伸冤하도록 하였다.

1610년(광해 2년, 庚戌): 9월 館學儒生 金堉 등, 10월에는 坡州儒生 金滔 등과 前縣監 韓嶠 등이 잇달아 신원 상소를 올렸다.

1611년(광해 3년, 辛亥): 여러 선비들이 坡山에 書院을 세웠다. 율곡이 일찍이 청송 선생을 위한 서원을 시냇가에 세웠는데, 임진년 兵火로 燒失되었다. 이때에 이르러 선생과 竝享하기 위해 옛터에 다시 重創하였다.

1621년(광해 13년, 辛酉): 아들 成文濬 등이 문집 原集을 간행하였다.

1623년(인조 원년, 癸亥): 3월 관작이 복원되었다.

1626년(인조 4년, 丙寅): 黃山書院이 건립되어 位版을 봉안하고 釋菜禮를 행하였다.

1628년(인조 6년, 戊辰): 坡山書院이 건립되어 位版을 봉안하고 釋菜禮를 행하였다.

1629년(인조 7년, 己巳): 4월에 '贈大匡輔國崇祿大夫議政府左議政兼領經筵監春秋館事世子傳'에 추증되었다.

1633년(인조 11년, 癸酉): '文簡'의 諡號가 내렸다. "道德博聞을 文, 一德不懈를 簡이라 한다." 하였다.

1635년(인조 13년, 乙亥): 5월에 館學儒生 宋時榮 등이 상소하여 선생과 栗谷선생을 文廟에 從祀하도록 간청하였다.

1650년(효종 원년, 庚寅): 7월 坡山書院에 賜額이 내리고 禮官이 致祭하였다.

1651년(효종 2년, 辛卯): 2월에 석담의 紹賢書院에 配享되었다.

1664년(현종 5년, 甲辰): 외손 尹宣擧가 年譜를 간행하였다

1681년(숙종 7년, 辛酉): 栗谷선생과 함께 文廟에 配享되었다.

1682년(숙종 8년, 壬戌): 尹拯, 尹敬敎 등이 문집 續集을 간행하였다.

財團
法人 牛溪文化財團

주소: 서울특별시 양천구 월정로 143(신월동 115-17호)

화: 02-2601-8515 / 팩스: 02- 2606-2987

woogye@hanmail.net

923

우계학파의 전개와 특성

발행일 | 1판 1쇄 2018년 1월 31일

편   저 | (재)우계문화재단 편저
주   간 | 정재승
편   집 | 김창경
교   정 | 홍영숙
디자인 | 배경태
펴낸이 | 배규호
펴낸곳 | 책미래

출판등록 | 제2010-000289호
주   소 | 서울시 마포구 공덕동 463 현대하이엘 1728호
전   화 | 02-3471-8080
팩   스 | 02-6008-1965
이메일 | liveblue@hanmail.net

ISBN 979-11-85134-44-4   93130

국립중앙도서관 출판시도서목록(CIP)

우계학파의 전개와 특성 / 편저: 우계문화재단. -- 서울 :
책미래, 2018
     p. ;   cm

"우계 성혼선생 연보(年譜)" 수록
ISBN 979-11-85134-44-4 93130 : ₩20000

한국 철학[韓國哲學]
유학(유교)[儒學]

151.5-KDC6
181.11-DDC23   CIP2018002497